설교주제잡기 700선

제 3 권

신약

마태복음 ~ 누가복음

설교주제잡기 700선
제3권

지은이: 박순오

초판_ 2018. 8. 10.

발행처_ 도서출판 조명문화사
발행인_ 이재영

등록번호_ 제2-846호
등록일자_ 1989.7.13

서울특별시 성동구 뚝섬로4길 28(성수동1가)
전화 02-498-3017 팩스 02-498-3018
홈페이지 http://www.cmpress.co.kr

ISBN 978-89-7257-488-0 94230

정가 20,000원

설교주제잡기 700선

제 3 권

신약: 마태복음~누가복음

박순오 지음

도서출판 조명문화사
CMPress

| 서 문 |

“설교자가 강단에 설 때에는 천국이 기쁨으로 응답하고 지옥이 두려움에 떨도록 교회의 모든 성도들은 거룩함으로 기다려야 합니다. 그러할 때 영원한 모든 것은 떨며 사탄과 그의 졸개들은 두려움으로 흠뻑 젖게 될 것입니다.”

『설교주제잡기 700선』 시리즈가 발간을 시작한 것은 전적으로 하나님의 은혜입니다. 제1권(모세오경)이 지난 6월 1일에 발간된 후 한 달 되는 7월 2일에 제2권(역사서, 시가서, 선지서)을 손에 잡게 된 것은 기적과 같은 일입니다. 제3권(마태, 마가, 누가복음)의 내용을 끝내고 서문을 쓰고 있는 지금 필자의 심정은 오직 하나님께 영광을 돌리는 마음으로 충만합니다.

『설교주제잡기 700선 제3권』에서는 [Part I]에서 “한 본문에서 다양한 설교 개요를 잡는 방법”을 예를 들어가며 설명하고 있습니다. 한 본문에서 두 가지, 세 가지 또는 네 가지 서로 다른 주제를 추출해 내고, 각 주제에 통일성을 이루는 대지들로 설교 개요를 작성하는 훈련을 하는 것은 우리 설교자들의 꿈이기도 합니다.

앞으로 제4권(요한복음, 사도행전)에서는 대지 유형 변화에 따른 설교 개요의 변화되는 모습을 다루어 볼 예정이고, 제5권(로마서~계시록)에서는 그리스도 중심의 설교(Christ-centered Sermon)를 작성하는 방법을 제시할 예정입니다.

특히 제6권에는 성경적 상징주의를 적용하여 성경 본문에서 주제와 설교 개요를 작성하는 예들을 선보이려 합니다. 그리고 제7권에서는 목회자들의 편의를 위하여 목회 계획에 따른 설교주제잡기(송구영신, 사순절, 부활절, 성령강림절, 가정의 달, 맥추 및 추수감사절, 대림절, 성탄절, 3.1절, 광복절, 사회개혁, 성경과 자유민주주의...)를 시도해보려 합니다.

필자와 같이 나이 들고 우둔한 사람을 지난 5년간 전국 30곳 이상의 지역에서 1,200여 명의 목회자들에게 〈강해대지설교 클리닉〉의 강사로 사역하게 하신 하나님께 영광을 돌립니다. 본서의 출판을 위해 여러 가지로 도움을 주신 조명문화사의 이용재 부장님과 이은경 팀장님, 그리고 직원 여러분의 노고에 새삼 감사드립니다.

2014년 10월 대구서현교회를 6년 조기 은퇴한 후 서울을 중심으로 강소교회운동(작지만 강한 교회 세우기 운동)을 진행해 오는 동안 참 많은 분의 물심양면의 도움이 있었습니다. 지난 4년 동안 매월 선교비를 보내주시는 대구서현교회의 당회원 여러분, 〈기독교영성상담연구소〉의 오우성, 박민수 목사님, 〈흰돌선교센터〉의 이광복 목사님 부부, 나눔과기쁨의 서경석, 김용태, 박희봉 목사님, 안산 성문교회 조종제 목사님, 당진 에이스 산업의 오호융 집사님 부부와 김병창 장로님 부부, 대구의 신철, 송현옥 집사님 부부, 이대목동병원의 박혜영 교수님, 부산의 한남석 장로님 부부, 이천의 이정수 집사님 부부, 재경 1438 진주고등학교 기독 신우회 동지 여러분, 그리고 전국의 1,200여 〈강해대지설교 클리닉〉 수료자 여러분들, 그리고 필자의 사역을 음으로 양으로 후원해 주시는 모든 분께 감사를 드립니다.

필자의 가족, 친지 여러분들은 지난 38년간 우리 부부가 하나님나라 사역을 위해 일할 때 비가 오나 눈이 오나 우리 부부의 버팀목이 되어 주셨습니다. 이 기회를 통해 모든 가족분께 감사를 드립니다. 그리고 지난 41년간 필자와 함께 생사고락을 같이 하며 항상 곁에서 힘을 북돋우어 주는 아내 손정민에게 감사를 드립니다. 당신은 하나님께서 필자를 위해 준비해 주신 많은 것 중 최고의 선물입니다!

〈강해대지설교 클리닉〉을 통해 강단 설교의 새로운 지평을 열게 하시는 우리 주님께 모든 영광을 돌립니다.

서울 강서구 마곡동에서

박 순 오 목사

설교주제잡기
700선

제 3 권

차례

Part I

한 본문에서 **다양한 설교 개요**를 잡는 방법

1. **주제**(主題, Subject)란 **무엇**인가?

모든 성경은 하나님의 영감으로 된 것이므로 성경은 '기록된(written)' 하나님의 말씀이다. 그렇다면 성경 본문의 의도와 중심 사상을 충실히 선포하는 설교는 '선포되는(proclaimed)' 하나님의 말씀이라 할 수 있다. 히브리서 4장 12절에 의하면 "하나님의 말씀은 살아있고 운동력(활력, 생기, Energes)이 있어…혼과 영과 관절과 골수를 찔러 쪼개기까지 한다"고 했다. 이처럼 설교가 역동적인 생명력을 나타내는 데 있어 가장 중요한 요소는 설교의 주제(主題)이다.

설교의 주제란 무엇인가? 또 그 주제는 어떻게 표현되어야 하는가? 이 질문에 대답하기 위하여는 본문을 기록한 성경 저자가 언급하고 있는 다양한 것들을 평가해야 하고, 그 가운데 어느 것이 중심 내용인지 분별해야 한다.

주제는 설교 본문을 관통하는 중심이 되는 사상(main idea)이고, 설교 전체에 흐르는 큰 개념(big idea)이며, 본문의 지배적 사상(dominant thought)이다. 설교자가 본문에서 주제를 찾아내야만 하는 이유는 설교란 강의와는 달리 하나의 중요한 메시지만을 전달하는 것을 목적으로 하고 있기 때문이다. 설교는 모름지기 뚜렷한 한 가지 주제를 가지고 시종일관 그 주제를 강조함으로써 청중의 뇌리 속에 강렬한 인상을 심어야 한다.

설교의 초점(focus)에 대해 프린스턴 신학교의 설교학 교수였던 토마스 롱은 이렇게 말했다: "주제란 설교의 중심되는, 설교를 통제하는, 설교를 통합하는 사상을 간결하게 표현한 것이다. 한마디로 말해서 전 설교는 이 초점에 대한 설명이다."[1] Gordon–Conwell 신학교의 설교학 교수인 해돈 로빈손은 "설교는 명중탄(bullet)이 되어야지 산탄(buckshot)이 되어서는 안 된다"고 했다.[2]

흔히 설교자들은 자신의 설교에서 광범한 것을 다루기 원한다. 포괄적으로 다룰 때에 할 말도 더 많아지고 청중에게 더 큰 영향력도 미칠 수 있을 것이라고 생각한다. 하지만 주제의 폭을 좁힐수록 더 깊은 사상과 더 큰 영감을 얻을 수 있음을 잊지 말아야 한다. 청중을 사로잡는 설교자가 되려면 설교를 듣고 있는 청중의 마음이 무엇을 원하고 있는지를 명확히 아는 것이 필요하다.

청중은 설교에 통일성(unity)을 원한다. 파편과 같은 많은 교훈이 백화점식으로 나열되기보다는 그 모두를 하나로 통합하는 어떤 통일된 명제(命題)가 제시되기를 바란다. 청중은 설교에 질서(order)를 원한다. 톱니바퀴가 서로 맞물려서 빈틈없이 돌아가듯이 설교도 논리적 비약 없이 전후 관계, 원인 결과의 관계가 정연하게 고리를 걸고 전개되어야 한다. 그리고 청중은 설교에 진행(progress)을 원한다. 소설이나 영화, 연극을 보라. 스토리가 정점(頂點)을 향해 진행되어 가면서 작가가 말하고자 하는 바가 드러나게 된다. 이와 같이 설교도 정점을 향해 나아가는 진행성이 있어야 한다.[3]

설교가 이렇게 통일성과 질서와 진행성을 가지기 위해서는 주제가 분명해야 한다.[4] 설교학의 권위자인 흐레이다누스(Greijdanus)는 설교의 주제가 가지는 기능을 이렇게 설명한다: 첫째로 설교를 바른 궤도 위에 머물게 하고, 둘째로 설교의 통일성을 확실히 하며, 셋째로 설교의 진행성을 고양시키고, 넷째로 적용의 방향을 바르게 제시해

1. Thomas G. Long, *The Witness of Preaching* (Louisville, Kentuckey: Westminster/John Knox Press, 1989), 86.
2. Haddon Robinson, *Biblical Preaching*, 37.
3. 한진환, 138.
4. Reg Grant & John Reed, *The Power Sermon*, 김양천 · 유진화 역, 『탁월한 설교 이렇게 하라』 (도서출판 프리셉트, 1996), 188–191.

준다.[5]

설교의 성패는 주제의 선명성에 있다고 해도 과언이 아니다. 설교의 서론은 그날의 주제가 무엇인지를 밝히며 교인들의 관심을 그 주제로 집중시키는 역할을 해야 한다. 설교의 대지들(points)도 일관되게 주제를 향해 나아가야 한다. 실제로 대지란 주제를 다양한 관점에서 바라보고 강조하는 것에 불과하다. 설교의 각 대지에서 제시되는 적용들도 물론 주제와 연관되어 교인들에게 도전하는 것이 되어야 한다. 또한 설교의 결론은 주제에 관한 최종적인 도전과 호소로 장식되어야 한다.

피트 왓슨의 다소 과격한 표현을 가슴에 새기자. "모든 설교는 사정없이 주제 일변도로 구성되어야 한다. 이것이 크고 첫째 되는 계명이다…. 중심 주제와 관련 없는 것은 무엇이든지 사정없이 잘라버려야 한다."[6]

그렇다. 설교자는 삭제의 묘미를 아는 사람이어야 한다. 거기에 날선 검과 같은 설교와 솜방망이 같은 설교의 갈림길이 있다. 설교자는 교인들이 가슴속에 한 가지 위대한 진리를 품고 돌아갈 수 있도록 해주어야 한다.[7] 설교자가 할 일은 주제를 정조준하여 성경 본문이 말하고자 하는 바를 정확히 명중시켜 바로 전달하는 것이다. 이런저런 말들을 널려놓고 그중 한 가지에 걸리겠지 하는 것은 산탄총을 쏘는 설교이다. 본문의 중심 주제를 찾고 그것을 발전시키는 설교만이 명료하여 사람들을 변화시킬 수 있다.

설교의 주제는 설교 본문을 관통하는 중심 되는 사상이라 했다. 에베소서 6:10~17을 예로 들어보자. 본서의 저자가 본문에서 핵심적으

5. Sidney Greidanus, *The Modern Preacher and the Ancient Text* (Grand Rapids: Eerdmans Publishing Company, 1988), 139–140.
6. Ian Pitt-Watson, A Kind of Filly: Towar a Practical Theology of Preaching (Edinburgh: St. Andrews, 1976), 65f.
7. 한진환, 154–155.

로 강조하는 것은 '성도는 영적 싸움에 승리하기 위해 하나님의 전신갑주를 입어야 한다'는 것이다. 이것이 설교의 주제가 된다. 본문을 주의 깊게 읽어보면 저자는 '영적 싸움'에 대해 말하고 있음을 알 수 있는데, 이것이 주어부(subject matter)이다. 다음 단계로 저자가 그 문제에 대해 어떤 대답을 제시하고 있는지, 즉 술어부(complement)를 찾아보면, '하나님의 전신갑주를 입어야 한다'는 것임을 알 수 있다. 그리고 주어부와 술어부를 합하면 주제가 된다.

만약 '성도의 영적 싸움'이라고 표현한다면 그것은 설교의 제목(Title)은 될 수 있어도 주제(Subject)로는 미흡하다. 주제는 술어까지 포함한 완전한 문장이 되어야 한다. 주의할 점은 주제를 온전한 문장으로 표현하되 되도록 명료화해야 하고 단순화해야 한다는 것이다.

그렇다면 설교의 중심 주제는 어떻게 발견하는가? 물론 본문의 석의(釋義, exegesis) 결과에서 나온다. 그러나 그 과정을 설교적 측면에서 몇 가지 지침을 언급하면 다음과 같다. 먼저 저자의 의도를 파악하라. 저자가 의도를 명백히 밝히고 있는 경우, 저자의 간곡한 권고가 나오는 경우 등은 비교적 쉬우나, 많은 경우 본문을 되풀이해서 읽는 가운데 저자가 무엇에 대해 논의하고 있는지 큰 그림을 보아야 한다.

둘째로 문맥에서 주제를 발견한다. 예를 들면, 계시록 3장 20절의 문맥은 어느 복음단체에서 전도용 교재로 사용하는 '사영리'에서 인용하는 것과는 달리, 불신자를 향한 명령이 아니라 라오디게아 교인들을 향하여 마음 문을 열고 주님과 친밀한 교제를 나눌 것을 촉구하는 말씀이다. 셋째로 수사학적 특징에서 힌트를 얻을 수 있다. 반복되는 단어들에 주의하라. 교차 대구법, 접속사, 역사적 사건, 비유, 본문에 나타나는 갈등 등을 눈여겨보라. 그리고 지금까지 요약한 것들을 정리해 본다. 이러한 과정 속에 전체의 주제가 표면으로 부상하기 때문이다.

마지막으로 다니엘 바우만이 제시한 설교 주제에 관한 다섯 가지 규칙을 기억하자.[8] 첫째, 그 주제가 설교자인 당신을 사로잡는 것인가? 그것이 당신의 영혼에 불을 일으키는 것인가? 아니면 하나님의 대변인(spokesman)으로서 당신의 가슴을 설레게 하고 열광하게 하고 생기를 주는 다른 주제를 찾도록 하라. 둘째, 그 주제는 한 시간의 설교를 위해서 너무 광범위하지 않게 최대한 구체적으로 좁혀 잡았는가? 셋째, 설교를 듣는 청중에게 필요한(needful) 것인가? 넷째, 그 주제는 청중에게 명확한(clear) 것인가? 주제가 불분명하면 그것은 회중을 혼란스럽게 만들고, 그들로 하여금 아무런 확신도 없이 집으로 돌아가도록 할 것이다. 다섯째, 그 주제는 그날의 예배나 회중, 교회 상황 등에 적합한(appropriate) 것인가?

강해대지설교는 철저히 본문의 의도를 전달하는 데 집중되어야 하고, 설교에 통일성과 질서와 진행성을 부여하는 한 가지 주제에 올인해야 한다. 이러한 요건을 만족시키는 주제가 좋은 주제이다. 좋은 주제는 좋은 설교를 약속한다.

8. J. Daniel Bauman, *An Introduction to Contemporary Preaching* (Grand Rapids: Baker Book House, 1990), 124–126.

2. **한 본문**에서 **여러 개의 주제**를 뽑아 **각 주제에 따른 설교 개요**를 작성하기

하나님의 영감으로 기록된 성경은 참으로 놀라운 책이다. 성경은 이 세상의 그 어떤 책보다 더 넓고 깊은 진리를 담고 있다. 디모데전서 3장 16~17절에 "모든 성경은 하나님의 감동으로 된 것으로 교훈과 책망과 바르게 함과 의로 교육하기에 유익하니 이는 하나님의 사람으로 온전하게 하며 모든 선한 일을 행할 능력을 갖추게 하려 함이라"고 했다. 성령께서는 성경 본문 속에 우리가 알아야 하고 믿어야 하며 그대로 행해야 하는 놀라운 진리를 가득히 담아놓으셨다.

설교자가 선택한 설교 본문은 한 가지 주제로만 되어 있는 것은 아니다. 보는 각도에 따라 두 가지, 혹 세 가지 이상의 주제를 발견하는 경우가 적지 않다. 그만큼 성경은 풍성한 진리의 보고(寶庫)이다. 그리고 각 주제와 연결되는 소주제들로 통일성을 가진 설교 개요를 작성하면 훌륭한 한 편의 설교가 된다.

아래에 언급되는 예들은 한 본문에서 여러 개의 주제를 추출하고, 각 주제에 맞는 대지 진술을 본문에서 뽑아내어 설교 개요를 만들어 본 것이다. 경우에 따라서는 다소 어색한 전개가 될 수 있으나 본 장에서는 독자의 '설교 주제 잡기' 훈련을 위한 목적으로 제시된 것이므로 독자 여러분의 이해를 바란다.

2.1. 마태복음 4:1~11

1.그 때에 예수께서 성령에게 이끌리어 마귀에게 시험을 받으러 광야로 가사
2.사십 일을 밤낮으로 금식하신 후에 주리신지라
3.시험하는 자가 예수께 나아와서 이르되 네가 만일 하나님의 아들이어든 명하여 이 돌
들로 떡덩이가 되게 하라
4.예수께서 대답하여 이르시되 기록되었으되 사람이 떡으로만 살 것이 아니요 하나님
의 입으로부터 나오는 모든 말씀으로 살 것이라 하였느니라 하시니
5.이에 마귀가 예수를 거룩한 성으로 데려다가 성전 꼭대기에 세우고
6.이르되 네가 만일 하나님의 아들이어든 뛰어내리라 기록되었으되 그가 너를 위하여
그의 사자들을 명하시리니 그들이 손으로 너를 받들어 발이 돌에 부딪치지 않게 하리로
다 하였느니라
7.예수께서 이르시되 또 기록되었으되 주 너의 하나님을 시험하지 말라 하였느니라 하
시니
8.마귀가 또 그를 데리고 지극히 높은 산으로 가서 천하 만국과 그 영광을 보여
9.이르되 만일 내게 엎드려 경배하면 이 모든 것을 네게 주리라
10.이에 예수께서 말씀하시되 사탄아 물러가라 기록되었으되 주 너의 하나님께 경배하
고 다만 그를 섬기라 하였느니라
11.이에 마귀는 예수를 떠나고 천사들이 나아와서 수종드니라

본문은 예수께서 공생애를 시작하시면서 먼저 광야에서 40일을 금식하시고 마귀에게 시험을 받으시는 장면을 기록하고 있다. 본문이 보여주는 가장 중심적인 주제는 무엇인가? 다른 각도에서 본문을 볼 수는 없을까? 독자에게 가장 인상적으로 교훈하고 있는 것은 무엇인가?

첫 번째로 우리는 본문에서 마귀가 어떤 전술을 가지고 예수님을 공격하고 있는가를 살펴보자. 이 경우 대지 개요는 다음과 같이 전개할 수 있을 것이다.

본문 : **마 4:1~11**
제목 : **마귀의 공격 전술**

1. **마귀는 '만일'이라는 말로 접근해 왔음 (= 의심 심기)**
   3절= "시험하는 자가 예수께 나아와서 이르되 네가 만일 하나님의 아들이어든 명하여 이 돌들로 떡덩이가 되게 하라"
2. **마귀는 그 '만일'로 예수님의 신성을 공격했음 (= 치명적 부분 공격)**
   3절= "…네가 만일 하나님의 아들이어든 명하여 이 돌들로 떡덩이가 되게 하라"
   6절= "네가 만일 하나님의 아들이어든 뛰어내리라 기록되었으되 그가 너를 위하여 그의 사자들을 명하시리니 그들이 손으로 너를 받들어 발이 돌에 부딪치지 않게 하리로다 하였느니라"
3. **마귀는 천하 만국과 그 영광으로 자신을 섬기도록 유혹했음 (= 주위 환경 이용, 물질과 명예로 유혹)**
   8~9절= "마귀가 또 그를 데리고 지극히 높은 산으로 가서 천하 만국과 그 영광을 보여 이르되 만일 내게 엎드려 경배하면 이 모든 것을 네게 주리라"

본 설교("마귀의 공격 전술")의 대지 흐름은 주제 증명형 – 본문 묶음형 – 대지 진전형의 유형을 나타낸다. 설교의 주제는 "영적 전투에서 마귀는 먼저 의심을 심고 치명적 부분을 공격해오며 주로 물질과 명예로 유혹한다"라고 요약할 수 있다. 각 대지 진술과 대지 해석, 그리고 여러 주절이 마귀의 공격 전술이 얼마나 교묘하고 파워풀한지 증명하고 있다. 본 설교의 FCF는 "마귀의 실제적 공격에 무지하거나 쉽게 당하는 현대교인들의 어리석은 모습"이다. 설교의 공격 목표는 이런 어리석은 신앙인들의 나약함과 비겁함이다.

본문에 나타난 마귀의 공격 전술은 매우 교묘하다. 마귀는 '만일'이라는 말로 성도에게 의심이 솟아나게 하고, '만일'이라는 말로 우리의 치명적 부분을 공격해 들어온다. 많은 경우 성도는 세상의 물질이나 명예 때문에 마귀의 유혹을 이겨내지 못하게 된다. 그러므로 성도는 영적 전투에 나가면서 먼저 이러한 마귀의 공격전술을 알고 대비해야 할 것이다.

두 번째로 천사들이 수종들던 분, 예수 그리스도에 대해 본문이 보여주는 것이 무엇인지 살펴보자. 이 경우 대지 개요는 아래와 같이 전개할 수 있다.

본문 : **마 4:1~11** 제목 : **천사들이 수종드는 사람**
1. 예수님은 시험을 받으러 광야로 가심 (= 자신을 완전히 버리신 분) 1~2절= "그 때에 예수께서 성령에게 이끌리어 마귀에게 시험을 받으러 광야로 가사 사십 일을 밤낮으로 금식하신 후에 주리신지라" 2. 성령에게 이끌리어 마귀에게 시험을 받으러 가심 (= 사명을 가지신 분) 1절= "그 때에 예수께서 성령에게 이끌리어 마귀에게 시험을 받으러 광야로 가사" 3. 오직 하나님께 경배하고 그를 섬기라 하심 (= 하나님께만 영광 돌리는 분) 10절= "이에 예수께서 말씀하시되 사탄아 물러가라 기록되었으되 주 너의 하나님께 경배하고 다만 그를 섬기라 하였느니라"

본 설교("천사들이 수종드는 사람")의 주제는 "천사들이 수종들던 예수님은 자신을 완전히 버리고 사명감으로 사탄과 싸우며 오직 하나님께만 영광을 돌리시는 분이시다"라고 할 수 있다. FCF는 "많은 신앙인이 사명감 부족으로 하나님께 영광을 돌리지도 못하고 자신을 버리는 일에도 주저주저하고 있음" 정도로 하면 되겠다. 대지 유형은 주제 설명형 – 본문 수집형 – 대지 연결형의 고리로 엮여져 있다.

하나님께서 천사들을 파송하셔서 수종들게 하시는 예수님은 어떤 분이신가? 그는 자원하여 광야로 나가 시험을 받으실 만큼 자신을 완전히 버리신 분이시고 사명감에 충만하신 분이시다. 그는 시험을 물리치면서 오직 하나님께만 경배하라고 외치신 분이시다. 예수님은 과연 천사들의 수종을 받으시기에 합당하신 분이시다.

이번에는 예수님이 받으신 광야의 시험 자체에 초점을 맞춰 개요를 작성해 보자. 시험 받으신 내용과 결과를 본문에서 찾아야 한다. 설교 개요를 아래와 같이 작성할 수 있을 것이다.

본문 : **마 4:1~11**
제목 : **광야의 시험 (The King's Temptation and Victory)**

1. 준비 단계: 성령에 이끌려 광야에서 주리심

1~2절= "그 때에 예수께서 성령에게 이끌리어 마귀에게 시험을 받으러 광야로 가사 사십 일을 밤낮으로 금식하신 후에 주리신지라"

2. 시험 내용: 하나님과의 관계, 하나님 영광 중심의 삶을 깨뜨리려 함

3절= "네가 만일 하나님의 아들이어든 명하여 이 돌들로 떡덩이가 되게 하라"
6절= "네가 만일 하나님의 아들이어든 뛰어내리라"
9절= "만일 내게 엎드려 경배하면 이 모든 것을 네게 주리라"

3. 승리: 마귀는 떠날 수밖에 없음

11절= "이에 마귀는 예수를 떠나고 천사들이 나아와서 수종드니라"

본 설교("광야의 시험")는 주제 함축형으로 대지를 작성하여 1대지에서 준비 단계, 2대지에서 마귀의 세 가지 시험의 내용, 그리고 3대지에서는 시험의 결과를 소주제로 삼았다. FCF는 "많은 신앙인이 마귀 유혹의 본질이 하나님과의 관계임을 잘 모르고 있음"으로 하여 설교 목표를 회중에게 하나님과의 관계의 중요성을 강조하는 데 두었다.

예수님의 시험 받으신 모습은 이스라엘의 광야 시험과 비교된다. 이스라엘이 광야에서 실패한 그 지점에서 예수님은 승리하셨다. 본문에서 우리는 마귀의 교묘한 시험의 3단계를 본다.

사탄의 최고 목표는 하나님 나라 사역의 훼방에 있다. 예수께서 마귀의 시험을 이긴 비결이 무엇인가? 예수님은 오직 하나님께 의존했고, 오직 하나님께 기쁨을 돌려드리는 것, 그리고 오직 하나님께 영광을 돌려드리는 일에 모든 힘을 쏟으셨다.

이처럼 한 본문에서 세 가지 주제를 찾아내어 각 주제에 맞게 대지들을 작성해 보았다. 각 주제에 해당하는 설교 개요를 작성하는 과정에서 중요한 것은 통일성(unity)과 질서(order)와 진행성(progress)임을 잊지 말자. 설교의 성패는 이처럼 주제의 선명성에 있다 해도 과언이 아니다. 대지 진술을 작성할 때 우리는 그 대지들이 일관되게 주제를 향해 나아가도록 주의해야 한다.

2.2. 마가복음 10:13~16

13.사람들이 예수께서 만져 주심을 바라고 어린 아이들을 데리고 오매 제자들이 꾸짖거늘
14.예수께서 보시고 노하시어 이르시되 어린 아이들이 내게 오는 것을 용납하고 금하지 말라 하나님의 나라가 이런 자의 것이니라
15.내가 진실로 너희에게 이르노니 누구든지 하나님의 나라를 어린 아이와 같이 받들지 않는 자는 결단코 그 곳에 들어가지 못하리라 하시고
16.그 어린 아이들을 안고 그들 위에 안수하시고 축복하시니라

본문은 가정의 달에 자주 언급되는 설교 본문이다. 일 년에 한 번 돌아오는 어린이 주일에 어린이에 대한 우리의 태도를 돌아보는 계기로 삼기에 적합한 본문이다. 어린아이들과 청소년들의 어깨에 우

리의 미래가 달려 있다. 교회와 사회와 나라의 미래가 이들에게 달려 있다. 그러므로 어린아이들에게 바람직한 교육환경을 조성하는 것이야말로 무엇보다 중요하다.

본문에서 **먼저** 눈에 띄는 것은 어린아이에 대한 세 가지 다른 시각이다. 어린아이에 대해 부모와 제자들과 예수님이 각각 보인 반응을 중심으로 설교 개요를 작성해보면 다음과 같다.

본문 : **막 10:13~16**
제목 : **어린아이들에 대한 세 가지 시각**

1. 부모의 모습: 예수께로 데리고 옴

13절= "사람들이 예수께서 만져 주심을 바라고 어린 아이들을 데리고 오매"

2. 제자들의 모습: 어린아이들을 귀찮게 여김

13절= "…어린 아이들을 데리고 오매 제자들이 꾸짖거늘"

3. 예수님의 모습: 어린아이들을 축복하심

16절= "그 어린 아이들을 안고 그들 위에 안수하시고 축복하시니라"

본 설교("어린아이들에 대한 세 가지 시각")는 주제 함축형 - 본문 분석형 - 대지 반전형의 대지 유형이 되도록 개요를 작성하였다. 석의 주제는 "예수님은 부모의 손에 이끌려 예수께로 나오는 어린아이들을 막는 제자들을 꾸짖으시고 어린아이들을 축복하셨다"라고 할 수 있다. 본 설교의 FCF는 "많은 신앙인은 어린아이들이 예수께로 나오는 것의 귀중함을 모르고 있음" 정도로 요약 가능하다. 따라서 설교의 목표는 어린이들이 교회로 나오게 하고 말씀을 배우게 하는 것이 얼마나 중요한가를 성도들에게 각인시키는 데 있다.

부모의 모습은 어떠한가? 부모는 "만져 주심을 바라고" 자녀를 데려 왔다. 아무리 못난 자식에게도 부모의 바램이 있다. 동사는 미완료 과거로 쓰여 사람들이 끊임없이 어린아이들을 데리고 왔음을 암시하고 있다.

그런데 예수님의 주위를 둘러싸고 있던 제자들의 반응은 어떠했나? 놀랍게도 제자들은 어린이를 데리고 오는 부모들을 꾸짖고, 귀찮게 여겼다. '꾸짖다(epitimao)'는 매우 강한 단어이다. 제자들은 실제로 부모들을 붙잡고 밀어낸 것 같다. 제자들의 이런 모습은 예수님의 분노를 자아내게 했다.

당시 예수님은 십자가 고난을 앞두고 매우 착잡한 심경이었지만, 아이들을 향한 관용과 여유를 가졌다. 예수님의 어린아이에 대한 관심은 사람들의 예상을 훨씬 뛰어넘는 것이었다. 어린아이는 천국의 주인이요 예수님 앞에 나오는 것은 오히려 어린아이들에게 더 큰 권리인데, 누가 야단을 칠 수 있겠는가! 예수 이름으로 모이는 주일학교에서 아이들은 진정한 사랑이 무엇인가를 배우고, 생명, 소망, 믿음을 배우며 자란다. 거기서 그리스도의 평강을 소유하여 험한 세상에서도 승리할 수 있는 능력을 얻는다.

두 번째로 우리는 본문에서 어린아이에 대한 예수님의 직접적인 가르침을 주제로 삼아 설교 개요를 작성할 수 있다. 본문 분석형 대지 유형을 사용하여 아래와 같이 개요를 작성해 보자.

본문 : **막 10:13~16**
제목 : **어린아이에 관한 예수님의 가르침**

1. 어린아이들이 예수께 나아오는 것을 금하지 말라 하심 (= 아이들을 주님께로, 교회로 인도해야 함)
   14절= "예수께서 보시고 노하시어 이르시되 어린 아이들이 내게 오는 것을 용납하고 금하지 말라…"

2. **하나님 나라는 어린아이와 같은 자들의 것이라 하심 (= 성도에게 어린 아이의 심성이 필요함)**

14절= "…하나님의 나라가 이런 자의 것이니라"

3. **하나님 나라를 어린아이와 같이 받들지 않는 자는 그 곳에 들어가지 못하리라 하심 (= 성도는 예수님을 신뢰하고 맡기며 순종해야 함)**

15절= "내가 진실로 너희에게 이르노니 누구든지 하나님의 나라를 어린 아이와 같이 받들지 않는 자는 결단코 그 곳에 들어가지 못하리라"

본 설교("어린아이에 관한 예수님의 가르침")의 주제는 "교회는 아이들을 영접하고 아이들의 심성으로 하나님 나라를 받드는 성도들의 모임이어야 한다." 정도로 할 수 있고, FCF는 "많은 교회가 어린이의 가치와 귀중성에 대해 눈을 뜨지 못하고 있음" 정도로 요약할 수 있겠다. 주제를 받치는 대지의 흐름은 주제 적용형 - 본문 분석형 - 대지 혼재형(1+2)으로 구성된다.

예수님은 어린아이들이 예수께 나아오는 것을 금하지 말라고 하셨다. 어린아이라 할지라도 예수님께로 이끌림 받아야 한다. 주님은 "용납하라, 금하지 말라"는 두 가지 명령을 주신다. 교회의 어린이 교육 부서가 얼마나 중요한지 아무리 강조해도 지나치지 않는다.

어린아이의 성품, 심성, 행동 등에는 하나님 나라에 들어가고자 하는 사람들이 갖추어야 할 요소가 보인다. 어린아이는 무엇이든지 잘 믿으며 의존적이다, 무엇에나 순종적이며 선악 간에 항상 배우는 존재이다,

15절에서 예수님이 가르치신 것은 성도가 평생 가슴 속에 넣어두어야 할 주님의 금언이다. 하나님 나라를 줄 수 있는 권한은 오직 하나님께만 있다. 우리는 주님의 강한 표현인 "결단코 들어가지 못하리라"는 말씀을 디스카운트 하지 말아야 한다.

세 번째로 본문에서 어린아이에 대해 가르치는 성경의 관점을 조금 다른 각도로 살펴보자.

본문 : **막 10:13~16** 제목 : **어린아이에 대한 성경의 가르침**
1. 부모들은 어린아이들을 예수께로 데리고 왔음 (= 교회 어린이 교육의 당위성) 13절= "사람들이 예수께서 만져 주심을 바라고 어린 아이들을 데리고 오매…" **2. 제자들은 그 부모를 꾸짖었음 (= 어린이 교육의 홀대를 경계)** 13절= "사람들이 예수께서 만져 주심을 바라고 어린 아이들을 데리고 오매 제자들이 꾸짖거늘" **3. 예수님은 어린아이들을 축복하심 (= 어린이 교육의 중요성)** 15~16절= "내가 진실로 너희에게 이르노니 누구든지 하나님의 나라를 어린 아이와 같이 받들지 않는 자는 결단코 그 곳에 들어가지 못하리라 하시고 그 어린 아이들을 안고 그들 위에 안수하시고 축복하시니라"

본 설교("어린아이에 대한 성경의 가르침")는 대지 반전형의 기법으로 설교의 흐름에 긴장감을 더하도록 구성했다. 이번에는 각 대지의 해석을 교회 교육이라는 관점에서 적용해 보았다. 13절에서 교회 어린이 교육의 당위성을 발견할 수 있고, 제자들의 모습을 통하여 현대 교회가 어린이 교육에 관심을 덜 쏟고 있는 것에 대한 경계를 되새기게 되며, 어린아이들을 직접 축복하시는 예수님의 모습을 통하여 어린이 교육의 중요성을 제고할 수 있다.

이와 같이 비교적 단순한 본문을 가지고도 여러 가지로 주제를 다변화시켜 회중에게 필요한 교훈을 줄 수 있는 것이 강해대지설교의 묘미라 할 수 있을 것이다.

2.3. 누가복음 22:39~46

39.예수께서 나가사 습관을 따라 감람 산에 가시매 제자들도 따라갔더니
40.그 곳에 이르러 그들에게 이르시되 유혹에 빠지지 않게 기도하라 하시고
41.그들을 떠나 돌 던질 만큼 가서 무릎을 꿇고 기도하여
42.이르시되 아버지여 만일 아버지의 뜻이거든 이 잔을 내게서 옮기시옵소서 그러나
내 원대로 마시옵고 아버지의 원대로 되기를 원하나이다 하시니
43.천사가 하늘로부터 예수께 나타나 힘을 더하더라
44.예수께서 힘쓰고 애써 더욱 간절히 기도하시니 땀이 땅에 떨어지는 핏방울 같이 되
더라
45.기도 후에 일어나 제자들에게 가서 슬픔으로 인하여 잠든 것을 보시고
46.이르시되 어찌하여 자느냐 시험에 들지 않게 일어나 기도하라 하시니라

본문의 겟세마네 동산에서의 기도 장면, 그리고 이어지는 갈보리 언덕의 십자가 죽음까지의 사건은 예수님의 수난(受難)의 절정 부분이다. 겟세마네의 영적 싸움에서 승리하신 주님은 마침내 십자가에서도 승리하신 것이다. 본문에 나타난 겟세마네 기도는 아담의 죄책으로 인하여 야기된 인류의 모든 질고와 형벌을 일거에 제거하기 위하여 하나님의 뜻에 철저히 순종하려는 마지막 아담 되신 예수님의 결단의 기도로서, 인류 역사상 가장 숭고한 기도이다.

우리는 본문이 묘사하고 있는 겟세마네 동산의 현장을 주제로 삼고 메시지를 얻을 수 있고, 예수님의 고민하시는 모습에 초점을 맞춰 묵상할 수도 있고, 예수님의 기도 내용에 초점을 맞춰 주제를 전개할 수 있다.

첫 번째로 겟세마네 현장을 조감도(鳥瞰圖)로 그려보는 설교 개요

를 작성해 보자. 이 경우 겟세마네가 어떤 곳이며 그곳에서 예수님이 기도하시는 모습을 통해 우리에게 주시는 교훈이 무엇인가에 주의를 기우려 대지를 작성하는 것이 중요하다.

본문 : **눅 22:39~46**
제목 : **겟세마네 고난의 현장**
(The Servant of the Suffering in Gethsemane)

1. **예수께서 "유혹에 빠지지 않게 기도하라"고 당부하심 (= 처절한 영적 전투의 장소)**
   40절= "…유혹에 빠지지 않게 기도하라 하시고"
2. **예수께서 땀방울이 핏방울 되도록 간절히 기도하심 (= 주님의 고민과 번민)**
   44절= "예수께서 힘쓰고 애써 더욱 간절히 기도하시니 땀이 땅에 떨어지는 핏방울 같이 되더라"
3. **우리도 자신의 겟세마네에서 기도의 단을 쌓아야 함 (= 나의 작은 겟세마네)**
   46절= "어찌하여 자느냐 시험에 들지 않게 일어나 기도하라 하시니라"

본 설교("겟세마네 고난의 현장")의 대지 유형은 주제 설명형 - 본문 묶음형 - 대지 혼재형(2+1)이다. 설교의 주제는 "겟세마네 고난의 현장에서 예수님은 영적 싸움을 하는 전사의 모습을 보이심" 정도로 요약된다. 그런데 많은 신앙인이 영적 전투의 개념도 희박하고 전투에 나서는 용기도 부족한 것이 오늘의 현실이다(FCF).

겟세마네 동산은 처절한 영적 전투의 장소이다. 예수님은 제자들에게 "유혹에 빠지지 않게 기도하라"고 하셨다. '겟세마네'란 말은 '기름을 짠다'는 뜻에서 유래된 단어가 아닌가! 기름을 짜듯 기도해야 영적 전투에서 이길 수 있다. 누가복음의 저자인 누가의 강조점은 기도하지 않으면 시험에 빠질 수밖에 없다는 데 있다. 성도가 마주치는 세상은 유혹에 이기도록 기도해야만 하는 엄청난 영적 전투의 현장이다.

예수님은 땀이 핏방울이 되도록 간절히 기도하셨다. 우리는 주님의 고민과 번민의 깊이를 이해한다고 감히 말할 수 없다. 다만 성경 전체를 통해 우리가 짐작하는 주님이 고민하신 이유는 ① 세상의 모든 죄책을 걸머지신 것과, ② 당시 어둠의 세력이 총공격을 가해 왔던 것과, ③ 특히 하나님께서 세상 죄를 걸머지신 예수님으로부터 얼굴을 숨기셨기 때문이다.

그러므로 우리 모두는 각자 자신의 작은 겟세마네 기도의 제단을 쌓아야 한다. 이곳에서 우리는 영적 싸움을 경험하게 되고, 우리 각자에게 씌워진 십자가의 무게를 절감하게 된다.

두 번째로 본문에 명확히 나타나 있는 그리스도께서 경험하신 마음속의 깊은 고민을 중심으로 설교 개요를 작성해보자.

본문 : **눅 22:39~46**
제목 : **그리스도의 고민 (The Agony of Christ)**

1. **무릎을 꿇고 "이 잔을 내게서 옮기시옵소서"라고 기도하심 (= 고민 중 기도)**
   41~42절= "…무릎을 꿇고 기도하여 이르시되 아버지여 만일 아버지의 뜻이거든 이 잔을 내게서 옮기시옵소서…"
2. **땀이 핏방울 되도록 간절히 기도하심 (= 고민의 깊이, 엄청난 고통)**
   44절= "예수께서 힘쓰고 애써 더욱 간절히 기도하시니 땀이 땅에 떨어지는 핏방울 같이 되더라"

3. "내 원대로 마시옵고 아버지의 원대로 되기를 원하나이다"라고 하심 (= 고민에서 승리하심, 아버지의 뜻 순종)

42절= "아버지여 만일 아버지의 뜻이거든 이 잔을 내게서 옮기시옵소서 그러나 내 원대로 마시옵고 아버지의 원대로 되기를 원하나이다"

본 설교("그리스도의 고민")의 대지 유형은 주제 설명형 – 본문 분석형 – 대지 진전형의 구도를 따른다. 설교의 주제는 "예수님은 겟세마네에서 깊은 고민과 엄청난 고통으로 간절히 기도하여 아버지의 뜻에 순종하는 승리를 거두셨다"라고 할 수 있다. 그런데 현대교회의 많은 교인은 우리를 위해 피땀 흘려 기도하시던 주님의 고민과 고통에 무관심한 상태에 있지 않은가!

예수님은 무릎을 꿇고 "이 잔을 내게서 옮기시옵소서"라고 기도하셨다. 주님의 기도는 고민 중의 기도였다. 주님은 이제 곧 감당해야 할 십자가의 엄청난 고통과 수치로 인하여 고민하고 번민하셨다. 그의 마음속에서는 격렬한 싸움이 일어나고 있었던 것이다.

주님의 고민의 깊이를 보라. 주님은 땀이 핏방울이 되도록 간절히 기도하셨다. 예수님이 그토록 고민하신 이유는 세상 모든 인류의 죄책이 그의 양어깨에 지워졌기 때문이다. 우리는 이 주님의 고민과 고통에 동참하기 위해 '나의 작은 겟세마네'로 올라갈 것이다.

우리 예수님은 아버지의 뜻에 모든 것을 맡기셨다. 그리고 그 동산의 기도의 자리에서 마침내 승리하셨다. 겟세마네에서 순종의 기도로 승리하신 예수님은 더 이상 고민하지 않으시고, "그 얼굴을 부싯돌 같이 굳게" 하시고 자원하여 공공연하게 십자가의 길로 나섰던 것이다. 우리는 주님의 피맺힌 번민과 무서운 투쟁을 묵상하며, 주님의 보혈의 고귀함과 우리 구원의 고귀함을 다시 한 번 돌아보게 된다. 여러분은 자신의 작은 겟세마네에서 십자가 고통에 몸부림쳐 본 적이 있는가? 고통과 번민의 밤이 지나면 마침내 광명의 아침이 온다.

우리는 지금 누가복음 22:39~46을 본문으로 하여 각기 다른 주제로 설교 개요를 작성하는 훈련을 하고 있다. 이제 **세 번째로** 예수님의 기도의 내적 유형에 대해 생각해보자. 예수님은 우리의 기도의 모델이시다. 주님은 기도의 외적 유형(언제, 어떻게)의 모델이실 뿐 아니라 내적 유형(어떤 내용, 어떤 목적)에 있어서도 모델이시다.

본문 : **눅 22:39~46**
제목 : **예수님 기도의 내적 유형**

1. "내 원대로 마시옵고 아버지의 원대로 되기를 원하나이다"라고 기도하심 (= 하나님의 뜻을 우선하는 기도)
   42절= "이르시되 아버지여 만일 아버지의 뜻이거든 이 잔을 내게서 옮기시옵소서 그러나 내 원대로 마시옵고 아버지의 원대로 되기를 원하나이다 하시니"
2. 제자들이 시험에 들지 않게 기도하라고 권면하심 (= 교회와 성도들을 위한 기도)
   40절= "그 곳에 이르러 그들에게 이르시되 유혹에 빠지지 않게 기도하라 하시고"
   46절= "이르시되 어찌하여 자느냐 시험에 들지 않게 일어나 기도하라 하시니라"
3. 하나님을 아버지로 호칭하며 기도하심 (= 하나님을 아버지로 받는 믿음의 기도)
   42절= "이르시되 아버지여 만일 아버지의 뜻이거든…내 원대로 마시옵고 아버지의 원대로 되기를…"

본 설교("예수님 기도의 내적 유형")의 대지 흐름은 주제 설명형 –

본문 수집형 - 대지 연결형이다. 주제는 "예수님은 하나님 아버지의 뜻을 우선하는 기도, 교회와 성도들을 위한 기도의 모범을 보이셨다." 정도로 요약된다. 그런데 현대교회의 많은 신앙인은 하나님의 뜻을 우선하는 기도에 낯설어하고, 자신의 소원을 아뢰는 데 바쁘다. 이 점이 설교자의 공격 목표가 되어야 한다.

예수님의 기도의 특징은 42절에 보이는 것처럼 하나님의 뜻을 우선하는 기도이다. 본문에서 우리는 '내 원함'과 '아버지의 원함' 사이에서 갈등하는 예수님을 바라보면서 주님의 인간적인 모습에 공감을 갖는다. 예수께서 십자가 고통 중에 부르짖는 모습이 우리를 숙연하게 하고, 주님의 인성이 원하는 것이 십자가를 면하는 것이었지만 결국 주님은 하나님의 원함을 더 크게 생각하셨다는 것에 우리는 주님 앞에 무릎을 꿇는다.

예수님이 제자들을 권면하시는 모습은 교회와 성도들을 위해 지금도 기도하시는 주님을 생각게 한다. 이기주의와 개인주의가 팽배한 현대에서 나와 나의 가족이 아닌 다른 사람들을 위해 기도할 수 있다는 것은 예수 믿는 사람들의 특권이다. 우리도 하나님을 아버지로 호칭하며 기도하는 성도가 되어야겠다. 아버지께 기도하는 것은 우리에게 주신 최고의 선물이다.

우리도 예수께서 기도하신 내적 유형을 따라 기도하자. 여러분의 교회는 아버지 되신 하나님을 향해 믿음을 가지고 기도하는 성도들로 채워지고 있는가?

2.4. 누가복음 23:32~43

32.또 다른 두 행악자도 사형을 받게 되어 예수와 함께 끌려 가니라
33.해골이라 하는 곳에 이르러 거기서 예수를 십자가에 못 박고 두 행악자도 그렇게 하

니 하나는 우편에, 하나는 좌편에 있더라
34.이에 예수께서 이르시되 아버지 저들을 사하여 주옵소서 자기들이 하는 것을 알지 못함이니이다 하시더라 그들이 그의 옷을 나눠 제비 뽑을새
35.백성은 서서 구경하는데 관리들은 비웃어 이르되 저가 남을 구원하였으니 만일 하나님이 택하신 자 그리스도이면 자신도 구원할지어다 하고
36.군인들도 희롱하면서 나아와 신 포도주를 주며
37.이르되 네가 만일 유대인의 왕이면 네가 너를 구원하라 하더라
38.그의 위에 이는 유대인의 왕이라 쓴 패가 있더라
39.달린 행악자 중 하나는 비방하여 이르되 네가 그리스도가 아니냐 너와 우리를 구원하라 하되
40.하나는 그 사람을 꾸짖어 이르되 네가 동일한 정죄를 받고서도 하나님을 두려워하지 아니하느냐
41.우리는 우리가 행한 일에 상당한 보응을 받는 것이니 이에 당연하거니와 이 사람이 행한 것은 옳지 않은 것이 없느니라 하고
42.이르되 예수여 당신의 나라에 임하실 때에 나를 기억하소서 하니
43.예수께서 이르시되 내가 진실로 네게 이르노니 오늘 네가 나와 함께 낙원에 있으리라 하시니라

예수님의 십자가 고난과 부활 사건, 그리고 재림은 주님의 삶과 사역의 중심이다. 특히 십자가는 주님의 거룩과 사랑을 나타내는 최대의 사건이다. 본문에 그려지고 있는 갈보리 형장을 살펴보자. 예수님은 강도 둘과 함께 십자가에 달리셨다. 주님은 온 인류의 죄를 위하여, 강도 둘은 온전히 죄 안에서 죽어가고 있다. 둘은 그들 자신의 죗값을 사회에 갚는 죽음을, 그리고 주님은 우리의 죗값을 갚으시려고 자원하여 죽음의 잔을 마신다.

본문에서 우리는 갈보리 언덕 위에 세워진 세 십자가의 의미에서 메시지를 찾을 수 있고, 한편 강도에게 베푸시는 예수님의 은혜를 주제로 삼을 수도 있다. 그리고 구원받은 한편 강도에게 시선을 돌려 그의 모습이 어떠한지, 그가 어떻게 구원을 받게 되었는지, 우리에게 주시는 교훈은 어떤 것인지에 초점을 맞춰 설교 개요를 세워보자.

첫 번째로 갈보리 언덕에 세워진 세 십자가를 전체로 보며 두 행악자와 예수님의 모습을 설교 개요에 담아보자.

<table>
<tr><td>본문 : 눅 23:33~43
제목 : 갈보리 언덕의 세 십자가 (Three Crosses on Calvary's Hill)</td></tr>
<tr><td>1. 두 행악자는 동일한 정죄를 받았음 (= 모두가 죄 아래 있음)
40절= "하나는 그 사람을 꾸짖어 이르되 네가 동일한 정죄를 받고서도 하나님을 두려워하지 아니하느냐"
2. 두 사람 모두 예수께 구원을 요청하였음 (= 첫째는 상황에서 구원을, 둘째는 죄로부터 구원을 요청)
39절= "달린 행악자 중 하나는 비방하여 이르되 네가 그리스도가 아니냐 너와 우리를 구원하라 하되"
42절= "이르되 예수여 당신의 나라에 임하실 때에 나를 기억하소서 하니"
3. 예수님은 마지막 순간에 한 영혼을 더 구하셨음 (= 주님의 십자가는 구원의 십자가)
43절= "예수께서 이르시되 내가 진실로 네게 이르노니 오늘 네가 나와 함께 낙원에 있으리라 하시니라"</td></tr>
</table>

본 설교("갈보리 언덕의 세 십자가")의 주제는 "모든 인류는 마지막 순간에도 주님의 십자가 은혜로 회개하여 구원받을 수 있다"는 적용적 메시지로 요약할 수 있다. 대지의 유형은 주제 설명형 – 본문 수집형 – 대지 혼재형(2+1)의 흐름을 갖고 있다. 그런데 현대 교회는 말로는 주님의 몸 된 교회라고 하면서도 최후의 순간까지 한 영혼을 건지려는 주님의 모습을 닮아가려는 노력이 쉽게 보이지 않는다.

40절이 보여주는 것은 우리 모두가 동일한 정죄를 받고 있다는 선언이다. 첫째 강도는 예수님을 조롱만 했고, 두 번째 강도는 자신의 죄를 인정했다. 우리는 인간을 인종, 칼라, 지역 등으로 나누지만, 하나님께 정죄받는 일에는 차이가 없다. 그런데 모든 사람이 동일한 정죄를 받는다는 성경의 선언이 현대인들에게 받아들이기 어려운 것은 사실이다.

두 행악자 모두 예수님께 구원을 요청하였지만 첫 번째 행악자는 현 상황에서 구원을 요청했고, 다른 한 사람은 죄로부터 구원받기를 요청한 것이 확연히 다르다. 두 번째 행악자의 모습에서 우리는 자신의 죄를 인정하고 부활을 기대하며 겸손히 주님 앞에 엎드리는 참 신앙인의 자세를 배워야 한다.

이제 예수님에게 초점을 맞춰 생각해보자. 예수님은 십자가 위에서 피를 흘리시며 죽어가는 마지막 순간에도 한 영혼을 더 구하셨다. 그날 주님은 우리의 많은 질문에 대해 확실히 답을 주셨다. 죽는 순간에도 구원받을 수 있나? 악한 삶을 살고도 구원받을 수 있는가? 세례받지 않고도 구원받을 수 있나? 죽은 후 천국 가는 것을 확신할 수 있는가? 이 모든 질문의 답은 Yes!

두 번째로 본문에서 보여주는 은혜로운 장면은 회개하는 강도에게 구원을 확약하시는 예수님의 모습이다.

본문 : **눅 23:33~43**
제목 : **강도에게 임한 십자가의 은총 (You Will Be With Me in Paradise)**

1. "오늘 나와 함께 낙원에 있으리라" 하심 (= 용서의 사랑)
   42절= "예수여 당신의 나라에 임하실 때에 나를 생각하소서"
   43절= "내가 진실로 네게 이르노니 오늘 네가 나와 함께 낙원에 있으리라"

2. "아버지여 저희를 사하여 주옵소서" 하심 (= 대속의 사랑)

34절= "아버지여 저희를 사하여 주옵소서 자기의 하는 것을 알지 못함이니이다"

45절= "성소의 휘장이 한가운데가 찢어지더라"

3. 낙원을 약속하심 (= 천국 약속의 사랑)

43절= "내가 진실로 네게 이르노니 오늘 네가 나와 함께 낙원에 있으리라"

본 설교("강도에게 임한 십자가의 은총")의 대지 흐름은 주제 설명형 - 본문 수집형 - 대지 병렬형의 구도이다. 석의 주제는 "예수님의 십자가의 은총은 우편 강도에게 용서와 천국 약속의 사랑으로 주어졌다"라고 요약된다. 그런데 많은 교인이 십자가의 사랑을 실감하지 못하고 있는 현대교회의 실상으로 볼 때 이런 설교는 더욱 사랑받아야 한다.

예수께서 "오늘 나와 함께 낙원에 있으리라"고 하신 것은 용서의 사랑을 보여주심을 의미한다. 십자가의 은총은 용서의 사랑으로 나타난다. 중요한 것은 영혼을 사랑하시되 끝까지 사랑하시는 예수님의 모습이다. 십자가의 용서의 사랑을 받은 우리, 이제는 주위의 사람들에게 넉넉한 용서의 사랑을 베푸는 성도들이 되자.

대속의 사랑을 직접 나타내시는 주님의 말씀이 34절에서 들려온다. "아버지여 저희를 사하여 주옵소서 자기의 하는 것을 알지 못함이니이다." 회개한 한편 강도에게 주신 주님의 은혜는 단순히 인간적인 큰 사랑이나 엄청난 용서 정도가 아니다. 주님의 십자가 죽음은 온 인류의 죄짐을 담당한 죽음이고, 하나님과 인류 사이에 막혔던 담을 헐고 둘 사이를 화해케 하는 화목제물의 죽음이다.

예수님은 그에게 낙원을 약속하신다. 선물 중의 최고의 선물은 천국의 선물이다. 인생의 최고의 소망은 내가 장차 천국에서 영원한 삶을 누리게 되는 것이다. 천국은 성도에게는 고향과 같다. 성도의 시민권은 하늘에 있다. 십자가의 은총을 입은 사람은 주님으로부터 천국에 대한 확고한 소망을 부여받은 사람이다.

세 번째로 본문에서 우리는 구원 받은 강도가 어떻게 구원에 이르게 되었는가를 본문을 통해 추적해보자.

본문 : **눅 23:33~43**
제목 : **구원받은 한 편 강도 (One More Soul)**

1. **예수님의 용서하시는 모습을 지켜봄 (= 복음을 받음, 용서의 체험)**
   34절= "이에 예수께서 이르시되 아버지 저들을 사하여 주옵소서 자기들이 하는 것을 알지 못함이니이다 하시더라"
2. **자신의 죄를 자각함 (= 죄 인정, 양심의 소리에 귀 기울임)**
   40~41절= "하나는 그 사람을 꾸짖어 이르되 네가 동일한 정죄를 받고서도 하나님을 두려워하지 아니하느냐 우리는 우리가 행한 일에 상당한 보응을 받는 것이니 이에 당연하거니와 이 사람이 행한 것은 옳지 않은 것이 없느니라 하고"
3. **예수님께 "나를 기억하소서"라고 함 (= 회개의 고백, 주님 영접 고백)**
   42절= "이르되 예수여 당신의 나라에 임하실 때에 나를 기억하소서 하니"

본 설교("구원받은 한편 강도")의 대지 유형은 주제 설명형 – 본문 묶음형 – 대지 진전형의 이상적인 흐름을 가진다. 많은 경우 설교의 역동성은 대지 진전형에서 나온다. 설교의 주제를 어떻게 말할 수 있을까? "우편 강도는 예수님의 용서하시는 모습을 보고 자신의 죄를 깨닫고 회개의 고백을 드려 구원을 약속받았다"라고 하면 어떨까? 그런데 설교자는 많은 교인이 자신의 죄를 좀처럼 인정하지 않으려는 현대 교회의 모습(FCF)을 염두에 두고 설교에 임해야 한다.

그 강도는 자기 옆에 함께 달린 한 젊은 죄수의 입에서 나오는 놀라운 용서의 말씀을 들으면서 복음을 받게 되었고 용서를 체험하게 되었다. 옆의 다른 강도는 더욱 쓴 소리를 뱉어내고 있고, 지나가는 무리는 머리를 흔들면서 예수님을 조롱하고 있었다. 그러나 우편 강도의 눈과 귀에 들어온 예수님의 모습은 용서와 은혜의 모습이요, 찬란히 빛나는 그리스도의 영광의 광채였다. 저자인 누가는 예수님을 비방하는 사람을 향해 엄숙히 꾸짖는 우편 강도의 말을 기록함으로써 이때까지 예수님을 향해 계속되던 모든 비방을 상쇄시킨다.

이 사람의 회개의 고백을 듣자. "당신의 나라에 임하실 때에 나를 기억하소서!" 이것은 주님을 영접하는 고백이기도 하다. 십자가에 달린 강도의 회개 사건은 비단 한 개인뿐만 아니라 온 인류에게 용서와 구원의 사례를 제시해주는 중요한 사건이다. 그는 예수님의 기적을 체험하지 못했지만 예수님을 믿었고, 예수님이 자신처럼 힘없이 십자가에 달린 것을 보았지만 예수님을 주님이라 불렀다. 이런 그에게 주님의 놀라운 구원의 약속이 주어졌다. 예수님은 십자가에 못 박혀 죽으시는 순간에도 자기를 못 박은 자들을 위하여 간절한 용서의 기도를 드리셨다. 그리고 이 용서의 사랑은 죽음의 순간까지도 미움과 원망으로 가득 차 있던 한 강도의 마음을 녹이고 회개하게 하였다.

이번에는 네 번째로 구원받은 강도의 모습을 좀 더 객관적인 입장에서 살펴보고 정리해보자. 두 강도는 출발은 비슷했고 그동안 똑같은 강도의 길을 걸어왔다. 다 같이 사형 언도를 받고, 똑같이 십자가에 달려 죽음의 순간을 기다리고 있었다. 그러나 끝은 완전히 달라진다. 두 강도의 갈림길을 보라. 한 사람은 예수 믿고 낙원으로, 다른 강도는 믿지 아니하므로 지옥으로 떨어졌다. 구원받은 한편 강도의 모습을 깊이 묵상해보면 놀라운 진리가 숨어 있다.

본문 : **눅 23:33~43**
제목 : **낙원을 약속받은 행악자**

1. **이 강도는 죽음 직전에 구원받았음 (= 구원의 문은 최후 순간까지 열려 있음)**

   42~43절= "예수여 당신의 나라에 임하실 때에 나를 기억하소서 하니 예수께서 이르시되 내가 진실로 네게 이르노니 오늘 네가 나와 함께 낙원에 있으리라 하시니라"

2. **흉악범이었지만 은혜로 구원받았음 (= 용서받지 못할 죄는 없음)**

   42~43절= "예수여 당신의 나라에 임하실 때에 나를 기억하소서 하니 예수께서 이르시되 내가 진실로 네게 이르노니 오늘 네가 나와 함께 낙원에 있으리라 하시니라"

3. **"나를 기억하소서" 한 마디로 구원 약속을 받았음 (= 행함 아닌 믿음으로 구원받음)**

   42절= "이르되 예수여 당신의 나라에 임하실 때에 나를 기억하소서 하니"

본 설교의 대지 유형은 주제 설명형 – 본문 묵상형 – 대지 병렬형의 유형 변화를 가진다. 설교의 석의 주제를 "예수님 곁의 한 강도는 죽음 직전에 오직 믿음으로 구원받았다"로 한다면, 본 설교는 많은 교인이 여전히 행함으로 구원의 문턱에 가까이 가보겠다는 인간적인 생각들을 갖고 있는 오늘의 현실에 적합한 메시지가 될 것이다.

이 강도가 죽음 직전에 구원받았다는 것은 구원의 기회는 항상 열려 있다는 것을 의미한다. 마지막 순간에도 회개하고 믿으면 구원받을 수 있다. 한 강도는 죽는 순간에 구원의 기회를 붙잡았으나 다른 강도는 구원의 기회를 거부했다. 인류에게 구원의 기회는 아직 남아 있다. 지금이라도 회개하고 구원의 줄을 잡자. 두 강도가 죽는 순간에 예수님이 거기 계셨다.

강도의 죄는 너무 크다. 그러나 온 세상이 저주하는 죄라도 주님은 용서하실 수 있다. 십자가의 속죄 능력의 위대함을 보라. 주님의 사랑, 주님의 용서를 경험하는 자는 복이 있다. 사람들이 지옥 가는 것은 죄 때문이라기보다 주님의 용서를 믿지 않기 때문이다. 우리는 주님의 용서하심을 믿어야 한다. 세상 그 어디에도 죄인을 오라고 하는 곳은 없지만, 주님은 "내가 온 것은 의인을 부르러 온 것이 아니요 죄인을 불러 회개시키러 왔노라"고 하셨다.

그는 "나를 기억하소서" 한 마디로 구원 약속을 받았다. 이 사건은 성경 전체에서 행함 아닌 믿음으로 구원받은 사건의 대표적인 예가 될 수 있다. 한 강도는 구원의 필요성을 알았고, 또 다른 강도는 구원의 필요성을 느끼지 못했다. 구원받은 강도가 한 것은 아무것도 없다. 우리는 오직 믿음으로 구원의 길에 들어선다.

하나님은 자기 백성을 절대로 포기하지 않는다. 두 강도는 두 부부일 수도, 두 친구일 수도, 이웃일 수도 있다. 예수 믿는 사람은 강도라 할지라도 소망이 있지만 예수 없는 사람은 아무리 착하게 살았더라도 소망이 없다.

한 본문 속에 응축되어 있는 주제의 다양함에 대한 당신의 느낌은 어떠한가? 영감된 성경 말씀이 정말 위대하지 않은가? 위에서 우리는 한 본문(눅 23:39~43)에서 네 가지 다른 주제로 설교 개요를 작성해 보았다. 독자 여러분은 성경 본문이 참으로 다양한 진리의 메시지를 하나의 스토리에 담고 있다는 사실을 앞의 예를 통해서 충분히 알게 되었을 것이다. 주제를 잡고, 그 주제에 통일성(unity)과 질서(order)와 진행성(progress)을 부여하는 방향으로 대지를 잡고, 각 대지 진술에 대한 적용적 해석을 병기하여 설교문을 작성해 보라. 여러분의 설교가 어느덧 회중의 "혼과 영과 관절과 골수를 찔러 쪼개는" 생기 충만한 성령의 검이 될 것이다.

Part Ⅱ.

설교주제잡기 700선

마태복음

마가복음

누가복음

| 주제잡기 일러두기

- [**제목**]은 본문의 주제로부터 뽑아내는 것을 원칙으로 하였음.
- [**대지 진술**]의 문장은 본문 그대로 사용하는 것을 기본으로 하되, 경우에 따라서는 함축적으로 작성함.
- [**제목**]과 [**대지**]를 연결할 때 자연스럽게 이야기가 되도록 하여, 그것이 전체 본문의 중심사상(main idea, 주제)이 되게 함.
- [**대지 해석**]은 회중에게 적용할 수 있도록 하되, 문맥에 맞게 직역과 의역 중 선택함.
- [**대지 유형**]은 앞의 대지 유형 변화의 설명을 참조하기 바람.
- [**주제**]에는 석의 주제와 적용 주제로 나누이며, 본문에 따라 적합한 쪽을 사용함.
- [**FCF**]는 Fallen Condition Focus의 약자로서, 앞의 FCF 설명을 참조 바람.
- [**서론**]은 설교문 작성 시 필요한 5가지 요소(흥미유발, 주제소개, FCF, 배경 및 자료, 우산질문) 중 참조 될 만한 것을 무작위(無作爲)로 제시함.
- [**우산질문**]은 설교의 대지 유형을 결정할 수 있는 문장으로서, 앞의 우산질문 설명을 참조 바람.

- **[대지 전개]**의 설명란에 제시된 것은 대지 전개에 도움이 될 만한 내용을 무작위로 작성한 것으로, 독자 여러분이 실제 대지 전개(설명, 예증, 적용)를 작성할 때는 대지의 흐름을 고려하여 설교문을 작성해야 함.
- **[절기, 용도, 장르, 특징]**은 필요에 따라 독자 여러분이 작성하기 바람.
- [Key Word]는 설교 주제의 중심 되는 단어임.
- [Remarks]는 독자 여러분이 사용하는 비고 항목임.

본문 : **마 1:1~17**
제목 : **족보의 메시지 (The Message of the Genealogist)**

1.아브라함과 다윗의 자손 예수 그리스도의 계보라 **2.**아브라함이 이삭을 낳고 이삭은 야곱을 낳고
야곱은 유다와 그의 형제들을 낳고 **3.**유다는 다말에게서 베레스와 세라를 낳고 베레스는 헤스론을
낳고 헤스론은 람을 낳고 **4.**람은 아미나답을 낳고 아미나답은 나손을 낳고 나손은 살몬을 낳고 **5.**살
몬은 라합에게서 보아스를 낳고 보아스는 룻에게서 오벳을 낳고 오벳은 이새를 낳고 **6.**이새는 다윗
왕을 낳으니라 다윗은 우리야의 아내에게서 솔로몬을 낳고 **7.**솔로몬은 르호보암을 낳고 르호보암은
아비야를 낳고 아비야는 아사를 낳고 **8.**아사는 여호사밧을 낳고 여호사밧은 요람을 낳고 요람은 웃
시야를 낳고 **9.**웃시야는 요담을 낳고 요담은 아하스를 낳고 아하스는 히스기야를 낳고 **10.**히스기
야는 므낫세를 낳고 므낫세는 아몬을 낳고 아몬은 요시야를 낳고 **11.**바벨론으로 사로잡혀 갈 때에
요시야는 여고냐와 그의 형제들을 낳으니라 **12.**바벨론으로 사로잡혀 간 후에 여고냐는 스알디엘을
낳고 스알디엘은 스룹바벨을 낳고 **13.**스룹바벨은 아비훗을 낳고 아비훗은 엘리아김을 낳고 엘리아
김은 아소르를 낳고 **14.**아소르는 사독을 낳고 사독은 아킴을 낳고 아킴은 엘리웃을 낳고 **15.**엘리웃
은 엘르아살을 낳고 엘르아살은 맛단을 낳고 맛단은 야곱을 낳고 **16.**야곱은 마리아의 남편 요셉을
낳았으니 마리아에게서 그리스도라 칭하는 예수가 나시니라 **17.**그런즉 모든 대 수가 아브라함부터
다윗까지 열네 대요 다윗부터 바벨론으로 사로잡혀 갈 때까지 열네 대요 바벨론으로 사로잡혀 간 후
부터 그리스도까지 열네 대더라

1. 예수님은 아브라함과 다윗의 자손이라 밝힘 (= 예수님은 법적 상속자이심)

1절= "아브라함과 다윗의 자손 예수 그리스도의 계보라"

2. 오랜 역사를 열네 대씩 세 시대로 구분함 (= 하나님의 섭리는 유유(悠悠)함)

17절= "그런즉 모든 대 수가 아브라함부터 다윗까지 열네 대요 다윗부터 바벨론으로 사로잡혀 갈 때까지 열네 대요 바벨론으로 사로잡혀 간 후부터 그리스도까지 열네 대더라"

3. 다말과 라합 등의 부끄러운 이름을 과감하게 기록함 (= 하나님의 은혜는 모든 장벽을 뛰어넘음)

3절= "유다는 다말에게서 베레스와 세라를 낳고"
5절= "살몬은 라합에게서 보아스를 낳고"
6절= "다윗은 우리야의 아내에게서 솔로몬을 낳고"

◈◈◈

【대지 유형】 주제 설명형 - 본문 수집형 - 대지 심화형

【주제】 족보에는 언약의 자손인 예수 그리스도를 보내시기까지의 장구한 역사 가운데 넘치는 하나님의 은혜가 빛나고 있다.
【FCF】 많은 교인이 인간적인 장벽을 넘어서는 하나님의 은혜에 감동하지 못하고 있음.

【서론】 구약성경의 첫 장= 우주 만물 창조 기사로 시작. 그런데 신약성경의 첫 문을 여는 본 장은 죄로 인해 멸망의 길에 있는 인류를 재창조하기 위하여 이 땅에 오신 예수 그리스도의 족보로 시작. 예수 그리스도의 족보에는 신학적 목적이 있다. 족보에는 그 목적이 여러 특징을 통하여 잘 나타나고 있다.
【우산질문】 신약성경 첫 부분에서 우리에게 주시는 족보의 메시지는 무엇인가?

【1대지】 마태복음의 핵심적인 메시지는 예수님이 바로 구약에서 약속된 메시아(the Promised Messiah)라는 것. 마태복음은 이를 위해 직접인용 53개, 간접인용 76개, 총 129개의 구약 구절을 예수님의 위격(Person)과 사역(Work)에 연결시키고 있다. 예수 그리스도는 구약 언약의 법적 상속자(the legal heir)로 오신 분이다.
【2대지】 마태가 기록한 주님의 족보는 실로 2천 년이 넘는 장구한 세월의 기록이다. 예수님의 족보는 실상 인간의 역사라기보다 하나님의 언약의 역사요 하나님의 승리의 기록이다. 실로 하나님의 은혜와 자비는 모든 장벽을 초월한다. 주님은 세상에서 가장 부족하고 흠집투성이인 사람들을 들어 주님의 족보를 채우는 조상이 되도록 하셨다.
【3대지】 우리는 이 족보에서 마침내 하나님이 보여주신 인간의 얼굴을 발견한다. 이제 하나님은 초월자이실 뿐 아니라 동시에 우리 속에 계시고, 우리와 같은 얼굴을 가진 분이다.
【결론】 우리는 예수 그리스도에 대하여 보다 진지하게 생각해야 한다. 예수님은 언약의 자손이요 법적인 상속자이다. 예수 믿는 믿음을 더욱 분명히 해서, 그분으로 인해 나의 삶이 완전히 변하도록 해야 한다.

- 절기, 용도, 장르, 특징: 신년설교.
- Key Word: 족보, 계보.
- Remarks:

본문 : **마 2:1~12**

제목 : **동방박사의 예배 신앙 (Wise Men from the East)**

1.헤롯 왕 때에 예수께서 유대 베들레헴에서 나시매 동방으로부터 박사들이 예루살렘에 이르러 말하되 **2.**유대인의 왕으로 나신 이가 어디 계시냐 우리가 동방에서 그의 별을 보고 그에게 경배하러 왔노라 하니 **3.**헤롯 왕과 온 예루살렘이 듣고 소동한지라 **4.**왕이 모든 대제사장과 백성의 서기관들을 모아 그리스도가 어디서 나겠느냐 물으니 **5.**이르되 유대 베들레헴이오니 이는 선지자로 이렇게 기록된 바 **6.**또 유대 땅 베들레헴아 너는 유대 고을 중에서 가장 작지 아니하도다 네게서 한 다스리는 자가 나와서 내 백성 이스라엘의 목자가 되리라 하였음이니이다 **7.**이에 헤롯이 가만히 박사들을 불러 별이 나타난 때를 자세히 묻고 **8.**베들레헴으로 보내며 이르되 가서 아기에 대하여 자세히 알아보고 찾거든 내게 고하여 나도 가서 그에게 경배하게 하라 **9.**박사들이 왕의 말을 듣고 갈새 동방에서 보던 그 별이 문득 앞서 인도하여 가다가 아기 있는 곳 위에 머물러 서 있는지라 **10.**그들이 별을 보고 매우 크게 기뻐하고 기뻐하더라 **11.**집에 들어가 아기와 그의 어머니 마리아가 함께 있는 것을 보고 엎드려 아기께 경배하고 보배합을 열어 황금과 유향과 몰약을 예물로 드리니라 **12.**그들은 꿈에 헤롯에게로 돌아가지 말라 지시하심을 받아 다른 길로 고국에 돌아가니라

1. 먼 길을 찾아 예수께 옴 (= 예배에 대한 열정, 열심)

1절= "…동방으로부터 박사들이 예루살렘에 이르러 말하되…"

2. 별의 인도를 받음 (= 그리스도의 별의 인도)

2절= "우리가 동방에서 그의 별을 보고 그에게 경배하러 왔노라 하니"

10절= "박사들이 왕의 말을 듣고 갈새 동방에서 보던 그 별이 문득 앞서 인도하여 가다가 아기 있는 곳 위에 머물러 섰는지라"

11절= "저희가 별을 보고 가장 크게 기뻐하고 기뻐하더라"

3. 아기 예수께 경배함 (= 참 경배의 대상이신 예수)

11절= "집에 들어가 아기와 그 모친 마리아의 함께 있는 것을 보고 엎드려 아기께 경배하고…"

4. 황금과 유향과 몰약을 예물로 드림 (= 매우 귀한 예물)

11절= "…보배합을 열어 황금과 유향과 몰약을 예물로 드리니라"

◈◈◈

【대지 유형】 주제 설명형 - 본문 수집형 - 대지 진전형

【주제】 (석의) 동방박사들은 열정을 가지고 별의 인도를 받아 예수께 경배하며 귀한 예물을 드렸다.
【FCF】 많은 신앙인이 하나님에 대한 첫사랑을 잃어버리고 무덤덤한 예배를 드리고 있음.

【서론】 동방 박사 이야기에서 가장 중요한 요점은 예수님께 예배하는 신앙의 모습이다. 타락한 인간들이 하나님께 대하여 지속적으로 부족한 점이 바로 이 예배 신앙이다.
【우산질문】 본문을 통하여 동방 박사들이 보여준 경배 신앙을 살펴보자.

【1대지】 박사들의 신앙은 어떤 난관이라도 헤쳐나가는 열정적인 신앙이었다. 박사들은 인내로써 예루살렘에까지 이르게 되었다. 무엇이 그들로 하여금 그렇게 하게 했나? 그것은 메시아 탄생에 대한 소망과 기대가 그만큼 간절했고 컸기 때문이다.
【2대지】 박사들이 보았던 별은 자연계의 별이면서, 또한 우리에게는 이 세상에서 언제나 별 되신 예수님의 인도를 받아가야 할 것을 보여주는 상징적인 별이다. 본문의 별에 대한 가장 유력한 가설은 초신성(超新星)= 별이 폭발하면서 생기는 엄청난 에너지를 순간적으로 방출해 밝기가 평소의 수억 배에 이르렀다가 서서히 낮아지는 현상. 지구상에서 볼 때는 없던 별이 갑자기 생긴 것처럼 보이게 된다.
【3대지】 박사들은 아기 예수께만 신적인 경배, 즉 예배를 드렸다. 당시 박사들의 행동은 상상을 초월하는 모습이다. 우리 모두 눈앞의 현실에 매이는 자가 되지 말고 그 너머에 계시는 언약의 하나님을 바라보자.
【4대지】 박사들이 바친 세 가지 예물은 매우 귀한 것들일 뿐 아니라 상징성을 갖는 예물이다.
【결론】 동방 박사들처럼 우리 각자의 보배합을 열어 회개의 예물, 순종과 믿음의 예물, 사랑의 아름다운 예물을 드림으로써 하나님을 영화롭게 하는 성도가 되자.

- 절기, 용도, 장르, 특징: 성탄절.
- Key Word: 동방박사, 예배.
- Remarks:

본문 : **마 2:1~12**

제목 : **왕으로 오신 예수님에 대한 반응들**

1.헤롯 왕 때에 예수께서 유대 베들레헴에서 나시매 동방으로부터 박사들이 예루살렘에 이르러 말하되 **2.**유대인의 왕으로 나신 이가 어디 계시냐 우리가 동방에서 그의 별을 보고 그에게 경배하러 왔노라 하니 **3.**헤롯 왕과 온 예루살렘이 듣고 소동한지라 **4.**왕이 모든 대제사장과 백성의 서기관들을 모아 그리스도가 어디서 나겠느냐 물으니 **5.**이르되 유대 베들레헴이오니 이는 선지자로 이렇게 기록된 바 **6.**또 유대 땅 베들레헴아 너는 유대 고을 중에서 가장 작지 아니하도다 네게서 한 다스리는 자가 나와서 내 백성 이스라엘의 목자가 되리라 하였음이니이다 **7.**이에 헤롯이 가만히 박사들을 불러 별이 나타난 때를 자세히 묻고 **8.**베들레헴으로 보내며 이르되 가서 아기에 대하여 자세히 알아보고 찾거든 내게 고하여 나도 가서 그에게 경배하게 하라 **9.**박사들이 왕의 말을 듣고 갈새 동방에서 보던 그 별이 문득 앞서 인도하여 가다가 아기 있는 곳 위에 머물러 서 있는지라 **10.**그들이 별을 보고 매우 크게 기뻐하고 기뻐하더라 **11.**집에 들어가 아기와 그의 어머니 마리아가 함께 있는 것을 보고 엎드려 아기께 경배하고 보배합을 열어 황금과 유향과 몰약을 예물로 드리니라 **12.**그들은 꿈에 헤롯에게로 돌아가지 말라 지시하심을 받아 다른 길로 고국에 돌아가니라

1. 헤롯의 반응: 살기등등하여 예수님을 죽이려고 하였음

3절= "헤롯 왕과 온 예루살렘이 듣고 소동한지라"

2. 종교 지도자들의 반응: 무관심했음

4~5절= "왕이 모든 대제사장과 백성의 서기관들을 모아 그리스도가 어디서 나겠느냐 물으니 이르되 유대 베들레헴이오니…"

3. 동방박사들의 반응: 예수께 경배하기를 소원했음

9절= "박사들이 왕의 말을 듣고 갈새…"

11절= "집에 들어가 아기와 그의 어머니 마리아가 함께 있는 것을 보고 엎드려 아기께 경배하고 보배합을 열어 황금과 유향과 몰약을 예물로 드리니라"

◈◈◈

【대지 유형】 주제 함축형 – 본문 수집형 – 대지 진전형

【주제】 왕으로 오신 예수님을 맞이하는 인간들의 반응은 타락한 인간 본성을 그대로 나타내지만 택한 백성은 경배하는 마음을 갖는다.

【FCF】 주님의 복음 앞에 많은 이들이 적대적이거나 무관심함.

【서론】 예수님의 오심은 천지 창조이래 가장 기쁜 사건이다. 그런데 이 사건 앞에 사람들의 반응은 어떠했나? 본문에서 3가지의 반응을 본다. 그들은 각각 대조적인 반응을 보임으로 매우 상징적인 교훈을 남겨주었다. 타락한 인간 본성에 있는 욕구들은 어느 시대에나 있어 왔다. 예수님이 이 세상에 오셨을 때 사람들의 반응이 이런 인간의 모습들을 적나라하게 보여주고 있다.
【우산질문】 예수님 탄생에 대한 사람들의 반응은 어떠했나?

【1대지】 3절의 '소동하다'라는 말은 두려움과 고통으로 도무지 마음을 안정하지 못하고 있는 상태를 나타낸다. 헤롯은 권력에 대한 애착이 컸다. 권력 유지를 위해서라면 친자식이라도 죽일 만큼 권력에 무서운 집착을 보였다. 남을 믿지 못함. 왕권에 대한 도전을 참지 못함. 베들레헴 2살 아래 아기들 학살 명령을 내림. 지금도 광란적으로 예수님을 적대하는 자들이 많다. 헤롯을 주장했던 사탄은 지금도 또 다른 헤롯을 사용한다. 신앙이 없는 자들은 마귀의 종들= 그들은 예수님을 미워한다.
【2대지】 종교지도자들은 관심이 없었다. 비록 구약성경에 통달했고 메시아 예언에 익숙했지만 그러나 그들은 베들레헴으로 가지 않았다. 변화를 싫어함. 우리 가운데 예수님 탄생에 대한 지식은 갖고 있지만 도무지 예수님을 영적으로 만나기를 꺼리는 사람은 없는가? 성탄절에 성탄 축하예배는 드리지만 축제만 있고 주인공을 모르는 사람은 없는가?
【3대지】 동방의 박사들은 먼 길을 걸어 왔다. 그들이 예수께서 왕이라는 사실을 믿었다는 것은 대단한 신앙이라 아니할 수 없다. 그들은 별을 보고 기뻐했다. 베들레헴 평민의 집. 보잘 것 없어 보이는 집의 아기에게 경배함. 귀한 예물을 드림. 여러분은 지금 동방의 박사들처럼 주님 앞에 부복하여 경배를 드리는 마음인가?
【결론】 (존 칼빈의 해석) 황금=왕, 유향=제사장, 몰약=선지자. 황금처럼 변치 않는 믿음, 유향 같은 순결, 몰약 같은 썩지 않는 사랑을 담자.

- 절기, 용도, 장르, 특징: 성탄절.
- Key Word: 왕으로 오신 예수님, 반응.
- Remarks:

본문 : **마 2:9~11**

제목 : **집에 계신 예수께 경배 (From the Stable to the House)**

9.박사들이 왕의 말을 듣고 갈새 동방에서 보던 그 별이 문득 앞서 인도하여 가다가 아기 있는 곳 위에 머물러 서 있는지라 **10.**그들이 별을 보고 매우 크게 기뻐하고 기뻐하더라 **11.**집에 들어가 아기와 그의 어머니 마리아가 함께 있는 것을 보고 엎드려 아기께 경배하고 보배합을 열어 황금과 유향과 몰약을 예물로 드리니라

1. 동방박사들이 아기 예수님을 베들레헴 집에서 뵈옴 (= 예수님을 모신 집이 복이 있음)

11절= "집에 들어가 아기와 그의 어머니 마리아가 함께 있는 것을 보고…"

2. 박사들이 집에서 예수님께 경배함 (= 주님께 예배하는 집이 복이 있음)

11절= "…엎드려 아기께 경배하고…"

3. 예배하며 예수님께 예물을 드림 (= 예수님을 주님으로 섬기는 집이 복이 있음)

11절= "…보배합을 열어 황금과 유향과 몰약을 예물로 드리니라"

◈◈◈

【대지 유형】 주제 설명형 - 본문 분석형 - 대지 진전형

【주제】 (적용) 예수님을 모시고 주님으로 예배하며 물질로 섬기는 집이 복이 있다.

【FCF】 많은 교인이 주님께 드리는 예배와 예배에서의 예물의 중요성에 대한 인식이 부족함.

【서론】 성탄절은 기독교의 최대 명절. 예수님의 탄생소식에 대한 다양한 반응들(헤롯, 종교인들, 동방박사들). 그중 동방박사들은 신비한 인물들임. 어디서 왔는지, 몇 명인지, 정확히 언제 베들레헴에 도착했는지, 그리고 별이 그리스도의 탄생을 가리키는 줄을 어떻게 알았는지 모른다. 우리가 아는 것은 그들이 현자(賢者)이고, 구세주를 찾는 사람들이었고, 그들이 도착했던 곳은 마구간이 아니라 베들레헴의 어느 집이었다는 사실.

【우산질문】 예수님을 모신 베들레헴 집에 임한 복에 대해 살펴보자.

【1대지】 동방의 박사들이 찾은 집, 예수님을 모신 집이 복받는 집. 무엇보다 먼저 우리의 집에 주님이 계셔야 함. 우리 집이 초라하든 수준급이든 중요한 것은 주님을 모시는 집이어야 한다는 것. 박사들이 도착한 곳은 가난한 젊은 부부의 집= 그러나 예수님이 계신 가장 복된 집이었음. 여러분의 집은 예수님 계시기에 편안한 집인가? 혹시 주님 계시기에 불편한 요소는 없는가?

【2대지】 별을 보고 기뻐하는 박사들, 집에 들어가 아기께 경배하는 예배자의 모습= 마리아에게는 영원히 잊을 수 없는 사건이 됨. "엎드려 아기께 경배하고…" 주님께 예배하는 집이 복이 있다. 예배는 주님의 존재와 주님 하신 일에 대해 주님을 찬양하는 마음. 여러분의 집은 이런 경배의 영으로 충만한가? 베들레헴에서 예배하는 유일한 집이라는 사실, 그것도 이방인들에 의해! 기막힌 아이러니이다. 박사들은 오직 아기께 경배함= 이 구절을 근거로 주장하는 로마 가톨릭의 마리아 숭배사상은 근거 없다. 요 4:23, "…아버지께서는 이렇게 자기에게 예배하는 자들을 찾으시느니라."

【3대지】 박사들이 먼 곳에서부터 준비해 온 세 개의 보배합= 지극한 정성= 그들은 오직 아기 예수께 선물을 드림(not to Maria). 주위의 초라한 환경에 상관없이 오직 예수님을 주님으로 모심. 여러분은 주님 위해 어떤 보배합을 준비하고 있는가? 당대의 유명한 현자들이 보잘 것 없는 집의 아기에게 경배하고 귀한 예물까지 드림= 진정한 믿음을 소유한 자들이었다.

【결론】 기쁜 성탄! 여러분의 집은 어떤 변화가 필요한가? 어떤 보배합을 준비했는가?

- 절기, 용도, 장르, 특징: 성탄절.
- Key Word: 성탄.
- Remarks:

본문 : **마 2:10~12**
제목 : **동방박사들의 세 가지 예물**
(Gifts of Gold, Incense, and myrrh)

10.그들이 별을 보고 매우 크게 기뻐하고 기뻐하더라 **11.**집에 들어가 아기와 그의 어머니 마리아가 함께 있는 것을 보고 엎드려 아기께 경배하고 보배합을 열어 황금과 유향과 몰약을 예물로 드리니라 **12.**그들은 꿈에 헤롯에게로 돌아가지 말라 지시하심을 받아 다른 길로 고국에 돌아가니라

1. 황금을 예물로 드림 (= 예수 그리스도의 왕직)
11절= "집에 들어가 아기와 그의 어머니 마리아가 함께 있는 것을 보고 엎드려 아기께 경배하고 보배합을 열어 황금…을 예물로 드리니라"

2. 유향을 예물로 드림 (= 예수 그리스도의 제사장직)
11절= "…유향…을 예물로 드리니라"

3. 몰약을 예물로 드림 (= 예수 그리스도의 선지자직)
11절= "…몰약을 예물로 드리니라"

◈◈◈

【대지 유형】 주제 설명형 - 본문 묵상형 - 대지 연결형
【주제】 (석의) 동방 박사들이 예수님께 절하며 황금, 유향, 몰약을 선물로 드린 것은 예수님이 이 땅에 왕으로, 제사장으로, 선지자로 오심을 보여준다.
【FCF】 많은 신앙인이 예수님의 세 가지 직분에 대해 깊은 이해와 경외심이 부족함.

【서론】 성탄절 선물의 효시(嚆矢)는 본문의 동방박사들의 경우이다. 이들은 멀리 동방에서 하늘의 이상한 별을 보고 어려운 길을 찾아온 현자들이었다. "…엎드려 아기께 경배하고…" 동방의 박사들은 아기 예수에게 신적인 경배, 즉 예배를 드렸다. 예수님의 동족 유대인들은 아무도 아기 예수를 찾아 경배하지 않았는데, 이방 땅에서 온 박사들은 머나먼 곳으로부터 와서 경배했던 것.
【우산질문】 예수님께 드린 세 가지 예물의 영적 의미를 살펴보자.

【1대지】 당시 중근동의 예법에는 왕 앞에 나갈 때 두 가지 모습으로 나갔다. 첫째는 엎드려 절하는 것, 또 하나는 황금을 선물로 바치는 것. 황금은 그리스도의 왕권을 상징한다(칼빈). 황금에는 독특한 특성이 있고 상징성이 있다. 첫째 으뜸성, 둘째 불변성, 셋째 보배성. 예수께서 흘려주신 피는 '보배로운 피'(=보혈, 벧전 1:19)이다. 예수 그리스도는 '보배로운 산 돌'(벧전 2:4)이다. 이 세상 부귀와 명예와 행복까지도 주님을 위해 희생할 각오를 갖추는 순교적인 결단. 성탄절은 이 위대한 황금의 예물을 드리는 절기이다.

【2대지】 당시 풍속으로는 귀한 분에게 향료를 뿌려드리는 일이 있었다. 이 향료는 너무 비싸서 한두 방울씩 뿌렸다. 예수님께 유향 예물을 드리는 것은 예수 그리스도께서 우리의 죗값을 치르시고 하나님과 우리 사이를 화목케 하신 제사장이심을 인정하고, 그분만을 의지하기로 고백하는 것을 의미한다. 예수 그리스도는 우리를 위해 제사장의 직분을 성공적으로 수행하셨다. 그는 우리의 죄 사함을 위해 자신의 몸을 희생제물로 하나님께 드리셨고, 우리와 하나님 사이에 중보자가 되셨다. 부활하신 주님은 지금 하늘 보좌에서 대제사장의 사역을 수행하고 계신다.

【3대지】 몰약(스뮈르나)은 동아프리카와 아라비아 등지에서 자생하는 나무에서 추출한 향수이다. 이것은 유향과 달리 약간 쓰고 톡 쏘는 냄새를 지니고 있고, 시체를 썩지 않게 하는 방부제로 사용되었다. 몰약은 시체에 발라 방부제로 쓰인다는 점(요 19:39)에서 예수님의 수난과 죽음을 상징한다. 그러므로 이것은 고난과 희생과 핍박받음의 대명사인 선지자 직분을 의미한다.

【결론】 예수 그리스도께서 우리를 위해 왕으로, 제사장으로, 선지자로 오셨다. 우리 모두 동방의 박사들처럼 우리의 보배합을 열어 주님께 예물을 드리자. 회개와 순종과 믿음과 헌신의 아름다운 예물을 드려 하나님을 영화롭게 하자.

- 절기, 용도, 장르, 특징: 성탄절, 상징주의.
- Key Word: 예물, 동방박사.
- Remarks:

본문 : **마 2:12~21**
제목 : **하나님의 피난처 (The Sanctuary of God)**

12.그들은 꿈에 헤롯에게로 돌아가지 말라 지시하심을 받아 다른 길로 고국에 돌아가니라 **13.**그들
이 떠난 후에 주의 사자가 요셉에게 현몽하여 이르되 헤롯이 아기를 찾아 죽이려 하니 일어나 아기와
그의 어머니를 데리고 애굽으로 피하여 내가 네게 이르기까지 거기 있으라 하시니 **14.**요셉이 일어
나서 밤에 아기와 그의 어머니를 데리고 애굽으로 떠나가 **15.**헤롯이 죽기까지 거기 있었으니 이는
주께서 선지자를 통하여 말씀하신 바 애굽으로부터 내 아들을 불렀다 함을 이루려 하심이라 **16.**이
에 헤롯이 박사들에게 속은 줄 알고 심히 노하여 사람을 보내어 베들레헴과 그 모든 지경 안에 있는
사내아이를 박사들에게 자세히 알아본 그 때를 기준하여 두 살부터 그 아래로 다 죽이니 **17.**이에 선
지자 예레미야를 통하여 말씀하신 바 **18.**라마에서 슬퍼하며 크게 통곡하는 소리가 들리니 라헬이
그 자식을 위하여 애곡하는 것이라 그가 자식이 없으므로 위로 받기를 거절하였도다 함이 이루어졌
느니라 **19.**헤롯이 죽은 후에 주의 사자가 애굽에서 요셉에게 현몽하여 이르되 **20.**일어나 아기와 그
의 어머니를 데리고 이스라엘 땅으로 가라 아기의 목숨을 찾던 자들이 죽었느니라 하시니 **21.**요셉
이 일어나 아기와 그의 어머니를 데리고 이스라엘 땅으로 들어가니라

1. 헤롯이 베들레헴의 남자 아기를 다 죽임 (= 사탄의 무서운 공격, 피난처 필요)

16절= "헤롯이 … 심히 노하여 … 두 살부터 그 아래로 다 죽이니"

2. 주의 사자가 애굽으로 피할 것을 지시함 (= 하나님의 간섭과 섭리)

13절= "주의 사자가 요셉에게 현몽하여 이르되 헤롯이 아기를 찾아 죽이려 하니 일어나 아기와 그의 어머니를 데리고 애굽으로 피하여 내가 네게 이르기까지 거기 있으라 하시니"

3. 요셉 가족은 애굽에서 헤롯이 죽기까지 있었음 (= 하나님의 도피처, Sanctuary)

14~15절= "요셉이 일어나서 밤에 아기와 그의 어머니를 데리고 애굽으로 떠나가 헤롯이 죽기까지 거기 있었으니 …"

◈◈◈

【대지 유형】 주제 설명형 - 본문 수집형 - 대지 진전형

【주제】 (적용) 사탄의 무서운 공격 앞에 노출된 성도에게 하나님은 피난처를 준비해 놓으신다.

【FCF】 작은 어려움 앞에서도 하나님의 도우심을 믿지 못하고 두려워하는 성도들의 모습.

【서론】 성탄 후 아름다운 날들 계속. 이때 요셉 가족은 베들레헴에서 처소도 정하고 평온한 삶을 살고 있었음. 결례의 날 후 예루살렘으로. 성전에서 시므온과 안나를 만남. 한편 동방의 박사들이 예루살렘에 도착. 이때 헤롯을 이용한 사탄의 준동이 거세게 일어났음. the Egyptian strategy by God!
【우산질문】 예수님의 애굽 피난 사건에서 사탄의 공격과 피난처를 준비하시는 하나님의 모습을 살펴보자.

【1대지】 헤롯의 무서운 선택(16절)= 공포 정치. 어느 시대나 가능한 일이다. 요셉과 마리아 가족에게는 큰 위험이 아닐 수 없다. 헤롯의 세력은 사탄의 도구였다. 하나님 나라의 도래를 막는 흑암의 세력! 예수님은 처음부터 엄청난 위험과 시련에 직면하셨다.
【2대지】 천사를 통한 하나님의 간섭과 섭리를 보라. 하나님은 우리를 인도하실 마스터 플랜을 갖고 계시다. 하나님은 때로는 직접적으로 터프하게 역사한다. 때로는 피난처, 성소(Sanctuary) 제공. 하나님의 역사를 보라!
【3대지】 하나님은 요셉 가족에게 애굽을 도피처로 제공하셨다. 그곳은 헤롯의 손이 미치지 못하는 곳. 거기서 헤롯이 죽기까지 거주함. 이 시대에도 피난처가 필요하다. 구약의 도피성 제도를 연구해 보라. 사람들이 우리 교회에 와서 Sanctuary를 발견하고 있는가?
【결론】 이 땅은 무서운 영적 전투장이다. 우리(교회, 가정)에게 sanctuary가 필요하다. 세상과 싸우다가 상처투성이가 된 성도의 영혼을 위한 피난처! 다윗의 아둘람 굴과 같은 곳. 우리 교회가 바로 그 피난처이어야 한다.

- 절기, 용도, 장르, 특징: 성탄절 직후.
- Key Word: 피난처.
- Remarks:

본문 : **마 3:1~6**

제목 : **광야의 세례요한 (John the Baptist in the Wilderness)**

1.그 때에 세례 요한이 이르러 유대 광야에서 전파하여 말하되 **2.**회개하라 천국이 가까이 왔느니라 하였으니 **3.**그는 선지자 이사야를 통하여 말씀하신 자라 일렀으되 광야에 외치는 자의 소리가 있어 이르되 너희는 주의 길을 준비하라 그가 오실 길을 곧게 하라 하였느니라 **4.**이 요한은 낙타털 옷을 입고 허리에 가죽 띠를 띠고 음식은 메뚜기와 석청이었더라 **5.**이 때에 예루살렘과 온 유대와 요단 강 사방에서 다 그에게 나아와 **6.**자기들의 죄를 자복하고 요단 강에서 그에게 세례를 받더니

1. 그의 삶의 특징: 부유한 삶에 관심 없었음

4절= "이 요한은 낙타털 옷을 입고 허리에 가죽 띠를 띠고 음식은 메뚜기와 석청이었더라"

2. 그의 삶의 초점: 주의 길 준비

3절= "광야에 외치는 자의 소리가 있어 이르되 너희는 주의 길을 준비하라 그가 오실 길을 곧게 하라"

3. 그의 삶의 사명: 하나님 나라 전파

2절= "회개하라 천국이 가까이 왔느니라"

◈◈◈

【대지 유형】 주제 함축형 – 본문 분석형 – 대지 병렬형

【주제】 (석의) 검소한 삶을 산 세례요한은 그리스도의 길을 준비하며 천국 전파를 위해 치열하게 살다가 순교의 제물이 되었다.

【FCF】 많은 주의 종들이 사명감에 충실하지 못한 삶을 살고 있음.

【서론】 하나님의 구원 역사에 있어서 가장 중요하고 위대한 사건은 하나님의 독생자 그리스도께서 육신을 입고 이 땅에 오신 사건이다. 그리스도의 성육신(成肉身, Incarnation)은 인류 역사를 B.C.와 A.D.로 나눌 만큼 중대한 일이었고, 하나님은 그리스도의 길을 예비하기 위하여 선구자(先驅者)를 보내셨다. 그의 이름은 요한이었고, 그의 사역은 예수 그리스도보다 먼저 와서 회개의 세례를 베풂으로써 예수님의 공생애 사역을 준비하는 것이었다. 예수님은 요한을 가리켜 "여자가 낳은 자 중에 세례요한보다 큰 이가 일어남이 없도다" 라고 하셨다.

【우산질문】 본문을 통하여 '여자가 낳은 자 중에 가장 큰 사람' 세례요한의 삶

을 살펴보자.

【1대지】 4절은 세례요한의 외양(外樣)에 대한 묘사이다. 요한은 부유한 삶에 관심이 없었다. 그의 의식주(衣食住)는 소박하기 그지없었다. 낙타털 옷, 가죽 띠, 그리고 메뚜기와 석청 같은 것들은 그저 광야에서 떠돌아다니면서 사는 사람들이 입는 평범한 의상과 식물에 지나지 않는 것. 믿음으로 살고자 하는 자에게는 하나님께서 반드시 의식주 문제를 책임져 주신다. 사람들은 오래 사는 것이 축복이고 잘 사는 것이 축복이라고 생각하지만, 항상 그런 것은 아니다. 명예를 얻게 되면 축복받았다고 생각하기도 하나 항상 그런 것은 아니다. 비록 광야에서 낙타털 옷을 입고 메뚜기와 석청을 먹으며 짧은 인생을 살다 가더라도 우리 주님께서 인정하시는 인생이 제일 축복된 삶이다.

【2대지】 세례요한은 광야에 외치는 자였다. 비록 짧은 인생을 살았지만 자신의 목숨을 바칠 만큼 사랑하면서 몰두한 일이 있었다. 그것은 곧 주의 길을 준비하는 것. 그의 삶의 초점은 오직 그리스도 오시는 길을 준비하는 데 있었다. 세상에서 가장 행복한 사람은 아마도 목숨을 바칠 만큼 사랑하는 사람이 있는 사람일 것이고, 죽을 만큼 사랑하는 일이 있는 사람일 것이다. 여러분에게 목숨을 바칠 만큼 몰두할 수 있는 일이 있는가? 예수 그리스도를 주님으로 영접한 여러분은 한평생 사는 동안 목숨 바쳐 사랑할 만한 일은 과연 무엇인가?

【3대지】 요한의 삶은 주의 길을 준비하는 삶이었고 그 삶의 중심은 하나님 나라를 전파하는 일이었다. 그의 메시지를 한마디로 요약하면, "회개하라 천국이 가까이 왔느니라." 400년 동안의 침묵을 깨는 일성이었다. 회개는 과거 자신의 잘못을 뉘우칠 뿐만 아니라 지금까지 걸어오던 죄악의 길에서 발길을 돌려 이제 앞으로 하나님을 향하여 새롭게 나아가는 것이다. 후회는 단순히 과거만을 돌아보며 통탄하는 것인 반면, 회개는 미래에 대한 결단이 수반되는 것. 회개는 생명을 얻게 하고 보다 진보적인 삶을 살게 하지만, 후회는 죄책과 멸망만을 가져다줄 뿐이다.

【결론】 세례요한은 초림 예수를 준비하는 선구자의 삶을 치열하게 살다 갔다. 그렇다면 여러분은 다시 오실 예수님을 준비하는 일에 목숨을 걸어볼 만하지 않은가?

- 절기, 용도, 장르, 특징:
- Key Word: 세례요한.
- Remarks:

본문 : **마 3:1~6, 11~17**
제목 : **열려진 하늘문**

1.그 때에 세례 요한이 이르러 유대 광야에서 전파하여 말하되 **2.**회개하라 천국이 가까이 왔느니라 하였으니 **3.**그는 선지자 이사야를 통하여 말씀하신 자라 일렀으되 광야에 외치는 자의 소리가 있어 이르되 너희는 주의 길을 준비하라 그가 오실 길을 곧게 하라 하였느니라 **4.**이 요한은 낙타털 옷을 입고 허리에 가죽 띠를 띠고 음식은 메뚜기와 석청이었더라 **5.**이 때에 예루살렘과 온 유대와 요단 강 사방에서 다 그에게 나아와 **6.**자기들의 죄를 자복하고 요단 강에서 그에게 세례를 받더니 …… **11.**나는 너희로 회개하게 하기 위하여 물로 세례를 베풀거니와 내 뒤에 오시는 이는 나보다 능력이 많으시니 나는 그의 신을 들기도 감당하지 못하겠노라 그는 성령과 불로 너희에게 세례를 베푸실 것이요 **12.**손에 키를 들고 자기의 타작 마당을 정하게 하사 알곡은 모아 곳간에 들이고 쭉정이는 꺼지지 않는 불에 태우시리라 **13.**이 때에 예수께서 갈릴리로부터 요단 강에 이르러 요한에게 세례를 받으려 하시니 **14.**요한이 말려 이르되 내가 당신에게서 세례를 받아야 할 터인데 당신이 내게로 오시나이까 **15.**예수께서 대답하여 이르시되 이제 허락하라 우리가 이와 같이 하여 모든 의를 이루는 것이 합당하니라 하시니 이에 요한이 허락하는지라 **16.**예수께서 세례를 받으시고 곧 물에서 올라오실새 하늘이 열리고 하나님의 성령이 비둘기 같이 내려 자기 위에 임하심을 보시더니 **17.**하늘로부터 소리가 있어 말씀하시되 이는 내 사랑하는 아들이요 내 기뻐하는 자라 하시니라

1. 광야의 기인 요한에게 군중이 환호함 (= 세례요한의 등장, 하나님의 준비)

1~2절= “그 때에 세례 요한이 이르러 유대 광야에서 전파하여 말하되 회개하라 천국이 가까이 왔느니라”

2. 요한은 “뒤에 오시는 분”을 증언함 (= 요한의 메시아 증거)

11절= “나는 너희로 회개하게 하기 위하여 물로 세례를 베풀거니와 내 뒤에 오시는 이는 나보다 능력이 많으시니 나는 그의 신을 들기도 감당하지 못하겠노라…”

3. 예수님이 요한에게 세례받으심 (= 하나님의 의를 이룸)

14~15절= “요한이 말려 이르되 내가 당신에게서 세례를 받아야 할 터인데 당신이 내게로 오시나이까 예수께서 대답하여 이르시되 이제 허락하라 우리가 이와 같이 하여 모든 의를 이루는 것이 합당하니라”

4. 성부 성자 성령 하나님이 임재하심 (= 열려지는 하늘 문)

16~17절= “예수께서 세례를 받으시고 곧 물에서 올라오실새 하늘이 열리고 하나님의 성령이 비둘기 같이 내려 자기 위에 임하심을 보시더니 하늘로부터 소리가 있어 말씀하시되 이는 내 사랑하는 아들이요 내 기뻐하는 자라 하시니라”

◈◈◈

【대지 유형】 주제 함축형 – 본문 묶음형 – 대지 진전형
【주제】 (석의) 하나님은 세례요한의 사역과 예수님의 수세로 새 시대의 하늘 문을 여셨다.
【FCF】 새 시대 개념에 무딘 현대교회의 나태함.

【서론】 역사의 주인= 하나님. 역사를 대별하면= 구약과 신약의 시대. 하나님은 하늘 문을 여시고 새로운 시대를 시작하셨다.
【우산질문】 이 숨 가쁜 역사의 한순간에 요단 강가에서 일어났던 사건을 살펴보자.

【1대지】 오랜 세월 메시아를 기다려온 갈급한 군중. 당시는 정치적·종교적 사회적으로 때가 찼던 시기. 그러던 어느 날 기인(奇人)의 외침이 들려왔다. 백성들의 감동과 환호. 그들의 마음에 화살처럼 꽂혔다: "회개하라 천국이 가까웠느니라." 오늘도 눈물로 외치는 하나님의 종의 말씀은 군중의 가슴을 찌른다. 온 들판에 울려 퍼지는 하나님의 음성이 들리는가!
【2대지】 눅 3:15~17. 무리의 직접적인 질문에 단호하게 외치는 요한. 그는 대중의 인기나 박수, 실망에 아무 관심 없다. 그가 바라는 것은 오직 한 가지= 왕이 오시는 길을 예비하는 것. 이 시대 주의 재림을 준비하는 주의 사람들에게 필요한 것.
【3대지】 요 1:29 세상 죄를 지고 가는 하나님의 어린양. 겸손히 세례를 받으시는 예수님. 순종의 모범. 죄 없으신 분. 모든 사람의 귀감이 되신 분.
【4대지】 비둘기처럼 임하시는 성령. 하늘로부터 들려오는 음성. 그리고 하나님의 확인. 삼위 하나님의 사랑과 열정으로 구속대업 완수의 길로 전진.
【결론】 구약의 모든 그림자를 거두시고 새 언약의 찬란한 시대를 여신 예수님. 하늘 문을 활짝 열고 은혜와 생명을 부어주신다. 믿음으로 순종하는 자에게 하늘 문은 열려있다.

- 절기, 용도, 장르, 특징:
- Key Word: 새 시대, 하늘 문.
- Remarks:

본문 : **마 3:5~10**

제목 : **두 종류의 신앙 형태**

(Do we have Abraham as our father?)

5.이 때에 예루살렘과 온 유대와 요단 강 사방에서 다 그에게 나아와 **6.**자기들의 죄를 자복하고 요단 강에서 그에게 세례를 받더니 **7.**요한이 많은 바리새인들과 사두개인들이 세례 베푸는 데로 오는 것을 보고 이르되 독사의 자식들아 누가 너희를 가르쳐 임박한 진노를 피하라 하더냐 **8.**그러므로 회개에 합당한 열매를 맺고 **9.**속으로 아브라함이 우리 조상이라고 생각하지 말라 내가 너희에게 이르노니 하나님이 능히 이 돌들로도 아브라함의 자손이 되게 하시리라 **10.**이미 도끼가 나무 뿌리에 놓였으니 좋은 열매를 맺지 아니하는 나무마다 찍혀 불에 던져지리라

1. 순수한 동기와 불순한 동기 (= 참 신앙과 거짓 신앙)

5~6절= "이 때에 예루살렘과 온 유대와 요단 강 사방에서 다 그에게 나아와 자기들의 죄를 자복하고 요단 강에서 그에게 세례를 받더니"

7절= "요한이 많은 바리새인들과 사두개인들이 세례 베푸는 데로 오는 것을 보고 이르되, 독사의 자식들아, 누가 너희를 가르쳐 임박한 진노를 피하라 하더냐?"

2. 진정한 회개와 형식적 회개 (= 회개에 합당한 열매 유무)

5~6절= "이 때에 예루살렘과 온 유대와 요단 강 사방에서 다 그에게 나아와 자기들의 죄를 자복하고 요단 강에서 그에게 세례를 받더니"

7절= "요한이 많은 바리새인들과 사두개인들이 세례 베푸는 데로 오는 것을 보고 이르되, 독사의 자식들아, 누가 너희를 가르쳐 임박한 진노를 피하라 하더냐?"

3. 불순한 동기의 사람들에게 주는 교훈 (= "아브라함 이름 아래 숨어 있지 말라")

9절= "속으로 아브라함이 우리 조상이라고 생각하지 말라 내가 너희에게 이르노니 하나님이 능히 이 돌들로도 아브라함의 자손이 되게 하시리라"

◈◈◈

【대지 유형】 주제 함축형 - 본문 분석형 - 대지 혼재형(2+1)

【주제】 신앙인 가운데 동기와 회개의 진정성 면에서 올바른 신앙과 그렇지

못한 것이 있다.
【FCF】 많은 신앙인이 회개의 열매를 맺지 못하고 있음.

【서론】 세례요한이 사역하고 있는 곳을 향해 몰려든 무리 중에는 두 종류의 신앙 형태가 보인다. 한 부류의 사람들은 예루살렘과 온 유대와 요단 강 사방에서 모여든 사람들이고, 또 한 부류의 사람들은 바리새인과 사두개인들이다.
【우산질문】 본문을 통하여 두 종류의 신앙 형태를 살펴보고 우리 각자의 신앙의 모습을 돌아보자.

【1대지】 "예루살렘과 온 유대와 요단 강 사방에서" 모여온 사람들 - "자기들의 죄를 자복하고 요단 강에서 요한에게 세례"를 받았다. 바리새인들과 사두개인들 - 그들 안에는 하나님이 없었다.
【2대지】 수많은 사람이 세례요한의 말씀을 받고 진정한 회개를 경험했다. 교만한 마음이 깎여져 낮아졌고, 상처받은 마음의 골짜기들이 말씀의 위로와 소망으로 채워졌다. 바리새인들과 사두개인들의 문제는 '회개'가 없고 '그 회개에 합당한 열매를 맺지 못한 것'에 있다.
【3대지】 결론적으로 불순한 동기의 사람들에게 주시는 말씀이다. 그들에게 있어서 회개에 합당한 열매를 맺지 못하게 하는 방해요소= 자신들이 아브라함의 자손이라고 생각하는 것= 유대인들의 선민(選民)의식. 아브라함 이름 아래 숨어 있어서는 안 된다. 선민의식에 사로잡혀 화석화되어가는 신앙의 줄기세포에 생명 DNA를 심어야 한다.
【결론】 회개하고 눈물을 흘리면서 회개에 합당한 열매를 맺어나가는 체인지업(change-up) 신앙의 소유자가 있는가 하면, 눈물도 없고 회개에 합당한 열매를 맺지 못하는, 전혀 바뀌지 않는 이 시대의 바리새인들도 있다.

- 절기, 용도, 장르, 특징:
- Key Word: 회개, 열매.
- Remarks:

본문 : **마 3:13~17**
제목 : **요단 강가에 펼쳐진 천국 (Pleasing God)**

13.이 때에 예수께서 갈릴리로부터 요단 강에 이르러 요한에게 세례를 받으려 하시니 **14.**요한이 말
려 이르되 내가 당신에게서 세례를 받아야 할 터인데 당신이 내게로 오시나이까 **15.**예수께서 대답
하여 이르시되 이제 허락하라 우리가 이와 같이 하여 모든 의를 이루는 것이 합당하니라 하시니 이에
요한이 허락하는지라 **16.**예수께서 세례를 받으시고 곧 물에서 올라오실새 하늘이 열리고 하나님의
성령이 비둘기 같이 내려 자기 위에 임하심을 보시더니 **17.**하늘로부터 소리가 있어 말씀하시되 이
는 내 사랑하는 아들이요 내 기뻐하는 자라 하시니라

1. 요한은 예수님께 세례 베푸는 것을 사양함 (= 겸손한 사역자의 모습)

14절= "요한이 말려 이르되 내가 당신에게서 세례를 받아야 할 터인데 당신이 내게로 오시나이까"

2. 예수님은 하나님의 의를 이루는 일에 열심을 가짐 (= 참된 순종자의 모습)

15절= "예수께서 대답하여 이르시되 이제 허락하라 우리가 이와 같이 하여 모든 의를 이루는 것이 합당하니라 하시니 이에 요한이 허락하는지라"

3. 성령의 임재와 하나님의 기쁨의 음성이 있었음 (= 성삼위 하나님의 임재)

16절= "예수께서 세례를 받으시고 곧 물에서 올라오실새 하늘이 열리고 하나님의 성령이 비둘기 같이 내려 자기 위에 임하심을 보시더니"
17절= "하늘로부터 소리가 있어 말씀하시되 이는 내 사랑하는 아들이요 내 기뻐하는 자라 하시니라"

◈◈◈

【대지 유형】 주제 설명형 - 본문 분석형 - 대지 진전형
【주제】 요단강 예수님의 수세 장면에서 성삼위께서 동시에 임재하시는 천국이 펼쳐진다.
【FCF】 많은 신앙인이 자신의 삶 속에 천국이 열리는 기쁨을 경험해 보지 못함.

【서론】 인간의 제일 되는 본분= 하나님을 영화롭게 하고, 하나님을 기쁘시게 하는 것. 이 일에 가장 대표되는 분= 예수님. 주님은 하나님을 기쁘시게 하는 자의 모델. 요단 강가에서 예수님의 수세 장면. "내 기뻐하는 자라"는 하나님

의 음성이 들려옴. 주님의 모습에서 어떻게 하나님이 기뻐하셨는가? 신령한 눈으로 보면 요단 강가에 천국이 펼쳐지고 있었다.
【우산질문】 요단 강가에서 펼쳐진 천국의 모습을 살펴보자.

【1대지】 세례를 받고자 하시는 예수님과 말리는 요한의 모습이 아름답다. 요한의 겸손, "내가 당신에게 세례를 받아야…" 그는 하나님을 기쁘시게 하는 자. 당시 요한은 무리에 의해 엄청난 존경을 받고 있던 인물. 나사렛의 한 젊은이에게 세례 베푸는 것쯤 별문제 없었다. 하지만 그는 개인적으로 자신의 부족을 알고 있었고, 자신이 그리스도에게 세례받아야 함을 느끼고 있었다. 우리 모두 예수님 앞에서 요한의 겸손한 자세가 필요하고, 성령의 부으심이 필요하다. 하나님께 가까이 나아가는 자는 이처럼 겸손한 사람이 된다.
【2대지】 예수님의 순종, "이제 허락하라"-주님의 어길 수 없는 주장이다. 주님의 간절한 소망은 하나님의 의를 이루는 것. 주님이 보여주신 하나님의 의를 이루고자 하는 열심을 보라. 세례는 이것들 중 하나이다. 주님은 요한보다 월등 크신 분, 그러나 요한에게서 세례를 받으셨다. 두 사람 모두 참 아름다운 모습이다. 하나님을 기쁘시게 하는 자의 모델. 특히 예수님은 세례받으신 후 본격적으로 타인을 위한 사역에 몰입하셨다.
【3대지】 "성령이 비둘기같이 내려"= 성령의 인치심. 하나님이 친히 인정하신 자. 참으로 놀라운 Sign이다. 30년 동안 가난한 목수의 아들로 평범한 시골 청년으로 사셨던 분. 이제 하나님의 능력을 부여받음. 이때 들려오는 하나님의 음성(17절). 요단강가에서 천국이 펼쳐진다.
【결론】 우리는 하나님의 아들을 믿는다. 아들을 믿는 자들= 예수의 영 소유= 하나님의 눈에 귀하게 보인다. 예수님 안에 있는 자들은 하나님의 눈에 완전하게 보인다. 그들은 끊임없이 아버지의 인도를 받는다.

- 절기, 용도, 장르, 특징:
- Key Word: 하늘이 열림, 세례, 하나님의 의.
- Remarks:

본문 : **마 3:13~17**

제목 : **하나님을 기쁘시게 하는 자 (Pleasing God)**

13.이 때에 예수께서 갈릴리로부터 요단 강에 이르러 요한에게 세례를 받으려 하시니 **14.**요한이 말려 이르되 내가 당신에게서 세례를 받아야 할 터인데 당신이 내게로 오시나이까 **15.**예수께서 대답하여 이르시되 이제 허락하라 우리가 이와 같이 하여 모든 의를 이루는 것이 합당하니라 하시니 이에 요한이 허락하는지라 **16.**예수께서 세례를 받으시고 곧 물에서 올라오실새 하늘이 열리고 하나님의 성령이 비둘기 같이 내려 자기 위에 임하심을 보시더니 **17.**하늘로부터 소리가 있어 말씀하시되 이는 내 사랑하는 아들이요 내 기뻐하는 자라 하시니라

1. 요한에게 세례받으려고 하심 (= 예수님의 겸손과 순종)

13절= "이 때에 예수께서 갈릴리로부터 요단강에 이르러 요한에게 세례를 받으려 하시니"

2. "내가 당신에게서 세례를 받아야 하겠습니다"고 함 (= 요한의 겸손)

14절= "요한이 말려 이르되 내가 당신에게서 세례를 받아야 할 터인데 당신이 내게로 오시나이까?"

3. 모든 의를 이루려고 하심 (= 하나님의 의를 이루심)

15절= "예수께서 대답하여 이르시되 이제 허락하라 우리가 이와 같이 하여 모든 의를 이루는 것이 합당하니라 하시니 이에 요한이 허락하는지라"

◈◈◈

【대지 유형】 주제 설명형 – 본문 분석형 – 대지 혼재형(2+1)
【주제】 (석의) 하나님은 예수님과 세례요한의 겸손한 모습과 모든 의를 이루시는 모습을 기뻐하셨다.
【FCF】 신앙인 중에 적지 않은 사람이 자신에게 조금만 남다른 게 있어도 교만한 마음을 버리지 못함.

【서론】 주님은 인류의 심판자이시고 절대주권을 가지신 분이다. 그러므로 우리는 하나님을 기쁘시게 해드리는 일에 목숨을 걸어야 한다. 하나님을 기쁘시게 해드리는 일에 가장 대표적인 분은 예수님이다. 예수님은 하나님을 기쁘시게 하는 자의 모델이다. 17절, "하늘로부터 소리가 있어 말씀하시되 이는 내 사랑하는 아들이요 내 기뻐하는 자라 하시니라" 예수께서 요단강에서 세례요한에게 세례를 받으신 것은 마치 왕의 즉위식과 같다.
【우산질문】 하나님께서 기뻐하시는 사람은 어떤 사람인가? 예수님과 세례요한의 모습을 살펴보며 답을 찾아보자.

【1대지】 나사렛에서부터 요단 건너편 베다니까지 직접 찾아가신 것을 보면 주님께서 얼마나 겸손한 분이신지를 알 수 있다. 예수님이 어떤 분인가? 주님은 요한의 증거대로 요한이 신들메 풀기도 감당할 수 없을 만큼 크고 위대하신 분. 그것은 전혀 과장된 것이 아니다. 왜냐하면 성경은 이스라엘 백성이 하나님 다음이라고 믿고 있는 모세조차도 예수님에 비하면 사환에 불과하다고 말씀하고 있기 때문이다(히 3:5). 하나님의 아들이신 그리스도께서 자기와는 비교도 되지 않는 요한에게 세례를 받기 위해 직접 그 먼 길을 오실 필요가 있었겠나? 오히려 사환 부르듯이 요한을 불러 세례받는 것이 더 낫지 않았을까? 그럼에도 예수님은 친히 갈릴리에서 베다니까지 그 먼 길을 걸어 세례요한에게 나아오셨다. 하나님은 이런 예수님의 겸손을 기뻐하셨다. 예수님은 세례요한의 세례가 하늘로부터 왔다는 것을 보여주기를 원하셨다. 직접 요한으로부터 세례를 받으심으로 당시의 종교 지도자들이 제기했던 요한에 대한 의심을 제거해 주셨다.

【2대지】 본 절은 세례요한이 자기에게 세례를 받으러 오시는 예수님을 보고 말리며 드린 말씀. 그리고 이 말은 매우 당연한 것이다. 왜냐하면 요한이 베풀었던 세례는 죄 없으신 예수님이 받아야 하는 것이 아니라 오히려 요한이 주님으로부터 받아야 하는 것이었기 때문이다. 당시 그토록 인기가 많았던 요한의 입장에서 한 번 더 생각해보자. 예루살렘과 온 유대의 수많은 사람이 마음속으로 요한을 존경하며 혹시 메시아가 아닌가 하는 생각으로 요한 앞에 머리를 숙이는 때였다. 그럼에도 요한은 적극적인 행동으로 가로막았다. 우리 모두 요한의 자세가 필요하고, 성령의 부으심이 필요하다.

【3대지】 예수님은 무죄하시기 때문에 회개의 세례를 받을 법적 필연성은 없다. 그러나 요한은 하나님께로부터 세례 사역을 위임받았으므로 모든 죄인을 대표하는 예수님에게 세례를 베풀어야 하는 것이 합당했고, 예수님은 하나님의 구속 사역을 이루기 위한 준비로서 하나님의 권위 아래 순종함으로 그에게 세례를 받아야 했다. '모든 의'는 예수께서 하나님의 뜻에 따라 자신을 죄인들과 같이 낮추시는 것이며, 죄인들과의 연대성을 보이시는 것이고, 자기 자신을 죄인들과 동일시하기 위하여 세례를 받으시는 것을 가리킨다. 예수님의 간절한 소망은 하나님의 의를 이루는 것이다.

【결론】 여러분은 예수님과 함께 죽고 사는 세례를 경험해 보았는가? 주님께서 세례를 통해 자신의 희생을 보이셨던 것처럼, 여러분도 그런 삶을 살고 있나?

- 절기, 용도, 장르, 특징:
- Key Word: 세례, 하나님의 의.
- Remarks:

본문 : **마 4:1~11**
제목 : **마귀의 공격 전술**

1.그 때에 예수께서 성령에게 이끌리어 마귀에게 시험을 받으러 광야로 가사 **2.**사십 일을 밤낮으로
금식하신 후에 주리신지라 **3.**시험하는 자가 예수께 나아와서 이르되 네가 만일 하나님의 아들이어
든 명하여 이 돌들로 떡덩이가 되게 하라 **4.**예수께서 대답하여 이르시되 기록되었으되 사람이 떡으
로만 살 것이 아니요 하나님의 입으로부터 나오는 모든 말씀으로 살 것이라 하였느니라 하시니 **5.**이
에 마귀가 예수를 거룩한 성으로 데려다가 성전 꼭대기에 세우고 **6.**이르되 네가 만일 하나님의 아들
이어든 뛰어내리라 기록되었으되 그가 너를 위하여 그의 사자들을 명하시리니 그들이 손으로 너를
받들어 발이 돌에 부딪치지 않게 하리로다 하였느니라 **7.**예수께서 이르시되 또 기록되었으되 주 너
의 하나님을 시험하지 말라 하였느니라 하시니 **8.**마귀가 또 그를 데리고 지극히 높은 산으로 가서
천하 만국과 그 영광을 보여 **9.**이르되 만일 내게 엎드려 경배하면 이 모든 것을 네게 주리라 **10.**이
에 예수께서 말씀하시되 사탄아 물러가라 기록되었으되 주 너의 하나님께 경배하고 다만 그를 섬기
라 하였느니라 **11.**이에 마귀는 예수를 떠나고 천사들이 나아와서 수종드니라

1. 마귀는 '만일'이라는 말로 접근해 왔음 (= 의심 심기)

3절= "시험하는 자가 예수께 나아와서 이르되 네가 만일 하나님의 아들이어든 명하여 이 돌들로 떡덩이가 되게 하라"

2. 마귀는 그 '만일'로 예수님의 신성(神性)을 공격했음 (= 치명적 부분 공격)

3절= "…네가 만일 하나님의 아들이어든 명하여 이 돌들로 떡덩이가 되게 하라"

6절= "네가 만일 하나님의 아들이어든 뛰어내리라 기록되었으되 그가 너를 위하여 그의 사자들을 명하시리니 그들이 손으로 너를 받들어 발이 돌에 부딪치지 않게 하리로다 하였느니라"

3. 마귀는 천하 만국과 그 영광으로 자신을 섬기도록 유혹했음 (= 주위 환경 이용, 물질과 명예로 유혹)

8~9절= "마귀가 또 그를 데리고 지극히 높은 산으로 가서 천하 만국과 그 영광을 보여 이르되 만일 내게 엎드려 경배하면 이 모든 것을 네게 주리라"

◆◆◆

【대지 유형】 주제 증명형 - 본문 묶음형 - 대지 진전형

【주제】 영적 전투에서 마귀는 먼저 의심을 심고 치명적 부분을 공격해오며

주로 물질과 명예로 유혹한다.

【FCF】 마귀의 실제적 공격에 무지하거나 쉽게 당하는 현대 교인들의 어리석음.

【서론】 시험받는 것 자체는 죄가 아니다. 때로는 시험이 필요하다. 시험을 통해 그 사람의 믿음·사랑·인내 등이 증명된다. 시험을 통해 성장의 계기가 된다. 시험을 받는다는 것은 시험하는 자가 있다는 말. 광야의 시험, 마귀의 시험은 피할 수 없음. 그러므로 우리는 시험을 이기는 비결을 터득해야 함.

【우산질문】 예수님을 시험하던 마귀의 전술은 어떤 것이었는가?

【1대지】 정면으로 부정하지 않고, 의심을 뿌린다. "네가 만일 하나님의 아들이어든…" 원래부터 아들이었는데, 사탄은 과감히 이 문제를 들고 나왔다.

【2대지】 마귀는 '만일'이라는 말로 예수님의 인성과 신성에 대한 공격을 감행해 왔다. "너는 인간이 아니냐. 40일 굶으면 배고프지 않으냐. 그런데 네가 무슨 하나님의 아들이냐! 그 증거를 보여 봐라." 마귀는 동일한 속성과 방법으로 우리에 대해서는 우리가 하나님의 자녀인 것을 의심케 한다. 또한 하나님의 섭리를 의심케 한다. 하나님의 동행하심을 의심케 한다. 그래서 하나님을 비난하도록 만든다.

【3대지】 유혹자의 질문은 우리가 그 말을 경청할수록 끊임없이 계속된다. "너는 지금 홀로 외롭다. 네가 만일 하나님의 아들이라면 아버지가 그 자식을 이렇게 혼자 두겠느냐?", "너는 지금 광야 황무지에 있다. 이곳이 하나님의 상속자를 위한 곳이냐?", "너는 굶주리고 있다. 어떻게 사랑하는 아버지가 그의 아들을 굶기겠느냐?" 유혹자의 질문은 주변 상황에 의해 정당화되고 무서운 힘을 발휘한다. 인간은 원래 의심을 잘하게 되어 있다. 딤전 4:1, "…믿음에서 떠나 미혹하게 하는 영과 귀신의 가르침을 좇으리라 하셨으니…"

【결론】 그러므로 이 시험을 극복하기만 하면 사탄의 '만일'은 오히려 큰 도움이 된다. 우리 마음에 의심이 생겨날 때 이것을 즉각 하나님께 고백하고 말씀에 근거하여 믿음으로 물리치자.

- 절기, 용도, 장르, 특징:
- Key Word: 마귀의 시험, 영적 전투.
- Remarks:

본문 : **마 4:1~11**

제목 : **천사들이 수종드는 사람**

1.그 때에 예수께서 성령에게 이끌리어 마귀에게 시험을 받으러 광야로 가사 **2.**사십 일을 밤낮으로 금식하신 후에 주리신지라 **3.**시험하는 자가 예수께 나아와서 이르되 네가 만일 하나님의 아들이어든 명하여 이 돌들로 떡덩이가 되게 하라 **4.**예수께서 대답하여 이르시되 기록되었으되 사람이 떡으로만 살 것이 아니요 하나님의 입으로부터 나오는 모든 말씀으로 살 것이라 하였느니라 하시니 **5.**이에 마귀가 예수를 거룩한 성으로 데려다가 성전 꼭대기에 세우고 **6.**이르되 네가 만일 하나님의 아들이어든 뛰어내리라 기록되었으되 그가 너를 위하여 그의 사자들을 명하시리니 그들이 손으로 너를 받들어 발이 돌에 부딪치지 않게 하리로다 하였느니라 **7.**예수께서 이르시되 또 기록되었으되 주 너의 하나님을 시험하지 말라 하였느니라 하시니 **8.**마귀가 또 그를 데리고 지극히 높은 산으로 가서 천하 만국과 그 영광을 보여 **9.**이르되 만일 내게 엎드려 경배하면 이 모든 것을 네게 주리라 **10.**이에 예수께서 말씀하시되 사탄아 물러가라 기록되었으되 주 너의 하나님께 경배하고 다만 그를 섬기라 하였느니라 **11.**이에 마귀는 예수를 떠나고 천사들이 나아와서 수종드니라

1. 예수님은 시험을 받으러 광야로 가심 (= 자신을 완전히 버리신 분)

1~2절= "그 때에 예수께서 성령에게 이끌리어 마귀에게 시험을 받으러 광야로 가사 사십 일을 밤낮으로 금식하신 후에 주리신지라"

2. 성령에게 이끌리어 마귀에게 시험을 받으러 가심 (= 사명을 가지신 분)

1절= "그 때에 예수께서 성령에게 이끌리어 마귀에게 시험을 받으러 광야로 가사"

3. 오직 하나님께 경배하고 그를 섬기라 하심 (= 하나님께만 영광 돌리는 분)

10절= "이에 예수께서 말씀하시되 사탄아 물러가라 기록되었으되 주 너의 하나님께 경배하고 다만 그를 섬기라 하였느니라"

◈◈◈

【대지 유형】 주제 설명형 – 본문 수집형 – 대지 연결형

【주제】 천사들이 수종들던 예수님은 자신을 완전히 버리고 사명감으로 사탄과 싸우며 오직 하나님께만 영광 돌리는 분이셨다.

【FCF】 많은 신앙인이 사명감 부족으로 하나님께 영광을 돌리지도 못하고 자신을 버리는 일에도 주저주저함.

【서론】 예수님의 세 가지 시험= 먹는 문제, 명예와 권력에 관련된 시험, 마귀가 떠난 직후 천사들이 나아와 수종 들었다고 했다. 사람에 따라 천사가 따르는 사람이 있고 마귀가 따라다니는 사람이 있다. 후원자가 따르는 사람은 어떤 사람인가? 천사를 파송하신 하나님의 심정을 읽자.
【우산질문】 본문은 광야에서 시험을 받으시던 예수님, 천사들이 수종들던 예수님을 어떻게 묘사하고 있나?

【1대지】 광야로 갔다. 광야는 자신을 죽이는 곳. 세 가지 시험은 모두 자신과의 싸움과 관계된 시험이다. 이 세상의 것을 버린다= 자신을 버린다. 40일 금식. 이처럼 자신을 완전히 부정한 사람에게 천사의 후원이 있는 것.
【2대지】 "성령에게 이끌리어"= 은혜 충만, 성령 충만. 마귀에게 시험을 받으러?= 사명감으로 스스로 선택하심. 사명자는 스스로 죽음의 길을 찾아가는 자. 사명자에게 후원자가 따른다.
【3대지】 모든 영광을 하나님께 돌리고 자신이 낮아질 때 마귀는 떠나갈 수밖에 없다. 십자가 밑에서는 마귀가 존재할 수 없다. 하나님의 영광이 나타날 때 천지만물 모든 것이 우리의 협조자가 될 수 있다. 사탄은 교만의 아비임을 잊지 말라.
【결론】 본문의 여러 주제 중 천사들이 수종드는 사람의 요소에 대해 살펴보았다. 하나님은 우리에게 여러 가지 방법으로 후원자를 동원하신다.

- 절기, 용도, 장르, 특징:
- Key Word: 광야 시험, 천사.
- Remarks:

본문 : **마 4:1~11**
제목 : **광야의 시험 (The King's Temptation and Victory)**

1.그 때에 예수께서 성령에게 이끌리어 마귀에게 시험을 받으러 광야로 가사 **2.**사십 일을 밤낮으로 금식하신 후에 주리신지라 **3.**시험하는 자가 예수께 나아와서 이르되 네가 만일 하나님의 아들이어든 명하여 이 돌들로 떡덩이가 되게 하라 **4.**예수께서 대답하여 이르시되 기록되었으되 사람이 떡으로만 살 것이 아니요 하나님의 입으로부터 나오는 모든 말씀으로 살 것이라 하였느니라 하시니 **5.**이에 마귀가 예수를 거룩한 성으로 데려다가 성전 꼭대기에 세우고 **6.**이르되 네가 만일 하나님의 아들이어든 뛰어내리라 기록되었으되 그가 너를 위하여 그의 사자들을 명하시리니 그들이 손으로 너를 받들어 발이 돌에 부딪치지 않게 하리로다 하였느니라 **7.**예수께서 이르시되 또 기록되었으되 주 너의 하나님을 시험하지 말라 하였느니라 하시니 **8.**마귀가 또 그를 데리고 지극히 높은 산으로 가서 천하 만국과 그 영광을 보여 **9.**이르되 만일 내게 엎드려 경배하면 이 모든 것을 네게 주리라 **10.**이에 예수께서 말씀하시되 사탄아 물러가라 기록되었으되 주 너의 하나님께 경배하고 다만 그를 섬기라 하였느니라 **11.**이에 마귀는 예수를 떠나고 천사들이 나아와서 수종드니라

1. 준비 단계: 성령에 이끌려 광야에서 주리심

1~2절= "그 때에 예수께서 성령에게 이끌리어 마귀에게 시험을 받으러 광야로 가사 사십 일을 밤낮으로 금식하신 후에 주리신지라"

2. 시험 내용: 하나님과의 관계, 하나님 의존, 하나님 영광 중심의 삶을 깨뜨리려 함

3절= "네가 만일 하나님의 아들이어든 명하여 이 돌들로 떡덩이가 되게 하라"
6절= "네가 만일 하나님의 아들이어든 뛰어내리라"
9절= "만일 내게 엎드려 경배하면 이 모든 것을 네게 주리라"

3. 승리: 마귀는 떠날 수밖에 없음

11절= "이에 마귀는 예수를 떠나고 천사들이 나아와서 수종드니라"

◈◈◈

【대지 유형】 주제 함축형 - 본문 묶음형 - 대지 진전형
【주제】 (석의) 예수님은 광야 시험에서 마귀의 교묘한 술책을 말씀으로 이기셨다.
【FCF】 많은 신앙인이 마귀 유혹의 본질이 하나님과의 관계임을 잘 모르고

있음.

【서론】 시험은 에덴동산에서부터 있어 왔음. 누구에게나 있는 경험이고, 피할 수 없다. 왜냐하면 시험하는 자(마귀)의 세력이 엄존하기 때문. 예수님의 시험 받으신 모습은 이스라엘의 광야 시험과 비교됨. 이스라엘이 광야에서 실패한 그 지점에서 예수님은 승리하셨다. 그 목적은 우리에게 위대한 교훈을 주시려고. 본문에서 시험의 3단계를 본다.
【우산질문】 예수님이 광야에서 받은 마귀의 시험에 대해 자세히 살펴보자.

【1대지】 '그 때에'= 세례받으신 직후. 영광된 사건, 왕적 권위를 나타내셨고, 하늘이 열리고 성령의 인침 직후이다. 첫째 아담과는 다르게 '금식 후' 받은 시험. '주리셨다'= 최악의 상황. cf) 에덴 동산의 완벽한 환경에서 이루어진 아담의 시험과는 매우 다름.
【2대지】 3~10절. 시험하는 자= 사탄의 특성을 표현. 간교한 자. 세 가지 시험은 사실은 하나이다= 하나님과의 관계, 하나님 의존, 하나님 영광 중심의 삶을 깨뜨리려는 음흉한 술책이다. "네가 만일 하나님의 아들이어든"= 이 말은 세례시 확인되었던 말씀이다. 부추기는 말이다. 마귀의 시험에 대해 주님의 반격= 세 번씩 "기록되었으되." 오직 믿음과 순종으로 살면 어떤 부족도 하나님이 채워주신다. 우리에게 정말 필요한 것은 하나님의 능력과 하나님의 긍휼과 하나님의 인도하심 그리고 하나님의 손길이다.
【3대지】 약 4:7, "마귀를 대적하라 그리하면 너희를 피하리라" 천사들이 수종들었음. 놀라운 승리= 우리의 소망.
【결론】 지금은 시험의 때! 개인적, 교회적, 국가적 시험. 너도 나도 하나님의 말씀을 어겨가며 자신의 이익에 눈이 팔리는 때이다. 사탄의 제일 되는 목적은 하나님 나라 사역에 대한 훼방에 있음을 잊지 말라. 주님 승리의 비결? 오직 하나님께 의존, 오직 하나님께 기쁨을 돌려드리는 것, 오직 하나님께 영광이 되도록. 철저한 순종으로 승리를 누리자.

- 절기, 용도, 장르, 특징:
- Key Word: 시험.
- Remarks:

본문 : **마 4:12~17**
제목 : **흑암의 땅을 비추는 큰 빛**
(A Great Light on the Land of Darkness)

12.예수께서 요한이 잡혔음을 들으시고 갈릴리로 물러가셨다가 **13.**나사렛을 떠나 스불론과 납달리 지경 해변에 있는 가버나움에 가서 사시니 **14.**이는 선지자 이사야를 통하여 하신 말씀을 이루려 하심이라 일렀으되 **15.**스불론 땅과 납달리 땅과 요단 강 저편 해변 길과 이방의 갈릴리여 **16.**흑암에 앉은 백성이 큰 빛을 보았고 사망의 땅과 그늘에 앉은 자들에게 빛이 비치었도다 하였느니라 **17.**이 때부터 예수께서 비로소 전파하여 이르시되 회개하라 천국이 가까이 왔느니라 하시더라

1. 이 빛은 사망의 땅과 그늘에 앉은 자들을 비추었음 (= 흑암에 싸인 세상을 밝히는 빛 예수)
16절= "흑암에 앉은 백성이 큰 빛을 보았고 사망의 땅과 그늘에 앉은 자들에게 빛이 비치었도다…"

2. 이 빛을 위해 세례요한이 잡혀 죽임을 당했음 (= 희생을 동반하는 빛 예수)
12절= "예수께서 요한이 잡혔음을 들으시고 갈릴리로 물러가셨다가"

3. 이 빛은 이스라엘과 이방의 갈릴리를 비추었음 (= 온 인류를 비추는 빛 예수)
15절= "스불론 땅과 납달리 땅과 요단 강 저편 해변 길과 이방의 갈릴리여"

4. 빛 되신 예수께서 회개를 전파하심 (= 회개하는 자에게만 효과가 미치는 빛 예수)
17절= "이 때부터 예수께서 비로소 전파하여 이르시되 회개하라 천국이 가까이 왔느니라 하시더라"

◈◈◈

【대지 유형】 주제 설명형 - 본문 분석형 - 대지 연결형
【주제】 (석의) 세상의 빛으로 오신 예수님은 흑암에 싸인 온 인류를 회개케 하여 하나님 나라 백성으로 삼으실 것인데 여기에는 희생이 필요하다.
【FCF】 많은 신앙인이 주의 빛에 동참하는 자에게 오는 희생을 감당하기 어려워함.

【서론】 예수 그리스도는 흑암의 세상을 밝게 비추는 큰 빛으로 이 땅에 오셨다. 그리스도께서 육신을 입고 오신 것 자체가 세상을 밝히는 빛이 오신 것이요, 주님이 행하신 모든 사역 그 자체가 어둠을 물리치는 빛이 되었다. 주님의 제1차 갈릴리 사역= 이사야 9:1, 2의 예언대로. 갈릴리 지역은 인구 분포상 이방인들(gentiles)이 많이 섞여 살고 있었음. 유대인들에게는 멸시와 천대를 받는 지역이었음. 그러나 메시아로 오신 예수께서 바로 이 지역에서 생애의 대

부분을 보내시며 사역을 하셨다는 것은 선지자의 예언대로 흑암에 앉아 있던 그들에게 큰 빛이 비친 일이었다.

【우산질문】 흑암의 땅을 비추는 큰 빛으로 오신 예수님에 관하여 더욱 깊이 알고 믿음을 키우자.

【1대지】 '흑암(스코토스)'은 문자적으로 '어두움'이라는 의미. 은유적(隱喩的)으로는 인간이 하나님에 대한 인간의 의무에 관해 무지하다는 점, 그리고 거기에 뒤따르는 불신앙과 불경건과 부도덕한 점, 그 결과로 찾아온 비참함 등의 의미를 포함한다. '흑암에 앉은 백성(The people living in darkness)'이란 율법도 모르고 불신앙과 불경건으로 생명에서 떠나 비참한 운명에 처해 살고 있는 백성들. 예수님의 공생애 하루하루는 흑암에 쌓인 세상을 밝히는 광명한 빛으로서의 나날이었다.

【2대지】 예수님이 구속(救贖)의 역사를 감당하시는 데에는 많은 희생과 헌신이 필요했다. 빛이신 예수께서 오시는 길에 요한의 희생이 필요하였듯이 오늘에도 이 빛이 비춰지기 위해서 고귀한 성도의 희생이 동반된다. 그러므로 우리의 기도 제목은 오래 살도록 해 달라는 것이 아니라 주님의 뜻을 이루는 삶을 살게 해 달라는 것이어야 하겠다. 그분에게는 우리의 전 생애를 희생할 가치가 충분히 있다. 왜냐하면 예수님은 참 빛이시기 때문이다.

【3대지】 본 절과 16절은 이사야 9:1, 2에 대한 인용 구절. 이것은 과거 앗수르 왕 디글랏 빌레셋(Tiglath Pileser III, BC 745~727)이 BC 732년에 갈릴리 지역을 침략하여 그곳 주민들을 포로로 잡아갔으나 다시 자유를 찾게 될 것을 예언한 것(왕하 15:29). 그런데 놀랍게도 마태복음은 이 예언을 확대 해석하여, 당시 죄악과 불신의 어두움 가운데서 살던 갈릴리 사람들에게 메시아이신 예수께서 오심으로 말미암아 영적 광명이 비춰게 되었다는 의미로 사용하고 있다. 왜 예수님은 복음 전파 사역을 예루살렘에서 시작하지 않으시고 갈릴리에서 시작하셨나? 그 이유는 세상을 비추는 빛이 이스라엘 사람들만을 위한 것이 아니라 전 인류를 위한 것임을 가르치기 위해서였다.

【4대지】 예수님의 첫 말씀= "회개하라 천국이 가까이 왔느니라". 회개 없이 천국도 없다. 오늘의 그리스도인들에게 있어서 가장 큰 문제는 '회개'를 찾아보기 어렵다는 사실. 회개하지 않는 심령은 언제나 어둠 속에 있는 자들이다.

【결론】 흑암의 땅을 비추시는 주님, 빛으로 오신 주님! 번영의 신학과 세속주의에 함몰되어가는 한국교회 위에 회개의 영을 넘치도록 부어주소서!

- 절기, 용도, 장르, 특징:
- Key Word: 빛, 큰 빛.
- Remarks:

본문 : **마 4:17; 행 7:54~56; 계 4:1**
제목 : **하늘 문이 열리는 성도**

마 4:17.이 때부터 예수께서 비로소 전파하여 이르시되 회개하라 천국이 가까이 왔느니라 하시더라
행 7:54.그들이 이 말을 듣고 마음에 찔려 그를 향하여 이를 갈거늘 **55.**스데반이 성령 충만하여 하늘을 우러러 주목하여 하나님의 영광과 및 예수께서 하나님 우편에 서신 것을 보고 **56.**말하되 보라 하늘이 열리고 인자가 하나님 우편에 서신 것을 보노라 한 대
계 4:1.이 일 후에 내가 보니 하늘에 열린 문이 있는데 내가 들은 바 처음에 내게 말하던 나팔 소리 같은 그 음성이 이르되 이리로 올라오라 이 후에 마땅히 일어날 일들을 내가 네게 보이리라 하시더라

1. 회개하는 자에게 하늘 문이 열림 (= 회개로 마음 문이 열린 성도)

마 4:17= "이 때부터 예수께서 비로소 전파하여 이르시되 회개하라 천국이 가까이 왔느니라 하시더라"

2. 주님 때문에 핍박당하는 자에게 하늘 문이 열림 (= 복음의 증인으로 박해당하는 성도)

행 7:54~56= "그들이 이 말을 듣고 마음에 찔려 그를 향하여 이를 갈거늘 스데반이 성령 충만하여 하늘을 우러러 주목하여 하나님의 영광과 및 예수께서 하나님 우편에 서신 것을 보고 말하되 보라 하늘이 열리고 인자가 하나님 우편에 서신 것을 보노라 한대"

3. 유배지에서 홀로 주님의 위로를 바라는 자에게 하늘 문이 열림 (= 소망을 하늘에 두고 살아가는 성도)

계 4:1= "이 일 후에 내가 보니 하늘에 열린 문이 있는데 내가 들은 바 처음에 내게 말하던 나팔 소리 같은 그 음성이 이르되 이리로 올라오라 이 후에 마땅히 일어날 일들을 내가 네게 보이리라 하시더라"

◈◈◈

【대지 유형】 주제 설명형 - 본문 수집형 - 대지 심화형
【주제】 하늘 문은 주님 사랑하며 주님 때문에 고난받고 주님만을 소망하는 성도에게 열린다.
【FCF】 하늘 문이 열리는 소식에도 무덤덤한 교인들의 영적 상태.

【서론】 모든 은혜와 축복은 위에서부터 내려온다. 땅에 있는 모든 자는 하늘에서 내려오는 은혜를 먹고 산다. 하늘 문이 열려야 한다. 하늘 창고가 열려야 개인과 가정, 그리고 교회와 국가에 복이 쏟아진다. 여러분은 하늘 문이 열리는 경험 있나? 구약이나 신약의 곳곳에서 하늘 문 열리는 이야기들이 우리의 주의를 끈다. 참 성도는 이를 경험한다.
【우산질문】 어떤 사람에게 하늘 문이 열리는가?

【1대지】 하늘 문이 열리는 것보다 먼저 자신의 마음의 문이 열려야 한다. 회개로 마음 문이 열리면 천국은 내 속에 임한다. 마 4:17은 예수님이 세례를 받으시고 공생애를 시작하시는 모습이다. 주님은 하늘이 열리는 경험을 하셨고, 하나님의 음성도 들으셨다. 세례는 죄인이 회개하고 주님 앞에 부복하는 것. 이때 하늘이 열린다. 마음이 열려야 신령한 영의 눈이 열리고, 영의 눈이 열려야 하늘을 볼 수 있다.
【2대지】 집사 스데반은 돌에 맞아 죽기 직전에 하늘의 영광을 보고 담대하게 순교할 수 있었다. 야곱은 벧엘에서 꿈속에서 하늘이 열리는 경험을 하게 된다. 교회사의 인물 중에도 유사한 간증들이 많다. 하나님은 주님 때문에 고난에 처한 사람을 위로하고 용기를 주시기 위해 하늘 문을 열어 주신다.
【3대지】 땅에 소망을 두는 자는 땅의 것이 보인다. 밧모섬의 요한은 혼자였고, 소망이라고는 하늘밖에 없었다. 천국의 비밀은 아무나 볼 수 있는 것이 아니다. 에스겔 선지자를 보라. 포로 되어 절망에 빠져 있던 선지자는 그발 강가에서 하늘의 영광을 보았고, 이 소망을 이스라엘의 남은 자들에게 증거했다.
【결론】 육의 소욕이 있고 육적인 소망으로 가득 찬 사람에게는 하늘이 열리지 않는다. 주님의 재림을 사모하며 하늘나라를 사모하는 성도들에게 하늘 문이 열린다.

- 절기, 용도, 장르, 특징:
- Key Word: 하늘 문.
- Remarks:

본문 : **마 4:17~25**
제목 : **갈릴리 부흥의 시작**
(The Beginning of the Revival throughout Galilee)

17.이 때부터 예수께서 비로소 전파하여 이르시되 회개하라 천국이 가까이 왔느니라 하시더라
18.갈릴리 해변에 다니시다가 두 형제 곧 베드로라 하는 시몬과 그의 형제 안드레가 바다에 그물 던
지는 것을 보시니 그들은 어부라 **19.**말씀하시되 나를 따라오라 내가 너희를 사람을 낚는 어부가 되
게 하리라 하시니 **20.**그들이 곧 그물을 버려 두고 예수를 따르니라 **21.**거기서 더 가시다가 다른 두
형제 곧 세베대의 아들 야고보와 그의 형제 요한이 그의 아버지 세베대와 함께 배에서 그물 깁는 것
을 보시고 부르시니 **22.**그들이 곧 배와 아버지를 버려 두고 예수를 따르니라 **23.**예수께서 온 갈릴
리에 두루 다니사 그들의 회당에서 가르치시며 천국 복음을 전파하시며 백성 중의 모든 병과 모든 약
한 것을 고치시니 **24.**그의 소문이 온 수리아에 퍼진지라 사람들이 모든 앓는 자 곧 각종 병에 걸려
서 고통 당하는 자, 귀신 들린 자, 간질하는 자, 중풍병자들을 데려오니 그들을 고치시더라 **25.**갈릴
리와 데가볼리와 예루살렘과 유대와 요단 강 건너편에서 수많은 무리가 따르니라

1. 베드로, 안드레, 야고보, 요한을 제자로 부르심 (= 예수님의 부르심)

18절= "갈릴리 해변에 다니시다가 두 형제 곧 베드로라 하는 시몬과 그의 형제 안드레가 바다에 그물 던지는 것을 보시니 그들은 어부라"
21절= "거기서 더 가시다가 다른 두 형제 곧 세베대의 아들 야고보와 그의 형제 요한이 그의 아버지 세베대와 함께 배에서 그물 깁는 것을 보시고 부르시니"

2. 모든 것을 버려 두고 즉시 예수님을 따름 (= 열정의 사람들, 즉각적인 헌신)

20절= "그들이 곧 그물을 버려 두고 예수를 따르니라"
22절= "그들이 곧 배와 아버지를 버려 두고 예수를 따르니라"

3. 온 갈릴리에 다니시며 천국 복음을 가르치고 전파하며 치유하심 (= 설교, 교육, 치유 사역)

23절= "예수께서 온 갈릴리에 두루 다니사 그들의 회당에서 가르치시며 천국 복음을 전파하시며 백성 중의 모든 병과 모든 약한 것을 고치시니"

◆◆◆

【대지 유형】 주제 설명형 - 본문 분석형 - 대지 진전형
【주제】 (석의) 갈릴리 부흥은 예수님이 제자들을 불러 헌신된 자들로 만드시

고 그들과 함께 열심히 사역하심으로 시작되었다.
【FCF】 제자라고 하는 사람들이 열정적이지 못함. 많은 교회가 3대 사역인 천국복음 전파, 교육, 치유의 사역을 균형 있게 못하고 있음.

【서론】 이 시대는 성경이 말하는 부흥의 진정한 의미를 세속적이고 물량적인 것들로 바꾸어 버렸다. 모든 진리는 예수님으로부터 나온다. '부흥'의 원형 또한 예수님에게서 찾을 수 있다.
【우산질문】 갈릴리 지역의 부흥은 어떻게 시작되었나? 갈릴리 부흥의 요소는 무엇인가?

【1대지】 부흥의 초석이 될 제자들을 부르신 예수님의 명령은 매우 간략하면서도 단호했다. 주님은 오늘 여러분을 전도자로 부르시고 계신다.
【2대지】 '그물을 버려 두었다'= 이 세상에 속한 삶을 예수님 중심의 삶으로 완전히 전환했다. 제자도란 믿음과 결단과 헌신을 말한다. 만일 여러분이 갈릴리 해변에서 주님의 부르심을 받았다면 어찌 했겠는가?
【3대지】 본 절의 세 동사는 예수께서 공생애를 시작하시면서부터 행하신 대표적인 사역을 선명하게 보여준다(preaching, teaching, healing). 갈릴리 부흥의 불길은 후일 예루살렘 교회로 이어졌고, 이 교회는 사도의 가르침과 말씀 선포로 굳건히 섰다.
【결론】 여러분은 개인적으로 부흥을 경험해 보았나? 하나님의 말씀이 선포되고 성경 본문의 의도가 적나라하게 드러나는 예배의 현장에서 여러분의 심령 위 하늘이 열리는 영광스런 비전을 본 적이 있는가?

- 절기, 용도, 장르, 특징:
- Key Word: 부흥, 제자, 사역.
- Remarks:

본문 : **마 4:18~22**

제목 : **"나를 따라오라"의 의미 (Come, Follow Me)**

18.갈릴리 해변에 다니시다가 두 형제 곧 베드로라 하는 시몬과 그의 형제 안드레가 바다에 그물 던
지는 것을 보시니 그들은 어부라 **19.**말씀하시되 나를 따라오라 내가 너희를 사람을 낚는 어부가 되
게 하리라 하시니 **20.**그들이 곧 그물을 버려 두고 예수를 따르니라 **21.**거기서 더 가시다가 다른 두
형제 곧 세베대의 아들 야고보와 그의 형제 요한이 그의 아버지 세베대와 함께 배에서 그물 깁는 것
을 보시고 부르시니 **22.**그들이 곧 배와 아버지를 버려 두고 예수를 따르니라

1. "나를 따라오라": 믿음의 결단을 요구하는 명령

19절= "말씀하시되 나를 따라오라 내가 너희를 사람을 낚는 어부가 되게 하리라 하시니"

2. "나를 따라오라": 사람 낚는 어부로의 초청

19절= "말씀하시되 나를 따라오라 내가 너희를 사람을 낚는 어부가 되게 하리라 하시니"

3. "나를 따라오라": 전적 헌신을 요구하는 명령

19절= "말씀하시되 나를 따라오라 내가 너희를 사람을 낚는 어부가 되게 하리라 하시니"

◈◈◈

【대지 유형】 주제 함축형 - 본문 묵상형 - 대지 진전형

【주제】 (적용) "나를 따라오라"는 명령은 믿음의 결단으로 전도 사역에 헌신하라는 주님의 부르심이다.

【FCF】 많은 신앙인이 주님의 부르심에 헌신하지 못하고 있음.

【서론】 하나님 나라를 이 땅에 세우는 목적을 달성하기 위하여 주님이 먼저 하신 일은 뜻밖에도 제자들을 선택하시는 것이었다. 주님의 제자들은 구속주로 오신 예수님의 사역을 이해하고 주님을 도와 천국 복음을 전파하는 일을 맡을 것이었다. 또한 예수님 승천 후 이 땅에 남아 계속적으로 주님의 사역을 계승하며 교회를 이루는 사역에 모든 것을 바칠 자들이어야 했다. 주님의 부르심은 매우 간략하고 단호한 명령으로 주어졌다. "나를 따라오라."

【우산질문】 주님의 단호한 명령 속에 들어 있는 몇 가지 중요한 의미를 살펴보자.

【1대지】 예수님은 그들이 열심히 일하고 있는 현장에 오셨다. 베드로와 안드레는 주님의 부르심에 대하여 이미 준비된 마음을 갖고 있었다. 우리는 예수님이 그들이 열심히 일하고 있는 현장에 오셨다는 사실을 잊어서는 안 된다. 주님은 오늘도 우리의 일상생활 속으로 찾아오신다. 우리가 각자의 직업에 충성하여 열심히 일하고 있을 때 주님은 소리 없이 찾아오신다. 주님은 자신의 일에 충성하는 자를 들어 크게 사용하신다. 주님은 게으르거나 무책임한 사람을 들어 쓰시지 않는다. 여러분은 믿음의 결단을 요구하는 주님의 명령을 들어본 적이 있나? 그 주님의 부르심에 여러분은 어떻게 반응했나?

【2대지】 예수님의 말씀을 직역하면, "나를 따라오너라. 그리하면 나는 너희를 사람들의 어부로 만들 것이다(I will make you fishers of men)." 주님의 절대적 주권이 선명하게 나타나 있다. 우리가 예수님의 제자가 되는 것은 우리의 노력이나 우연에 의해서가 아니라 바로 주님의 주권과 섭리를 통해서 되는 것이다. 전도자는 죄악의 바다에 표류해 있는 인간들을 구원의 배 안으로 모아들이는 사람 낚는 어부이다. 오늘 한국교회는 영혼 구원 사역에 태만한 결과의 열매를 거두고 있다. 예배당 좌석을 가득가득 채우던 60, 70년대의 모습은 이제 보기 힘들게 되었다. 예수 믿는 기쁨으로 삶의 의욕이 넘치는 성도를 만나기가 쉽지 않은 시대가 되었다. 우리는 전도하지 않는 죄를 회개해야 한다. 영혼 구원에 태만했던 우리의 죄를 진심으로 회개해야 한다.

【3대지】 주님은 자신의 제자들에게 전적 헌신을 요구하신다. 주님을 따르는 데에 가장 필요한 것은 '자기 부인(self-denial)'이다. 지금 여러분의 가슴에는 타오르는 열정이 있는가? 있다면 그것은 무엇에 대한 열정인가? '나를 따라오라'고 부르시는 주님을 따라 자신의 남은 생애를 복음 전파를 위해 전적으로 헌신했던 제자들의 뜨거운 심장박동 소리가 들리지 않는가?

【결론】 믿음의 결단이 있어야 한다. 아직까지 주님께 내맡기지 못한 부분을 전폭적으로 내어 맡기자. 나를 부인하고 내 몸에 태인 십자가를 지고 주님을 따르기로 굳게 결심하자.

- 절기, 용도, 장르, 특징:
- Key Word: 나를 따라오라.
- Remarks:

본문 : **마 4:23~24; 9:35~38**

제목 : **하나님 나라의 3대 사역**
(Teaching, Preaching, and Healing)

4:23.예수께서 온 갈릴리에 두루 다니사 그들의 회당에서 가르치시며 천국 복음을 전파하시며 백성 중의 모든 병과 모든 약한 것을 고치시니 **24.**그의 소문이 온 수리아에 퍼진지라 사람들이 모든 앓는 자 곧 각종 병에 걸려서 고통 당하는 자, 귀신 들린 자, 간질하는 자, 중풍병자들을 데려오니 그들을 고치시더라 …… **9:35.**예수께서 모든 도시와 마을에 두루 다니사 그들의 회당에서 가르치시며 천국 복음을 전파하시며 모든 병과 모든 약한 것을 고치시니라 **36.**무리를 보시고 불쌍히 여기시니 이는 그들이 목자 없는 양과 같이 고생하며 기진함이라 **37.**이에 제자들에게 이르시되 추수할 것은 많되 일꾼이 적으니 **38.**그러므로 추수하는 주인에게 청하여 추수할 일꾼들을 보내 주소서 하라 하시니라

1. 예수님의 3대 사역: 양육, 전도, 치유

4:23= "예수께서 온 갈릴리에 두루 다니사 그들의 회당에서 가르치시며 천국 복음을 전파하시며 백성 중의 모든 병과 모든 약한 것을 고치시니"
9:35= "예수께서 모든 도시와 마을에 두루 다니사 그들의 회당에서 가르치시며 천국 복음을 전파하시며 모든 병과 모든 약한 것을 고치시니라"
첫째, 가르치는(Teaching, 디다스코) 사역
둘째, 전파하는(Preaching, 케뤼소) 사역
셋째, 치유하는(Healing, 데라퓨오) 사역

2. 교회가 이어받아야 할 3대 사역: 양육, 전도, 치유

9:35= "예수께서 모든 도시와 마을에 두루 다니사 그들의 회당에서 가르치시며 천국 복음을 전파하시며 모든 병과 모든 약한 것을 고치시니라"

◈◈◈

【대지 유형】 주제 함축형 - 본문 분석형 - 대지 대조형
【주제】 예수님의 3대 사역인 양육, 전도, 치유 사역은 교회가 마땅히 이어받아야 할 지상 명령이다.
【FCF】 많은 교회가 교회의 세 가지 사역을 균형 있게 전개하지 못하고 있음.

【서론】 제자들을 부르시고 함께 하나님 나라 공동체를 이루시어 이 땅에 하나님 나라를 열기 시작하신 주님은 갈릴리 전역을 다니시면서 하나님 나라

사역을 전개하셨다. 주님의 사역은 그 자체로도 중요하고 의미가 깊지만 그를 따르는 수많은 제자들, 그리고 오고 오는 세대의 수백 수천만의 교회 성도들에게 본을 보이신 면에서 더욱 소중하다.

【우산질문】 본문을 통하여 주님이 친히 보이신 사역의 형태와 의미를 살펴보고, 이 시대 교회들이 주님의 사역을 얼마나 잘 계승하고 있는가를 살펴보자.

【1대지】 위의 두 구절은 각각 예수님의 제1차, 제2차 갈릴리 사역에 대한 사도 마태의 기록이다. 주님은 '모든 성과 촌에 두루' 다니셨다. 예수님은 자신의 사역을 각 지역의 회당을 이용하여 활발히 전개하셨다. 세 사역 진술에 나타난 세 동사는 본문에서 모두 분사 현재 능동태형으로 쓰였다. 예수님의 사역은 전형적인 세 가지 범례(paradigm)로 이루어졌다.

【2대지】 주님은 제자들을 데리고 다니시면서 양육과 전도와 치유의 사역을 계속하셨다. 주님은 무리를 긍휼히 여기셨다. 여기서 '민망하다'는 말은 '창자가 미어지는 듯한 동정심'을 뜻한다. 사도들에게 주셨던 주님의 능력은 오늘날 사도들의 교훈과 사역을 계승하는 모든 교회에도 그대로 적용되어야 한다. 주님께서 제자들을 파송하시며 주시던 교훈은 오늘 우리에게도 그대로 적용돼야 한다. "보라 내가 너희를 보냄이 양을 이리 가운데 보냄과 같도다. 그러므로 너희는 뱀같이 지혜롭고 비둘기같이 순결하라"(마 10:16). 교회는 주님의 중심 사역이었던 양육과 전도, 그리고 치유의 사역을 향해 총 매진해야겠다.

【결론】 주님의 3대 사역은 주님의 몸된 교회가 반드시 이루어야 할 중대 사역이다. 그런데 오늘의 교회는 어떠한가? 성도 중에는 세 부류의 사람들이 있다. 소수의 적극적인 일꾼이 있고, 소수의 가시 역할을 하는 자들이 있다. 그러나 가장 많은 성도는 관망하는 성도들이다. 목회자의 일에 적극 협조도 안 하고 반대도 하지 않고 그저 예배에 참석만 하는 '관람객 성도들'이다. 관람석에서 경기장으로! 오늘 우리의 좌우명이 되기에 합당한 표어가 아닌가?

- 절기, 용도, 장르, 특징:
- Key Word: 사역, 교회 사명.
- Remarks:

본문 : **마 5:1~12**

제목 : **팔복이 보여주는 참된 행복 (Blessed Are Those Who)**

1.예수께서 무리를 보시고 산에 올라가 앉으시니 제자들이 나아온지라 **2.**입을 열어 가르쳐 이르시되 **3.**심령이 가난한 자는 복이 있나니 천국이 그들의 것임이요 **4.**애통하는 자는 복이 있나니 그들이 위로를 받을 것임이요 **5.**온유한 자는 복이 있나니 그들이 땅을 기업으로 받을 것임이요 **6.**의에 주리고 목마른 자는 복이 있나니 그들이 배부를 것임이요 **7.**긍휼히 여기는 자는 복이 있나니 그들이 긍휼히 여김을 받을 것임이요 **8.**마음이 청결한 자는 복이 있나니 그들이 하나님을 볼 것임이요 **9.**화평하게 하는 자는 복이 있나니 그들이 하나님의 아들이라 일컬음을 받을 것임이요 **10.**의를 위하여 박해를 받은 자는 복이 있나니 천국이 그들의 것임이라 **11.**나로 말미암아 너희를 욕하고 박해하고 거짓으로 너희를 거슬러 모든 악한 말을 할 때에는 너희에게 복이 있나니 **12.**기뻐하고 즐거워하라 하늘에서 너희의 상이 큼이라 너희 전에 있던 선지자들도 이같이 박해하였느니라

1. 팔복은 복의 근원이 하나님께 있음을 보여줌 (= 참된 행복은 하나님과의 올바른 관계에서 옴)

2. 팔복은 소유와는 거리가 먼 것들임 (= 참된 행복은 세상의 것 소유에 있지 않음)

3. 팔복의 특징은 예수님의 모습을 나타냄 (= 참된 행복은 예수님의 모습을 닮아가는 것에 있음)

◈◈◈

【대지 유형】 주제 설명형 – 본문 묵상형 – 대지 병렬형
【주제】 (적용) 참된 행복은 소유에 있는 것이 아니라 하나님과의 바른 관계를 통해 예수님의 모습을 닮아가는 데 있다.
【FCF】 많은 신앙인이 세상의 물질 소유에서 행복을 찾으려는 세속적인 모습을 보임.

【서론】 마태복음 5~7장은 더 이상 설명이 필요 없는 '기독교 대헌장'이다. 이것은 그리스도의 초림과 재림 사이를 살아가는 기독교인에 대한 윤리 헌장이다. 팔복은 산상수훈의 핵심. 여덟 가지 항목은 복을 받기 위한 조건이 아니라 이미 복을 받은 자의 내면적 상태에 대해 선언하고 있는 것. 즉, 심령이 가난하고 애통하는 자, 온유하고 의에 주리고 목마른 자, 긍휼히 여기는 자, 마음이 청결하고 화평케 하는 자, 의를 위하여 박해를 받은 자들은 복받은 자들이며, 천국이 임하면 그 천국은 다름 아닌 이들의 것이 될 것이다.
【우산질문】 팔복의 가르침을 통하여 참된 행복은 어디에서 오는지, 참된 행복은 어떤 특징을 갖는지, 그리고 팔복의 가르침은 어떤 목표를 우리에게 제

시하는지 살펴보자.

【1대지】 헬라어 원문을 보면 '복이 있나니(마카리오이)'가 호격(呼格)으로 되어 있어 '복 있음이여'란 축복의 선언으로 번역할 수 있다. 본 절을 분석한다면 먼저 축복의 선언이 나오고, 다음으로 축복의 대상이 되는 사람에 대한 묘사(예, 심령이 가난한 자)가 나오며, 마지막으로 축복의 내용(예, 천국이 그들의 것임이요)이 나오는 것이 된다. 예수님은 복을 제자들에게 가르치고 계신 것이 아니라 복을 선언하고 계심= 복의 근원이 하나님께 있음을 의미. '참된 행복'은 주관적인 행복을 뛰어넘는 실질적인 행복, 지고(至高)의 행복.
【2대지】 팔복의 내용을 보면 그 어느 것도 소유(所有)와는 거리가 먼 것들이다. 심령이 가난한 것, 애통하는 것, 온유한 것, 의에 주리고 목마른 것 - 이런 것들은 세상 사람들이 찾아다니는 것들과는 매우 다른 것들이다. 긍휼히 여기는 것, 마음이 청결한 것, 화평케 하는 것, 의(義)를 위하여 박해를 받는 것, 이 모든 것은 세상이 말하는 행복과는 한참 거리가 먼 것들이다. 눅 12장에 나오는 어리석은 부자의 예. 물질과 소유가 우리에게 줄 수 있는 것은 편안(便安)이다. 그러나 물질은 우리에게 편안을 줄 수는 있어도 평안(平安, 샬롬)을 줄 수는 없다.
【3대지】 8가지 복이 추구하고 있는 본질적인 모습은 예수 그리스도의 형상이다. 예수님의 모습을 닮아가는 것이 행복한 삶이다. 예수님께서 팔복을 통해 주시고자 하신 말씀은 '나를 믿고, 나를 본받고, 나의 제자가 되라'는 것. 이것이 팔복의 요지요 산상수훈의 주제이다. 세상을 변화시키고 세상에 기여하는 인생을 살기 위해 드려야 할 우리의 고백이 있다. "예수님 닮은 성숙한 제자로 살아가도록 우리를 도와주시옵소서!"
【결론】 우리는 팔복 본문을 '그리스도의 사람 되는 조건과 기준'이라는 시각으로 보아야 하겠다. 그리스도의 마음을 닮고, 그분의 사역을 계승하고, 그분을 위해 목숨까지 바칠 수 있는 사람이 곧 그리스도께서 인정하시는 제자요 천국 시민이다. 이런 사람이 참된 행복을 누리는 자이다. 바로 이 사람이 참 행복자이다. 주님은 우리 모두를 이런 자리로 부르고 계신다.

- 절기, 용도, 장르, 특징:
- Key Word: 팔복, 행복.
- Remarks:

본문 : **마 5:3, 10; 11:12**
제목 : **천국을 소유할 수 있는 자**

5:3.심령이 가난한 자는 복이 있나니 천국이 그들의 것임이요 …… **5:10.**의를 위하여 박해를 받은 자는 복이 있나니 천국이 그들의 것임이라 …… **11:12.**세례 요한의 때부터 지금까지 천국은 침노를 당하나니 침노하는 자는 빼앗느니라

1. 심령이 가난한 사람이 천국을 소유할 수 있음 (= 마음이 가난한 자)
5:3= "심령이 가난한 자는 복이 있나니 천국이 그들의 것임이요"

2. 의를 위해 박해를 받은 자가 천국을 소유할 수 있음 (= 의로운 일을 위해 핍박 받은 자)
5:10= "의를 위하여 박해를 받은 자는 복이 있나니 천국이 그들의 것임이라"

3. 침노하는 자가 천국을 소유할 수 있음 (= 적극적으로 천국을 열망하는 자)
11:12= "세례 요한의 때부터 지금까지 천국은 침노를 당하나니 침노하는 자는 빼앗느니라"

◈◈◈

【대지 유형】 주제 적용형 - 본문 수집형 - 대지 진전형
【주제】 천국은 이 땅에서 가난한 심령으로 핍박을 각오하며 적극적으로 욕심내는 사람에게 주어진다.
【FCF】 많은 신앙인이 천국을 진정으로 열망하지 않고 있음.

【서론】 천국은 죽은 후에나 가는 곳이 아니다. 살아 있는 우리도 천국을 소유할 수 있다. 성경이 말하는 천국= 현재성+미래성. 하나님이 계신 곳= 천국. 이 땅에서 천국을 확실히 소유할 수 있어야 한다. 천국은 죽은 사람이나 살아 있는 사람 모두에게 해당됨. 하나님 계신 곳. 우리는 이 땅에서 이미 천국을 소유한다. 마 12:28, "내가 하나님의 성령을 힘입어 귀신을 쫓아내는 것이면 하나님의 나라가 이미 너희에게 임하였느니라."
【우산질문】 어떤 사람이 천국을 소유할 수 있는가?

【1대지】 마음이 가난하다고 하는 것은 물질적인 가난과도 관계가 있다. '가난'= 푸토코스, 거지 중에 거지. 보통은 불행한 운명을 타고난 사람들을 가리킴. 나아가 하나님을 전적으로 의지하지 않고는 살아갈 수 없는 자. 도덕적으로는 자기의 의와 공로를 전혀 내놓을 수 없고 하나님의 의를 의지하는 자. 그들은 땅에 소망을 두기보다 하늘을 사모하는 자들. 땅의 것을 아예 포기한 사람들. 한 부자 청년의 예: "내가 무엇을 하여야 영생을 얻으리이까?" "네 소유를 다 팔아 가난한 자들에게 주고 너는 나를 따르라." 지상은 부자들의 세상이지만 천국은 가난한 자들의 것이다. 우리가 천국을 소유하려면 오직 천국에 소망을 두고 살아야 한다.

【2대지】 천국은 의로운 일을 위해 손해 본 자들, 옳은 일을 위해 투쟁하는 자들에게 주어진다. 천국은 바쁘게 일하는 곳(마 20:1). 교회는 절간처럼 마음의 수양이나 하는 곳이 아니라 의를 위해 투쟁하는 군대와 같다. 당신은 의를 위해 복음을 위해 핍박을 받아본 적이 있는가? 그런데 오늘 교인들이 가장 두려워하는 것은 핍박받는 것이다. 핍박 자체가, 의로운 고난 그 자체가 곧 천국이다. 십자가 없이는 천국도 면류관도 없다.

【3대지】 천국은 먼저 차지하는 사람이 주인이다. "천국이 침략을 당한다" - 적극적인 자세, 용기 있는 자세가 필요하다. '천국은 좋은 진주를 구하는 장사와 같다.' 천국은 경쟁에서 이긴 자가 차지한다. 가나안 땅을 점령하기 위해 이스라엘은 침략하여 빼앗아야 했다. 우리는 천국을 소유하기 위해 어떻게 열심을 내고 있나?

【결론】 천국은 우리에게 이미 주어졌다. 다만 우리가 소유했느냐 못했느냐 하는 문제만 남았다. 이 땅에서 천국을 소유하지 못한 자는 죽어서도 천국을 보지 못할 것이다. 지금 천국을 소유한 자가 죽은 후에도 천국을 보게 될 것이다.

- 절기, 용도, 장르, 특징:
- Key Word: 천국.
- Remarks:

본문 : **마 5:3~10; 7:21; 10:7~8**
제목 : **마태복음에 나타난 하나님의 나라**
(The Kingdom of God in Matthew)

5:3.심령이 가난한 자는 복이 있나니 천국이 그들의 것임이요 **4.**애통하는 자는 복이 있나니 그들이 위로를 받을 것임이요 **5.**온유한 자는 복이 있나니 그들이 땅을 기업으로 받을 것임이요 **6.**의에 주리고 목마른 자는 복이 있나니 그들이 배부를 것임이요 **7.**긍휼히 여기는 자는 복이 있나니 그들이 긍휼히 여김을 받을 것임이요 **8.**마음이 청결한 자는 복이 있나니 그들이 하나님을 볼 것임이요 **9.**화평하게 하는 자는 복이 있나니 그들이 하나님의 아들이라 일컬음을 받을 것임이요 **10.**의를 위하여 박해를 받은 자는 복이 있나니 천국이 그들의 것임이라 …… **7:21.**나더러 주여 주여 하는 자마다 다 천국에 들어갈 것이 아니요 다만 하늘에 계신 내 아버지의 뜻대로 행하는 자라야 들어가리라 ……
10:7.가면서 전파하여 말하되 천국이 가까이 왔다 하고 **8.**병든 자를 고치며 죽은 자를 살리며 나병 환자를 깨끗하게 하며 귀신을 쫓아내되 너희가 거저 받았으니 거저 주라

1. 팔복 속에 하나님 나라 백성의 특징이 나타남 (= 천국 백성의 성품 목록)

5:3~10= "심령이 가난한 자…애통하는 자…온유한 자…의에 주리고 목마른 자…긍휼히 여기는 자…마음이 청결한 자…화평하게 하는 자…의를 위하여 박해를 받은 자는 복이 있나니 천국이 그들의 것임이라"

2. 표적과 치유와 축사(逐邪)가 자연스럽게 나타남 (= 하나님 나라의 권세와 능력)

10:1= "예수께서 그의 열두 제자를 부르사 더러운 귀신을 쫓아내며 모든 병과 모든 약한 것을 고치는 권능을 주시니라."

3. 외적 행동보다 내적 경건의 능력이 나타남 (= 역동적인 하나님 나라의 삶)

7:21= "나더러 주여 주여 하는 자마다 다 천국에 들어갈 것이 아니요 다만 하늘에 계신 내 아버지의 뜻대로 행하는 자라야 들어가리라"

◈◈◈

【대지 유형】 주제 설명형 - 본문 수집형 - 대지 진전형

【주제】 하나님의 나라는 백성들의 품성과 능력 면에서 차원이 다른 역동적인 세계이다.

【FCF】 많은 신앙인이 하나님 나라의 역동적인 삶에 대해 무지하거나 외면하고 있음.

【서론】 마태복음은 예수께서 유대인의 왕이시라는 것과 그분이 구약에서 약속된 메시아라는 것을 강조하고 있는 복음서이다. 마태복음의 초점은 하나님의 나라에 있다. 천국은 현세적이고 영토적인 개념의 나라가 아니라 내재적이고도 초월적인 성격을 가진 나라라는 것을 보인다.

【우산질문】 마태복음에 나타난 하나님의 나라! 그 나라 백성은 어떤 존재인지, 그 나라 백성에게 주시는 권세와 능력, 그리고 역동적인 그 나라의 삶에 대하여 알아보자.

【1대지】 마태복음의 큰 특징 중 하나는 5~7장의 산상수훈에 있다. 산상수훈은 '이미'와 '아직'의 긴장 속에서 살아가는 성도들에게 새 시대의 새 기준으로 예수님께서 직접 입법하신 새 법이다. 산상수훈은 하나님 나라의 기초가 되는 가르침이다. 우리 삶에 임하시는 하나님 나라의 복을 알려면 이 말씀들에 무조건 순종해야 한다.

【2대지】 하나님의 나라가 드러나기 시작하면 마귀는 즉각적으로 맹렬하게 공격한다. 왜냐하면 마귀는 하나님의 나라가 드러나는 것을 가장 두려워하기 때문이다. 누군가가 하나님 나라에 관해 말하기 시작하거나 그 나라를 세우고자 하는 순간에 지옥에서는 알람이 울린다. 우리가 이겨야 할 싸움은 바울이 말한대로 '선한 싸움'이고 믿음의 싸움이다. 이 싸움에는 표적과 치유와 축사(逐邪)가 반드시 뒤따라야 하고, 그것이 상식이 되어야 한다.

【3대지】 이것은 구약의 율법을 뛰어넘는 기준이다. 귀신들은 우리가 그들을 공격하면 우리 안에 약한 부분을 찾아 반격한다. 만일 내가 진실로 하나님 나라에서 영적인 삶을 산다면 전투의 장소는 더 이상 내 안이 아니라 밖이 될 것이며, 귀신들은 나를 피할 것이고 나는 부활하신 예수님의 능력으로 언제나 승리를 경험할 것이다.

【결론】 하나님의 나라는 그 나라의 영광스러운 평화와 공의 그리고 긍휼을 우리의 곤고한 세상에 가져다줄 것이다. 하나님의 나라가 임하면 우리 도시들은 하나님의 영광으로 가득하게 될 것이다.

- 절기, 용도, 장르, 특징:
- Key Word: 하나님 나라.
- Remarks:

본문 : **마 5:11~16**
제목 : **소금과 빛 비유의 교훈**
(The Salt and the Light of the World)

11.나로 말미암아 너희를 욕하고 박해하고 거짓으로 너희를 거슬러 모든 악한 말을 할 때에는 너희
에게 복이 있나니 **12.**기뻐하고 즐거워하라 하늘에서 너희의 상이 큼이라 너희 전에 있던 선지자들
도 이같이 박해하였느니라 **13.**너희는 세상의 소금이니 소금이 만일 그 맛을 잃으면 무엇으로 짜게
하리요 후에는 아무 쓸 데 없어 다만 밖에 버려져 사람에게 밟힐 뿐이니라 **14.**너희는 세상의 빛이라
산 위에 있는 동네가 숨겨지지 못할 것이요 **15.**사람이 등불을 켜서 말 아래에 두지 아니하고 등경
위에 두나니 이러므로 집 안 모든 사람에게 비치느니라 **16.**이같이 너희 빛이 사람 앞에 비치게 하여
그들로 너희 착한 행실을 보고 하늘에 계신 너희 아버지께 영광을 돌리게 하라

1. "너희는 세상의 소금"이라 하심 (= 소금 같은 성도의 신앙)

13절= "너희는 세상의 소금이니 소금이 만일 그 맛을 잃으면 무엇으로 짜게 하리요 후에는 아무 쓸 데 없어 다만 밖에 버려져 사람에게 밟힐 뿐이니라"

2. "너희는 세상의 빛"이라 하심 (= 빛 같은 거룩한 성도의 행실)

14절= "너희는 세상의 빛이라 산 위에 있는 동네가 숨겨지지 못할 것이요"

◈◈◈

【대지 유형】 주제 설명형 – 본문 분석형 – 대지 진전형
【주제】 예수께서 그리스도인을 세상의 소금, 세상의 빛이라 하신 것은 우리가 소금 같은 신앙, 빛 같은 거룩한 행실을 가져야 함을 의미한다.
【FCF】 소금의 역할, 빛의 역할을 제대로 감당하는 그리스도인을 찾기 어려움.

【서론】 본문은 이웃과 세상에 대한 성도들의 근본 역할이 '소금과 빛'에 비유되어 소개되고 있다. 이것은 그리스도인이 자신의 사람됨을 어떻게 나타내어야 하는가를 지시하고 있다. 그리스도인은 세상에 속해 있지는 않지만 그래도 세상 안에 있다. 그리스도인은 고립해서 사는 사람이 아니라 세상과 관계를 맺고 있는 사람이다. 따라서 그리스도인은 삶의 자세가 기본적으로 내세적이어야 하지만, 그렇다고 세상 밖으로 물러가야 함을 의미하는 것이 아니다.
【우산질문】 본문을 통하여 현대 교회 성도들에게 가장 부족한 모습으로 여겨지고 있는 부분들(소금과 빛의 역할)에 관하여 살펴보자.

【1대지】 '너희는 세상의 소금이니'에서 '너희는(휘메이스)'은 2인칭 복수 대명

사이다. 팔복의 마지막 부분인 11, 12절에서 인칭 대명사가 그 이전 부분에서 3인칭 복수형이 사용된 것과 달리 2인칭 복수형으로 전환되고 있다. 따라서 13절 이하의 교훈을 받는 대상자는 일차적으로 그리스도를 인하여 욕과 박해를 받는 자이며(11절), 그럼에도 불구하고 기뻐하는 자이다(12절). 세상의 소금이 되어야 할 자는 세상으로부터 보호받고 쾌락을 누리는 자들이 아니라 오히려 그리스도로 인해 박해받는 자이다. 이 말씀은 세상의 부패성을 암시한다. 그리스도인만이 세상의 소금이므로 우리는 세상과 달라야 한다. 소금의 기능에는 방부제 기능과 음식이 맛없는 것을 방지하는 기능이 있다. 세상에서의 생활이 점점 향상되고 있다는 말은 거짓이다. 세상은 그대로 내버려둔다면 곪아지는 경향이 있다. 이것은 마치 사람의 몸에 악한 병균과 세균과 감염매체와 유기체가 있는데 이것들을 방지하지 않으면 질병을 일으키는 것과 같다. 우리 사회의 문제는 소금 같은 신앙을 가진 그리스도인들의 숫자가 너무 적다는 것과 그리스도인인 우리가 충분히 소금 구실을 못하고 있다는 데 있다.

【2대지】 '빛'이란 표현이 '소금'이란 표현보다 훨씬 영광스런 표현이다. 성도를 가리켜 '빛'이라 할 때 우리는 하나님의 백성이며 그리스도의 제자로서 하나님과 그리스도를 닮은 매우 가치 있는 존재란 의미를 갖게 되는 것이다. '너희는 세상의 빛이라'는 말씀은 '너희는, 그리고 너희만이 세상의 빛이다'라는 뜻을 지니고 있다. 왜 이렇게 말씀하시는가? 온 세상이 암흑 상태에 있기 때문이다. 세상은 스스로 계몽이니 과학이니 문명이니 하며 지식과 문화를 자랑하지만, 성경은 여전히 이 세상은 큰 암흑 상태에 있음을 분명히 선언하고 있다. 주님은 그리스도인 이외에는 아무도 이 암흑 세상에 충고나 지식이나 교훈을 줄 수 없다고 말씀하신다. 소금과 빛의 순서를 바꾸지 말라. 빛이 하는 일은 어두움과 어두움에 속한 것들을 노출시키는 일, 어두움에서 헤어나는 오직 하나뿐인 길을 우리에게 보여주고 제공한다.

【결론】 그리스도의 참다운 제자가 되면 자신을 숨기려 해도 두드러질 수밖에 없으며, 어둠 가운데 발하는 빛처럼 자연스럽게 하나님의 영광을 드러내는 삶을 살 수밖에 없다.

- 절기, 용도, 장르, 특징:
- Key Word: 소금, 빛, 제자.
- Remarks:

본문 : **마 5:13~16**
제목 : **세상의 소금 세상의 빛**

13.너희는 세상의 소금이니 소금이 만일 그 맛을 잃으면 무엇으로 짜게 하리요 후에는 아무 쓸 데 없어 다만 밖에 버려져 사람에게 밟힐 뿐이니라 **14.**너희는 세상의 빛이라 산 위에 있는 동네가 숨겨지지 못할 것이요 **15.**사람이 등불을 켜서 말 아래에 두지 아니하고 등경 위에 두나니 이러므로 집 안 모든 사람에게 비치느니라 **16.**이같이 너희 빛이 사람 앞에 비치게 하여 그들로 너희 착한 행실을 보고 하늘에 계신 너희 아버지께 영광을 돌리게 하라

1. "너희는 세상의 소금이며 빛이다"라고 선언하심 (= 성도는 희생의 직분을 피할 수 없음)

13절= "너희는 세상의 소금이니…"
14절= "너희는 세상의 빛이라…"

2. 소금은 짠맛이 있어야 하고 빛은 모든 사람에게 비추어야 한다고 하심 (= 성도는 세상에 선한 영향을 끼칠 수 있어야 함)

13절= "…소금이 만일 그 맛을 잃으면 무엇으로 짜게 하리요…"
15절= "사람이 등불을 켜서 말 아래에 두지 아니하고 등경 위에 두나니 이러므로 집 안 모든 사람에게 비치느니라"

3. "사람들로 너희 착한 행실을 보고 하늘 아버지께 영광을 돌리게 하라"고 하심 (= 성도는 착한 행실로 사람들이 하나님께 영광을 돌리게 해야 함)

16절= "이같이 너희 빛이 사람 앞에 비치게 하여 그들로 너희 착한 행실을 보고 하늘에 계신 너희 아버지께 영광을 돌리게 하라"

◈◈◈

【대지 유형】 주제 설명형 - 본문 분석형 - 대지 혼재형(1+2)
【주제】 (적용) 성도는 세상의 소금과 빛으로서, 선한 영향을 끼쳐 하나님께 영광을 돌리는 존재이다.
【FCF】 짠맛을 잃어버린 현대 교회와 성도들의 공동체의 모습.

【서론】 지금과는 달리 예전엔 소금이 귀했음. 방부제용. 세상은 타락= 소금과 빛이 필요하다. 썩기 쉬운 세상, 깜깜한 세상. 하나님은 그리스도인들을 세상

의 소금, 빛으로 세우셨다. 본래 세상은 빛이나 소금이 필요 없었지만 타락 후 세상은 잔뜩 어두움이 드리워지고 있다. 지금 우리 사회는 사회의 증오, 불신, 부패, 음란, 각종 신비술, 마약, 포르노, 게임중독 등등. 역사 이래 가장 어둡고 가장 타락한 시대이다.
【우산질문】 세상의 소금과 빛이라고 하신 주님의 말씀은 무슨 의미인가?

【1대지】 '너희'는 누구인가? 예수님의 제자들, 따르는 자들, 하나님 나라 백성들을 의미. 소금은 닳아 없어져야 하고, 등불은 기름으로 태우면 닳아 없어진다. 누구에게 주시는 말씀인가? 제자들. 당시 제자들은 사회의 약자요 보잘것 없는 무리들. 이들에게 막중한 사명을 맡기심. 성도는 세상과 확연히 달라야 한다는 말씀. 성도는 희생의 직분을 피할 수 없다.
【2대지】 그리스도인은 세상에서 불러냄을 받은 자들이다. 그런데 그리스도인이 자주 빠지는 두 가지 유혹: 세상에 안 들어가려는 유혹("여기 있는 것이 좋사오니") + 세상과 같이 되어버리는 유혹= 녹지도 않고 맛을 잃어버려 그리스도인이 아닌 것처럼 생활하게 됨. 희생의 각오가 필요하다(내 시간, 내 자존심, 내 노력, 내 물질). 기억하자: 주님은 우리에게 소금이 되라고 명령하신 것이 아니라 소금이라고 선언하셨다. 이 사명은 피할 수 없다. 이미 주어진 임무요 직분이다.
【3대지】 하나님께 영광 돌린다는 것. 이것은 참으로 영광스러운 직분이다. 하나님은 우리에게 세상을 맡기셨다. 우리는 정부와 지도자들의 부패를 향해 돌을 던지기에 앞서 우리 자신의 소금 됨과 빛 됨을 확인해야 한다. soli deo gloria! 교회의 화급한 의무.
【결론】 하나님은 우리에게 세상을 맡기셨다. 우리는 세상의 어둠과 썩는 냄새에 코를 막기 전에 그 속에서 녹아지고 희생되어야 한다.

- 절기, 용도, 장르, 특징:
- Key Word: 소금, 빛.
- Remarks:

본문 : **마 5:23~24, 29~30, 38~45**
제목 : **적극적인 신앙 생활**

23.그러므로 예물을 제단에 드리려다가 거기서 네 형제에게 원망들을 만한 일이 있는 것이 생각나거든 **24.**예물을 제단 앞에 두고 먼저 가서 형제와 화목하고 그 후에 와서 예물을 드리라 …… **29.**만일 네 오른 눈이 너로 실족하게 하거든 빼어 내버리라 네 백체 중 하나가 없어지고 온 몸이 지옥에 던져지지 않는 것이 유익하며 **30.**또한 만일 네 오른손이 너로 실족하게 하거든 찍어 내버리라 네 백체 중 하나가 없어지고 온 몸이 지옥에 던져지지 않는 것이 유익하니라 …… **38.**또 눈은 눈으로, 이는 이로 갚으라 하였다는 것을 너희가 들었으나 **39.**나는 너희에게 이르노니 악한 자를 대적하지 말라 누구든지 네 오른편 뺨을 치거든 왼편도 돌려 대며 **40.**또 너를 고발하여 속옷을 가지고자 하는 자에게 겉옷까지도 가지게 하며 **41.**또 누구든지 너로 억지로 오 리를 가게 하거든 그 사람과 십 리를 동행하고 **42.**네게 구하는 자에게 주며 네게 꾸고자 하는 자에게 거절하지 말라 **43.**또 네 이웃을 사랑하고 네 원수를 미워하라 하였다는 것을 너희가 들었으나 **44.**나는 너희에게 이르노니 너희 원수를 사랑하며 너희를 박해하는 자를 위하여 기도하라 **45.**이같이 한즉 하늘에 계신 너희 아버지의 아들이 되리니 이는 하나님이 그 해를 악인과 선인에게 비추시며 비를 의로운 자와 불의한 자에게 내려주심이라

1. 예물 드리는 것도 형제와 화목한 후에 하라 하심 (= 21~26절, 친교에 적극적이어야 함)

23~24절= "그러므로 예물을 제단에 드리려다가 거기서 네 형제에게 원망들을 만한 일이 있는 것이 생각나거든 예물을 제단 앞에 두고 먼저 가서 형제와 화목하고 그 후에 와서 예물을 드리라"

2. 범죄치 않으려면 눈과 손이라도 찍어 내버리라 하심 (= 27~32절, 죄와 싸우는 일에 적극적이어야 함)

29~30절= "만일 네 오른 눈이 너로 실족하게 하거든 빼어 내버리라…또한 만일 네 오른손이 너로 실족하게 하거든 찍어 내버리라…"

3. 자원하여 희생을 주도해 가라 하심 (= 38~42절, 희생하는 일에 적극적이어야 함)

39~40절= "…누구든지 네 오른편 뺨을 치거든 왼편도 돌려 대며 또 너를 고발하여 속옷을 가지고자 하는 자에게 겉옷까지도 가지게 하며"

4. 원수를 미워하지 말고 오히려 사랑하라 하심 (= 43~48절, 사랑하는 일에 적극적이어야 함)

44절= "…너희 원수를 사랑하며 너희를 박해하는 자를 위하여 기도하라"

◈◈◈

【대지 유형】 주제 적용형 - 본문 묶음형 - 대지 병렬형
【주제】 성도의 신앙생활은 영적 전투에서나 헌신에서 소극적인 자세를 탈피하고 적극적인 자세를 가져야 한다.
【FCF】 많은 신앙인이 신앙생활의 여러 영역에서 적극적이지 못하고 피동적임.

【서론】 세상에는 이끌고 가는 사람이 있고 이끌려가는 사람이 있다. 돈, 시간, 사업에 주도권을 가진 사람이 있고 이끌려 가는 사람이 있다. 피동적인 신앙생활과 능동적(적극적)인 신앙생활. 하나님의 주권을 믿고 의지하는 사람. 하나님은 역사의 주도권을 쥐고 있다.
【우산질문】 본문에서 적극적인 신앙생활은 어떻게 하는 것인지 살펴보자.

【1대지】 하나님이 받으시는 예배자의 자세. 형제와 화목하는 것의 중요성.
【2대지】 죄와의 싸움= 영과 육의 싸움. 죄를 짓지 않는 것으로 만족할 것이 아니라 죄에 대한 뿌리를 뽑아야 한다. 타인에 의해 눈과 손이 잘리기 전에 우리가 먼저 눈과 손을 잘라내는 적극성을 보여야.
【3대지】 희생을 당하는 것이 아니라 기쁨으로 희생을 주도해 가야 한다. 예수님은 억지로 십자가를 진 것이 아니다. 피할 길이 있었지만 적극적으로 희생을 감수하셨다. 제자들은 주님을 위해 능욕받는 것을 합당하게 여기며 기쁨으로 나아갔다.
【4대지】 원수는 미움의 상징. 미움을 극복하려면 오히려 사랑해야 한다. 핍박하는 자를 저주하지 않는 성도는 소극적이다. 오히려 그들을 위해 기도할 수 있는 적극성을 보일 수 있어야.
【결론】 역사를 이끌고 가시는 주님을 믿고 적극적으로 믿음의 길을 가자.

- 절기, 용도, 장르, 특징: 예수의 교훈.
- Key Word: 적극적 신앙생활.
- Remarks:

본문 : **마 5:38~48**
제목 : **원수 사랑의 길 (Love Your Enemies)**

38.또 눈은 눈으로, 이는 이로 갚으라 하였다는 것을 너희가 들었으나 **39.**나는 너희에게 이르노니
악한 자를 대적하지 말라 누구든지 네 오른편 뺨을 치거든 왼편도 돌려 대며 **40.**또 너를 고발하여 속
옷을 가지고자 하는 자에게 겉옷까지도 가지게 하며 **41.**또 누구든지 너로 억지로 오 리를 가게 하거
든 그 사람과 십 리를 동행하고 **42.**네게 구하는 자에게 주며 네게 꾸고자 하는 자에게 거절하지 말
라 **43.**또 네 이웃을 사랑하고 네 원수를 미워하라 하였다는 것을 너희가 들었으나 **44.**나는 너희에
게 이르노니 너희 원수를 사랑하며 너희를 박해하는 자를 위하여 기도하라 **45.**이같이 한즉 하늘에
계신 너희 아버지의 아들이 되리니 이는 하나님이 그 해를 악인과 선인에게 비추시며 비를 의로운 자
와 불의한 자에게 내려주심이라 **46.**너희가 너희를 사랑하는 자를 사랑하면 무슨 상이 있으리요 세
리도 이같이 아니하느냐 **47.**또 너희가 너희 형제에게만 문안하면 남보다 더하는 것이 무엇이냐 이
방인들도 이같이 아니하느냐 **48.**그러므로 하늘에 계신 너희 아버지의 온전하심과 같이 너희도 온전
하라

1. 악한 자를 대적하지 말라 하심 (= 복수하려는 생각을 버림)

38~39절= "또 눈은 눈으로, 이는 이로 갚으라 하였다는 것을 너희가 들었으나 나는 너희에게 이르노니 악한 자를 대적하지 말라…"

2. 박해하는 자를 위하여 기도하라 하심 (= 원수를 위하여 기도함)

44절= "…너희를 박해하는 자를 위하여 기도하라"

3. 악인과 선인에게 해와 비를 주신다고 하심 (= 하나님의 사랑을 깊이 생각함)

45절= "이같이 한즉 하늘에 계신 너희 아버지의 아들이 되리니 이는 하나님이 그 해를 악인과 선인에게 비추시며 비를 의로운 자와 불의한 자에게 내려주심이라"

◈◈◈

【대지 유형】 주제 적용형 - 본문 묶음형 - 대지 진전형
【주제】 원수를 사랑하려면 복수심을 버리고 오히려 원수를 위해 기도하며 하나님의 구속의 사랑을 깊이 생각해야 한다.
【FCF】 복수심을 완전히 버리지 못하는 많은 신앙인의 모습.

【서론】 마태복음 5, 6, 7장(산상수훈)= 그리스도의 초림과 재림 사이를 살아

가는 기독교인에 대한 윤리 헌장이다. 본문= 예수님이 아주 엄중하고 단호하게 새로운 법을 선포하신 것. 나에게 해를 입힌 사람을 용서한다는 것은 참으로 어렵다. 주님은 우리가 '원수'라고 생각하는 사람에 대해 '용서' 정도가 아니라 '사랑하라'고 말씀하신다.

【우산질문】 원수까지 사랑하는 수준의 세계를 향하여 성장하려면 어떻게 해야 하는가?

【1대지】 바리새인들은 정당한 보응의 원리를 법정에서 개인 관계로 옮겨 놓아 개인적인 복수를 정당화하는 데 사용하였다. 예수님은 네 가지 예를 들어 동해보복법의 정신을 설명하심: 존엄권(39절), 안락권(40절), 자유권(41절), 재산권(42절). 천국 시민들로서 복수하지 말아야 한다.

【2대지】 원수에 대하여 소극적으로 인내하는 데 머무는 것이 아니라 적극적으로 그들을 위하여 기도하는 자세에까지 나아가는 것. 기도하는 사람이 누리게 되는 축복은 환경의 변화가 아니라 기도자 자신이 변한다는 사실. 그리스도인에게는 "쳐부수자 원수들!"이라는 식의 십자군 사고방식(crusade mentality)이 있으면 안 된다.

【3대지】 "우리가 아직 죄인 되었을 때에 그리스도께서 우리를 위하여 죽으심으로 하나님께서 우리에 대한 자기의 사랑을 확증하셨느니라"(롬 5:8). 원수에 대한 사랑은 하나님의 구속 섭리의 원리이다. 우리가 어떻게 원수를 사랑할 수 있나? 원수를 위해 기도하면서 원수를 사랑하신 예수 그리스도를 기억해야 한다.

【결론】 여러분은 주님으로부터 원수를 사랑하는 사람이라고 인정받을 수 있는가?

- 절기, 용도, 장르, 특징:
- Key Word: 원수 사랑.
- Remarks:

본문 : **마 6:9~13**
제목 : **왕국 시민의 생활양식**
(The Lifestyle of the Kingdom Citizens)

9.그러므로 너희는 이렇게 기도하라 하늘에 계신 우리 아버지여 이름이 거룩히 여김을 받으시오며 **10.**나라가 임하시오며 뜻이 하늘에서 이루어진 것 같이 땅에서도 이루어지이다 **11.**오늘 우리에게 일용할 양식을 주시옵고 **12.**우리가 우리에게 죄 지은 자를 사하여 준 것 같이 우리 죄를 사하여 주시옵고 **13.**우리를 시험에 들게 하지 마시옵고 다만 악에서 구하시옵소서 (나라와 권세와 영광이 아버지께 영원히 있사옵나이다 아멘)

1. 하나님의 이름이 거룩히 여김 받도록 기도하라 하심 (= 하나님께 영광 돌리는 삶)
9절= "…너희는 이렇게 기도하라 하늘에 계신 우리 아버지여 이름이 거룩히 여김을 받으시오며"

2. 나라가 임하도록 기도하라 하심 (= 주님의 통치가 이 땅에 이루어지게 하는 삶)
10절= "나라가 임하시오며…"

3. 하나님의 뜻이 땅에서 이루어지기를 기도하라 하심 (= 영적 전쟁터로 용감히 나아가는 삶)
10절= "…뜻이 하늘에서 이루어진 것 같이 땅에서도 이루어지이다"

◈◈◈

【대지 유형】 주제 적용형 – 본문 분석형 – 대지 진전형
【주제】 하나님 나라 일꾼은 평소 하나님 나라의 승리를 위해 기도하며 행동해야 한다.
【FCF】 많은 신앙인이 하나님 나라의 역동적 속성에 무지하고 소극적임.

【서론】 나의 일생에 가장 획기적인 사건= 사탄왕국의 백성에서 그리스도 왕국의 시민으로 바뀌는 때. 가장 놀라운 뉴스= 그리스도인은 지금 여기서 하나님 나라 백성으로 살고 있다는 사실. 본문= 주님 가르치신 기도문. 루터는 "이 세상에서 가장 천대받는 기도문은 주기도문"이라 함. 사람들이 별 생각도 없

이 암송한다.
【우산질문】 예수님께서 그리스도인들에게 날마다 기도하며 소원하며 행하기를 원하시는 것이 무엇인가? 그리스도 왕국 시민의 라이프 스타일은 어떠해야 하나?

【1대지】 하나님 이름을 거룩하게= 하나님께 영광 돌리는 삶.
【2대지】 '나라'의 헬라어 '바실레이아'는 장소 개념보다는 통치의 개념이다. 당신의 나라가 오게 하소서= 주님의 통치가 이루어지게 하소서. 어디에? 바로 이 땅에. 이 땅은 지금 사탄의 통치가 강력하게 이루어지고 있음. 여기에 주님이 빛으로 오셨다. 사탄 왕국에 침투해 온 그리스도 왕국. 사탄의 권세는 만만한 것이 아니다. 인류의 타락 이래 어떤 사람 어떤 단체도 사탄의 권세와 맞설 수 없을 정도였다. 요일 5:19, "또 아는 것은 우리는 하나님께 속하고 온 세상은 악한 자 안에 처한 것이며." 성도는 영적 싸움의 현장으로 부름 받은 제자들이다. 임전무퇴의 결의를 다지는 기도가 필요하다.
【3대지】 짧은 문장에서 하늘(우라노스)과 땅(게에)이 대구(對句)를 이루고 있다. 하늘= 이미 하나님의 통치가 완전히 실현되고 있는 상태, 땅= 하나님의 통치를 아직까지도 거스르는 죄악된 상태를 암시한다. 하나님의 뜻(델레마)= 사탄 왕국을 진멸하는 것, 그리스도 왕국을 세우는 것. 주님은 새 예루살렘에서 주님의 뜻을 다시 완성하신다(계 21:1~4). "땅에서도 이루어지이다"= 이 기도는 우리를 사용하셔서 사탄의 역사를 물리치도록 하나님께 간구하는 우리 의지의 표현이다.
【결론】 여러분의 라이프 스타일은? 매일의 삶 속에 성령의 동행하심이 있는가? 하나님의 나라는 말에 있지 아니하고 능력에 있다. 우리의 일상생활은 하나님 나라를 임하게 하는 일이어야 한다.

- 절기, 용도, 장르, 특징: 기도문.
- Key Word: 하나님 나라, 하나님의 뜻.
- Remarks:

본문 : **마 6:24~34**

제목 : **세상 염려에 대한 예수님의 교훈**
(Do Not Worry about Your Life)

24.한 사람이 두 주인을 섬기지 못할 것이니 혹 이를 미워하고 저를 사랑하거나 혹 이를 중히 여기고
저를 경히 여김이라 너희가 하나님과 재물을 겸하여 섬기지 못하느니라 **25.**그러므로 내가 너희에게
이르노니 목숨을 위하여 무엇을 먹을까 무엇을 마실까 몸을 위하여 무엇을 입을까 염려하지 말라 목
숨이 음식보다 중하지 아니하며 몸이 의복보다 중하지 아니하냐 **26.**공중의 새를 보라 심지도 않고
거두지도 않고 창고에 모아들이지도 아니하되 너희 하늘 아버지께서 기르시나니 너희는 이것들보다
귀하지 아니하냐 **27.**너희 중에 누가 염려함으로 그 키를 한 자라도 더할 수 있겠느냐 **28.**또 너희가
어찌 의복을 위하여 염려하느냐 들의 백합화가 어떻게 자라는가 생각하여 보라 수고도 아니하고 길
쌈도 아니하느니라 **29.**그러나 내가 너희에게 말하노니 솔로몬의 모든 영광으로도 입은 것이 이 꽃
하나만 같지 못하였느니라 **30.**오늘 있다가 내일 아궁이에 던져지는 들풀도 하나님이 이렇게 입히시
거든 하물며 너희일까보냐 믿음이 작은 자들아 **31.**그러므로 염려하여 이르기를 무엇을 먹을까 무엇
을 마실까 무엇을 입을까 하지 말라 **32.**이는 다 이방인들이 구하는 것이라 너희 하늘 아버지께서 이
모든 것이 너희에게 있어야 할 줄을 아시느니라 **33.**그런즉 너희는 먼저 그의 나라와 그의 의를 구하
라 그리하면 이 모든 것을 너희에게 더하시리라 **34.**그러므로 내일 일을 위하여 염려하지 말라 내일
일은 내일이 염려할 것이요 한 날의 괴로움은 그 날로 족하니라

1. “염려하지 말라” 하심 (= 습관적 염려는 불신앙의 씨앗)

25절= “그러므로 내가 너희에게 이르노니 목숨을 위하여 무엇을 먹을까 무엇을 마실까 몸을 위하여 무엇을 입을까 염려하지 말라”

2. 새와 꽃들의 이치를 들어 염려하지 말 것을 가르치심 (= 세상 염려의 무용성)

26절= “공중의 새를 보라 심지도 않고 거두지도 않고 창고에 모아들이지도 아니하되 너희 하늘 아버지께서 기르시나니 너희는 이것들보다 귀하지 아니하냐”

3. “먼저 그의 나라와 의를 구하라” 하심 (= 염려의 방향 전환)

33절= “그런즉 너희는 먼저 그의 나라와 그의 의를 구하라 그리하면 이 모든 것을 너희에게 더하시리라”

◈◈◈

【대지 유형】 주제 적용형 - 본문 묶음형 - 대지 반전형

【주제】 예수님은 세상 염려가 무용하므로 염려를 버리고 오직 그 나라와 그

의 의를 구하라고 하신다.
【FCF】 많은 신앙인이 세상 염려를 달고 살고 있음.

【서론】 여기서는 하늘에 보물을 쌓는 성도들이 천국 시민으로서 마땅히 지녀야 할 가치관을 제시하고 있다. 염려 문제에 있어 자유로운 사람은 없을 것이다. 우리가 불안해하고 근심하는 것들의 90%는 불필요한 과거의 일이거나 아직 부딪혀보지도 않은 미래의 일 때문이다.
【우산질문】 세상 염려에 대한 예수님의 교훈을 폐부에 새기는 시간으로 삼자.

【1대지】 지금 당장 염려하는 것을 중단하라는 매우 시급하면서도 단호한 명령이다. 성경에 '두려워 말라, 염려하지 말라'는 말씀이 365회나 기록되어 있음을 아는가? 여러분의 마음속에서 불신앙의 씨앗이 되는 염려를 완전히 제거하자.
【2대지】 우리가 어떤 노력을 하든 우리는 사람의 목숨에 단 한 치도 한 순간도 더할 수가 없다. 염려는 무익하기 때문에 안 할수록 좋다.
【3대지】 성도는 하나님의 나라와 하나님의 의를 추구하는 것을 삶의 목표로 삼아야 한다. 이는 염려의 방향 전환이다. 그리스도인은 단순히 죄짓지 않고 착하게만 사는 사람이 아니라 적극적으로 선을 행하고 하나님 나라를 만들어 가는 사람들이다.
【결론】 우리에게 이성이 있고 하나님의 형상이 남아 있는 이상 우리는 염려하지 않을 수 없는 존재이다. 내일 일은 주님의 섭리에 맡기고 오늘 나에게 주신 직분과 사명에 힘쓰자.

- 절기, 용도, 장르, 특징:
- Key Word: 염려.
- Remarks:

본문 : **마 7:24~27**
제목 : **두 건축자 (The Two Builders)**

24.그러므로 누구든지 나의 이 말을 듣고 행하는 자는 그 집을 반석 위에 지은 지혜로운 사람 같으리니 **25.**비가 내리고 창수가 나고 바람이 불어 그 집에 부딪치되 무너지지 아니하나니 이는 주추를 반석 위에 놓은 까닭이요 **26.**나의 이 말을 듣고 행하지 아니하는 자는 그 집을 모래 위에 지은 어리석은 사람 같으리니 **27.**비가 내리고 창수가 나고 바람이 불어 그 집에 부딪치매 무너져 그 무너짐이 심하니라

1. 두 건축자의 일치점:

① 그리스도의 말씀을 들었음 ② 둘 다 집 지을 필요를 느껴 집을 지었음 ③ 비바람이 몰아쳤음

2. 두 건축자의 상이점:

① 지혜로운 사람과 어리석은 사람 ② 듣고 행하는 자와 듣고 행치 않는 자 ③ 반석 위 기초와 모래 위 기초

3. 두 사람에게 임한 현저한 차이점:

25절= "비가 내리고 창수가 나고 바람이 불어 그 집에 부딪치되 무너지지 아니하나니 이는 주추를 반석 위에 놓은 까닭이요"
27절= "비가 내리고 창수가 나고 바람이 불어 그 집에 부딪치매 무너져 그 무너짐이 심하니라"

◈◈◈

【대지 유형】 주제 함축형 - 본문 분석형 - 대지 반전형
【주제】 말씀에 대한 순종과 불순종 여부는 결과에 있어 엄청난 차이를 가져온다.
【FCF】 많은 신앙인이 말씀을 듣고도 순종하지 않는 삶을 살고 있음.

【서론】 우리의 삶은 마치 주초를 놓고 그 위에 집을 짓는 건축자의 모습과도 같다. 본문은 산상 보훈의 결론= 말씀으로 사는 삶의 중요성을 보여준다. 본문의 이중 구조= 두 사람, 두 집.
【우산질문】 예수님이 말씀하신 두 건축자의 일치점과 상이점을 살펴보자.

【1대지】 이 비유는 불신자, 무신론자에게 주신 것이 아니라 믿는 자, 말씀에 관심이 많은 자에게 주신 비유이다. 많은 사람은 처음 시작했으나 중도에 포기한다. 여기서는 끝까지 가서 집을 완성한다. 외관상 거의 동일. 두 집 모두에게 비바람이 몰아쳤고 두 사람 모두 자기가 세운 이 집에서 폭풍우를 피하고자 했다. 큰 문제가 오기 전까지는 구별이 쉽지 않다.

【2대지】 이 비유의 놀라운 점은 이처럼 많은 유사점에도 불구하고 더 많은 상이점이 있다는 것. 개인의 성격, 특징 면에서 상이하고, 실천 면에서 상이하고, 기초 면에서 상이하다. 지혜로운 자는 집의 기초를 반석 위에 놓은 반면 어리석은 자는 기초를 모래 위에 놓았고 그리하여 두 사람에게 임한 결과는 앞의 어느 것보다 현저한 차이점을 보여준다. 여기 모래는 자기 의(義). 그리스도의 죽으심과 관계없이 쉽게 하나님의 은혜만 의지하는 것. 비와 홍수와 바람의 의미들을 생각하라.

【3대지】 어떻게 해야 이같은 사태에 견딜 수 있는가? 이것은 인생관이나 나의 기분이 아니라 이런 시험이 올 때 나는 항상 하나님을 찾는가? 하나님을 진실로 바라보는가? 중요한 것은 내가 얼마나 완전한가가 아니라 내가 어느 방향으로 나가고 있느냐의 여부이다.

【결론】 건축자 여러분, 당신의 집 기초는 어디에 놓여 있나? 당신이 세우고 있는 집은 마지막 환난의 비바람을 능히 견딜 수 있는가? 마지막 심판을 생각하며 항상 주님과 얼굴을 마주 대할 때를 준비하자.

- 절기, 용도, 장르, 특징:
- Key Word: 반석 위에 지은 집, 모래 위에 지은 집.
- Remarks:

본문 : **마 8:1~4**

제목 : **나병환자의 믿음의 비밀 (A Leper Before Jesus)**

1.예수께서 산에서 내려 오시니 수많은 무리가 따르니라 **2.**한 나병환자가 나아와 절하며 이르되 주여 원하시면 저를 깨끗하게 하실 수 있나이다 하거늘 **3.**예수께서 손을 내밀어 그에게 대시며 이르시되 내가 원하노니 깨끗함을 받으라 하시니 즉시 그의 나병이 깨끗하여진지라 **4.**예수께서 이르시되 삼가 아무에게도 이르지 말고 다만 가서 제사장에게 네 몸을 보이고 모세가 명한 예물을 드려 그들에게 입증하라 하시니라

1. 무리를 헤치고 예수께 나아왔음 (= 용기 있는 신앙)

2절= "한 나병환자가 나아와 절하며 이르되…"

2. 예수께 나아와 절하며 간청함 (= 예배 신앙, 고백적 신앙)

2절= "한 나병환자가 나아와 절하며 이르되 주여 원하시면 저를 깨끗하게 하실 수 있나이다…"

3. 예수께서 손을 내밀어 고쳐주심 (= 정결케 됨)

3절= "예수께서 손을 내밀어 그에게 대시며 이르시되 내가 원하노니 깨끗함을 받으라 하시니 즉시 그의 나병이 깨끗하여진지라"

◈◈◈

【대지 유형】 주제 설명형 - 본문 분석형 - 대지 진전형

【주제】 (석의) 나병환자는 용기를 가지고 예수께 나아와 절하며 간청해 즉시 고침을 받았다.

【FCF】 많은 신앙인이 용기가 부족하고, 고백적 신앙에서 부족함을 보이고 있음.

【서론】 마 1~4장까지는 '왕의 신분'에 대한 내용. 예수님의 탄생과 공생애를 시작하시면서 요한에게 세례받으시고 사탄의 시험을 물리치신 사건이 기록되었다. 5~7장까지는 '왕의 교훈'에 대한 내용. 하나님 나라 백성의 윤리강령이라 할 수 있는 저 유명한 산상수훈이 기록되어 있다. 그리고 8~9장은 '왕의 권능'에 대한 저자의 의도된 기록이 나온다. 10가지 이적을 언급하고 있는 것은 모세 시대 애굽에 내린 10가지 재앙을 상기시킨다. 예수님의 이적 기사는 메시아로서 예수님의 신적 권위를 확증한다. 각종 질병을 고치시고, 귀신을 명하여 굴복케 하시고, 심지어 죽음조차도 정복하시는 예수님의 이적들은 그

분의 권위의 출처를 명백히 밝혀준다. 주님은 당시로써는 불치병이요 사람들이 혐오하는 나병 환자를 직접 손을 대 고쳐주심으로 주님의 메시아 되심과 불행 속에 허덕이는 인류를 긍휼히 여기시는 모습을 보여주신다.
【우산질문】 나병 환자의 믿음의 비밀이 어디에 있나? 우리에게 필요한 믿음의 비밀은 무엇인가?

【1대지】 나병환자= 사회적으로는 성 밖으로 내쫓는 격리 정책을 실시했고, 종교적으로는 하나님으로부터 버림받은 죄인들로 규정하였다. 이 나병환자는 죽을 각오를 하고 예수님께 나아왔음. 우리에게 필요한 것= 주님 앞에 나오면서 우리 자신의 병이 얼마나 깊어 있는지를 아는 것. 내 영혼의 병이 점점 깊어져서 내 영혼의 손가락이 잘려나가고 내 영혼의 코가 문드러지고 있는데도 불구하고 여전히 그 심각성을 깨닫지 못한 채 살아가고 있지는 않은가? 우리는 돌에 맞아 죽을 각오를 하면서 예수님을 찾아가는 생활을 해야 한다. 어떤 고난과 고통이 따르더라도 예수님께 나아오는 발걸음을 멈출 수 없다. 왜냐하면 우리의 영적 상태는 나병 환자처럼 너무나 심각하기 때문이다.
【2대지】 '절하며'= '무릎을 꿇다'. 그는 예수님에게 최대한의 존경(respect)과 경의(homage)를 표했다. 나병환자가 마음과 정성을 다하여 예수님께 나아온 사실은 그가 예수님께 간청하는 말을 통하여 잘 알 수 있다. "주여 원하시면 저를 깨끗하게 하실 수 있나이다." 이 말은 자기 질병에 대한 강한 치유 요청이자 신앙 고백으로서, 예수님께 대한 나병환자의 믿음이 매우 컸음을 시사해 준다. 그리스도인들은 하나님 앞에 겸손한 자세로 예배를 드리는 순간이 최고의 행복을 누리는 순간이다.
【3대지】 주님은 우리의 가장 더럽고 수치스러운 부분에 손을 대시길 원하신다. 그분이 예수님이시다. "내가 원하노니 깨끗함을 받으라." 주님은 우리가 낫기를 원하신다. 예수님은 자신의 병 고치는 능력을 이제 제자들에게 나누어주신다.
【결론】 오늘도 주님은 모든 어려움을 물리치고 주님께 예배하러 나온 성도들에게 능력의 말씀을 선포하시며, 사랑의 손길로 성도들의 약하고 추한 부분까지 정결케 하신다.

- 절기, 용도, 장르, 특징:
- Key Word: 나병환자, 치유.
- Remarks:

본문 : **마 8:5~13**
제목 : **칭찬받는 믿음 (The Faith of the Centurion)**

5.예수께서 가버나움에 들어가시니 한 백부장이 나아와 간구하여 **6.**이르되 주여 내 하인이 중풍병으로 집에 누워 몹시 괴로워하나이다 **7.**이르시되 내가 가서 고쳐 주리라 **8.**백부장이 대답하여 이르되 주여 내 집에 들어오심을 나는 감당하지 못하겠사오니 다만 말씀으로만 하옵소서 그러면 내 하인이 낫겠사옵나이다 **9.**나도 남의 수하에 있는 사람이요 내 아래에도 군사가 있으니 이더러 가라 하면 가고 저더러 오라 하면 오고 내 종더러 이것을 하라 하면 하나이다 **10.**예수께서 들으시고 놀랍게 여겨 따르는 자들에게 이르시되 내가 진실로 너희에게 이르노니 이스라엘 중 아무에게서도 이만한 믿음을 보지 못하였노라 **11.**또 너희에게 이르노니 동 서로부터 많은 사람이 이르러 아브라함과 이삭과 야곱과 함께 천국에 앉으려니와 **12.**그 나라의 본 자손들은 바깥 어두운 데 쫓겨나 거기서 울며 이를 갈게 되리라 **13.**예수께서 백부장에게 이르시되 가라 네 믿은 대로 될지어다 하시니 그 즉시 하인이 나으니라

1. 하인의 고통을 외면하지 않았음 (= 섬김의 신앙)

5~6절= "…한 백부장이 나아와 간구하여 이르되 주여 내 하인이 중풍병으로 집에 누워 몹시 괴로워하나이다"

2. 예수님의 방문을 정중하게 거절하였음 (= 남의 입장 배려, 겸손한 신앙)

8절= "백부장이 대답하여 이르되 주여 내 집에 들어오심을 나는 감당하지 못하겠사오니 다만 말씀으로만 하옵소서 그러면 내 하인이 낫겠사옵나이다"

3. 말씀만으로도 병이 나을 줄 믿었음 (= 절대 순종의 신앙)

8절= "…다만 말씀으로만 하옵소서 그러면 내 하인이 낫겠사옵나이다"

◈◈◈

【대지 유형】 주제 증명형 – 본문 분석형 – 대지 진전형

【주제】 (석의) 백부장의 믿음은 하인의 고통을 외면하지 않고 겸손히 예수님께 간청하며 말씀만으로도 고침 받을 줄 믿는 놀라운 믿음이었다.

【FCF】 조금 있다고 어려운 사람 외면하는 교만. 남의 입장을 배려 못 하는 이기적인 사람들의 모습.

【서론】 만왕의 왕이신 예수님으로부터 칭찬을 듣고 인정을 받는다면 그보다

더 기쁜 일이 어디에 있겠는가? 이방인인 백부장이 주님으로부터 받은 칭찬은 가히 파격적이었다.

【우산질문】 백부장의 믿음은 어떤 믿음이었기에 주님으로부터 이렇게까지 칭찬을 받을 수 있었는가?

【1대지】 로마의 장교는 마치 산헤드린 공회원처럼 출세가도가 열린 행운아들이요 엘리트들이다. 이런 사람이 하인을 위하여 체면을 생각지 않고 예수님께 나아와 겸손히 간구한 사실은 참으로 큰 미덕이 아닐 수 없다. 섬김은 낮아짐으로 가능하다. 높은 곳에서 섬기는 사람은 없다.

【2대지】 이를 통해 본서의 주독자층인 유대인들을 향해서 그들의 믿음 없음을 간접적으로 책망하면서 큰 믿음을 가질 것을 촉구한다. 높은 지위에 도달했을 때 가장 조심해야 할 것이 교만과 배은망덕이다.

【3대지】 참된 신앙이란 예수님의 말씀에 절대 권위를 인정하고 그 말씀의 능력을 믿는 것이고, 그 말씀에 절대 복종하는 것이다. 우리의 믿음은 하나님의 살아 있는 말씀에서 오고, 우리의 절대 순종은 그 확신과 그 믿음으로부터 나온다.

【결론】 주님을 기쁘시게 해 드린 신앙은 어떤 신앙이었나? 그것은 바로 섬김과 겸손을 갖춘 말씀 중심의 신앙이다.

- 절기, 용도, 장르, 특징:
- Key Word: 믿음.
- Remarks:

본문 : **마 9:9~10**
제목 : **마태의 소명 (A Man Named Mathew)**

9.예수께서 그 곳을 떠나 지나가시다가 마태라 하는 사람이 세관에 앉아 있는 것을 보시고 이르시되 나를 따르라 하시니 일어나 따르니라 **10.**예수께서 마태의 집에서 앉아 음식을 잡수실 때에 많은 세리와 죄인들이 와서 예수와 그의 제자들과 함께 앉았더니

1. 부르심의 상황: "지나가시다가" 보심 (= 우연 같은 부르심)
9절= "예수께서 그 곳을 떠나 지나가시다가…"

2. 부르심의 은혜성: 세관에서 일하는 세리 (= 구하지 않은 부르심)
9절= "…마태라 하는 사람이 세관에 앉아 있는 것을 보시고…"

3. 부르신 분: 예수께서 부르심 (= 그를 완전히 알고 계시는 주님에 의한 부르심)
9절= "예수께서 그 곳을 떠나 지나가시다가 마태라 하는 사람이 세관에 앉아 있는 것을 보시고 이르시되…"

4. 부르신 내용: "나를 따르라" (= 너무나 단순한 부르심)
9절= "…이르시되 나를 따르라 하시니…"

5. 부르심의 효력: 즉시 일어나 따랐음 (= 즉시 효력을 발휘한 부르심)
9절= "…나를 따르라 하시니 일어나 따르니라"

6. 부르심의 열매: 많은 세리와 죄인들을 예수께로 인도함 (= 다른 사람을 위한 소망의 문이 된 부르심)
10절= "예수께서 마태의 집에서 앉아 음식을 잡수실 때에 많은 세리와 죄인들이 와서 예수와 그의 제자들과 함께 앉았더니"

◈◈◈

【대지 유형】 주제 함축형 - 본문 분석형 - 대지 진전형
【주제】 (석의) 예수님은 은혜로 마태를 부르셨고 마태는 즉시 순종하여 많은 열매를 맺었다.

【FCF】 많은 신앙인이 자신의 소명에 대하여 확신을 갖지 못하고 있음.

【서론】 역사를 주관하시는 하나님은 시대마다 자기 종들을 부르시고 위대한 사명을 부여하신다. 예수님께서도 공생애 초기부터 제자들을 친히 부르셨다. 문맥상으로는, 마태가 소명받기 직전에 '중풍병자를 고친 사건'이 기록되어 있다. 이것은 마태의 회심과 기적의 연관성을 암시한다.
【우산질문】 말씀을 통하여 마태의 소명에 대해 이모저모를 살펴보고, 우리를 교회 일꾼으로 세우신 주님의 부르심을 더욱 굳게 하자.

【1대지】 때는 예수님의 제1차 갈릴리 전도 여행 중이었고, 예수님은 지금 '본동네' 인 가버나움을 '떠나 지나가시는' 중이다. 부르심의 상황은 우연 같아 보이지만, 결코 우연이 아니다. 왜냐하면 주님은 이미 그를 알았기 때문이다.
【2대지】 그의 직업은 욕된 직업이었고, 유대인들에게는 멸시받는 직업이었다. 예수님이 공생애 초기부터 세리인 마태를 제자로 부르신 일은 지극히 불경건한 일이 아닐 수 없다. 우리가 지금 여기 와 있는 것, 그리고 하나님의 말씀을 받고 있는 것은 '순전히 주님의 은혜'로 말미암은 것이다.
【3대지】 주님은 마태 안에서 구원받은 자 마태, 회심자 마태, 사도 마태, 전기작가 마태, 순교자 마태를 보셨다. 주님은 끝없는 지혜로 우리 각자에게 적합한 방식으로 우리를 부르셔서 주님의 제자로, 하나님 나라의 일꾼으로 세워 나가신다.
【4대지】 우리는 예수님을 따른다는 의미= 주님을 내 삶의 경배자와 인도자로 택한다는 결단과 의지, 주님의 말씀에 순종, 주님을 모방하고 답습, 주님과 공동운명체가 된다는 뜻.
【5대지】 마태는 즉시, 전적으로, 계속 따랐다.
【6대지】 그가 기록한 마태복음서= 오고 오는 세대의 수많은 사람에게 엄청난 영향을 미쳤다.
【결론】 주님의 부르심은 장소에 관하여는 일정치 않다. 주님의 부르심은 계속적이다. 여러분은 지금 어디에 앉아 있는가?

- 절기, 용도, 장르, 특징:
- Key Word: 소명, 부르심.
- Remarks:

본문 : **마 9:35~10:1**
제목 : **예수님의 치유 사역**

9:35.예수께서 모든 도시와 마을에 두루 다니사 그들의 회당에서 가르치시며 천국 복음을 전파하시며 모든 병과 모든 약한 것을 고치시니라 **36.**무리를 보시고 불쌍히 여기시니 이는 그들이 목자 없는 양과 같이 고생하며 기진함이라 **37.**이에 제자들에게 이르시되 추수할 것은 많되 일꾼이 적으니 **38.**그러므로 추수하는 주인에게 청하여 추수할 일꾼들을 보내 주소서 하라 하시니라 **10:1.**예수께서 그의 열두 제자를 부르사 더러운 귀신을 쫓아내며 모든 병과 모든 약한 것을 고치는 권능을 주시니라

1. 더러운 귀신을 쫓아내심 (= 축사 사역)

1절= "예수께서 그의 열두 제자를 부르사 더러운 귀신을 쫓아내며…"

2. 모든 병과 약한 것을 고치심 (= 질병 치유)

35절= "…모든 병과 모든 약한 것을 고치시니라"

3. 바람과 파도를 잔잔케 하심 (= 자연 제압)

막 4장.

4. 죽은 자를 살리심 (= 부활의 능력 보이심)

요 11장= 나사로를 살리심, 나인성 과부의 아들, 사도들에게 이 권능 주심.

◈◈◈

【대지 유형】 주제 설명형 – 본문 수집형 – 대지 병렬형
【주제】 예수님의 치유 사역은 축사, 질병 치유, 나아가 자연을 다스리고 죽은 자를 살리는 일까지를 포함하는 것이었다.
【FCF】 치유라는 단어까지 이해하지 못하고 믿지 못하는 세대의 불신앙.

【서론】 오늘날에도 이적과 기사는 있는가? 자유주의자는 성경의 이적 기록까지 무시함. 복음주의자들 중에도 성경은 믿으나 현대의 모든 기적은 그쳤다고 주장하는 자들이 있음. 극단적인 근본주의자들은 너무 강조하는 나머지 성경 말씀의 권위를 떨어뜨림. 이적과 기사= 이 시대에도 교회의 사역이 되어야 한다, 성경의 권위에 손상 주지 않는 한 주장할 필요가 있다. 양자 사이의 밸런스가 필요하다. "모든 병과 모든 약한 것을 고치시니라" 제자들에게 주신

권능= 예수님 자신의 권능(35절). 특별히 종말이 가까워져 오는 이 시점에서 더욱 필요하다.

【우산질문】 예수님의 치유사역에 대하여 살펴보자.

【1대지】 예수님과 자주 마주친 귀신들. 귀신의 역할 자세히 알아야. 예수님은 귀신들을 매우 잔인하게 다루셨다. 요일 3:8, "하나님의 아들이 나타나신 것은 마귀의 일을 멸하려 하심이라." 악한 영은 우리도 잔인하게 다뤄야(묶고, 꾸짖고, 쫓아내야). 귀신의 영향은 매우 다양하다. 유혹하고, 육체적 정신적 상해를 가하고, 목숨을 위협할 만큼 심하게, 더 나아가 귀신들림(demon posessed)까지. 마 9:32~33 귀신들려 벙어리 된 자, 12:22~23 귀신들려 눈멀고 벙어리 된 자, 17:14~21 간질병, 막 5장 거라사 귀신들린 자. 주님으로부터 권세를 받은 제자들도 귀신을 쫓았다. 우리 또한 왕의 이름으로 귀신을 쫓는 자여야. 악한 영은 두려워할 필요 없다. 모든 권세를 우리에게 주셨다.

【2대지】 질병은 사탄의 가장 효과적인 수단 중 하나. 복음서의 비중: 병고침 내용이 거의 20%. 질병 원인은? 육체적 심리적 또는 영적, 어떤 때는 복합적으로 나타난다. 눅 13:16= "사탄에게 매인 바 된…" 하나님의 용서와 질병 치유. 현대인들에게도 해결할 수 없는 숱한 병들이 있지만, 초대교회 성도들의 절대적인 믿음은 갖지 못하고 있음. 주님은 병 고침과 죄 용서함을 연계시킨 경우가 많았다.

【3대지】 갈릴리 광풍을 잔잔케 하심은 우화적 해석이 아니라 예수님의 통치 차원으로 해석. 자연만물이 예수님의 권세에 복종함. 예수님이 '건너편으로 가자'라고 하셨으면 어떤 풍랑이 와도 우린 믿어야 한다. 예수님은 제자들의 믿음 없음을 책망하셨음을 기억하자.

【4대지】 오는 세대를 미리 맛봄.

【결론】 1) 주님의 능력과 뜻을 믿자. 2) 믿음으로 이 권세를 행사하자. 3) 그리고 계속 발전시키자.

- 절기, 용도, 장르, 특징:
- Key Word: 치유.
- Remarks:

본문 : **마 10:5~15**

제목 : **예수님의 세 가지 명령**
(Three Commands of Jesus Christ)

5.예수께서 이 열둘을 내보내시며 명하여 이르시되 이방인의 길로도 가지 말고 사마리아인의 고을에
도 들어가지 말고 **6.**오히려 이스라엘 집의 잃어버린 양에게로 가라 **7.**가면서 전파하여 말하되 천국
이 가까이 왔다 하고 **8.**병든 자를 고치며 죽은 자를 살리며 나병환자를 깨끗하게 하며 귀신을 쫓아내
되 너희가 거저 받았으니 거저 주라 **9.**너희 전대에 금이나 은이나 동을 가지지 말고 **10.**여행을 위하
여 배낭이나 두 벌 옷이나 신이나 지팡이를 가지지 말라 이는 일꾼이 자기의 먹을 것 받는 것이 마땅
함이라 **11.**어떤 성이나 마을에 들어가든지 그 중에 합당한 자를 찾아내어 너희가 떠나기까지 거기서
머물라 **12.**또 그 집에 들어가면서 평안하기를 빌라 **13.**그 집이 이에 합당하면 너희 빈 평안이 거기
임할 것이요 만일 합당하지 아니하면 그 평안이 너희에게 돌아올 것이니라 **14.**누구든지 너희를 영접
하지도 아니하고 너희 말을 듣지도 아니하거든 그 집이나 성에서 나가 너희 발의 먼지를 떨어 버리라
15.내가 진실로 너희에게 이르노니 심판 날에 소돔과 고모라 땅이 그 성보다 견디기 쉬우리라

1. "천국 메시지를 선포하라" 하심 (= 천국 인도)
7절= "가면서 전파하여 말하되 천국이 가까이 왔다 하고"

2. "질병을 치유하라" 하심 (= 영육 간의 질병 치유)
8절= "병든 자를 고치며 죽은 자를 살리며 나병환자를 깨끗하게 하며 귀신을 쫓아내되 너희가 거저 받았으니 거저 주라"

3. "평안하기를 빌라" 하심 (= 영육 간의 평안)
12절= "또 그 집에 들어가면서 평안하기를 빌라"

◈◈◈

【대지 유형】 주제 설명형 - 본문 묶음형 - 대지 병렬형
【주제】 (석의) 예수님은 사도들을 파송하면서 천국 복음을 선포하고 병을 고치며 평안을 빌라고 명령하셨다.
【FCF】 많은 목회자, 많은 교회가 주님의 세 가지 명령을 쉽게 생각하고 있음.

【서론】 공적인 생애를 시작하시면서, 예수님은 먼저 자신과 함께 사역할 제자들을 뽑으셨다. 마태복음 10장은 예수님께서 제자들을 파송하시는 '파송장'이다. 10장에 기록된 3대 명령은 예수님 사역의 핵심이다. 이것은 당시의 열

두 사도에게 주신 명령이었을 뿐 아니라 교회의 중심사역으로 주신 것이다.
【우산질문】 본문을 통하여 주님이 주신 3대 명령을 살펴보자.

【1대지】 세례요한의 외침도 이 메시지였다. "천국이 가까웠다"= '사람들을 천국으로 인도하라', '그들로 천국신앙을 갖게 하라'. 목회자의 일차 임무는 성도들의 천국 구원에 있다.
【2대지】 예수님의 치유사역은 사도들에게 계승되었다. 교회의 모든 모임이 치유의 영으로 가득하여 이적과 기사가 끊이지 않는 교회가 되도록.
【3대지】 교회는 성도들의 평안을 위하여 끊임없이 기도하도록 명령받고 있다. 믿음으로 '아멘'하는 사람에게 그리스도의 은혜와 하나님의 사랑과 성령님의 교통하심이 반드시 임하게 된다. 목사가 성도들의 영육 간의 평안을 빌어주고, 성도가 목사의 축복을 받는 모습, 그리고 성도들이 목사의 사역을 위하여 기도하는 모습, 그것이 성경이 의도한 목회이고, 따라서 예수님이 바라시는 교회의 모습이다.
【결론】 우리 교회는 예수님의 3대 명령이 최고 수준으로 수행되는 교회가 되기를 소원한다.

- 절기, 용도, 장르, 특징:
- Key Word: 교회의 사명.
- Remarks:

본문 : **마 10:26~33**
제목 : **복음 전파의 세 가지 원리**

26.그런즉 그들을 두려워하지 말라 감추인 것이 드러나지 않을 것이 없고 숨은 것이 알려지지 않을
것이 없느니라 **27.**내가 너희에게 어두운 데서 이르는 것을 광명한 데서 말하며 너희가 귓속말로 듣
는 것을 집 위에서 전파하라 **28.**몸은 죽여도 영혼은 능히 죽이지 못하는 자들을 두려워하지 말고 오
직 몸과 영혼을 능히 지옥에 멸하실 수 있는 이를 두려워하라 **29.**참새 두 마리가 한 앗사리온에 팔
리지 않느냐 그러나 너희 아버지께서 허락하지 아니하시면 그 하나도 땅에 떨어지지 아니하리라
30.너희에게는 머리털까지 다 세신 바 되었나니 **31.**두려워하지 말라 너희는 많은 참새보다 귀하니
라 **32.**누구든지 사람 앞에서 나를 시인하면 나도 하늘에 계신 내 아버지 앞에서 그를 시인할 것이요
33.누구든지 사람 앞에서 나를 부인하면 나도 하늘에 계신 내 아버지 앞에서 그를 부인하리라

1. 주님이 말씀하시는 것을 들을 수 있어야 함 (= 예수님과의 인격적 교제)

27절= "내가 너희에게 어두운 데서 이르는 것을 광명한 데서 말하며 너희가 귓속말로 듣는 것을…"

2. 집 위에서 전파해야 함 (= 널리 전파)

27절= "내가 너희에게 어두운 데서 이르는 것을 광명한 데서 말하며 너희가 귓속말로 듣는 것을 집 위에서 전파하라"

3. 핍박 세력을 두려워하지 않아야 함 (= 담대함, 용기)

28절= "몸은 죽여도 영혼은 능히 죽이지 못하는 자들을 두려워하지 말고 오직 몸과 영혼을 능히 지옥에 멸하실 수 있는 이를 두려워하라"

◈◈◈

【대지 유형】 주제 적용형 - 본문 묵상형 - 대지 진전형
【주제】 전도자는 먼저 예수님과의 인격적 교제를 통하여 주의 말씀을 받아 담대하게 널리 전해야 한다.
【FCF】 많은 교인이 전도자로서의 용기가 부족함.

【서론】 공생애 초기, 12사도를 세우시고, 권능 주시고 파송하시는 장면. 먼저 우리가 해야 할 일은 당시의 제자들처럼 주님과 가까운 관계를 유지하는 것.
【우산질문】 본문을 통해서 주님이 가르치신 복음 전파의 원리를 살펴보자.

【1대지】 주님과 우리와의 가까운 관계, 주님의 언약의 말씀과 성령을 우리에게서 결코 떠나지 않게 하겠다고 약속하신 주님. 군중을 떠나보내고 제자들에게 따로 교훈하심. 후일 베드로는 "우리가 이 일의 증인이라"고 함. 진리는 인격적이다. 진리는 이론이나 명상이 아니라 실질적 삶을 통해 얻는다. 주님과의 영교를 통해 진리의 능력이 솟아 나온다. 뱃속에서 올라오는 생기 - 마침내 우리의 삶 전체를 바꾸어버린다.

【2대지】 때로는 주께서 비밀히 말씀하시고 때로는 우리의 귓속에 속삭이듯 말씀하신다. 오늘 우리는 기록된 말씀을 읽고 배우고 묵상하고 연구하며 주님의 음성을 듣는다. 그리고 당연한 선언, 광명한 데서! 널리 알리기 위해 지붕 위에서! 우리가 주님으로부터 받은 진리의 말씀은 너무나 귀하다. 주님과의 개인적 교통을 통해 받은 메시지를 지붕 위에서! 보혈의 능력, 부활, 재림 진리를 무한한 긍지를 가지고 집 위에서 전파해야!

【3대지】 주님은 세상의 형편을 잘 아신다. 세상의 많은 박해와 핍박을 이겨내라고. 그들을 두려워하지 말라고.

【결론】 주님의 관심은 하나님 나라 확장에 앞장선 일꾼에 있다. 그러므로 준비하자: 주님과의 영교, 말씀 사모.

- 절기, 용도, 장르, 특징: 전도 독려 설교.
- Key Word: 전도, 복음 전파.
- Remarks:

본문 : **마 10:32~33, 42**
제목 : **신앙 고백을 기뻐하시는 주님**

32.누구든지 사람 앞에서 나를 시인하면 나도 하늘에 계신 내 아버지 앞에서 그를 시인할 것이요 **33.**누구든지 사람 앞에서 나를 부인하면 나도 하늘에 계신 내 아버지 앞에서 그를 부인하리라 …… **42.**또 누구든지 제자의 이름으로 이 작은 자 중 하나에게 냉수 한 그릇이라도 주는 자는 내가 진실로 너희에게 이르노니 그 사람이 결단코 상을 잃지 아니하리라 하시니라

1. 주님은 사람 앞에서 그리스도를 시인하라 하심 (= 그리스도인의 공적 고백)
32절= "누구든지 사람 앞에서 나를 시인하면 나도 하늘에 계신 내 아버지 앞에서 그를 시인할 것이요"

2. 주님은 고백하는 자를 하나님 앞에서 시인하겠다 하심 (= 반드시 갚아주시는 주님)
32절= "…나도 하늘에 계신 내 아버지 앞에서 그를 시인할 것이요"

3. 주님은 제자의 사역을 상급의 약속으로 격려하심 (= 신앙고백의 기회 권장)
42절= "또 누구든지 제자의 이름으로 이 작은 자 중 하나에게 냉수 한 그릇이라도 주는 자는 내가 진실로 너희에게 이르노니 그 사람이 결단코 상을 잃지 아니하리라 하시니라"

◈◈◈

【대지 유형】 주제 설명형 - 본문 수집형 - 대지 진전형
【주제】 주님은 그리스도인이 공개적으로 신앙 고백하는 것을 기뻐하시고 상급을 약속하신다.
【FCF】 많은 신앙인이 비겁하게도 공개적인 신앙 고백을 두려워하고 있음.

【서론】 종교의 자리는 마음에 있다. 신앙은 마음의 일이다. 그러므로 이것을 사람 앞에 고백할 필요가 있느냐는 주장도 있다. 우리 중 아리마대 요셉이나 니고데모 같은 사람이 많이 있다. 좋은 신자일 수 있다. 그러나 그리스도를 조롱하고 복음을 반대하는 자들 앞에서는 자신을 나타내지 않는다. 하지만 주님은 우리의 명백한 태도를 요구하신다. 많은 신앙인이 마음으로는 믿으나

비겁하게도 공개적인 고백을 꺼리는 경우가 많다. 주님의 강조점은 신자 앞에서 행해지는 신앙고백에 중점을 두고 있지 않다. 불신 세상 앞에서, 때로는 원수들 앞에서도 우리는 떳떳하게 고백할 수 있어야 한다.
【우산질문】 우리의 공개적인 신앙고백에 대해 예수님은 어떤 교훈을 주시는가?

【1대지】 불신자들 앞에서 조롱과 비방을 각오하라는 말씀이다. 내가 믿는 하나님, 그리스도의 보혈, 속죄, 성령, 교회, 재림, 소망 등을 고백하라! 어둠의 세력 앞에서도. 막 10:38, "누구든지 이 음란하고 죄 많은 세대에서 나와 내 말을 부끄러워하면 인자도 아버지의 영광으로 거룩한 천사들과 함께 올 때에 그 사람을 부끄러워하리라." 이것은 불신 세상이 주는 비방과 핍박, 자존심 손상까지 각오하라는 말이다. 필요한 것은 우리의 진정한 마음, 진심어린 고백. 나의 이해 관계를 초월한 신앙 자세이다.
【2대지】 예수님도 아버지 앞에서 적극적으로 시인해 주신다. 33절은 두려운 말씀이다. "누구든지 사람 앞에서 나를 부인하면 나도 하늘에 계신 내 아버지 앞에서 그를 부인하리라." 롬 10:10, "사람이 마음으로 믿어 의에 이르고 입으로 시인하여 구원에 이르느니라." 만일 내가 불신자에게 고백하기에 주저된다면, 나는 아직 어린아이이다. 하나님의 저울에 모자라는 신앙이다.
【3대지】 은혜의 하나님은 우리에게 신앙고백의 기회를 자주 주신다. 주님이 주시는 신앙고백의 기회를 선용하는 자는 계속 성장, 점점 더 대담해지고, 그렇지 않으면 신앙의 위기가 찾아온다. 열심이 식어지고 영혼이 병들고, 갖고 있던 신앙까지 잃게 된다.
【결론】 증거의 기회는 하나님 은혜의 선물이다. 육신이 있는 동안 이 기회를 놓쳐서는 안 된다. 버려진 자들에게 복음이 전파되기 위해 우리가 사용돼야 한다.

- 절기, 용도, 장르, 특징:
- Key Word: 신앙고백.
- Remarks:

본문 : **마 11:1~6**

제목 : **세례요한의 의심과 그 교훈**
(John the Baptist's Down Day)

1.예수께서 열두 제자에게 명하기를 마치시고 이에 그들의 여러 동네에서 가르치시며 전도하시려고 거기를 떠나 가시니라 **2.**요한이 옥에서 그리스도께서 하신 일을 듣고 제자들을 보내어 **3.**예수께 여짜오되 오실 그이가 당신이오니이까 우리가 다른 이를 기다리오리이까 **4.**예수께서 대답하여 이르시되 너희가 가서 듣고 보는 것을 요한에게 알리되 **5.**맹인이 보며 못 걷는 사람이 걸으며 나병환자가 깨끗함을 받으며 못 듣는 자가 들으며 죽은 자가 살아나며 가난한 자에게 복음이 전파된다 하라 **6.**누구든지 나로 말미암아 실족하지 아니하는 자는 복이 있도다 하시니라

1. 옥에 갇힌 세례요한은 예수님의 그리스도 되심을 의심함 (= 불신앙의 그림자를 경계해야 함)

2~3절= "요한이 옥에서 그리스도께서 하신 일을 듣고 제자들을 보내어 예수께 여짜오되 오실 그이가 당신이오니이까 우리가 다른 이를 기다리오리이까"

2. "우리가 다른 이를 기다리오리이까?"라고 질문함 (= 의기소침해지지 않도록 조심해야 함)

3절= "…오실 그이가 당신이오니이까 우리가 다른 이를 기다리오리이까"

3. 예수님의 대답은 요한의 믿음을 세워주는 데 있었음 (= 의심은 예수님을 바라봄으로 극복되어짐)

4~5절= "예수께서 대답하여 이르시되 너희가 가서 듣고 보는 것을 요한에게 알리되 맹인이 보며 못 걷는 사람이 걸으며 나병환자가 깨끗함을 받으며 못 듣는 자가 들으며 죽은 자가 살아나며 가난한 자에게 복음이 전파된다 하라"

◈◈◈

【대지 유형】 주제 설명형 – 본문 분석형 – 대지 혼재형(2+1)

【주제】 우리에게 어려운 환경이 찾아올 때 의심의 구름이 일어나지 않도록, 또 의기소침해지지 않도록 조심하고 오직 예수님을 바라보아야 한다.

【FCF】 많은 신앙인이 작은 어려움 앞에서 의기소침해지고 의심에 빠짐.

【서론】 세례요한= 세상을 향해 용감히 진리를 외치던 자. 당시 인기 절정의 선지자. 헤롯왕의 잘못을 책망하다가 옥에 갇힘. 감옥에서 많은 생각을 했을 요한= 의심의 구름. 제자들을 예수님께 보내어 질문하는 장면에서 우리는 신앙인이 갖는 의심에 관한 하나님의 경고의 음성을 들어야겠다.
【우산질문】 세례요한이 의심을 품게 된 것과 그 교훈에 대해 살펴보자.

【1대지】 세례요한은 출생이나 생애 자체가 기적의 연속이었음. 그의 사역에 하나님의 큰 도우심= 놀라운 체험을 했던 요한. 그럼에도 불구하고 의심의 구름이 몰려 왔다는 것은 놀라운 일이다.
【2대지】 3절의 요한의 질문은 우리를 깜짝 놀라게 한다. 요한 같은 기적의 사람 입에서 어떻게 이런 질문들이 나올 수 있나? 감옥 속, 쇠사슬에 묶여 그의 마음을 짓눌려온 쓸쓸함과 좌절감. 고난 중에 하나님의 도우심을 느끼지 못하고 혼자라는 생각이 들 때 의심의 구름이 몰려온다. "왜 나를 도우시지 않는가?" 여러분은 어떤가? 주님 위해 봉사했는데, 돌아오는 것은 오해요 수군거림뿐이라면 여러분은 어찌 하겠나?
【3대지】 주님은 요한의 믿음을 세워주는 데 초점을 맞춰 대답하셨다. 메시아이신 주님의 능력을 볼 때 우리 속의 의심이 사라지게 된다. 주님은 요한에게 이 말씀을 통하여 무한한 사랑의 메시지를 보내고 있다. 우리의 의심을 녹여 버리는 두 단어: "예수님을 바라보자."
【결론】 예수님은 요한의 사정을 충분히 이해하셨다. 그리고 자신의 사랑을 나타내셨다. 이 주님을 전적으로 신뢰하고 주님을 따르자.

- 절기, 용도, 장르, 특징:
- Key Word: 세례요한.
- Remarks:

본문 : **마 11:2~6**
제목 : **메시아가 오시면**

2.요한이 옥에서 그리스도께서 하신 일을 듣고 제자들을 보내어 **3.**예수께 여짜오되 오실 그이가 당신이오니이까 우리가 다른 이를 기다리오리이까 **4.**예수께서 대답하여 이르시되 너희가 가서 듣고 보는 것을 요한에게 알리되 **5.**맹인이 보며 못 걷는 사람이 걸으며 나병환자가 깨끗함을 받으며 못 듣는 자가 들으며 죽은 자가 살아나며 가난한 자에게 복음이 전파된다 하라 **6.**누구든지 나로 말미암아 실족하지 아니하는 자는 복이 있도다 하시니라

1. 맹인이 보게 됨 (= 기독교는 보는 종교, 빛의 종교)
5절= "맹인이 보며…"

2. 못 걷는 사람이 걷게 됨 (= 기독교는 움직이는 종교)
5절= "…못 걷는 사람이 걸으며…"

3. 나병환자가 깨끗함을 받게 됨 (= 기독교는 깨끗해지는 종교)
5절= "…나병환자가 깨끗함을 받으며…"

4. 못 듣는 자가 듣게 됨 (= 기독교는 듣고 깨닫는 종교)
5절= "…못 듣는 자가 들으며…"

5. 죽은 자가 살아나게 됨 (= 기독교는 생명의 종교, 부활의 종교)
5절= "…죽은 자가 살아나며…"

6. 가난한 자에게 복음이 전파됨 (= 기독교는 가난한 자의 종교)
5절= "…가난한 자에게 복음이 전파된다 하라"

◈◈◈

【대지 유형】 주제 설명형 – 본문 분석형 – 대지 병렬형
【주제】 예수님을 만나게 되면 영적 진리를 보고, 깨닫고, 행하게 되며 생명력을 가지고 이웃에게 복음의 증인이 된다.
【FCF】 많은 신앙인이 예수님 만난 표적을 알지도, 나타내지도 못하고 있음.

【서론】 본문은 요한의 제자들이 예수께 "당신이 메시아입니까"라고 물었을 때 예수님이 대답하신 말씀이다. 메시아가 하실 일에 대한 말씀이다. 기독교는 신화나 꾸며낸 이야기가 아니라 사실에 입각한 확실한 종교이다(4절). 사

실보다 더 힘 있는 것은 없다.
【우산질문】 예수님을 만난 사람은 어떻게 되는가?

【1대지】 예수님은 참빛이시다. 예수님을 만난 사람은 빛을 본 사람이다. 하나님을 보게 되고, 천국을 보고, 자신을 보고, 이웃을 보게 된다. 요 1:4~5, 9~10; 12:46, 빛으로 세상에 오신 메시아. 기독교는 보는 종교. 교회에 나와 눈이 열려 영적 진리의 세계를 보라!
【2대지】 기독교는 행동하는 종교이다. 교회는 '가야' 한다. 병원도 찾아가야 하고, 보육원, 양로원도 찾아가야 한다. 예수님은 공생애 동안 쉴 새 없이 다니셨다. 영적 하체 장애인은 예수님을 만나 벌떡 일어나야 한다.
【3대지】 나병= 가장 끔찍한 죄악 상징. 나병을 고치는 길은 사랑이 아니고는 불가능하다. 자기가 감염될 각오를 해야 한다. 주님의 십자가= 보혈로 우리의 끔찍한 죄를 도말해 주셨다. (예: 나아만 장군. 예수의 피에 몸을 담그는 자는 모두 깨끗함을 받는다.)
【4대지】 구원의 소리를 듣지 못해 멸망한다. "귀 있는 자는 들으라!" 듣고 깨달아야 한다. 교회 오면 들을 귀가 열린다. 하늘의 소리, 진리의 소리, 양심의 소리, 우리를 부르시는 주님의 음성이 들린다. 교회는 가난한 자의 울음소리를 들어야 하고, 성령이 교회에 하시는 말씀을 들어야 한다.
【5대지】 요 11:25, "나는 부활이요 생명이니…" 예수님은 나사로와 야이로의 딸과 나인성 과부의 아들을 살리셨다. 기독교는 생명을 주는 종교이다. 주님 재림 때 우리 모두 무덤을 깨고 부활할 것이다.
【6대지】 예수님은 마구간에서 출생, 가난한 목수의 집에서, 그리고 머리 둘 곳도 없다 하셨다. 기독교는 가난한 자들의 천국이요 어린아이들의 천국이고, 병들고 나그네 된 자들의 안식처이다. 죄인들이 환영받는 곳은 교회밖에 없다. "심령이 가난한 자는…", "목마른 자들아 물로 나아오라…" 기독교는 낮은 자의 종교이다.
【결론】 주님 오셔서 이 모든 일을 직접 행하셨고, 이제는 교회에 그 사역을 위임하셨다.

- 절기, 용도, 장르, 특징: 대강절.
- Key Word: 메시아.
- Remarks:

본문 : **마 11:2~11**

제목 : **강림절의 질문과 대답 (Shall We Wait For Another?)**

2.요한이 옥에서 그리스도께서 하신 일을 듣고 제자들을 보내어 **3.**예수께 여짜오되 오실 그이가 당신이오니이까 우리가 다른 이를 기다리오리이까 **4.**예수께서 대답하여 이르시되 너희가 가서 듣고 보는 것을 요한에게 알리되 **5.**맹인이 보며 못 걷는 사람이 걸으며 나병환자가 깨끗함을 받으며 못 듣는 자가 들으며 죽은 자가 살아나며 가난한 자에게 복음이 전파된다 하라 **6.**누구든지 나로 말미암아 실족하지 아니하는 자는 복이 있도다 하시니라 **7.**그들이 떠나매 예수께서 무리에게 요한에 대하여 말씀하시되 너희가 무엇을 보려고 광야에 나갔더냐 바람에 흔들리는 갈대냐 **8.**그러면 너희가 무엇을 보려고 나갔더냐 부드러운 옷 입은 사람이냐 부드러운 옷을 입은 사람들은 왕궁에 있느니라 **9.**그러면 너희가 어찌하여 나갔더냐 선지자를 보기 위함이었더냐 옳다 내가 너희에게 이르노니 선지자보다 더 나은 자니라 **10.**기록된 바 보라 내가 내 사자를 네 앞에 보내노니 그가 네 길을 네 앞에 준비하리라 하신 것이 이 사람에 대한 말씀이니라 **11.**내가 진실로 너희에게 말하노니 여자가 낳은 자 중에 세례 요한보다 큰 이가 일어남이 없도다 그러나 천국에서는 극히 작은 자라도 그보다 크니라

1. 요한의 질문: "다른 이를 기다리오리이까?"

2~3절= "요한이 옥에서 그리스도께서 하신 일을 듣고 제자들을 보내어 예수께 여짜오되, 오실 그이가 당신이오니이까? 우리가 다른 이를 기다리오리이까?"

2. 예수님의 대답: "나는 선지자의 예언대로 온 메시아다."

4절= "예수께서 대답하여 이르시되 너희가 가서 듣고 보는 것을 요한에게 알리되"

5절= "맹인이 보며 못 걷는 사람이 걸으며 나병환자가 깨끗함을 받으며 못 듣는 자가 들으며 죽은 자가 살아나며 가난한 자에게 복음이 전파된다 하라"

3. 우리의 질문과 대답

3절= "오실 그이가 당신이오니이까? 우리가 다른 이를 기다리오리이까?"

◈◈◈

【대지 유형】 주제 설명형 - 본문 분석형 - 대지 혼재형(2+1)

【주제】 (석의) 세례요한이 예수님께 질문하고 대답을 받은 것처럼 우리도 주님께 분명한 믿음의 고백을 드리자.

【FCF】 많은 신앙인이 "오실 그이가 당신이오니까?"를 진지하게 묻기를 두려워함.

【서론】 세례요한은 지금 지하 감옥에서 무거운 사슬에 묶여 있다. 요한은 알고 싶었다. 자신이 얼마 전 요단 강에서 만나 세례 주었던 나사렛 출신 예수라는 청년이 과연 온 이스라엘이 기다려온 바로 그 메시아인가?
【우산질문】 요한의 질문과 그 질문에 대한 예수님의 대답을 살펴보며, 우리 자신의 믿음을 점검해보자.

【1대지】 요한의 마음속에 처음에 가졌던 확신으로부터 점점 의심이 솟아올라 온 것을 의미. 요한과 예수님과는 매우 다른 삶의 방식을 가지고 있었고, 요한이 예수님을 오해하기는 쉬운 일이었다. 이 시대 수많은 사람은 예수 그리스도 외에 다른 존재를 찾고 있다. 우리 모두는 믿음으로 고백해야 하겠다: "주님은 우리를 위해 이 땅에 오신 바로 그 메시아십니다!"
【2대지】 세례요한의 질문에 대한 예수님의 답변은 한 마디로 "내가 바로 '오실 그'이다"라는 것이다. "나는 선지자의 예언대로 온 메시아이다." '구속(救贖)'의 사역을 위해 우리 가운데 오신 메시아는 예언대로 자기 백성에게 고난받아 피 흘려 죽으셨고, 예언대로 무덤을 깨고 부활하셨다.
【3대지】 우리도 우리 자신에게 정직하게 물어볼 필요가 있다. 세례요한에 비하면 우리는 훨씬 유리한 입장에 있다. 현재 우리가 가진 증거, 즉 기록된 성경 말씀 이상 더 얻을 길은 없다. 결국 이 모든 것은 믿음의 문제(matter of faith)이다. 이제 우리는 우리 스스로 결정해야 한다.
【결론】 이번 성탄은 세례요한처럼 핵심적인 질문을 던진 후 그 질문에 스스로 대답, 결심, 결단하는 계기로 삼자: "오실 그이가 당신이오니까, 우리가 다른 이를 기다리오리이까?"

- 절기, 용도, 장르, 특징: 강림절.
- Key Word: 세례요한, 메시아.
- Remarks:

본문 : **마 11:7~11**

제목 : **광야로 나온 목적 (What do you go out to see?)**

7.그들이 떠나매 예수께서 무리에게 요한에 대하여 말씀하시되 너희가 무엇을 보려고 광야에 나갔
더냐 바람에 흔들리는 갈대냐 **8.**그러면 너희가 무엇을 보려고 나갔더냐 부드러운 옷 입은 사람이
냐 부드러운 옷을 입은 사람들은 왕궁에 있느니라 **9.**그러면 너희가 어찌하여 나갔더냐 선지자를 보
기 위함이었더냐 옳다 내가 너희에게 이르노니 선지자보다 더 나은 자니라 **10.**기록된 바 보라 내가
내 사자를 네 앞에 보내노니 그가 네 길을 네 앞에 준비하리라 하신 것이 이 사람에 대한 말씀이니라
11.내가 진실로 너희에게 말하노니 여자가 낳은 자 중에 세례 요한보다 큰 이가 일어남이 없도다 그
러나 천국에서는 극히 작은 자라도 그보다 크니라

1. 바람에 흔들리는 갈대를 보려고? (= 갈대의 신앙을 극복해야)

7절= "예수께서 무리에게 요한에 대하여 말씀하시되 너희가 무엇을 보려고 광야에 나갔더냐? 바람에 흔들리는 갈대냐?"

2. 부드러운 옷 입은 사람을 보려고? (= 사치와 허영을 극복해야)

8절= "그러면 너희가 무엇을 보려고 나갔더냐 부드러운 옷 입은 사람이냐 부드러운 옷을 입은 사람들은 왕궁에 있느니라"

3. 선지자를 보려고? (= 올바른 목표)

9절= "그러면 너희가 어찌하여 나갔더냐 선지자를 보기 위함이었더냐 옳다 내가 너희에게 이르노니 선지자보다 더 나은 자니라"

◈◈◈

【대지 유형】 주제 적용형 - 본문 분석형 - 대지 반전형

【주제】 (석의) 예수님은 무리에게 질문을 사용하여 갈대 같은 신앙, 사치와 허영의 삶을 극복하고 올바른 목표를 갖게 하기를 원하셨다.

【FCF】 신앙인 중 갈대 같은 사람 적지 않음. 교회 속에 사치와 허영의 세속주의가 우려할 수준임.

【서론】 세례요한= 메시아의 오는 길을 예비= 예수님을 만나 세례를 베푸는 특권을 누림. 예수님이 공생애를 시작하실 때 그는 감옥에 갇혀 예수님께 사역의 자리를 내어드렸고, 예수님의 사역이 절정으로 올라갈 때 의연히 순교의

제물이 되었다. 주님은 요한에 대한 군중들의 오해를 불식시키고자 하셨다.
【우산질문】 주님의 질문과 대답을 따라가며 종말 시대를 살아가는 우리에게 주시는 교훈을 받자.

【1대지】 갈대란 '나약함(weakness)'과 '줏대 없음(vacillation)'을 상징한다. 요한은 줏대 없는 사람이 아니라, 죽음을 무릅쓰고 헤롯왕에게 직언할 만큼 강한 신념의 사람이었다(14:4). 주님이 원하시는 성도는 믿음에 굳게 서서 어떤 환경이나 유혹에도 흔들리지 않는 사람이다.
【2대지】 예수님은 광야에 살던 세례요한과 왕궁에 살던 헤롯과 귀족들을 강하게 대조하고 있다. 여러분은 지금 무엇을 구하고 있나? 여러분은 무슨 목적으로 교회로 나오는가?
【3대지】 주님은 요한에 대하여 '선지자일 뿐만 아니라 그 이상의 의미를 가진 사람이다'라고 말씀하신 것. 선지자를 보기 위하여 광야로 나갔던 사람들은 예수님의 칭찬을 받았다. 주님의 관심은 선지자에게 있었다. 우리는 광야에서 선지자를 보아야겠다. 우리 교회는 불타는 거룩한 환상과 하나님의 비전을 가슴에 품은 일꾼들을 키워내는 '이 시대의 광야'가 되어야겠다.
【결론】 우리는 엄청난 특권의 시대에 주님의 백성으로 불려 나온 사람들이다. 우리는 세례 요한이 경험하지 못했던 예수님의 십자가 사건과 부활, 그리고 오순절 사건 등과 같은 구속사의 획기적인 사건들을 경험한 사람들이다. 여러분에게는 불타는 거룩한 환상이 있는가? 목숨을 걸고서라도 이루고 싶은 하나님 나라의 비전이 있는가?

- 절기, 용도, 장르, 특징: 강림절.
- Key Word: 세례요한.
- Remarks:

본문 : **마 11:7~14**

제목 : **세례요한에 대한 예수님의 평가**
(I send my messenger ahead of you)

7.그들이 떠나매 예수께서 무리에게 요한에 대하여 말씀하시되 너희가 무엇을 보려고 광야에 나갔
더냐 바람에 흔들리는 갈대냐 **8.**그러면 너희가 무엇을 보려고 나갔더냐 부드러운 옷 입은 사람이
냐 부드러운 옷을 입은 사람들은 왕궁에 있느니라 **9.**그러면 너희가 어찌하여 나갔더냐 선지자를 보
기 위함이었더냐 옳다 내가 너희에게 이르노니 선지자보다 더 나은 자니라 **10.**기록된 바 보라 내가
내 사자를 네 앞에 보내노니 그가 네 길을 네 앞에 준비하리라 하신 것이 이 사람에 대한 말씀이니라
11.내가 진실로 너희에게 말하노니 여자가 낳은 자 중에 세례 요한보다 큰 이가 일어남이 없도다 그
러나 천국에서는 극히 작은 자라도 그보다 크니라 **12.**세례 요한의 때부터 지금까지 천국은 침노를
당하나니 침노하는 자는 빼앗느니라 **13.**모든 선지자와 율법이 예언한 것은 요한까지니 **14.**만일 너
희가 즐겨 받을진대 오리라 한 엘리야가 곧 이 사람이니라

1. "바람에 흔들리는 갈대가 아니다" 하심 (= 뿌리 깊은 신앙)

7절= "…예수께서 무리에게 요한에 대하여 말씀하시되 너희가 무엇을 보려고 광야에 나갔더냐? 바람에 흔들리는 갈대냐?"

2. "부드러운 옷 입은 사람이 아니다" 하심 (= 불의와 타협하지 않는 신앙)

8절= "그러면 너희가 무엇을 보려고 나갔더냐 부드러운 옷 입은 사람이냐 부드러운 옷을 입은 사람들은 왕궁에 있느니라"

3. "여자가 낳은 자 중에 가장 큰 자라" 하심 (= 목숨 걸고 예수님을 증거하는 신앙)

11절= "…여자가 낳은 자 중에 세례 요한보다 큰 이가 일어남이 없도다…"

◈◈◈

【대지 유형】 주제 설명형 - 본문 묶음형 - 대지 진전형

【주제】 (석의) 예수님은 세례요한에 대하여 당시 사람들의 평가와는 달리 뿌리 깊고 불의와 타협하지 않으며 목숨 걸고 예수님을 증거하는 사람이라고 평가하셨다.

【FCF】 많은 신앙인이 갈대 같은 또는 불의와 쉽게 타협하는 모습을 보임.

【서론】 옥에 갇혀 있는 세례 요한= 무리는 요한에 대해 어떤 생각을 가지게

되었을까? 본문은 예수께서 무리에게 세례 요한에 대해 말씀하시는 장면. '광야'는 이스라엘 백성에게 '계시'와 '메시아의 구원'이 선포되는 상징적인 장소였다.

【우산질문】 본문의 말씀을 통하여 세례 요한에 대한 예수님의 평가를 살펴보며 우리 각자에게 주시는 교훈을 받자.

【1대지】 '갈대'란 '나약함(weakness)'과 '줏대 없음(vacillation)'을 상징. 그는 세상의 유혹과 핍박에도 아랑곳하지 않고 오직 하나님의 종으로 자신의 사명만 생각하며 충성스럽게 하나님을 섬겼다. 세례 요한은 자신의 태도와 메시지를 바꾼 일이 없다. 오히려 죽음 앞에서도 자신의 소신을 굽히지 않았다.

【2대지】 세례 요한은 '엘리야'와 같이 하나님의 말씀을 대언하는 선지자였음. 그는 제사장 집안의 부족함 없는 삶조차도 거부하고 광야로 나갔던 사람이다. 좀 불편하면 어떤가? 남들보다 경제적으로 좀 못하면 어떤가? 불의하게 잘 사는 것보다는 정직하고 진실하게 살아야 하지 않겠는가?

【3대지】 사람들은 요한은 옥에 갇혀서 죽을 날만 기다리고 있는 연약한 사람이라고 생각했을 것= 그러나 주님의 평가는 감옥에 힘없이 갇혀 있는 요한을 향하여 세상에서 가장 큰 자라고 하셨다. 예수님은 여러분이 어떤 직분을 맡았든지 관계없이 얼마나 그 직분에 자기 삶의 중심을 드리고 주님께 헌신하는가를 기준으로 여러분을 평가하실 것이다.

【결론】 여러분은 예수님에 의해 어떤 평가를 받을지 생각해본 적 있나? 바람에 날리는 갈대 같은 사람이 결코 아니라고 말씀하실까? 화려한 옷을 입고 사치하는 사람이 결코 아니라고 말씀하실까?

- 절기, 용도, 장르, 특징:
- Key Word: 세례요한.
- Remarks:

본문 : **마 11:25~26; 요 6:10~11; 고전 11:23~24**
제목 : **예수 그리스도의 감사 (With Christ in Thanksgiving)**

마 11:25.그 때에 예수께서 대답하여 이르시되 천지의 주재이신 아버지여 이것을 지혜롭고 슬기 있는 자들에게는 숨기시고 어린 아이들에게는 나타내심을 감사하나이다 **26.**옳소이다 이렇게 된 것이 아버지의 뜻이니이다
요 6:10.예수께서 이르시되 이 사람들로 앉게 하라 하시니 그 곳에 잔디가 많은지라 사람들이 앉으니 수가 오천 명쯤 되더라 **11.**예수께서 떡을 가져 축사하신 후에 앉아 있는 자들에게 나눠 주시고 물고기도 그렇게 그들의 원대로 주시니라
고전 11:23.내가 너희에게 전한 것은 주께 받은 것이니 곧 주 예수께서 잡히시던 밤에 떡을 가지사
24.축사하시고 떼어 이르시되 이것은 너희를 위하는 내 몸이니 이것을 행하여 나를 기념하라 하시고

1. 복음을 어린아이들에게 나타내심을 하나님께 감사하심 (= 복음의 단순성 감사)
마 11:25= "그 때에 예수께서 대답하여 이르시되 천지의 주재이신 아버지여, 이것을 지혜롭고 슬기 있는 자들에게는 숨기시고 어린 아이들에게는 나타내심을 감사하나이다"

2. 오병이어를 가져다가 축사하심 (= 아버지의 부요하심 감사)
요 6:11= "예수께서 떡을 가져 축사하신 후에 앉아 있는 자들에게 나눠 주시고 물고기도 그렇게 그들의 원대로 주시니라"

3. 최후의 만찬에서 떡을 가지사 축사하심 (= 십자가를 통한 구원 감사)
고전 11:23~24= "주 예수께서 잡히시던 밤에 떡을 가지사 축사하시고 떼어 이르시되 이것은 너희를 위하는 내 몸이니 이것을 행하여 나를 기념하라 하시고"

◈◈◈

【대지 유형】 주제 설명형 - 본문 수집형 - 대지 진전형
【주제】 (석의) 예수님은 복음으로 인해 아버지께 감사하고 아버지의 부요하심을 감사하며 십자가를 통한 구원을 감사하셨다.
【FCF】 많은 신앙인이 예수님의 감사 모습에서도 별다른 감동을 받지 못함.

【서론】 주님의 은혜만 생각하면 감사치 않을 수 없다. 주님께서 기뻐 받으시는 감사는?

【우산질문】 성경(마 11장, 요 6장, 고전 11장)에 나타나 있는 예수님의 감사의 모습을 살펴보고, 우리의 감사 생활의 모범으로 삼자.

【1대지】 사리분별에 신중하고 학식 있는 사람들은 하나님 나라의 지혜를 알지 못하고, 오히려 이제 젖먹이처럼 경험도 없는 순박한 사람들이 하나님 나라의 지혜를 받아들인다는 것. 예수님은 이와 같은 복음 계시의 섭리에 관해 하나님께 감사를 드렸다. "옳소이다 이렇게 된 것이 아버지의 뜻이니이다!" 하나님 아버지의 마음을 잘 아신 예수님은 이처럼 복음의 단순성에 대해 감사를 드렸다.

【2대지】 예수님은 하나님 아버지의 부요하심을 믿음으로 내다보며 감사를 드렸다. 우리의 손에 들려진 '몇 개의 떡' 너머로 주님의 부요하신 손길을 볼 수 있는 믿음을 키우자. 우리의 밥상 위에 올려진 '작은 생선' 너머로 주님의 풍성하신 도움의 손길을 바라보며 감사하는 성도가 되자.

【3대지】 자기 몸의 물과 피를 쏟아 모든 것을 희생하여 인류를 죄 가운데서 구원하게 된 것을 감사하는 피의 감사였다. 최후의 만찬 석상에서 떡과 잔을 들고 하나님께 감사드리는 예수님의 모습에서 성도가 배워야 할 최고 수준의 감사를 본다.

【결론】 예수님은 우주 만물의 주인이시면서도 고작 떡 몇 조각과 생선 두 마리를 가지고서도 진지하게 아버지의 부요하심을 믿음으로 감사하셨다. 우리에게 주신 작은 것들에 대해서도 믿음을 가지고 감사하는 일에 인색하지 말자. 주님은 인류의 구원을 위해서라면 십자가의 고난과 피흘림마저 감사의 제목으로 삼으셨다. 여러분의 감사 수준은 지금 어디까지 와 있나?

- 절기, 용도, 장르, 특징: 감사절.
- Key Word: 감사.
- Remarks:

본문 : **마 11:28~30**
제목 : **그리스도의 우주적인 초청**
(Come to Me all who are heavy-laden)

28.수고하고 무거운 짐 진 자들아 다 내게로 오라 내가 너희를 쉬게 하리라 **29.**나는 마음이 온유하
고 겸손하니 나의 멍에를 메고 내게 배우라 그리하면 너희 마음이 쉼을 얻으리니 **30.**이는 내 멍에는
쉽고 내 짐은 가벼움이라 하시니라

1. 초청의 대상: "수고하고 무거운 짐 진 자들아!"
28절= "수고하고 무거운 짐 진 자들아 다 내게로 오라…"

2. 초청자의 약속: "내가 너희를 쉬게 하리라"
28절= "…다 내게로 오라 내가 너희를 쉬게 하리라"

3. 초청자의 명령: "나의 멍에를 메고 내게 배우라"
29절= "나는 마음이 온유하고 겸손하니 나의 멍에를 메고 내게 배우라 그리하면 너희 마음이 쉼을 얻으리니"

◈◈◈

【대지 유형】 주제 함축형 - 본문 분석형 - 대지 진전형
【주제】 (적용) 예수님은 죄짐을 진 모든 자를 불러 쉬게 하실 약속을 주시며 주님 주시는 멍에를 메고 배우라고 권면하신다.
【FCF】 많은 신앙인이 충분한 안식을 누리지 못하고 있음.

【서론】 본문은 시대를 초월하여 성경 말씀을 사랑하는 사람들에게 가장 사랑받고 있는 구절 중 하나이다. 이것은 수고하는 인생들을 향한 성자 예수님의 직접적인 초청의 말씀이다. 그리스도의 우주적인 초청이다. 본문(28~30절)에서 예수님은 세상을 구원하실 메시아로서 안식(安息)을 필요로 하는 자들에게 초청의 말씀을 주시면서 풍성한 자유를 약속하고 계신다.
【우산질문】 예수님이 친히 초청하시는 대상은 누구인지, 초대받아 나오는 자에게 주신 약속은 어떤 것인지, 그리고 우리에게 주신 명령은 무엇인지 살펴보자.

【1대지】 예수님이 초청하시는 대상은 '수고하는 자들'과 '무거운 짐 진 자들'이다. 이것은 죄 가운데 빠져 허덕이는 인간들의 모습을 특징적으로 표현하는 말이다. '지금까지 계속 지치고 낙담 중에 있는 사람들'을 지칭= 도덕적인 수고와 세상적인 수고. 자신의 죄로 인해 고민하며 번뇌하고 있는 자는 예수님의 초청의 음성을 듣는다. 그들에게 지워진 짐은 무엇인가? 일차적으로는 당시 유대인들에게 요구되던 무거운 율법적 관행들(23:4)이며, 나아가서는 '마귀가 우리에게 지운 죄의 짐'을 뜻한다.

【2대지】 "내가 너희를 쉬게 하리라." 주권자의 결심이 분명한, 당당한 선포의 말씀이다. 예수님은 죄인들을 어떻게 쉬게 하시나? 죄의 공포로부터 벗어나게 하시고, 죄의 능력으로부터 해방되게 하신다. 그리하여 주님께 나아오는 자는 주님의 사랑 안에서 한없는 안식을 누리게 된다. 예수 그리스도는 우리에게 참 안식을 주시기 위하여 찔리고 상하셨고, 징계받고 채찍에 맞으셨다. 주님은 우리 모두의 죄악을 친히 담당하셨고, 이제는 믿고 나아오는 자들에게 안식을 주신다.

【3대지】 "나의 멍에를 메고 내게 배우라"고 주님은 명령하신다. 예수님의 멍에를 메고 주님을 섬겨야 한다는 말씀이고 '제자가 되어 배우라'는 말씀이다. 주님은 우리에게 봉사의 멍에, 헌신과 순복의 멍에, 다른 성도들과 함께 멍에를 지도록 하신다. 우리가 주님께 와서 주님의 멍에를 즐거이 메고 주님으로부터 배우게 될 때 우리의 마음은 비로소 쉼을 얻게 된다. 우리는 모든 율법의 마침이 되시는 예수님의 도우심과 은혜를 따라 믿음으로 나아가기만 하면, 이 무거운 율법의 짐에서 해방되고 생명의 성령의 법에 속하는 기쁨을 맛볼 수가 있다(롬 8:2).

【결론】 주님께 나아가서 주님이 주신 멍에를 기쁘게 메고 주님을 배우자. 기쁜 마음으로 믿음의 봉사, 믿음의 헌신, 믿음의 교제에 힘쓰자. 그때 주님의 안식과 평강을 풍성히 맛보게 될 것이고, 보혜사 성령으로 충만하게 될 것이다.

- 절기, 용도, 장르, 특징:
- Key Word: 복음의 초청.
- Remarks:

본문 : **마 12:22~30**
제목 : **하나님 나라의 침공**

22.그 때에 귀신 들려 눈 멀고 말 못하는 사람을 데리고 왔거늘 예수께서 고쳐 주시매 그 말 못하는
사람이 말하며 보게 된지라 **23.**무리가 다 놀라 이르되 이는 다윗의 자손이 아니냐 하니 **24.**바리새
인들은 듣고 이르되 이가 귀신의 왕 바알세불을 힘입지 않고는 귀신을 쫓아내지 못하느니라 하거늘
25.예수께서 그들의 생각을 아시고 이르시되 스스로 분쟁하는 나라마다 황폐하여질 것이요 스스로
분쟁하는 동네나 집마다 서지 못하리라 **26.**만일 사탄이 사탄을 쫓아내면 스스로 분쟁하는 것이니
그리하고야 어떻게 그의 나라가 서겠느냐 **27.**또 내가 바알세불을 힘입어 귀신을 쫓아내면 너희의
아들들은 누구를 힘입어 쫓아내느냐 그러므로 그들이 너희의 재판관이 되리라 **28.**그러나 내가 하나
님의 성령을 힘입어 귀신을 쫓아내는 것이면 하나님의 나라가 이미 너희에게 임하였느니라 **29.**사람
이 먼저 강한 자를 결박하지 않고서야 어떻게 그 강한 자의 집에 들어가 그 세간을 강탈하겠느냐 결
박한 후에야 그 집을 강탈하리라 **30.**나와 함께 아니하는 자는 나를 반대하는 자요 나와 함께 모으지
아니하는 자는 헤치는 자니라

1. 예수께서 하나님의 나라가 이미 임하였다고 선언하심 (= 하나님 나라는 예수님에 의해 시작됨)

28절= "내가 하나님의 성령을 힘입어 귀신을 쫓아내는 것이면 하나님의 나라가 이미 너희에게 임하였느니라"

2. 예수님은 사탄 왕국을 침공해 들어가는 하나님 나라의 모습을 보이셨음 (= 축사와 치유)

27~28절= "또 내가 바알세불을 힘입어 귀신을 쫓아내면 너희의 아들들은 누구를 힘입어 쫓아내느냐 그러나 내가 하나님의 성령을 힘입어 귀신을 쫓아내는 것이면…"

3. 예수님과 함께 하지 아니하는 자는 반대하는 자라 하심 (= 하나님 나라 군사의 자세)

30절= "나와 함께 아니하는 자는 나를 반대하는 자요 나와 함께 모으지 아니하는 자는 헤치는 자니라"

◈◈◈

【대지 유형】 주제 설명형 - 본문 수집형 - 대지 진전형
【주제】 하나님 나라를 시작하신 예수님은 교회를 모아 사탄 왕국을 향한 침

공을 계속하신다.
【FCF】 많은 신앙인이 영적 침공자의 대열에 합류하기를 주저하고 있음.

【서론】 이 세상의 가장 실제적인 구분= 하나님 나라와 사탄 왕국. 엄연히 실존하는 두 나라. 여기 '나라'는 장소적 개념이 아니고 통치의 개념이다. 두 나라는 처음부터 원수 관계. 서로 피 흘려 싸워야 하는 관계. 창 3:15의 하나님의 약속에서 두 관계의 싸움은 예언되었다. 오랫동안 싸움의 역사가 진행되어 왔고, 마침내 그리스도께서 오시고, 하나님 나라가 본격적으로 시작됨.
【우산질문】 사탄 왕국을 침공해 들어가는 하나님 나라에 관한 예수님의 가르침을 살펴보자.

【1대지】 나라= 왕, 주권, 백성. 엡 2:1~2에 사탄 왕국의 특성. 세상 조직을 사용하고, 인간의 타락한 육체의 정욕 이용, 귀신 들림과 질병 등 이용. 요일 3:8은 하나님의 아들이 마귀의 일을 멸하신다 하심. 죄로 가득한 사탄 왕국은 이제 예수 그리스도의 복음의 능력으로 침공받기 시작. 28절에 하나님 나라 임하는 곳마다 귀신들이 쫓겨났다.
【2대지】 하나님의 나라가 침공하는 모습은 ① 귀신 쫓아내심에서 ② 병자 고치심에서 ③ 죽은 자를 살리심에서. 이런 주님의 사역은 제자들과 초대교회가 계승함. 나사렛 예수의 이름을 가지고 성령의 능력에 의존하여. 주님의 지상 명령을 생각하라. 대왕의 위임장으로 마귀의 굴레 하에 있는 자들을 빼앗아 와야 한다.
【3대지】 주님의 엄한 경고. 사탄 왕국을 침공하는 이 대열에 함께 해야 한다.
【결론】 우린 수비대로 남아 있을 수 없다. 돌격대로, 침공자로!

- 절기, 용도, 장르, 특징:
- Key Word: 영적 전투.
- Remarks:

본문 : **마 12:38~42**
제목 : **요나의 표적만이**

38.그 때에 서기관과 바리새인 중 몇 사람이 말하되 선생님이여 우리에게 표적 보여주시기를 원하나
이다 **39.**예수께서 대답하여 이르시되 악하고 음란한 세대가 표적을 구하나 선지자 요나의 표적 밖
에는 보일 표적이 없느니라 **40.**요나가 밤낮 사흘 동안 큰 물고기 뱃속에 있었던 것 같이 인자도 밤낮
사흘 동안 땅 속에 있으리라 **41.**심판 때에 니느웨 사람들이 일어나 이 세대 사람을 정죄하리니 이는
그들이 요나의 전도를 듣고 회개하였음이거니와 요나보다 더 큰 이가 여기 있으며 **42.**심판 때에 남
방 여왕이 일어나 이 세대 사람을 정죄하리니 이는 그가 솔로몬의 지혜로운 말을 들으려고 땅 끝에서
왔음이거니와 솔로몬보다 더 큰 이가 여기 있느니라

1. 악하고 음란한 세대가 표적을 구했음 (= 호기심으로 표적 찾음)

38절= "그 때에 서기관과 바리새인 중 몇 사람이 말하되 선생님이여 우리에게 표적 보여주시기를 원하나이다"
39절= "예수께서 대답하여 이르시되 악하고 음란한 세대가 표적을 구하나…"

2. 요나의 표적밖에는 보일 표적이 없다 하심 (= 예수님의 구속의 죽음이 참 표적임)

39절= "예수께서 대답하여 이르시되 악하고 음란한 세대가 표적을 구하나 선지자 요나의 표적 밖에는 보일 표적이 없느니라"

3. 우리가 보여 주어야 할 표적은 요나의 표적임 (= 십자가의 희생과 사랑)

40절= "요나가 밤낮 사흘 동안 큰 물고기 뱃속에 있었던 것 같이 인자도 밤낮 사흘 동안 땅 속에 있으리라"

◈◈◈

【대지 유형】 주제 설명형 - 본문 분석형 - 대지 혼재형(2+1)
【주제】 (석의) 악하고 음란한 세대가 표적을 구하나 요나의 표적밖에는 보일 표적이 없다.
【FCF】 많은 신앙인이 참 표적인 십자가보다 다른 표적을 찾고 있음.

【서론】 서기관과 바리새인들이 표적을 구했음. 예수님의 탄식과 대답(39절).

【우산질문】 본문을 통하여 표적을 구하는 자들의 모습과 '오직 요나의 표적'이라 하신 예수님의 말씀을 살펴보자.

【1대지】 악한 세대, 음란한 세대? 주님은 시대가 악하기 때문에 표적을 보여 주실 수 없다 하심. 표적을 요구하는 그들의 목적은 호기심 충족. 그러나 표적의 원래 목적은 믿음을 갖게 하기 위함. 표적이 중요하나, 지금 그들에게 필요한 것은 표적이 아니라 회개였음. 그들의 마음은 완악함과 불신으로 가득차 있었음.
【2대지】 요나의 표적이란? 예수 그리스도의 구속의 죽음을 의미함. 십자가 사건은 모든 세대 모든 사람을 위한 표적임. 주님의 겟세마네 기도를 보라. 아버지께서 주시는 모든 잔을 마시겠다는 기도요 자신의 뜻을 포기하고 하나님의 뜻에 순종하는 행위였음 - 이것이 기적이요 표적이다.
【3대지】 가장 위대한 기적은 무엇인가? 자기 희생의 기적이다. 주님이 우리에게 주신 표적은 자신의 살과 피를 주심이다. 우리는 그의 살을 먹고 피를 마심으로 영원히 살 수 있게 되었다.
【결론】 돌로 떡을 만드는 기적, 성전에서 뛰어내리는 기적 가지고는 사람을 살릴 수 없다. 요나의 표적만이 우리가 세상에 보여줄 유일한 표적이다.

- 절기, 용도, 장르, 특징:
- Key Word: 표적, 요나.
- Remarks:

본문 : **마 12:43~45**

제목 : **영적 전투를 위한 중요한 정보**

43.더러운 귀신이 사람에게서 나갔을 때에 물 없는 곳으로 다니며 쉬기를 구하되 쉴 곳을 얻지 못하고 **44.**이에 이르되 내가 나온 내 집으로 돌아가리라 하고 와 보니 그 집이 비고 청소되고 수리되었거늘 **45.**이에 가서 저보다 더 악한 귀신 일곱을 데리고 들어가서 거하니 그 사람의 나중 형편이 전보다 더욱 심하게 되느니라 이 악한 세대가 또한 이렇게 되리라

1. 귀신은 사람 안에 들어오고 또 나갈 수도 있음 (= 사람은 귀신의 공격에 취약함)

43~44절= "더러운 귀신이 사람에게서 나갔을 때에 물 없는 곳으로 다니며 쉬기를 구하되 쉴 곳을 얻지 못하고 이에 이르되 내가 나온 내 집으로 돌아가리라 하고 와 보니…"

2. 귀신은 물 없는 곳을 좋아함 (= 하나님의 은혜가 척박한 곳 선호함)

43절= "…물 없는 곳으로 다니며 쉬기를 구하되…"

3. 귀신은 자기가 나온 곳으로 다시 돌아갈 수 있음 (= 빈 마음은 위험함)

44~45절= "내가 나온 내 집으로 돌아가리라 하고 와 보니 그 집이 비고 청소되고 수리되었거늘 이에 가서 저보다 더 악한 귀신 일곱을 데리고 들어가서 거하니 그 사람의 나중 형편이 전보다 더욱 심하게 되느니라 이 악한 세대가 또한 이렇게 되리라"

◈◈◈

【대지 유형】 주제 설명형 - 본문 분석형 - 대지 진전형

【주제】 영적 전투에 이기려면 우리의 마음을 하나님의 은혜의 말씀으로 충만하게 채워야 한다.

【FCF】 많은 신앙인의 마음이 귀신이 쉽게 들어올 수 있는 곳이 되어 있음.

【서론】 한 사람을 전도하는 것이 얼마나 중요한 일인지! 계 12:12, "마귀가 자기의 때가 얼마 못 된 줄을 알므로 크게 분 내어 너희에게 내려갔음이라" 우리는 주님 오실 때까지 사탄과 싸워야 하며 이겨야 한다.

【우산질문】 본문을 통해 귀신에 대해 살펴보자.

【1대지】 영적 전쟁이란? 타락한 천사들과 하나님의 세력들의 전투이다. 거룩한 천사들과 하나님의 백성들은 사탄과 귀신들과의 싸움에서 반드시 이겨야 한다. 신약에 귀신(다이모니아)이란 단어가 있는 구절이 100구절. 성경은 귀신을 '더러운 귀신'이라 했다. 사람 안에서 행하는 그 일이 더럽고 추하다는 말이다. 축사는 옛날만의 이야기가 아니다. 막 16:17, "…저희가 내 이름으로 귀신을 쫓아내며…"
【2대지】 귀신은 물 없는 곳을 좋아한다. 요 7:38. 물은 하나님의 은혜가 있는 곳, 하나님의 통치가 있는 곳, 하나님을 사모하는 마음을 의미. 귀신은 은혜 척박한 사람의 마음을 찾아다닌다. 말씀 읽고 기도함으로 심령을 깨끗하게 하면 귀신이 들어오지 않는다. 귀신들린 자에게서 귀신을 몰아낼 수도 있다.
【3대지】 "내가 나온 내 집으로 돌아가리라"(44절). 와서 보니 그 자리가 비어 있었다고 했다. 인간의 마음은 중간이 없다. 하나님의 영이 아니면 악한 영이 있는 것이다. 귀신을 쫓아내고 계속하여 마음을 은혜의 말씀으로 채워야 한다.
【결론】 "이 악한 세대가 또한 이렇게 되리라." 그리스도를 영접하지 않고 말씀을 배격하고 거부하던 이스라엘이 전보다 더 비참하게 될 것이라는 말이다. A.D. 70년의 살육과 파괴를 보라. 성령 충만하여 심령을 비어두지 않는 것이 중요하다.

- 절기, 용도, 장르, 특징:
- Key Word: 귀신, 영적 전투.
- Remarks:

본문 : **마 13:1~9; 약 5:7**
제목 : **풍성한 결실의 비결**
(Producing a Crop of Hundred Times)

마 13:1.그 날 예수께서 집에서 나가사 바닷가에 앉으시매 **2.**큰 무리가 그에게로 모여 들거늘 예수께서 배에 올라가 앉으시고 온 무리는 해변에 서 있더니 **3.**예수께서 비유로 여러 가지를 그들에게 말씀하여 이르시되 씨를 뿌리는 자가 뿌리러 나가서 **4.**뿌릴새 더러는 길 가에 떨어지매 새들이 와서 먹어버렸고 **5.**더러는 흙이 얇은 돌밭에 떨어지매 흙이 깊지 아니하므로 곧 싹이 나오나 **6.**해가 돋은 후에 타서 뿌리가 없으므로 말랐고 **7.**더러는 가시떨기 위에 떨어지매 가시가 자라서 기운을 막았고 **8.**더러는 좋은 땅에 떨어지매 어떤 것은 백 배, 어떤 것은 육십 배, 어떤 것은 삼십 배의 결실을 하였느니라 **9.**귀 있는 자는 들으라 하시니라
약 5:7.그러므로 형제들아 주께서 강림하시기까지 길이 참으라 보라 농부가 땅에서 나는 귀한 열매를 바라고 길이 참아 이른 비와 늦은 비를 기다리나니

1. 좋은 씨를 뿌려야 함 (= 복음을 마음에 받음)
3절= "씨를 뿌리는 자가 뿌리러 나가서 뿌릴새…"
8절= "더러는 좋은 땅에 떨어지매 혹 백배, 혹 육십배, 혹 삼십배의 결실을 하였느니라"

2. 좋은 땅에 뿌려야 함 (= 복음을 받고 깨달음)
8절= "더러는 좋은 땅에 떨어지매 혹 백배, 혹 육십배, 혹 삼십배의 결실을 하였느니라"

3. 땀흘려 수고하며 인내해야 함 (= 수고와 인내)
약 5:7= "…농부가 땅에서 나는 귀한 열매를 바라고 길이 참아 이른 비와 늦은 비를 기다리나니"

◈◈◈

【대지 유형】 주제 적용형 - 본문 수집형 - 대지 진전형
【주제】 (석의) 풍성한 결실을 얻으려면 좋은 씨를 좋은 땅에 뿌리고 땀 흘려 수고하며 인내해야 한다.
【FCF】 많은 신앙인이 땀 흘려 수고하는 것을 싫어함.

【서론】 본문에서 예수님은 백 배, 혹 육십 배, 혹 삼십 배 결실하는 경우와 전혀 열매 맺지 못하는 경우를 비유로 말씀하고 있다. 이 비유 속에서 우리는 풍성한 결실을 맺기 위해서는 필요한 조건이 있음을 배운다. 본문의 씨 뿌리는 비유에서 우리는 마음 밭에 뿌려진 복음의 씨가 풍성한 신앙의 결실을 맺는 비결을 배우게 된다.
【우산질문】 좋고 풍성한 열매를 맺으려면 어떻게 해야 하나?

【1대지】 씨를 뿌리는 농부= 예수 그리스도. 씨= 복음의 말씀. 네 종류의 밭= 복음을 받는 마음 상태. 네 가지 밭은 별개의 각각의 밭이라기보다는 한 밭에 있는 다양한 땅의 상태를 의미. 생명을 거두는 좋은 씨는 오직 한 가지, 하나님의 말씀뿐이다. 하나님의 말씀이 무엇인가? 이것은 성경에 나타난 기쁜 소식, 곧 복음이다. 이 복음은 예수께서 육신을 입고 이 땅에 오셔서 인류의 죄짐을 지고 십자가에서 피흘려 죽으셨다는 소식이고, 사흘 만에 부활하여 사망 권세를 깨뜨리고 승리하셨다는 소식이다. 이 소식은 예수님의 희생으로 우리가 하나님과 화목하게 되었다는 회복의 선언이고, 믿는 모든 자에게 하나님의 자녀가 되는 권세를 주신다는 영광의 선포이다.

【2대지】 좋은 땅은 말씀을 듣고 깨닫는 마음을 가리킨다. 네 가지 종류의 땅: ① 길 가(=닫혀버린 마음, 고집스런 마음, 교만한 마음). 이런 마음을 가진 자는 예수님의 복음을 자신과는 무관한 것으로 여겨 받아들이지 않음으로 아무런 열매를 맺지 못하는 마음이다. ② 돌밭(=흙이 얇게 덮여 있는 밭), 영적으로 깊이가 없는 사람들. 감정의 기복이 심하고 심지가 견고치 못한 자. ③ 가시떨기, 세상적인 염려와 근심, 유혹 등을 과감하게 자르는 결단이 부족한 사람. 세상의 욕심 때문에, 돈과 명예와 권세로 인하여 신앙이 목졸림 받아 질식당하고 말아 결국은 열매를 맺지 못하는 자가 된다. ④ 좋은 땅. '좋은 땅'이란 말씀을 듣고 깨달아 결실할 수 있는 적합한 마음과 심령을 지니고 있는 사람. 자기 마음에 떨어진 하나님의 말씀에 자기의 판단과 가치관과 사상을 포개어 그 말씀에 동화되도록 살아감으로써 하나님께서 말씀을 통해 의도하신 합당한 열매를 거두는 사람이다.

【3대지】 좋은 땅에 대한 주님의 해석: "좋은 땅에 있다는 것은 착하고 좋은 마음으로 말씀을 듣고 지키어 인내로 결실하는 자니라"(눅 8:15). 씨 뿌리는 농부의 특징은 땀 흘려 수고하며 인내하는 데서 찾을 수 있다. 좋은 땅에 좋은 씨를 뿌렸다고 해서 항상 좋은 열매를 거두는 것은 아니다. 세상이 그리 만만하지 않다. 농부들은 씨를 뿌린 후에 그냥 쉬면서 추수를 기다리는 것이 아니다. 땀 흘려 수고하면서 좋은 열매를 얻기 위해 노력한다.

【결론】 좋은 씨를 좋은 땅에 뿌리자. 우리의 마음 밭이 옥토가 되도록 묵은 땅을 갈아엎자. 그리고 움터 오르는 신앙의 싹을 열심히 가꾸자. 좋은 열매, 풍성한 결실이 있을 때까지 참고 기다리자.

- 절기, 용도, 장르, 특징:
- Key Word: 좋은 씨, 결실.
- Remarks:

본문 : **마 13:31~32; 17:14~20**

제목 : **하나님 나라와 겨자씨 믿음 (Mustard Seed Faith)**

13:31.또 비유를 들어 이르시되 천국은 마치 사람이 자기 밭에 갖다 심은 겨자씨 한 알 같으니
32.이는 모든 씨보다 작은 것이로되 자란 후에는 풀보다 커서 나무가 되매 공중의 새들이 와서 그 가
지에 깃들이느니라 …… **17:14.**그들이 무리에게 이르매 한 사람이 예수께 와서 꿇어 엎드려 이르되
15.주여 내 아들을 불쌍히 여기소서 그가 간질로 심히 고생하여 자주 불에도 넘어지며 물에도 넘어
지는지라 **16.**내가 주의 제자들에게 데리고 왔으나 능히 고치지 못하더이다 **17.**예수께서 대답하여
이르시되 믿음이 없고 패역한 세대여 내가 얼마나 너희와 함께 있으며 얼마나 너희에게 참으리요 그
를 이리로 데려오라 하시니라 **18.**이에 예수께서 꾸짖으시니 귀신이 나가고 아이가 그 때부터 나으
니라 **19.**이 때에 제자들이 조용히 예수께 나아와 이르되 우리는 어찌하여 쫓아내지 못하였나이까
20.이르시되 너희 믿음이 작은 까닭이니라 진실로 너희에게 이르노니 만일 너희에게 믿음이 겨자씨
한 알 만큼만 있어도 이 산을 명하여 여기서 저기로 옮겨지라 하면 옮겨질 것이요 또 너희가 못할 것
이 없으리라

1. 겨자씨는 큰 나무로 자라게 됨 (= 하나님 나라의 확장성)

13:32= "이는 모든 씨보다 작은 것이로되 자란 후에는 풀보다 커서 나무가 되매 공중의 새들이 와서 그 가지에 깃들이느니라"

2. 겨자씨는 왕국의 일부여야 함 (= 왕국의 특징: 절대적 순종)

13:31= "천국은 마치 사람이 자기 밭에 갖다 심은 겨자씨 한 알 같으니"

3. 겨자씨는 산을 움직일 수 있어야 함 (= 산을 움직이는 믿음)

17:19~20= "…우리는 어찌하여 쫓아내지 못하였나이까 이르시되 너희 믿음이 작은 까닭이니라 진실로 너희에게 이르노니 만일 너희에게 믿음이 겨자씨 한 알 만큼만 있어도 이 산을 명하여 여기서 저기로 옮겨지라 하면 옮겨질 것이요 또 너희가 못할 것이 없으리라"

◈◈◈

【대지 유형】 주제 설명형 - 본문 수집형 - 대지 진전형

【주제】 겨자씨 믿음이란 하나님 나라의 특징인 확장성과 절대적 순종을 동반하는 믿음이고 산을 움직이는 능력을 나타내는 믿음이다.

【FCF】 많은 신앙인은 악한 영들의 세력을 향해 크게 외쳐본 경험도 없음.

【서론】 믿음의 선한 싸움을 싸우기 위해서는 어떤 종류의 믿음이든 있어야. 왕이신 예수님은 자신의 제자들이 '겨자씨 믿음'을 소유하기를 원하신다.
【우산질문】 예수님이 말씀하신 겨자씨 믿음이 어떤 것인지를 알아보고, 그 믿음으로 산을 움직이게 하는 하나님 나라의 권세와 능력을 직접 체험해 보자.

【1대지】 이 비유의 주제는 하나님 나라가 처음에는 미약하게 보이는 것으로부터 시작되나 나중에는 놀랍게 확장된다는 것. 이 작은 씨가 큰 나무로 자라는 이유는 씨의 본성에 기인한다. 겨자씨 비유는 자연의 제한 없이 땅을 깨고 나와 하늘을 꿰뚫고 천상에서 나뭇가지를 펼치는 교회, 하늘의 정사와 권세를 파괴하고 바로 도시를 뒤덮은 환경의 풍토를 바꿀 그런 교회에 대해 말한다.
【2대지】 겨자씨가 사소한 덤불 대신 거대한 나무가 되도록 운명을 결정하는 것은 무엇인가? 첫째로 겨자씨는 왕국의 일부여야 하고, 둘째로 겨자씨는 산을 움직일 수 있어야 한다. 하나님의 뜻이 하늘에서 이루어진 것처럼 땅에서도 그대로 이루어지는 것, 그것이 바로 하나님 나라의 본질이다. 이를 위해 절대 순종만이 있을 뿐. 겨자씨 믿음은 이 땅에 하나님의 뜻이 이루어지기 위해 그 뜻에 즉각 순종하는 믿음이다. 우리의 삶 속에 하나님 나라의 통치를 추구하려는 강한 열망이 여러분의 믿음을 겨자씨 믿음이 되게 한다.
【3대지】 여러분이 능력을 발휘하고 겨자씨가 싹이 나기 시작하면, 마귀의 세력이 여러분을 대적할 것이다. 평소의 기도와 금식의 삶을 통하여 우리는 하나님 나라의 권세와 능력을 얻게 된다.
【결론】 우리가 가진 믿음은 과연 겨자씨 믿음인가? 그 믿음은 하나님 나라에 속한 믿음, 하나님의 말씀에 절대적 즉각적으로 순종하는 믿음인가? 여러분은 앞에 놓인 산을 향하여 예수 이름으로 담대하게 선포해 본 경험이 있나? 이 땅에 태산처럼 버티고 있는 우상의 영들, 음란의 영들, 부패의 영들을 향해 목이 터져라 외쳐본 적은 있는가?

- 절기, 용도, 장르, 특징:
- Key Word: 믿음, 겨자씨, 하나님 나라, 겨자씨 믿음.
- Remarks:

본문 : **마 13:33**
제목 : **누룩의 비유 (The Parable of the Leaven)**

33.또 비유로 말씀하시되 천국은 마치 여자가 가루 서 말 속에 갖다 넣어 전부 부풀게 한 누룩과 같으니라

1. 적은 누룩이 가루 서 말을 전부 부풀게 함 (= 복음의 위대한 영향력)
33절= "…가루 서 말 속에 갖다 넣어 전부 부풀게 한 누룩과 같으니라"

2. 누룩은 가루를 맛있는 빵이 되도록 부풀게 함 (= 복음의 긍정적인 영향력)
33절= "…전부 부풀게 한 누룩과 같으니라"

3. 누룩은 가루 전체를 소리 없이 부드럽게 변화시킴 (= 복음에 의해 변화되는 개인과 사회)
33절= "천국은 마치 여자가 가루 서 말 속에 갖다 넣어 전부 부풀게 한 누룩과 같으니라"

◈◈◈

【대지 유형】 주제 증명형, 설명형 - 본문 묵상형 - 대지 병렬형
【주제】 (적용) 세상 속에 전파된 복음은 개인과 사회를 변화시켜 하나님 나라를 확장시킨다.
【FCF】 복음을 오래 접하면서도 변화되지 못한 개인과 사회의 모습.

【서론】 예수님은 비유의 장인. 일상의 경험에서 비유를 끄집어내신다. 하나님의 나라에 대한 그의 비유는 매우 유명하다. 33절. 여자= 교회. 가루 서말= 하나님 알지 못하는 세상. 누룩= 복음. 가루 서말= 한번 반죽하는 양(40리터쯤). 아브라함이 천사들에게 준비한 양.
【우산질문】 누룩과 같은 복음의 영향력에 대해 살펴보자.

【1대지】 교회는 복음으로 ① 개인들과(요 1:12, 하나님의 자녀; 롬 10:13, 주의 이름을 부르는 자는 구원) ② 사회를 파고 들어가야 한다(마 28:19~20; 막 16:15, 온 천하에…만민에게 복음을 전하라). 교회의 책임= 여자가 누룩을 가

루 속에 넣어 부풀게 한 책임!

【2대지】 누룩 섞은 빵. 맛을 내고 기분 좋게 만든다. 복음은 불완전한 세상 속으로 들어가 역사한다. 복음의 능력. 사람이 복음을 조금이라도 받아들이면 엄청난 변화가 일어난다. 많은 말씀이 필요 없을 정도이다. 말씀은 반드시 좋은 결과를 창출한다는 믿음을 가지자. 말씀 한마디, 진리를 표현하는 한 줄의 문장, 강단에서 선포되는 성경의 진리= 엄청난 능력을 발휘할 수 있다.

【3대지】 누룩은 가루 전체를 어느덧 변화시키며, 빵을 부드럽게, 먹음직스럽게, 사람에게 기쁨을 주는 빵으로 변화시킴. 복음의 진리는 사람의 심장에 침투하여 부드럽고 열매 맺게 한다. 사람에게 목적의식을 부여하여 생산적인 사람으로 변화시킨다. 다른 사람들에게 기쁨을 선물하고, 저들을 진리로 키운다.

【결론】 하나님의 관심은 그의 나라를 확장하고 번영케 하는 데 있다. 시간이 걸리더라도 인내하며 믿음으로 전진하자. 주위를 돌아보라. 복음에 의해 변화된 영혼들! 질적인 변화. 그리고 확장되는 하나님의 나라. 누룩의 역사는 조용히, 천천히, 점진적으로, 그러나 반드시 역사한다. 내게 변화 역사가 일어나고 있는가? 그리고 나를 통해서 주변에 변화의 역사가 일어나고 있는가?

- 절기, 용도, 장르, 특징: 비유.
- Key Word: 누룩, 하나님 나라.
- Remarks:

본문 : **마 14:13~14; 막 6:32~34**
제목 : **오병이어 광야에 나온 사람들 (Three Steps of Faith)**

마 14:13.예수께서 들으시고 배를 타고 떠나사 따로 빈 들에 가시니 무리가 듣고 여러 고을로부터 걸어서 따라간지라 **14.**예수께서 나오사 큰 무리를 보시고 불쌍히 여기사 그 중에 있는 병자를 고쳐 주시니라
막 6:32.이에 배를 타고 따로 한적한 곳에 갈새 **33.**그들이 가는 것을 보고 많은 사람이 그들인 줄 안지라 모든 고을로부터 도보로 그 곳에 달려와 그들보다 먼저 갔더라 **34.**예수께서 나오사 큰 무리를 보시고 그 목자 없는 양 같음으로 인하여 불쌍히 여기사 이에 여러 가지로 가르치시더라

1. 예수님 소식을 듣고 나옴 (= 듣는 자들)

마 14:13= "예수께서 들으시고 배를 타고 떠나사 따로 빈 들에 가시니 무리가 듣고 여러 고을로부터 걸어서 따라간지라"

2. 예수님 일행을 보고 나옴 (= 보는 자들)

막 6:33= "그들이 가는 것을 보고 많은 사람이 그들인 줄 안지라 모든 고을로부터 도보로 그 곳에 달려와 그들보다 먼저 갔더라"

3. 도보로 달려서 먼저 감 (= 행하는 자들)

막 6:33= "그들이 가는 것을 보고 많은 사람이 그들인 줄 안지라 모든 고을로부터 도보로 그 곳에 달려와 그들보다 먼저 갔더라"

◈◈◈

【대지 유형】 주제 설명형 - 본문 수집형 - 대지 진전형
【주제】 (적용) 광야에 나온 사람들의 모습에서 발견하는 믿음의 3단계는 듣고, 보고, 행하는 것이다.
【FCF】 많은 신앙인은 듣고 보면서 행하지 못하고 있음.

【서론】 오병이어의 사건은 주님의 기적 중 복음서에 모두 기록된 대표적인 사건이다. 예수님은 떡과 생선으로 무리를 배불리 먹이신 후, 이 사건의 의미를 구약 이스라엘의 광야생활과 연계시켜 말씀하셨다. 이들은 어떤 사람들인가? 본문을 살펴보면 이 사람들은 갈릴리 호숫가를 따라 도보(徒步)로 예수님을 좇아갔던 사람들이다. 당시 무리는 위대한 선지자로 여기던 세례 요한의 처형소식을 듣고 목자 잃은 양처럼 방황하다가, 예수님의 소문을 듣고 그분에게서 영혼의 쉼을 얻고자 찾아 나섰다.

【우산질문】 갈릴리 호숫가를 따라 도보(徒步)로 예수님을 좇아갔던 이들은 어떤 사람들인지 좀 더 살펴보자.

【1대지】 오병이어의 광야로 나오게 된 무리는 예수님의 소식을 들었던 사람들이다. 무리들은 예수님께서 배를 타고 떠나 빈들로 향하셨다는 소식을 들었다. 그들이 예수님 소식을 듣게 된 것은 참으로 감사한 일이 아닐 수 없다. 은혜의 자리에 나오는 자들은 먼저 예수님의 소식을 들은 자들이다. '듣다(아코우오)'= '글이나 말을 통해 어떤 내용을 깨닫는다'. '무리(오클로스)'= 귀족과 대조되는 '천민'. 예수님의 소식을 듣는 자는 복된 자이다. 여러분은 성령님의 전언(傳言)을 듣는 귀를 가졌는가?

【2대지】 오병이어 광야로 나왔던 무리는 이미 예수님 일행이 벳세다 쪽으로 배를 타고 가는 것을 보았던 사람들이다. 나는 과연 누구를 보기 원하는가? 보는 것이 중요하다. 하나님은 선지자 예레미야에게 무엇을 보느냐고 여러 번 물으셨다. 여러분은 지금 무엇을 보고 있나? 이 땅인가, 아니면 천국인가? 종말의 때에 우리는 보는 것을 구별할 줄 아는 성도가 되어야 한다. 지금은 은혜에만 눈이 가리져 종말의 때를 보지 못하는 영적 소경들이 많다. 특히 계시록의 말씀을 통하여 다시 보아야 한다.

【3대지】 오병이어 광야에 나온 사람들은 도보로 달려서 먼저 도착한 사람들이다. 얼마나 열심히 걸어갔던지 예수님 일행이 탄 배보다 먼저 빈들에 도착했다. 가버나움에서 벳세다까지 약 30km의 거리를 단숨에 달려온 것. 듣기만 하고, 보기만 하고, 움직이지 않으면 소용이 없다. "너희는 도를 행하는 자가 되고 듣기만 하여 자신을 속이는 자가 되지 말라"(약 1:22).

【결론】 광야로 나온 사람들의 모습을 통하여 믿음의 3단계를 정리해 볼 수 있다. 주님의 기적의 현장을 목격하기를 원하나? 그렇다면 주님 계신 광야로 나가자. 그곳이 30km나 떨어져 있다 해도 개의치 말고, 자원하여 황무한 들판으로 나가야 한다. 거기서 주님을 만나고, 주님이 주시는 양식을 먹어야 한다. 그리고 십자가를 지고 주님을 따라야 한다. 그때 비로소 '그리스도의 제자'라는 이름표를 받을 수 있다.

- 절기, 용도, 장르, 특징:
- Key Word: 오병이어.
- Remarks:

본문 : **마 14:13~21**

제목 : **오병이어 사건의 교훈**
(The Feeding of the Five Thousand)

13.예수께서 들으시고 배를 타고 떠나사 따로 빈 들에 가시니 무리가 듣고 여러 고을로부터 걸어서
따라간지라 **14.**예수께서 나오사 큰 무리를 보시고 불쌍히 여기사 그 중에 있는 병자를 고쳐 주시니
라 **15.**저녁이 되매 제자들이 나아와 이르되 이 곳은 빈 들이요 때도 이미 저물었으니 무리를 보내어
마을에 들어가 먹을 것을 사 먹게 하소서 **16.**예수께서 이르시되 갈 것 없다 너희가 먹을 것을 주라
17.제자들이 이르되 여기 우리에게 있는 것은 떡 다섯 개와 물고기 두 마리뿐이니이다 **18.**이르시되
그것을 내게 가져오라 하시고 **19.**무리를 명하여 잔디 위에 앉히시고 떡 다섯 개와 물고기 두 마리를
가지사 하늘을 우러러 축사하시고 떡을 떼어 제자들에게 주시매 제자들이 무리에게 주니 **20.**다 배
불리 먹고 남은 조각을 열두 바구니에 차게 거두었으며 **21.**먹은 사람은 여자와 어린이 외에 오천 명
이나 되었더라

1. 예수께서 목자 없는 양무리를 찾아오심 (= 비천한 무리를 찾아오시는 예수님)

14절= "예수께서 나오사 큰 무리를 보시고 불쌍히 여기사 그 중에 있는 병자를 고쳐 주시니라"

2. 너희가 무리에게 먹을 것을 주라 하심 (= 먼저 믿는 자들의 의무, 교회의 사명)

15~16절= "저녁이 되매 제자들이 나아와 이르되 이곳은 빈 들이요 때도 이미 저물었으니 무리를 보내어 마을에 들어가 먹을 것을 사 먹게 하소서 예수께서 이르시되 갈 것 없다 너희가 먹을 것을 주라"

3. 오병이어로 무리를 배불리 먹였음 (= 우리의 적은 자원으로 큰 일을 행하시는 주님)

19~20절= "무리를 명하여 잔디 위에 앉히시고 떡 다섯 개와 물고기 두 마리를 가지사 하늘을 우러러 축사하시고 떡을 떼어 제자들에게 주시매 제자들이 무리에게 주니 다 배불리 먹고 남은 조각을 열두 바구니에 차게 거두었으며"

◈◈◈

【대지 유형】 주제 설명형 - 본문 묶음형 - 대지 진전형

【주제】 무리를 불쌍히 여기신 주님은 오병이어로 무리를 먹이시고 제자들을 훈련시키셨다.

【FCF】 많은 신앙인이 자신의 의무보다 표적을 따르는 얕은 신앙의 세계에 머물고 있음.

【서론】 오병이어 사건은 4복음서에 모두 기록. 굶주린 대중에게 말씀 전파하시는 예수님. 주님의 관심은 자신이 메시아이심을 나타내시고, 제자들을 훈련시키는 데 있다. 그림을 그려보면, 오병이어 사건을 통해 그리스도께서 인간 자원을 기적적으로 증식시키심, 주님의 만찬을 상기시킴, 어린양의 혼인 잔치를 연상케 함.
【우산질문】 본문에서 오병이어 사건을 통하여 배우는 교훈을 찾아보자.

【1대지】 주님은 권세자들을 찾은 것이 아니고 광야로. 비천한 무리에게로 오심. 만왕의 왕이신 주님이 섬기러 오심(마 20:28). '불쌍히 여기사'= 주님이 불쌍히 여기는 자는 복이 있다.
【2대지】 제자들은 오직 인간적으로 생각함(15절). 목자 없는 양떼에게 할 일이 많다. "너희가 먹을 것을 주라"= 놀라운 명령이다. 제자들의 반응은 실망스럽다. 주님은 미련해 보이는 명령을 자주 하심= 손 마른 자에게 '네 손을 내밀어라', 소경에게 '실로암에 가서 씻어라', 나사로의 무덤 앞에서 '돌문을 옮겨 놓으라' 주님은 제자들의 불신을 깨우치려 하심. 이 모든 것들은 교회의 할 일들.
【3대지】 겨우 1인분을 들고 축사하시는 예수님. 하지만 주님께는 무한한 축복의 원천. 신앙 세계의 경제 원리는 일반세계의 그것과는 다르다. 우리 믿음의 작은 봉사를 사용하여 큰 일을 이루신다. 19절, 무리의 질서, 축사, 제자들에게, 그리고 무리에게 나누어 주심. 이를 위해 우리 자신이 그리스도로 풍부해져야.
【결론】 20절. 하나님의 창고는 바닥나는 법이 없다.

- 절기, 용도, 장르, 특징:
- Key Word: 오병이어.
- Remarks:

본문 : **마 14:34~36**

제목 : **게네사렛 사람들의 열심**
(People Brought All Their Sick to Jesus)

34.그들이 건너가 게네사렛 땅에 이르니 **35.**그 곳 사람들이 예수이신 줄을 알고 그 근방에 두루 통지하여 모든 병든 자를 예수께 데리고 와서 **36.**다만 예수의 옷자락에라도 손을 대게 하시기를 간구하니 손을 대는 자는 다 나음을 얻으니라

1. 예수님의 소문을 두루 통지하였음 (= 복음 전파에 열심)

35절= "그곳 사람들이 예수이신 줄을 알고 그 근방에 두루 통지하여…"

2. 모든 병든 자를 예수께 데려왔음 (= 이웃을 위한 봉사에 열심)

35절= "…모든 병든 자를 예수께 데리고 와서"

3. 예수님께 고쳐주시도록 간구하였음 (= 이웃을 위한 기도에 열심)

36절= "다만 예수의 옷자락에라도 손을 대게 하시기를 간구하니 손을 대는 자는 다 나음을 얻으니라"

◈◈◈

【대지 유형】 주제 설명형 - 본문 분석형 - 대지 연결형
【주제】 (적용) 성도는 복음전파와 이웃을 위한 봉사, 그리고 중보기도에 열심을 내어야 한다.
【FCF】 현대 교인들의 전반적인 문제는 열심 부족임.

【서론】 여러분은 지금 하고 있는 일에 열정을 쏟고 있는가? 항상 더 나은 미래를 보고 있나? 최고의 믿음을 갖기 위해서는 '열심'이 있어야. 게네사렛 지방 사람들은 그들이 보인 열심으로 인해 예수님으로부터 많은 은혜를 입었다. 이곳은 천한 사람들이 살던 곳. 사 9:1처럼 흑암의 땅이요 멸시받는 지방임. 그럼에도 게네사렛 지역이 놀라운 주님의 은혜를 받게 된 이유는? 그들이 가졌던 특별한 열심 때문. 예수님의 고향 나사렛 사람들과는 매우 대조적이다. 열심히 있어야 은혜를 충만히 받는다. 우리가 열심을 내어야 할 주님의 일은 어떤 것인가?

【우산질문】 게네사렛 사람들의 열심에 대해 살펴보자.

【1대지】 통지하다= 아포스텔로= 보내는 사람이 어떤 특별한 의도를 가지고 사람을 파송하는 것을 가리킴. 이들이 보여준 전도에 관한 열심은 우리의 귀감이 된다. 그들이 보여준 남다른 열심. 예수님의 메시아 되심과 예수님의 능력 많음을 알고 믿는 데서 나온 열심이었음. 초대교회의 열심을 본받자. 그들은 생명의 위협 앞에서도, 돌에 맞아 죽으면서까지도 복음을 전하는 열심이 있었다.

【2대지】 그들은 전도만 한 것이 아니고 병든 자들을 멀리서 옮기는 일에도 열심을 냄. 멀리서 병자를 옮기는 것이 쉬운 일이 아니다. 바로 이런 사랑의 수고가 있었기에 주님의 놀라운 은혜를 누릴 수가 있었던 것이다. 교회에는 말꾼보다는 일꾼이 필요하다. 여러분은 이웃을 위하여 봉사하며 섬기는 일에 얼마나 열심을 내고 있나?

【3대지】 그들은 이웃을 위한 기도, 즉 중보기도에 열심을 보였다. 이것은 주님이 원하시는 것. 성경엔 모세나 느헤미야 등 중보기도의 영웅들이 많다. 이웃을 위한 기도에 열심을 낼 때 우리는 하나님의 크신 능력과 은혜를 체험하게 된다.

【결론】 요나단 에드워드: "나는 살아 있는 동안 온 생명을 다해 살 것이다." 여러분은 주위로부터 열심을 내는 사람으로 인정받고 있나? 어떤 일에 열심을 내고 있나?

- 절기, 용도, 장르, 특징:
- Key Word: 열심.
- Remarks:

본문 : **마 15:1~6**

제목 : **효도의 세가지 요소 (Honor Your Father and Mother)**

1.그 때에 바리새인과 서기관들이 예루살렘으로부터 예수께 나아와 이르되 **2.**당신의 제자들이 어찌 하여 장로들의 전통을 범하나이까 떡 먹을 때에 손을 씻지 아니하나이다 **3.**대답하여 이르시되 너희는 어찌하여 너희의 전통으로 하나님의 계명을 범하느냐 **4.**하나님이 이르셨으되 네 부모를 공경하라 하시고 또 아버지나 어머니를 비방하는 자는 반드시 죽임을 당하리라 하셨거늘 **5.**너희는 이르되 누구든지 아버지에게나 어머니에게 말하기를 내가 드려 유익하게 할 것이 하나님께 드림이 되었다 고 하기만 하면 **6.**그 부모를 공경할 것이 없다 하여 너희의 전통으로 하나님의 말씀을 폐하는도다

1. 부모를 공경해야 함 (= 신앙적 효도)

4절= "하나님이 이르셨으되 네 부모를 공경하라 하시고…"

2. 비방하지 말아야 함 (= 도덕적, 인격적 효도)

4절= "…또 아버지나 어머니를 비방하는 자는 반드시 죽임을 당하리라 하셨거늘"

3. 물질로 섬겨야 함 (= 물질적 효도)

5절= "누구든지 아버지에게나 어머니에게 말하기를 내가 드려 유익하게 할 것이 하나님께 드림이 되었다고 하기만 하면"

◈◈◈

【대지 유형】 주제 적용형 – 본문 분석형 – 대지 병렬형

【주제】 (적용) 주님이 원하는 진정한 효도는 신앙적, 인격적, 물질적 효도이다.

【FCF】 많은 신앙인이 부모 공경을 믿음의 차원에서 하지 못하고 있음.

【서론】 오늘(5월 둘째 주일)은 한국교회가 어버이 주일로 지키는 날이다. 부모님의 은혜를 더욱 감사하며 부모님께 대한 효도의 삶을 새롭게 다짐하는 날. 본문 중에서 우리는 예수님이 효도에 관해 가르치신 중요한 교훈을 찾아볼 수 있다. 본문에는 바리새인과 서기관들이 예수님께 항의하고 있다. 왜 제자들이 손을 씻지 않고 음식을 먹느냐는 것. 마음이 강퍅한 그들을 바라보시며 예수님은 그들의 외식적인 종교 행위를 효도에 관한 말씀을 가지고 책망하신다. 당시 종교 지도자들은 사람의 유전(遺傳)으로 하나님의 계명을 어기

는 잘못을 저지르고 있었다.
【우산질문】 예수님이 가르치신 완전한 효도의 세 가지 요소에는 어떤 것이 있는가?

【1대지】 완전한 효도의 첫 번째 요소는 부모 공경이다. "네 부모를 공경하라"는 말씀은 하나님의 계명이다. 하나님은 십계명 제 5계명에 부모 공경을 명문화 하셨다. '공경하라(티마)'는 '존경하다', '숭배하다'라는 의미가 있는 히브리어(킵베드)의 번역어. 이 단어가 부모에게 사용된 것은 인간은 마땅히 부모를 크게 존경해야 함을 보여줌. 효도의 기본은 부모님을 공경하는 마음 자세이다. 십계명 1~4계명은 하나님과 인간과의 관계에 대한 것이고, 5~10계명은 사람과 사람과의 관계에 대한 계명인데, 사람을 향한 계명 중 첫 번째가 바로 부모님을 공경하는 것이다.
【2대지】 효도의 두 번째 요소는 부모님을 비방하지 않는 것. 예수님은 부모를 공경하라는 구약의 계명을 말씀하시면서, 부모를 비방하면 반드시 죽임을 당한다는 말씀을 덧붙여 인용하신다. 여기 비방한다= 업신여긴다는 의미. 만일 부모를 업신여긴다면 하나님께서는 죽음으로 심판하신다. 그러므로 이것은 도덕적, 인격적 효도를 가리키는 말씀이다.
【3대지】 성도는 부모님을 섬기되 마음으로 뿐만 아니라 물질적인 면에서도 정성을 다하여 섬겨야 한다. 당시 바리새인들은 어떤 물건에 대하여 '고르반'(=하나님께 드리는 제물)이라고 맹세만 하면 그 물건은 아무도 손을 대지 못하게 되어 있었다. 따라서 부모나 다른 사람에게 어떤 물건을 주기 싫으면 단지 '고르반'이라고 맹세만 하면 되었던 것이다.
【결론】 부모를 공경함으로 얻게 되는 축복: "이로써 네가 잘되고 땅에서 장수하리라"(엡 6:3). 첫째, 잘 된다. 부모님을 공경하면 우리의 삶은 형통의 복을 누린다. 둘째, 땅에서 장수한다고 말씀한다. 부모님을 공경하면 우리가 건강한 삶을 살게 된다.

- 절기, 용도, 장르, 특징:
- Key Word: 효도.
- Remarks:

본문 : **마 15:21~28**

제목 : **가나안 여인의 자식 사랑**
(A Mother's Great Love for Her Daughter)

21.예수께서 거기서 나가사 두로와 시돈 지방으로 들어가시니 **22.**가나안 여자 하나가 그 지경에서
나와서 소리 질러 이르되 주 다윗의 자손이여 나를 불쌍히 여기소서 내 딸이 흉악하게 귀신 들렸나이
다 하되 **23.**예수는 한 말씀도 대답하지 아니하시니 제자들이 와서 청하여 말하되 그 여자가 우리 뒤
에서 소리를 지르오니 그를 보내소서 **24.**예수께서 대답하여 이르시되 나는 이스라엘 집의 잃어버린
양 외에는 다른 데로 보내심을 받지 아니하였노라 하시니 **25.**여자가 와서 예수께 절하며 이르되 주
여 저를 도우소서 **26.**대답하여 이르시되 자녀의 떡을 취하여 개들에게 던짐이 마땅하지 아니하니라
27.여자가 이르되 주여 옳소이다마는 개들도 제 주인의 상에서 떨어지는 부스러기를 먹나이다 하니
28.이에 예수께서 대답하여 이르시되 여자여 네 믿음이 크도다 네 소원대로 되리라 하시니 그 때로
부터 그의 딸이 나으니라

1. 자식의 고통을 예수님께 아룀 (= 자존심을 포기하는 사랑)

22절= "가나안 여자 하나가 그 지경에서 나와서 소리질러 가로되 주 다윗의 자손이여 나를 불쌍히 여기소서 내 딸이 흉악히 귀신들렸나이다…"

2. 절하며 예수님께 도움을 구함 (= 간절히 기도하는 사랑)

25절= "여자가 와서 예수께 절하며 가로되 주여 저를 도우소서"

3. 개 취급에도 불구하고 끝까지 매달림 (= 무조건적인 자식 사랑)

26절= "…자녀의 떡을 취하여 개들에게 던짐이 마땅치 아니하니라"
27절= "여자가 가로되 주여 옳소이다마는 개들도 제 주인의 상에서 떨어지는 부스러기를 먹나이다…"

◈◈◈

【대지 유형】 주제 증명형 - 본문 묶음형 - 대지 진전형
【주제】 (적용) 진정한 어머니의 사랑은 자존심도 포기하고 끝까지 간절히 매달리는 모습을 통해 드러난다.
【FCF】 많은 부모가 자식을 사랑한다 하면서도 자존심 상할 때 곁길로 새기도 한다.

【서론】 부모님의 사랑= 자식을 위해서라면 자신의 생명까지도 아까워 하지 않는 사랑. 본문에는 자신의 딸을 위하여 무참히 망신을 당하는 한 여인이 등장. 자신의 딸을 위해 못할 것이 없었다.

【우산질문】 본문에 나타난 가나안 여인의 자식 사랑은 어떤 것인가?

【1대지】 이 이방인 여자는 귀신들려 고통받고 있는 자신의 딸을 위하여 체면 불구하고 예수님께 큰 소리로 도움을 요청했다. 어머니에게는 자신의 체면이나 자존심은 전혀 문제가 되지 않았다.

【2대지】 가나안 여인은 제자들의 배척 분위기나 예수님의 거부 의사에도 불구하고 계속하여 절하며 매달렸다. 여러분도 자녀를 위해 간절히 기도하는 부모가 되라.

【3대지】 긴장의 절정. 여자를 개 취급한 예수님. 끝까지 매달리는 모습. 아무런 조건 없이 무조건적으로 주시는 사랑, 그것은 바로 하나님의 사랑과 같은 것.

【결론】 본문은 부모 사랑이 어떠함을 시대와 지역과 인종을 초월하여 우리에게 생생히 전해준다. 하나님은 사랑하는 자에게 더 많은 사랑을 베풀어주신다.

- 절기, 용도, 장르, 특징: 가정의 달, 어버이주일.
- Key Word: 자식 사랑.
- Remarks:

본문 : **마 15:21~28**

제목 : **거룩한 은혜를 베푸시는 예수님**
(The Faith of the Canaanite Woman)

21.예수께서 거기서 나가사 두로와 시돈 지방으로 들어가시니 **22.**가나안 여자 하나가 그 지경에서
나와서 소리 질러 이르되 주 다윗의 자손이여 나를 불쌍히 여기소서 내 딸이 흉악하게 귀신 들렸나이
다 하되 **23.**예수는 한 말씀도 대답하지 아니하시니 제자들이 와서 청하여 말하되 그 여자가 우리 뒤
에서 소리를 지르오니 그를 보내소서 **24.**예수께서 대답하여 이르시되 나는 이스라엘 집의 잃어버린
양 외에는 다른 데로 보내심을 받지 아니하였노라 하시니 **25.**여자가 와서 예수께 절하며 이르되 주
여 저를 도우소서 **26.**대답하여 이르시되 자녀의 떡을 취하여 개들에게 던짐이 마땅하지 아니하니라
27.여자가 이르되 주여 옳소이다마는 개들도 제 주인의 상에서 떨어지는 부스러기를 먹나이다 하니
28.이에 예수께서 대답하여 이르시되 여자여 네 믿음이 크도다 네 소원대로 되리라 하시니 그 때로
부터 그의 딸이 나으니라

1. 자녀의 떡을 개들에게 던짐이 마땅치 아니하다 하심 (= 은혜의 소중함)

26절= "…자녀의 떡을 취하여 개들에게 던짐이 마땅치 아니하니라"

2. 개들보다 양을 더 사랑하심 (= 은혜의 대상)

24절= "…나는 이스라엘 집의 잃어버린 양 외에는 다른 데로 보내심을 받지 아니하였노라"

3. 믿음의 사람에게 은혜 베푸심 (= 은혜받는 그릇)

25절= "여자가 와서 예수께 절하며 가로되, 주여 저를 도우소서"
27절= "여자가 가로되, 주여 옳소이다마는 개들도 제 주인의 상에서 떨어지는 부스러기를 먹나이다"

◈◈◈

【대지 유형】 주제 증명형 - 본문 분석형 - 대지 연결형
【주제】 (석의) 예수님은 가나안 여인의 딸을 향한 사랑과 겸손한 모습을 보시고 큰 은혜를 베푸셨다.
【FCF】 작은 자존심으로 주님의 은혜를 걷어차고 있는 많은 신앙인의 모습.

【서론】 주님께서 베푸시는 은혜는 '거룩한 은혜'. 본문의 가나안 여자는 이 거룩한 은혜를 받았다. 여인의 요청을 정면으로 거부하시는 예수님! 여인을 정

면으로 모욕하며 '개'라고까지 하시는 예수님! 결국 여인의 겸손과 인내의 모습이 예수님의 은혜를 받아내게 함. 이 이야기에서 주님의 은혜에 관한 새롭고 깊은 정보를 얻는다.

【우산질문】 본문의 이야기를 통해 은혜를 베푸시는 예수님의 모습을 더 가깝게 보자.

【1대지】 '개들(퀴나리온)'은 집에서 키우는 작은 개로서, 야생에서 자라는 사납고 불결한 들개(퀴온)와는 구별된다. 주님은 가나안 여인의 믿음의 정도를 시험하셨다. 요즈음 은혜를 너무 값싸게 남발하는 경향이 심해지고 있는 것이 아닌가. 준비되지 못한 사람에게 거룩한 은혜의 사역을 맡길 수는 없다.

【2대지】 예수께서 보내심을 받은 대상은 먼저 이스라엘 백성이다. 이스라엘만을 구원의 대상으로 삼는다는 의미가 아니라 단지 이스라엘을 우선적으로 복음 전파의 대상으로 삼는다는 의미다.

【3대지】 예수께서 모욕적인 언사로 여인의 간청을 거부하셨을 때도 여인이 보여준 것은 큰 믿음이었다. 주님은 큰 믿음의 그릇을 가진 사람에게 큰 은혜를 베푸신다. 개에게는 자존심이 전혀 없다. 끝까지 처분만 바란다. 하나님의 은혜는 오직 겸손한 자들만이 누릴 수 있는 특권이다.

【결론】 은혜의 자리에 나와야 은혜를 받는다. 주님의 은혜는 결코 값싼 것이 아니다. 자존심을 버리고 겸손의 학교를 졸업해야 한다.

- 절기, 용도, 장르, 특징:
- Key Word: 은혜.
- Remarks:

본문 : **마 16:21~28**

제목 : **갈보리 길 (The Calvary Road)**

21.이 때로부터 예수 그리스도께서 자기가 예루살렘에 올라가 장로들과 대제사장들과 서기관들에게
많은 고난을 받고 죽임을 당하고 제삼일에 살아나야 할 것을 제자들에게 비로소 나타내시니 **22.**베
드로가 예수를 붙들고 항변하여 이르되 주여 그리 마옵소서 이 일이 결코 주께 미치지 아니하리이
다 **23.**예수께서 돌이키시며 베드로에게 이르시되 사탄아 내 뒤로 물러 가라 너는 나를 넘어지게 하
는 자로다 네가 하나님의 일을 생각하지 아니하고 도리어 사람의 일을 생각하는도다 하시고 **24.**이
에 예수께서 제자들에게 이르시되 누구든지 나를 따라오려거든 자기를 부인하고 자기 십자가를 지
고 나를 따를 것이니라 **25.**누구든지 제 목숨을 구원하고자 하면 잃을 것이요 누구든지 나를 위하여
제 목숨을 잃으면 찾으리라 **26.**사람이 만일 온 천하를 얻고도 제 목숨을 잃으면 무엇이 유익하리요
사람이 무엇을 주고 제 목숨과 바꾸겠느냐 **27.**인자가 아버지의 영광으로 그 천사들과 함께 오리니
그 때에 각 사람이 행한 대로 갚으리라 **28.**진실로 너희에게 이르노니 여기 서 있는 사람 중에 죽기
전에 인자가 그 왕권을 가지고 오는 것을 볼 자들도 있느니라

1. 예수께서 십자가 고난과 부활을 나타내심 (= 갈보리 길을 예언하심)

21절= "이 때로부터 예수 그리스도께서 자기가 예루살렘에 올라가 장로들과 대제사장들과 서기관들에게 많은 고난을 받고 죽임을 당하고 제삼일에 살아나야 할 것을 제자들에게 비로소 나타내시니"

2. 제자들은 십자가의 길을 반대함 (= 갈보리 길에 대한 부정적 반응)

22절= "베드로가 예수를 붙들고 항변하여 이르되, 주여 그리 마옵소서 이 일이 결코 주께 미치지 아니하리이다"

3. "자기 십자가를 지고 나를 따르라" 하심 (= 갈보리 길에로의 부르심)

24절= "이에 예수께서 제자들에게 이르시되 누구든지 나를 따라오려거든 자기를 부인하고 자기 십자가를 지고 나를 따를 것이니라"

1) 갈보리 길은 항복의 길(the road of surrender)
2) 갈보리 길은 봉사의 길(the road of service)
3) 갈보리 길은 희생의 길(the road of sacrifice)

◆◆◆

【대지 유형】 주제 설명형 - 본문 분석형 - 대지 반전형

【주제】 (석의) 예수님은 갈보리 길에 부정적인 제자들을 책망하시면서 자기 십자가를 지고 따르라고 명령하셨다.

【FCF】 핑곗거리가 조금만 있어도 십자가의 길을 회피하려고 하는 현대교인

들의 모습.

【서론】 가이사랴 빌립보 도상에서 비로소 밝히시는 예수님: 십자가 고난에 관한 예언의 말씀이요, 제자도에 대한 엄중한 가르침. 본문에서 '갈보리 길'을 따라가고 계시던 예수님의 모습, 그리고 제자들을 '갈보리 길'로 부르시는 주님의 음성을 듣자.
【우산질문】 갈보리 길, 십자가의 길을 예견하시고 그 길을 자원하여 가시는 예수님의 모습을 깊이 살펴보자.

【1대지】 '이때(토테)'= 베드로가 예수께서 그리스도 되심을 고백한 바로 직후. 예수님은 이 시간 이후에야 비로소 고난에 대한 구체적인 예언을 하셨고, 자신에게 수난을 가져다줄 주체로 산헤드린 공회를 지적하셨다. 예수님은 이미 마음으로 갈보리 길을 가고 계셨고, 제자들에게 자신의 십자가 고난과 부활을 지속적으로 가르치셨다. 사실은 예수님의 전 생애는 고난의 길, 자원하여 가신 갈보리 길이었다. 주님의 제자 된 우리 또한 갈보리 길을 자원하여 가야 할 것이다.
【2대지】 베드로는 자신의 고백으로 인해 예수님으로부터 칭찬을 받은 후 스승에 대한 지나친 인간적 충성심으로 예수님의 수난을 있을 수 없는 일로 단정지었다. 그리고 마치 그것이 하나님의 뜻인 것처럼 예수님을 설득하려 했다. 하나님 뜻을 따르는 길에는 이처럼 부정적 반응이 도처에 숨어 있다.
【3대지】 ① 마 26:39= "조금 나아가사 얼굴을 땅에 대시고 엎드려 기도하여 이르시되, 내 아버지여 만일 할 만하시거든 이 잔을 내게서 지나가게 하옵소서. 그러나 나의 원대로 마시옵고 아버지의 원대로 하옵소서." ② "인자가 온 것은 섬김을 받으려 함이 아니라 도리어 섬기려 하고 자기 목숨을 많은 사람의 대속물로 주려 함이니라"(마 20:28). ③ 24~25절= "이에 예수께서 제자들에게 이르시되, 누구든지 나를 따라오려거든 자기를 부인하고 자기 십자가를 지고 나를 따를 것이니라. 누구든지 제 목숨을 구원하고자 하면 잃을 것이요 누구든지 나를 위하여 제 목숨을 잃으면 찾으리라."
【결론】 주님은 이제 우리 믿는 자들을 모두 갈보리 길로 부르신다. 주님은 제자로 부름 받은 우리가 이 갈보리 길에 헌신하기를 원하신다.

- 절기, 용도, 장르, 특징: 고난주간.
- Key Word: 갈보리, 고난.
- Remarks:

본문 : **마 17:1~8**

제목 : **변화산의 신앙 체험 (The Transfiguration)**

1.엿새 후에 예수께서 베드로와 야고보와 그 형제 요한을 데리시고 따로 높은 산에 올라가셨더니
2.그들 앞에서 변형되사 그 얼굴이 해 같이 빛나며 옷이 빛과 같이 희어졌더라 **3.**그 때에 모세와 엘
리야가 예수와 더불어 말하는 것이 그들에게 보이거늘 **4.**베드로가 예수께 여쭈어 이르되 주여 우리
가 여기 있는 것이 좋사오니 만일 주께서 원하시면 내가 여기서 초막 셋을 짓되 하나는 주님을 위하
여, 하나는 모세를 위하여, 하나는 엘리야를 위하여 하리이다 **5.**말할 때에 홀연히 빛난 구름이 그들
을 덮으며 구름 속에서 소리가 나서 이르시되 이는 내 사랑하는 아들이요 내 기뻐하는 자니 너희는
그의 말을 들으라 하시는지라 **6.**제자들이 듣고 엎드려 심히 두려워하니 **7.**예수께서 나아와 그들에
게 손을 대시며 이르시되 일어나라 두려워하지 말라 하시니 **8.**제자들이 눈을 들고 보매 오직 예수
외에는 아무도 보이지 아니하더라

1. 신앙 체험의 내용: 초자연적인 시각과 청각 체험

1) 예수님의 변화된 모습을 목격함

2절= "저희 앞에서 변형되사 그 얼굴이 해 같이 빛나며 옷이 빛과 같이 희어졌더라"

2) 모세와 엘리야가 예수님과 대화하는 것을 목격함

3절= "때에 모세와 엘리야가 예수로 더불어 말씀하는 것이 저희에게 보이거늘"

3) 하나님의 음성을 직접 듣게 됨

5절= "말할 때에 홀연히 빛난 구름이 저희를 덮으며 구름 속에서 소리가 나서 가로되, '이는 내 사랑하는 아들이요 내 기뻐하는 자니 너희는 저의 말을 들으라' 하는지라"

2. 세 제자가 큰 체험을 하게 된 과정: 주님과의 친밀한 교제와 기도 생활

1) 예수님과 가까운 관계를 유지했음

1절= "엿새 후에 예수께서 베드로와 야고보와 그 형제 요한을 데리시고 따로 높은 산에 올라가셨더니"

2) 은혜의 장소에 참여했음

1절= "…따로 높은 산에 올라가셨더니"

3) 기도하러 산에 올라갔음

눅 9:28~29= "…예수께서 베드로와 요한과 야고보를 데리시고 기도하시러 산에 올라가사 기도하실 때에 용모가 변화되고 그 옷이 희어져 광채가 나더라"

◈◈◈

【대지 유형】 주제 함축형 – 본문 분석형 – 대지 연결형
【주제】 (석의) 세 제자들은 주님과 친밀한 교제를 통하여 변화산에서 평생의 거룩한 경험을 하게 되었다.
【FCF】 주님과의 가까운 관계는 갖지 못하면서 체험만을 원하는 신앙인들의 상태.

【서론】 제자들에게 있어 변화산의 사건은 잊을 수 없는 경험이다(벧후 1:16~18).
【우산질문】 그들의 신앙 체험의 내용이 무엇이었는지, 그리고 그들이 어떻게 그런 체험을 하게 되었는지 살펴보자.

【1대지】 예수 생애의 5대 사건= 성육신(Incarnation) · 십자가 수난(Crucifixion) · 부활(Resurrection) · 승천(Ascension), 그리고 변화산 변형(Transfiguration).
1) 모세의 얼굴 광채(출 34-29-35)= 수건으로 덮었을 때 그 빛은 가리워졌다. 그러나 예수님의 광채는 주님의 몸 자체에서 빛났던 영광의 광채였다. 2) 모세는 구약 율법의 대표요, 엘리야는 선지자의 대표. 은혜를 체험하고 기쁨이 충만한 제자들의 모습. 3) 후일 사도 베드로의 기록= "이 소리는 우리가 저와 함께 거룩한 산에 있을 때에 하늘로서 나옴을 들은 것이라"(벧후 1:18).
【2대지】 1) 주님은 세 제자를 인정하셨고, 그들에게 깊은 비밀을 체험하도록 만들어주셨다. 2) 제자들은 주님과 함께 "따로 높은 산에 올라갔다." 우리는 은혜가 임하는 장소에 나와야 한다. 3) 베드로, 야고보, 요한은 예수님과 함께 했던 기도의 장소에서 평생 잊을 수 없는 큰 체험을 하게 되었다.
【결론】 8절= "오직 예수 외에는 아무 것도 보이지 아니하더라" 큰 은혜를 체험한 사람에게는 오직 예수만 보이게 된다. 나와 세상은 간 곳 없고 구속한 주님만 보이게 된다.

- 절기, 용도, 장르, 특징:
- Key Word: 신앙 체험.
- Remarks:

본문 : **마 18:1~10**

제목 : **어린이는 천국의 모델**

1.그 때에 제자들이 예수께 나아와 이르되 천국에서는 누가 크니이까 **2.**예수께서 한 어린 아이를 불러 그들 가운데 세우시고 **3.**이르시되 진실로 너희에게 이르노니 너희가 돌이켜 어린 아이들과 같이 되지 아니하면 결단코 천국에 들어가지 못하리라 **4.**그러므로 누구든지 이 어린 아이와 같이 자기를 낮추는 사람이 천국에서 큰 자니라 **5.**또 누구든지 내 이름으로 이런 어린 아이 하나를 영접하면 곧 나를 영접함이니 **6.**누구든지 나를 믿는 이 작은 자 중 하나를 실족하게 하면 차라리 연자 맷돌이 그 목에 달려서 깊은 바다에 빠뜨려지는 것이 나으니라 **7.**실족하게 하는 일들이 있음으로 말미암아 세상에 화가 있도다 실족하게 하는 일이 없을 수는 없으나 실족하게 하는 그 사람에게는 화가 있도다 **8.**만일 네 손이나 네 발이 너를 범죄하게 하거든 찍어 내버리라 장애인이나 다리 저는 자로 영생에 들어가는 것이 두 손과 두 발을 가지고 영원한 불에 던져지는 것보다 나으니라 **9.**만일 네 눈이 너를 범죄하게 하거든 빼어 내버리라 한 눈으로 영생에 들어가는 것이 두 눈을 가지고 지옥 불에 던져지는 것보다 나으니라 **10.**삼가 이 작은 자 중의 하나도 업신여기지 말라 너희에게 말하노니 그들의 천사들이 하늘에서 하늘에 계신 내 아버지의 얼굴을 항상 뵈옵느니라

1. 어린아이들과 되지 아니하면 결단코 천국에 들어가지 못한다 하심 (= 어린이는 천국 입국자의 모델)

3절= "진실로 너희에게 이르노니 너희가 돌이켜 어린 아이들과 같이 되지 아니하면 결단코 천국에 들어가지 못하리라"

2. 어린아이와 같이 자기를 낮추는 사람이 천국에서 큰 자라 하심 (= 어린이는 천국에서 큰 자의 모델)

1절= "그 때에 제자들이 예수께 나아와 이르되 천국에서는 누가 크니이까"
4절= "그러므로 누구든지 이 어린 아이와 같이 자기를 낮추는 사람이 천국에서 큰 자니라"

3. 어린아이를 영접하는 것이 예수님을 영접하는 것이라 하심 (= 어린이는 천국에서 보냄 받은 자의 모델)

5절= "또 누구든지 내 이름으로 이런 어린 아이 하나를 영접하면 곧 나를 영접함이니"
10절= "삼가 이 작은 자 중의 하나도 업신여기지 말라 너희에게 말하노니 그들의 천사들이 하늘에서 하늘에 계신 내 아버지의 얼굴을 항상 뵈옵느니라"

◆◆◆

【대지 유형】 주제 설명형 - 본문 수집형 - 대지 연결형
【주제】 주님은 어린 아이의 속성을 통해 천국이 어떤 사람을 환영하며 천국이 파송하는 천국 일꾼의 모습은 어떠해야 하는지를 교훈하신다.
【FCF】 많은 신앙인이 어린 아이의 모습과는 거리가 먼 모습을 가지고 있음.

【서론】 요즘 아이들은 문제가 많다고들 한다. 하지만 근원적으로는 어른들에게 더 큰 문제가 있다. 어른과 아이 관계는 일방적 관계가 아니라 쌍방관계이다. 영국 시인 윌리암 워즈워드: "어린이는 어른의 아버지여라." 사실 이것은 예수님의 가르침이다. 예수님은 어린아이를 하나님 나라의 모델로 세우셨다. 오늘 같은 시대에 타락과 오염의 세상에서 그래도 가장 근접한 모델(순진성, 탈속성, 의뢰성)이 어린이다.
【우산질문】 본문을 통해 어린이가 천국의 모델이라 하신 예수님의 말씀을 좀 더 깊게 살펴보자.

【1대지】 예수님의 실물교훈, 2절에서 어린아이를 가운데 세우고 가르치심. "결단코"= 이중 부정. 준엄하게 교훈. 어린이의 보편적 특징= 부모에게 절대 의존, 순종, 단순히 받아들임. 공로의식 없음. 당시 이런 마음을 가진 자들은 세리, 죄인, 가난한 사람들, 창기. 우리 모두 어린이의 마음을 회복하자.
【2대지】 십자가 사건을 앞두고 제자들의 마음은 딴 데 있었다. 하지만 실제로 우리도 궁금하다. 천국에서 누가 큰가? 멸시와 천대받는 이들. 타인의 시선을 두려워하지 않고 순수하게 그리스도께 나옴. 복음을 위해 멸시 천대를 두려워 말라.
【3대지】 아이들이 그저 우리에게 와 있는 것이 아니라 하늘나라에서 파견된 천사와 같다. 주님은 우리에게 오실 때 열렬히 환영받기를 원하신다. 어린이를 용납할 준비가 되어 있나?
【결론】 복음 사역을 하는 여러분, 어린아이를 통해 그들의 순수를 본받자. 그들이 받는 멸시와 천대를 기꺼이 받아들이자.

- **절기, 용도, 장르, 특징:** 어린이 주일.
- Key Word: 어린이.
- Remarks:

본문 : **마 18:15~20**
제목 : **교회와 기도 (The Church and Prayer)**

15.네 형제가 죄를 범하거든 가서 너와 그 사람과만 상대하여 권고하라 만일 들으면 네가 네 형제를
얻은 것이요 **16.**만일 듣지 않거든 한두 사람을 데리고 가서 두세 증인의 입으로 말마다 확증하게 하
라 **17.**만일 그들의 말도 듣지 않거든 교회에 말하고 교회의 말도 듣지 않거든 이방인과 세리와 같이
여기라 **18.**진실로 너희에게 이르노니 무엇이든지 너희가 땅에서 매면 하늘에서도 매일 것이요 무
엇이든지 땅에서 풀면 하늘에서도 풀리리라 **19.**진실로 다시 너희에게 이르노니 너희 중의 두 사람
이 땅에서 합심하여 무엇이든지 구하면 하늘에 계신 내 아버지께서 그들을 위하여 이루게 하시리라
20.두세 사람이 내 이름으로 모인 곳에는 나도 그들 중에 있느니라

1. 그리스도인들은 교회로 연합되어야 함 (= 교회의 중요성)

17절= "만일 그들의 말도 듣지 않거든 교회에 말하고 교회의 말도 듣지 않거든 이방인과 세리와 같이 여기라"

2. 연합된 교회의 현저한 활동은 기도로 매고 푸는 일임 (= 합심기도에 관한 응답의 약속)

18절= "진실로 너희에게 이르노니 무엇이든지 너희가 땅에서 매면 하늘에서도 매일 것이요 무엇이든지 땅에서 풀면 하늘에서도 풀리리라"

3. 합심기도에서 우리의 기도가 하나님의 뜻과 조화되어야 함 (= 말씀에 맞는 기도의 중요성)

19절= "진실로 다시 너희에게 이르노니 너희 중의 두 사람이 땅에서 합심하여 무엇이든지 구하면 하늘에 계신 내 아버지께서 그들을 위하여 이루게 하시리라"

◈◈◈

【대지 유형】 주제 적용형 – 본문 묶음형, 묵상형 – 대지 연결형

【주제】 성도들이 연합하여 이루는 교회의 가장 현저한 활동은 하나님의 뜻을 이루는 합심기도이다.

【FCF】 많은 교인이 합심기도의 능력과 효력에 소극적인 생각을 갖고 있음.

【서론】 하나님의 구원 계획에서 언약, 교회가 큰 비중. 교회는 그리스도의 몸,

그리스도를 이 땅에 나타내는 최고의 유기체이다. 큰 특권을 교회에 주셨다. 마 18:18; 요 20:23, 교회는 합심하여 그리스도의 일을 이루어야.
【우산질문】 교회와 기도의 관계에 대해 좀 더 깊이 살펴보자.

【1대지】 왜 교회로 연합되어야 하는가? 성경은 영적 연합을 강조함. 주님은 연합을 간절히 원하심(요 17:11). 우리는 모두 한 세례를 받았다. 장차 천국에서 온전히 하나가 될 것임.
【2대지】 본문의 위대한 약속을 보라(비록 church discipline의 문맥이지만). 기도는 정말 엄숙한 주제이다. 적당히 할 수 없는 것. 교회로 모여 기도하는 것은 정말 귀한 것이다. 기도가 잘 안 된다? 내 속에 세상적인 생각이 많기 때문임. 평소 하나님 중심의 삶을 살면서 함께 모여 기도할 때 놀라운 역사가 일어난다.
【3대지】 기도에서 우리의 뜻을 하나님의 뜻에 맞춰야. 이를 위해 말씀 연구, 교회사 연구가 필요하다. 우리의 뜻은 때론 하나님의 뜻과 다를 수 있다. 우리의 희생이 필요할 때가 있다. 20절의 약속을 보라.
【결론】 내 평생의 큰 소원은 우리 교회가 기도의 물결로 가득 차는 것. 교회가 땅에서 매면 하늘에서 매어주고 땅에서 풀면 하늘에서 풀어주는 그런 교회를 꿈꾼다!

- 절기, 용도, 장르, 특징:
- Key Word: 교회, 기도.
- Remarks:

본문 : **마 20:1~16**

제목 : **먼저 된 자가 나중 되는 이유**

1.천국은 마치 품꾼을 얻어 포도원에 들여보내려고 이른 아침에 나간 집 주인과 같으니 **2.**그가 하루
한 데나리온씩 품꾼들과 약속하여 포도원에 들여보내고 **3.**또 제삼시에 나가 보니 장터에 놀고 서 있
는 사람들이 또 있는지라 **4.**그들에게 이르되 너희도 포도원에 들어가라 내가 너희에게 상당하게 주
리라 하니 그들이 가고 **5.**제육시와 제구시에 또 나가 그와 같이 하고 **6.**제십일시에도 나가 보니 서
있는 사람들이 또 있는지라 이르되 너희는 어찌하여 종일토록 놀고 여기 서 있느냐 **7.**이르되 우리
를 품꾼으로 쓰는 이가 없음이니이다 이르되 너희도 포도원에 들어가라 하니라 **8.**저물매 포도원 주
인이 청지기에게 이르되 품꾼들을 불러 나중 온 자로부터 시작하여 먼저 온 자까지 삯을 주라 하니
9.제십일시에 온 자들이 와서 한 데나리온씩을 받거늘 **10.**먼저 온 자들이 와서 더 받을 줄 알았더니
그들도 한 데나리온씩 받은지라 **11.**받은 후 집 주인을 원망하여 이르되 **12.**나중 온 이 사람들은 한
시간밖에 일하지 아니하였거늘 그들을 종일 수고하며 더위를 견딘 우리와 같게 하였나이다 **13.**주인
이 그 중의 한 사람에게 대답하여 이르되 친구여 내가 네게 잘못한 것이 없노라 네가 나와 한 데나리
온의 약속을 하지 아니하였느냐 **14.**네 것이나 가지고 가라 나중 온 이 사람에게 너와 같이 주는 것이
내 뜻이니라 **15.**내 것을 가지고 내 뜻대로 할 것이 아니냐 내가 선하므로 네가 악하게 보느냐 **16.**이
와 같이 나중 된 자로서 먼저 되고 먼저 된 자로서 나중 되리라

1. 주인을 향한 잘못된 자세: 흥정하려는 의식

10절= "먼저 온 자들이 와서 더 받을 줄 알았더니 그들도 한 데나리온씩 받은지라"

11절= "받은 후 집 주인을 원망하여 이르되"

2. 이웃을 향한 잘못된 자세: 비교 의식

12절= "나중 온 이 사람들은 한 시간밖에 일하지 아니하였거늘 그들을 종일 수고하며 더위를 견딘 우리와 같게 하였나이다"

3. 자기 자신에 대한 잘못된 자세: 자기공로 의식

10절= "먼저 온 자들이 와서 더 받을 줄 알았더니…"

◈◈◈

【대지 유형】 이유 제시형 – 본문 묵상형 – 대지 연결형

【주제】 먼저 온 자가 나중 되는 것은 주인과 이웃과 자기 자신에 대해 옳지 않은 의식을 가졌기 때문이다.

【FCF】 자신의 잘못된 자세에 대해 돌아볼 줄 모르는 신앙인들의 모습.

【서론】 품꾼을 부르시는 하나님의 모습, 제3, 6, 9, 11시에 계속해서 부르심. 그런데 놀랍게도 품삯은 각기 한 데나리온씩 동일하게 책정하심. 16절= "이와 같이 나중 된 자로서 먼저 되고 먼저 된 자로서 나중 되리라"
【우산질문】 하나님의 심정을 읽자. 먼저 온 자들의 잘못이 어디에 있나?

【1대지】 "내가 이렇게 주인을 위해 희생했는데 내게 돌아오는 것이 무엇인가?" 그들의 일하는 동기는 흥정하려는 의식. 19장의 베드로의 심정. 품꾼들은 주인을 원망하기 전에 자신들의 본래 신분을 생각해야. 그들은 장터에서 할 일 없이 놀던 자들이었음. 나의 신앙 생활의 동기는?
【2대지】 먼저 온 자들의 낙담 원인= 나중 온 자와 같은 품삯을 받다니! 비교 의식↔동역자 의식. 이것이 오늘 한국교회의 병폐. 함께 일하는 정신이 부족하다. 포도원 품꾼은 주인을 바라보고 일해야 한다. 눅 15장의 큰아들의 결정적 실수= 질투와 투기.
【3대지】 "더 받을 줄 알았더니" - 자기공로 의식↔빚진자 의식(롬 1:14). 성도는 자기를 잊어버려야. 우리에게 무익한 종 의식이 필요하다.
【결론】 우리의 시선을 오직 하나님께로 향하자. 우리의 모든 봉사의 동기는 감사여야 한다. 자랑하는 마음 없애고 무익한 종, 빚진 자의 마음으로!

- 절기, 용도, 장르, 특징:
- Key Word: 품꾼.
- Remarks:

본문 : **마 20:1~16; 벧전 5:10**
제목 : **포도원 품꾼의 비유**

1.천국은 마치 품꾼을 얻어 포도원에 들여보내려고 이른 아침에 나간 집 주인과 같으니 **2.**그가 하루 한 데나리온씩 품꾼들과 약속하여 포도원에 들여보내고 **3.**또 제삼시에 나가 보니 장터에 놀고 서 있는 사람들이 또 있는지라 **4.**그들에게 이르되 너희도 포도원에 들어가라 내가 너희에게 상당하게 주리라 하니 그들이 가고 **5.**제육시와 제구시에 또 나가 그와 같이 하고 **6.**제십일시에도 나가 보니 서 있는 사람들이 또 있는지라 이르되 너희는 어찌하여 종일토록 놀고 여기 서 있느냐 **7.**이르되 우리를 품꾼으로 쓰는 이가 없음이니이다 이르되 너희도 포도원에 들어가라 하니라 **8.**저물매 포도원 주인이 청지기에게 이르되 품꾼들을 불러 나중 온 자로부터 시작하여 먼저 온 자까지 삯을 주라 하니 **9.**제십일시에 온 자들이 와서 한 데나리온씩을 받거늘 **10.**먼저 온 자들이 와서 더 받을 줄 알았더니 그들도 한 데나리온씩 받은지라 **11.**받은 후 집 주인을 원망하여 이르되 **12.**나중 온 이 사람들은 한 시간밖에 일하지 아니하였거늘 그들을 종일 수고하며 더위를 견딘 우리와 같게 하였나이다 **13.**주인이 그 중의 한 사람에게 대답하여 이르되 친구여 내가 네게 잘못한 것이 없노라 네가 나와 한 데나리온의 약속을 하지 아니하였느냐 **14.**네 것이나 가지고 가라 나중 온 이 사람에게 너와 같이 주는 것이 내 뜻이니라 **15.**내 것을 가지고 내 뜻대로 할 것이 아니냐 내가 선하므로 네가 악하게 보느냐 **16.**이와 같이 나중 된 자로서 먼저 되고 먼저 된 자로서 나중 되리라
벧전 5:10.모든 은혜의 하나님 곧 그리스도 안에서 너희를 부르사 자기의 영원한 영광에 들어가게 하신 이가 잠깐 고난을 당한 너희를 친히 온전하게 하시며 굳건하게 하시며 강하게 하시며 터를 견고하게 하시리라

1. 집주인은 11시(오후 5시)에도 놀고 있는 사람들을 품꾼으로 고용함 (= 마음씨 좋은 집주인, 하나님의 은혜로운 성품)

6~7절= "제십일시에도 나가 보니 서 있는 사람들이 또 있는지라 이르되 너희는 어찌하여 종일토록 놀고 여기 서 있느냐 이르되 우리를 품꾼으로 쓰는 이가 없음이니이다 이르되 너희도 포도원에 들어가라 하니라"

2. 11시 품꾼에게 동일한 품삯을 주는 것이 집주인의 뜻이라고 선언함 (= 하나님의 은혜로운 성품, 성경의 많은 증거)

14절= "네 것이나 가지고 가라 나중 온 이 사람에게 너와 같이 주는 것이 내 뜻이니라"

3. 집주인의 성품을 오해한 '먼저 온 자들'이 원망했음 (= 오직 은혜로 구원받음을 깨달아야 함)

10~12절= "먼저 온 자들이 와서 더 받을 줄 알았더니 그들도 한 데나리온씩 받은지라 받은 후 집 주인을 원망하여 이르되 나중 온 이 사람들은 한 시간밖에 일하지 아니하였거늘 그들을 종일 수고하며 더위를 견딘 우리와 같

게 하였나이다"

◈◈◈

【대지 유형】 주제 설명형 - 본문 수집형 - 대지 심화형
【주제】 (적용) 하나님은 오직 은혜로 11시 품꾼 같은 우리를 구원하신다.
【FCF】 교회 안에 마치 내가 구원받을 자격자인 것처럼 생각하는 풍토.

【서론】 하나님의 나라= 성경의 대 주제임. 본문의 비유의 교훈= 하나님의 은혜로운 성품, 은혜로 우리를 구원하시는 하나님.
【우산질문】 이 비유에서 하나님의 은혜로운 품성은 어떻게 나타나고 있나?

【1대지】 집주인이 품꾼을 고용한 것은 품꾼의 필요를 위함임. 오후 늦게 품꾼을 고용하는 것은 하나님의 은혜이다. 시대적으로 보면 구약, 초대교회, 그리고 종말 교회… 개인적으로 보면 모태신앙, 학생 때, 청년, 중년, 심지어 노년에 하나님 기쁘신 뜻에 따라 부름 받는 모습…
【2대지】 요 3:16; 롬 8:32; 렘 32:37, 38. 먼저 온 자들의 기대에 맞지 않게, 모든 품꾼에게 한 데나리온씩 지급. 하나님의 은혜로운 품성.
【3대지】 우리를 부르신 것은 not for His need, but for our need. 먼저 온 자들의 잘못된 의식= 흥정하려는 의식, 비교의식, 자기 자신에 대한 잘못된 자세.
【결론】 우린 단지 11시 품꾼. 하나님의 은혜로 불려 왔고, 은혜로 하나님 나라의 상속자가 되었다.

- 절기, 용도, 장르, 특징:
- Key Word: 포도원, 품꾼, 오직 은혜.
- Remarks:

본문 : **마 20:17~19**
제목 : **십자가의 삼 단계 (The Crucified Christ)**

17.예수께서 예루살렘으로 올라가려 하실 때에 열두 제자를 따로 데리시고 길에서 이르시되 **18.**보
라 우리가 예루살렘으로 올라가노니 인자가 대제사장들과 서기관들에게 넘겨지매 그들이 죽이기로
결의하고 **19.**이방인들에게 넘겨 주어 그를 조롱하며 채찍질하며 십자가에 못 박게 할 것이나 제삼
일에 살아나리라

1. 조롱과 채찍질 당하심 (= 정신적 육체적 고통)

19절= "이방인들에게 넘겨 주어 그를 조롱하며 채찍질하며…"

2. 십자가에 못 박히심 (= 희생의 죽음)

19절= "…십자가에 못 박게 할 것이나…"

3. 삼일에 살아나심 (= 부활)

19절= "…제 삼일에 살아나리라"

◈◈◈

【대지 유형】 주제 설명형 - 본문 분석형 - 대지 진전형
【주제】 (석의) 예수님은 조롱과 채찍질로 정신적 육체적 고통을 당하셨고, 십자가에서 희생의 죽음을 죽으셨고 삼일에 부활하셨다.
【FCF】 많은 신앙인이 주님의 십자가 고통을 실감하지 못하고 있음.

【서론】 십자가는 기독교 신앙의 중심(center)이다. 십자가 없는 기독교는 이미 기독교가 될 수 없고, 십자가에 관심을 두지 않는 교인이나 교회는 예수님이 기뻐하시는 대상이 될 수 없다. 우리 교회의 영원한 주제는 '십자가의 중심성(centrality of the cross)'이어야 한다. 바울의 3대 십자가 신앙= 십자가만 알고 십자가만 자랑하고 십자가만 전하기. "보라 우리가 예루살렘으로 올라가노니." 예루살렘은 주님이 피할 수 없는, 사역의 완성을 위해서는 반드시 통과해야 할 관문이었다. 주님은 거기서 무슨 일이 기다리고 있는지를 상세히 아셨음에도 이를 피하고자 하지 않으셨다.
【우산질문】 본문을 통하여 십자가의 삼 단계가 무엇인지 살펴보자.

【1대지】 십자가의 첫 단계는 '이방인들에게 넘겨져 조롱과 채찍질 당하심'이다. 이것은 정신적 육체적 고통을 의미한다. 대제사장들과 서기관들이 예수님을 죽이기로 결안하고 그렇게 한 것. 주님은 극한의 고통을 받으셨다. 헬라어 본문에 나오는 세 동사(조롱하며, 채찍질하며, 십자가에 못 박게 하리니)는 모두 부정사 목적격으로, 점점 심해져 가는 점층법을 사용하고 있다. 주님은 우리 위해 모든 것을 주셨는데, 우리는 주님을 위해 작은 희생도 꺼린다. 우리에게 그런 악하고 게으른 본성이 있다. 나를 위해 극한의 고통을 당하심 주님을 위해 우리의 남은 생을 드리는 게 마땅하지 않은가!

【2대지】 십자가의 삼 단계 중 두 번째는 십자가에 못 박히신 단계. 여기 '십자가에 못 박다(스타우로오)' 동사는 당시 로마에서 노예나 이방인 흉악범에 대하여 시행하던 잔혹한 형틀인 '십자가(스타우로스)'에서 나온 말이다. 십자가의 둘째 단계는 사형수의 신분으로 극형을 받아 희생의 죽음을 죽으신 단계이다. 십자가에 달린 죄수는 서서히 죽어간다. 못 박힘으로 인한 고통도 엄청나거니와, 낮에는 태양, 밤에는 추위의 고통이 더해지고, 날짐승과 갈증의 고통도 상상을 초월한다. '십자가에 못박히심'은 이런 고통 가운데서의 죽음을 의미한다. 온 세상이 비웃고 조롱해도 하나님의 뜻이면 무조건 받아들이고 따라가야 한다. 그 길이 비록 십자가의 길이라 하더라도 아무것도 계산하지 않는 이 단순한 신앙 자세가 우리 모두에게 요구된다.

【3대지】 '살아나리라(에게르세타이)'는 미래수동형. 십자가의 마지막은 부활이다. 우리 육신의 몸도 언젠가는 죽겠지만 예수님 재림 때에 주님처럼 부활할 것이다. 십자가 없이는 부활도 없다. 성도는 고난의 긴 터널을 지나 마침내 광명한 부활의 대양을 만나게 된다. 그러므로 성도는 고급스런 종교인으로 남아 있을 수 없다. 장차 누릴 부활의 감격과 영광을 생각한다면, 내 한 몸 다하여 주의 몸 된 교회를 섬기리라 결심해야 할 것이다.

【결론】 십자가에서 내가 받아야 할 조롱과 채찍질을 대신 받으신 주님, 나의 죗값으로 내가 죽어야 할 죽음을 대신 죽어 주신 주님, 나에게 부활 소망을 선물하신 그 주님을 어떻게 사랑하고 어떻게 섬길 것인지를 깊이 생각하자.

- 절기, 용도, 장르, 특징: 고난주간.
- Key Word: 십자가.
- Remarks:

본문 : **마 21:1~9**

제목 : **승리의 입성 (the Triumphal Entry)**

1.그들이 예루살렘에 가까이 가서 감람 산 벳바게에 이르렀을 때에 예수께서 두 제자를 보내시며 **2.**이르시되 너희는 맞은편 마을로 가라 그리하면 곧 매인 나귀와 나귀 새끼가 함께 있는 것을 보리니 풀어 내게로 끌고 오라 **3.**만일 누가 무슨 말을 하거든 주가 쓰시겠다 하라 그리하면 즉시 보내리라 하시니 **4.**이는 선지자를 통하여 하신 말씀을 이루려 하심이라 일렀으되 **5.**시온 딸에게 이르기를 네 왕이 네게 임하나니 그는 겸손하여 나귀, 곧 멍에 메는 짐승의 새끼를 탔도다 하라 하였느니라 **6.**제자들이 가서 예수께서 명하신 대로 하여 **7.**나귀와 나귀 새끼를 끌고 와서 자기들의 겉옷을 그 위에 얹으매 예수께서 그 위에 타시니 **8.**무리의 대다수는 그들의 겉옷을 길에 펴고 다른 이들은 나뭇가지를 베어 길에 펴고 **9.**앞에서 가고 뒤에서 따르는 무리가 소리 높여 이르되 호산나 다윗의 자손이여 찬송하리로다 주의 이름으로 오시는 이여 가장 높은 곳에서 호산나 하더라

1. 나귀새끼를 끌고 오라 하심 (= 미물까지 사용하시는 예수님)

2~3절= "…매인 나귀와 나귀 새끼가 함께 있는 것을 보리니 풀어 내게로 끌고 오라 만일 누가 무슨 말을 하거든 주가 쓰시겠다 하라…"

2. 겸손하게 나귀를 타고 입성하심 (= 승리의 대왕 예수님)

7절= "나귀와 나귀 새끼를 끌고 와서 자기들의 겉옷을 그 위에 얹으매 예수께서 그 위에 타시니"

3. 무리가 겉옷을 펴고 메시아로 환영하며 찬송함 (= 무리들의 찬송을 받으시는 예수님)

8~9절= "무리의 대다수는 그들의 겉옷을 길에 펴고 … 소리 높여 이르되 호산나 다윗의 자손이여 찬송하리로다 주의 이름으로 오시는 이여 가장 높은 곳에서 호산나 하더라"

◈◈◈

【대지 유형】 주제 설명형 - 본문 묶음형 - 대지 진전형

【주제】 승리의 입성을 하시는 예수님을 무리들이 열렬히 찬송한 것은 재림의 상황을 보여준다.

【FCF】 많은 신앙인이 승리의 입성 기록을 보면서도 재림 예수의 소망을 갖지 못함.

【서론】 예수 그리스도는 하나님 나라의 왕으로 오셨다. 그는 다윗의 왕권을 가지고 오신 평화의 왕. 다윗의 왕국은 이스라엘만을 위한 나라였지만 주님의 나라는 온 인류를 위한 나라이다. 이를 위해 희생이 필요. 마지막 한 주간의 극적인 모습에서 잘 표현되고 있다. 본문은 주님이 예루살렘을 입성하시는 모습. 이 길은 죽음의 길임을 아셨음. 20:17~19, 죽음과 부활을 예언 - 그의 굳은 결심 - 모든 인류의 죄를 위해 자원하시는 모습. 얼마나 멋있는 분인지!

【우산질문】 예수님의 예루살렘 입성 사건 기록에서 보이는 예수님 모습을 살펴보자.

【1대지】 "주가 쓰시겠다 하라" 모든 것의 주인 되신 주님. 주님은 때로 어리석고 모자란 우리를 사용코자 하신다. 당신은 주님이 필요로 하는 사람인가? 군중들은 오늘은 호산나 찬송하지만 내일은 십자가에 못 박으라고 소리치는 자들. 하나님은 이런 자들을 사용하지 않으신다.

【2대지】 구약의 예언 성취. 왕으로 입성하시는 주님. 자랑이 아니고 행동으로 하는 설교. 평화의 왕, 그의 겸손, 그의 온유, 그가 주시는 평화. 그는 이 평화를 부활 후 교회에 주셨다. 승리의 대왕 예수.

【3대지】 무리가 열렬히 환영. 겉옷을 펴며 종려가지를 흔들며 찬양했다. 주님의 심정: "돌들이 소리지르리라." 우리의 자세는? 겉옷을 펴며 부복하자. 손에 종려가지를 들고 호산나 찬송하자.

【결론】 어린 나귀처럼 주님에게 필요한 자가 되자. 무리들처럼 찬양하자. 주님은 지금 성령으로 오신다. 마침내 주님의 날에 친히 육체로 오신다.

- 절기, 용도, 장르, 특징: 종려주일.
- Key Word: 나귀, 호산나.
- Remarks:

본문 : **마 22:1~14**
제목 : **혼인잔치 비유의 교훈**

1.예수께서 다시 비유로 대답하여 이르시되 **2.**천국은 마치 자기 아들을 위하여 혼인 잔치를 베푼 어떤 임금과 같으니 **3.**그 종들을 보내어 그 청한 사람들을 혼인 잔치에 오라 하였더니 오기를 싫어하거늘 **4.**다시 다른 종들을 보내며 이르되 청한 사람들에게 이르기를 내가 오찬을 준비하되 나의 소와 살진 짐승을 잡고 모든 것을 갖추었으니 혼인 잔치에 오소서 하라 하였더니 **5.**그들이 돌아 보지도 않고 한 사람은 자기 밭으로, 한 사람은 자기 사업하러 가고 **6.**그 남은 자들은 종들을 잡아 모욕하고 죽이니 **7.**임금이 노하여 군대를 보내어 그 살인한 자들을 진멸하고 그 동네를 불사르고 **8.**이에 종들에게 이르되 혼인 잔치는 준비되었으나 청한 사람들은 합당하지 아니하니 **9.**네거리 길에 가서 사람을 만나는 대로 혼인 잔치에 청하여 오라 한대 **10.**종들이 길에 나가 악한 자나 선한 자나 만나는 대로 모두 데려오니 혼인 잔치에 손님들이 가득한지라 **11.**임금이 손님들을 보러 들어올새 거기서 예복을 입지 않은 한 사람을 보고 **12.**이르되 친구여 어찌하여 예복을 입지 않고 여기 들어왔느냐 하니 그가 아무 말도 못하거늘 **13.**임금이 사환들에게 말하되 그 손발을 묶어 바깥 어두운 데에 내던지라 거기서 슬피 울며 이를 갈게 되리라 하니라 **14.**청함을 받은 자는 많되 택함을 입은 자는 적으니라

1. 처음 초청받은 사람들은 초대를 거부하였음 (= 구약 이스라엘과 신약 유대인들의 복음 거부)

3절= "그 종들을 보내어 그 청한 사람들을 혼인 잔치에 오라 하였더니 오기를 싫어하거늘"

2. 길에 나가 만나는 대로 모두 데려왔음 (= 이방인들에게까지 미친 초대)

10절= "종들이 길에 나가 악한 자나 선한 자나 만나는 대로 모두 데려오니 혼인 잔치에 손님들이 가득한지라"

3. 예복을 입지 않은 자를 내어쫓았음 (= 그리스도의 의의 옷을 입어야 함)

12절= "친구여 어찌하여 예복을 입지 않고 여기 들어왔느냐 하니"

◈◈◈

【대지 유형】 주제 설명형 - 본문 묶음형 - 대지 반전형

【주제】 이스라엘의 배도(背道)로 하나님의 구원의 손길은 이방인들에게로 향하였다.

【FCF】 예복을 입지 않은 교회 일꾼들이 적지 않음.

【서론】 예수님의 관심은 하나님 나라에 집중. 하나님 나라에 관한 많은 비유를 주심. 본문은 두 비유의 결합. 비유의 강조점은 처음 초대받은 자들(유대인들) 아닌 다른 사람들! 인간의 완악함과 대비되는 하나님의 자비와 공의가 빛난다.
【우산질문】 비유에 나타난 주님의 초대와 그 대상자들을 살펴보자.

【1대지】 3~6절. "다시 다른 종들을 보내며"= 하나님의 자비. "돌아보지도 않고"= 초대를 가볍게 생각하고, 현실 문제에 집착. "오기를 싫어하거늘"= 미완료과거, 진행. 저들의 지속적인 거부. 5~6절, "돌아보지도 않고"= 경하게 생각, 현실문제 집착.
【2대지】 8~10절. "청한 사람들은 합당치 아니하니"- 주님의 판단. 그들은 자신들의 이익과 재미에 몰두하는 사람들이었다. "악한 자나 선한 자나"= 교회 내에 필히 여러 부류의 사람들이 있다. 주님의 심정을 기억하자. 이 비유는 역사적, 개인적이면서 동시에 예언적.
【3대지】 11~14절. 예복= 그리스도의 의의 옷.
【결론】 주님의 강조점= 종들을 하이웨이로 보내서 누구든지 초청하여 혼인잔치 자리를 꽉 채우도록. 장차 어린양의 혼인잔치를 성대하게 베푸실 것. 우리 모두 신부의 자격으로 그분 앞에 서게 될 것. 14절을 기억하자= "청함을 받은 자는 많되 택함을 입은 자는 적으니라."

- 절기, 용도, 장르, 특징: 종말론.
- Key Word: 혼인잔치, 초대.
- Remarks:

본문 : **마 22:34~40**
제목 : **크고 첫째 되는 계명**

34.예수께서 사두개인들로 대답할 수 없게 하셨다 함을 바리새인들이 듣고 모였는데 **35.**그 중의 한 율법사가 예수를 시험하여 묻되 **36.**선생님 율법 중에서 어느 계명이 크니이까 **37.**예수께서 이르시되 네 마음을 다하고 목숨을 다하고 뜻을 다하여 주 너의 하나님을 사랑하라 하셨으니 **38.**이것이 크고 첫째 되는 계명이요 **39.**둘째도 그와 같으니 네 이웃을 네 자신 같이 사랑하라 하셨으니 **40.**이 두 계명이 온 율법과 선지자의 강령이니라

1. 마음을 다해 사랑하는 것의 비유: 젊은 여인과 사랑에 빠진 청년의 이야기
37절= "…네 마음을 다하고…"

2. 하나님을 진정으로 사랑할 때 일어나는 것들: 성도의 하나님 사랑 이야기
37~39절= "… 마음을 다하고 목숨을 다하고 뜻을 다하여 주 너의 하나님을 사랑하라 하셨으니 이것이 크고 첫째 되는 계명이요 둘째도 그와 같으니 네 이웃을 네 자신 같이 사랑하라…"

3. 하나님과 사랑에 빠지게 되는 방법: 성도가 해야 할 일

◈◈◈

【대지 유형】 주제 함축형 - 본문 묵상형 - 대지 혼재형
【주제】 하나님을 진실로 사랑한다는 것은 마음과 목숨과 뜻을 다해 사랑하는 것이다.
【FCF】 하나님 사랑에 미흡한 현대 교회의 모습.

【서론】 하나님은 사랑이시다. 하나님은 사랑의 원천(요일 4:16)이심. 믿는 자에게 이 사랑을 부어주신다. 성도에게 가장 중요한 것은 본문의 가장 크고 첫째 되는 계명, "네 마음을 다하고 목숨을 다하고 뜻을 다하여 주 너의 하나님을 사랑하라."
【우산질문】 크고 첫째 되는 계명에 대하여 좀 더 깊이 살펴보자.

【1대지】 하나님을 이처럼 온 마음을 다하여 사랑한다는 것이 무엇인가? 젊은 여인과 사랑에 빠진 청년을 생각해 보라. 사랑하는 사람과 함께 있고 싶고, 그

녀에게 말하고 싶고, 그녀에 대해 알고 싶어 하고, 그녀를 기쁘게 해주고 싶고, 그녀에 대하여 사람들에게 말하고 싶고, 그녀가 사랑하는 모두를 사랑하게 된다.

【2대지】 1대지의 내용이 하나님을 사랑할 때 그대로 일어난다. 하나님과 함께 있고 싶고(경건의 시간, 예배의 시간), 말하고 싶고(하나님과의 대화, 하나님께 기도), 알고 싶어 하고(성경 공부, 하나님의 구원 역사에 대해 탐구), 기쁘게 해주고 싶고(하나님이 기뻐하시는 일을 하는 것), 사람들에게 말하고 싶고(복음 전도), 그분이 사랑하는 모두를 사랑하게 된다(다른 사람을 사랑하는 것). 예배, 기도, 말씀공부, 전도, 형제 사랑. 이 모든 것들이 저절로 따라오게 된다.

【3대지】 사랑은 추상적인 개념이 아니라 구체적인 행동이다. ① 하나님 사랑을 부어달라고 구해야(약 4:2). ② 하나님 사랑을 보여달라고 기도해야. 바울의 고백, 고후 5:13,14. 주님이 우릴 어떻게 사랑하시는가를 생각하자. 요일 4:7~9.

【결론】 하나님은 자기를 사랑하는 자를 위해 위대한 선물을 준비하셨다. 천대까지 은혜 주시고, 우리 마음의 소원을 이루어 주신다. 모든 것이 합력하여 선을 이루게 하신다. 고전 2:9, "하나님이 자기를 사랑하는 자들을 위하여 예비하신 모든 것은 눈으로 보지 못하고 귀로 듣지 못하고 사람의 마음으로 생각하지도 못하였다 함과 같으니라."

- 절기, 용도, 장르, 특징:
- Key Word: 크고 첫째 되는 계명.
- Remarks:

본문 : **마 22:37~40; 28:19~20**

제목 : **교회에 주신 5대 사명**

(The Great Commandment and the Great Commission)

22:37.예수께서 이르시되 네 마음을 다하고 목숨을 다하고 뜻을 다하여 주 너의 하나님을 사랑하라 하셨으니 **38.**이것이 크고 첫째 되는 계명이요 **39.**둘째도 그와 같으니 네 이웃을 네 자신 같이 사랑하라 하셨으니 **40.**이 두 계명이 온 율법과 선지자의 강령이니라 …… **28:19.**그러므로 너희는 가서 모든 민족을 제자로 삼아 아버지와 아들과 성령의 이름으로 세례를 베풀고 **20.**내가 너희에게 분부한 모든 것을 가르쳐 지키게 하라 볼지어다 내가 세상 끝날까지 너희와 항상 함께 있으리라 하시니라

1. 온 마음으로 주님을 사랑하라 하심 (= 예배)

37~38절= "네 마음을 다하고 목숨을 다하고 뜻을 다하여 주 너의 하나님을 사랑하라 하셨으니 이것이 크고 첫째 되는 계명이요"

2. 네 이웃을 네 자신 같이 사랑하라 하심 (= 복지, 봉사, 구제)

39절= "둘째도 그와 같으니 네 이웃을 네 자신 같이 사랑하라 하셨으니"

3. 가서 제자 삼으라 하심 (= 전도)

19절= "그러므로 너희는 가서 모든 민족을 제자로 삼아"

4. 세례를 베풀라 하심 (= 교제)

19절= "…아버지와 아들과 성령의 이름으로 세례를 베풀고"

5. 가르쳐 지키게 하라 하심 (= 양육)

20절= "내가 너희에게 분부한 모든 것을 가르쳐 지키게 하라…"

◈◈◈

【대지 유형】 주제 적용형 - 본문 분석형, 수집형 - 대지 병렬형

【주제】 예배, 복지(봉사), 전도, 교제 그리고 양육은 교회에 주신 위대한 사명이다.

【FCF】 많은 교인이 교회의 5대 사명에 헌신하지 못하고 있음.

【서론】 믿음의 길에 성공하는 비결은 무엇인가? '제일 중요한 것부터 잘 하는 것'이다. 다시 말하면 주님의 '최대 계명(The Great Commandment)'과 주님의 '지상 명령(the Great Commission)'을 성실히 수행하는 것이다.
【우산질문】 말씀을 통하여 하나님 나라의 백성들이 명심하고 지켜야 할 다섯 가지 사명, 즉 교회의 5대 목적을 살펴보자.

【1대지】 '아가파오'는 받은 은혜에 대한 감사와 한없는 복종과 내면적 경의를 가리킨다. 즉 겉으로 드러나는 행위 이전에 마음속에서 우러나오는 한없는 사랑의 감정을 가리킨다. 하나님을 사랑하되 가식적으로 사랑하는 것이 아니라 전인격을 다하여 사랑하라고 말씀하신 것. 이것이 우리가 가져야 할 예배의 자세이다.
【2대지】 주님은 유대인들이 경멸하는 사마리아인들은 물론 원수까지도 우리가 사랑해야 할 이웃의 개념에 포함시키셨다. 불행하게도 실제적인 봉사가 거의 일어나지 않는 교회들이 적지 않다.
【3대지】 이 일이 너무 중요하여, 사복음서와 사도행전에서 다섯 번씩이나 전도 명령을 주고 있다. 주님이 가장 기뻐하시는 것도 바로 영혼을 구원하는 일이다.
【4대지】 왜 예수님은 지상명령 안에 '세례'와 같은 단순한 의식(儀式)을 위대한 두 과업인 전도와 양육과 함께 제시하시는가? 그것은 '세례'가 교회의 또 다른 목적인 '교제'를 상징하기 때문이다. 교제는 그리스도의 몸에 속하는 것을 의미한다.
【5대지】 이 목적과 관련하여 보통 사용하는 단어는 '제자도(discipleship)' 또는 '양육(edification)'이다. 교회에 소속된 모든 사람은 영적인 성숙을 향하여 나아가도록 부름 받는다.
【결론】 교회는 교화하고(edify), 격려하며(encourage), 경배하고(exalt), 구비하고(equip), 복음화하기(evangelize) 위하여 존재한다.

- 절기, 용도, 장르, 특징:
- Key Word: 교회의 사명, 교회의 목적.
- Remarks:

본문 : **마 24:14~22**

제목 : **종말의 7대 신앙(I) (Preparing For the End of Age)**

14.이 천국 복음이 모든 민족에게 증언되기 위하여 온 세상에 전파되리니 그제야 끝이 오리라 **15.**그러므로 너희가 선지자 다니엘이 말한 바 멸망의 가증한 것이 거룩한 곳에 선 것을 보거든 (읽는 자는 깨달을진저) **16.**그 때에 유대에 있는 자들은 산으로 도망할지어다 **17.**지붕 위에 있는 자는 집 안에 있는 물건을 가지러 내려 가지 말며 **18.**밭에 있는 자는 겉옷을 가지러 뒤로 돌이키지 말지어다 **19.**그 날에는 아이 밴 자들과 젖 먹이는 자들에게 화가 있으리로다 **20.**너희가 도망하는 일이 겨울에나 안식일에 되지 않도록 기도하라 **21.**이는 그 때에 큰 환난이 있겠음이라 창세로부터 지금까지 이런 환난이 없었고 후에도 없으리라 **22.**그 날들을 감하지 아니하면 모든 육체가 구원을 얻지 못할 것이나 그러나 택하신 자들을 위하여 그 날들을 감하시리라

1. 산으로 도망하라 하심 (= 높은 신앙을 가져야 함)

16절= "그 때에 유대에 있는 자들은 산으로 도망할지어다"

2. 지붕 위에 있는 자는 집 안에 있는 물건을 가지러 내려가지 말라 하심 (= 세상에 대한 미련을 버리고 경건에 힘써야 함)

17절= "지붕 위에 있는 자는 집 안에 있는 물건을 가지러 내려가지 말며"

3. 밭에 있는 자는 겉옷을 가지러 뒤로 돌이키지 말라 하심 (= 교회 일꾼은 세상의 것에 우선순위를 두지 말아야 함)

18절= "밭에 있는 자는 겉옷을 가지러 뒤로 돌이키지 말지어다"

◈◈◈

【대지 유형】 주제 적용형 - 본문 분석형 - 대지 병렬형

【주제】 종말 성도는 높은 신앙을 가지고 경건에 힘써야 하며 세상 것에 미련을 버려야 한다.

【FCF】 교회 일꾼들 중 우선순위가 잘못된 경우 많음.

【서론】 오늘날 교회의 강단에 가장 필요한 메시지는 종말에 관한 말씀이다. 우리는 성경이 보여주고 있는 종말의 증거들을 알아야 하고, 성경이 경고하고 있는 종말의 대대적인 배도와 흑암의 세력들의 준동을 대비해야 한다. 24장은 종말에 있을 재난(=진통)의 시기가 어떠할 것이며, 성도는 어떤 신앙으

로 무장해야 할 것인가를 잘 보여준다. 그 일부가 종말의 7대 신앙인데, 상징 기법을 사용하여 말씀하셨기 때문에 조심하여 그 의미를 해석해야 한다.

【우산질문】 종말에 성도가 가져야 할 신앙의 자세는 어떤 것인가? 대환란을 이기는 믿음은 어떤 믿음인가?

【1대지】 4절부터 14절까지는 대환난 전반부에 일어날 징조들이 나열되어 있고, 본 절의 말씀은 대환난 중반부에 시작될 적그리스도의 공격을 대비하라는 말씀이다. '산'은 철저한 하나님 신앙을 의미. 산으로 도망하라는 것은 종말 성도들이 영적 높은 차원의 신앙으로 올라가야 한다는 것. 육신적 삶을 위해 애쓸 것이 아니라, 독수리처럼 날개 치며 높은 산으로 올라가는 산의 신앙을 가져야 한다.

【2대지】 집 안은 생활도구가 있고 중요한 재산이 있는 곳. 하지만 적군이 쳐들어오면 그것들을 버려두고 당장 도망해야 한다. 마찬가지로 주님의 재림이 임박한 종말 성도는 먹고 마시고 즐기는 세상살이에 매여서는 안 된다. 종말 성도는 세상에 대한 미련을 버리고 경건에 힘쓰는 신앙을 가져야 한다.

【3대지】 옷을 가지러 가는 일은 중요한 일이지만 더 급한 일이 있으므로 돌이켜서는 안 된다. 주님은 본문을 통해 믿음의 우선순위를 결정해 주고 계신다. '밭'은 영적으로 교회를 의미한다. 세상의 명예나 권력, 세상의 사업에 매이지 말라.

【결론】 마 24장을 통해 주시는 예언의 말씀을 듣고 종말에 그 말씀대로 순종하여 천국을 상속받는 성도들이 되자.

- **절기, 용도, 장르, 특징:** 종말론, 상징주의해석.
- **Key Word:** 종말, 대환난, 종말신앙.
- **Remarks:**

본문 : **마 24:14~22**
제목 : **종말의 7대 신앙(II) (Preparing For the End of This Age)**

14.이 천국 복음이 모든 민족에게 증언되기 위하여 온 세상에 전파되리니 그제야 끝이 오리라 **15.**그
러므로 너희가 선지자 다니엘이 말한 바 멸망의 가증한 것이 거룩한 곳에 선 것을 보거든 (읽는 자
는 깨달을진저) **16.**그 때에 유대에 있는 자들은 산으로 도망할지어다 **17.**지붕 위에 있는 자는 집 안
에 있는 물건을 가지러 내려 가지 말며 **18.**밭에 있는 자는 겉옷을 가지러 뒤로 돌이키지 말지어다
19.그 날에는 아이 밴 자들과 젖 먹이는 자들에게 화가 있으리로다 **20.**너희가 도망하는 일이 겨울에
나 안식일에 되지 않도록 기도하라 **21.**이는 그 때에 큰 환난이 있겠음이라 창세로부터 지금까지 이
런 환난이 없었고 후에도 없으리라 **22.**그 날들을 감하지 아니하면 모든 육체가 구원을 얻지 못할 것
이나 그러나 택하신 자들을 위하여 그 날들을 감하시리라

4. 아이 밴 자들에게 화가 있으리라 하심 (= 양육하는 교회여야 함)
19절= "그 날에는 아이 밴 자들과 젖먹이는 자들에게 화가 있으리로다"

5. 젖 먹이는 자들에게 화가 있으리라 하심 (= 목회자는 고난과 십자가의 복음을 가르쳐야 함)
19절= "그 날에는 아이 밴 자들과 젖먹이는 자들에게 화가 있으리로다"

6. 도망하는 일이 겨울에 되지 않도록 기도하라 하심 (= 영적으로 깨어 움직이는 신앙을 가져야 함)
20절= "너희의 도망하는 일이 겨울에나 안식일에 되지 않도록 기도하라"

7. 도망하는 일이 안식일에 되지 않도록 기도하라 하심 (= 잘못된 전통이나 교리에 매이지 않아야 함)
20절= "너희의 도망하는 일이 겨울에나 안식일에 되지 않도록 기도하라"

◈◈◈

【대지 유형】 주제 적용형 – 본문 분석형 – 대지 병렬형
【주제】 종말에는 양육하는 교회, 단단한 말씀을 가르치는 목회자, 그리고 영적으로 깨어 전통에 매이지 않는 참 신앙을 가진 성도들이 되어야 한다.
【FCF】 성장하지 않는 성도, 성장시키지 못하는 교회의 모습.

【서론】 종말의 7대 신앙의 첫째는 '산으로 도망하는 신앙'(16절)= 영적 높은 신앙. 두 번째는 '지붕 위에 있는 자는 집 안에 있는 물건을 가지러 내려가지 않는 신앙'(17절)= 세상 일에 매이지 않고 경건에 힘쓰는 수준 높은 신앙. 세 번째는 '밭에 있는 자는 겉옷을 가지러 뒤로 돌이키지 않는 신앙'= 교회 일꾼들이 반드시 가져야 할 것으로서, 세상의 부귀나 명예나 권세에 빠지지 말고 오직 천국만을 소망하는 신앙.
【우산질문】 본문을 통해서 종말 성도가 가져야 할 신앙을 계속 살펴보자.

【4대지】 '화가 있으리로다'는 동정을 표시하는 한탄문= '너무나도 안타깝다'라는 뜻. 영적으로 어린 성도들을 성장시키지 못하는 교회들에게는 화가 있을 것이다. 종말에 분명해 질 세 종류의 교회: ① 깨어 있는 교회= 해를 입은 여자, ② 배도(背道)하는 교회= '음녀', ③ 잠자는 교회= 중간 상태의 교회.
【5대지】 '젖먹이는 자'= 주의 종 곧 목회자들. 종말에 성도들에게 젖만 먹이는, 유아적인 말씀만을 먹이는 종들에게 화가 있다. 초보의 젖 세 가지: ① 기복주의 설교, ② 신비주의적인 설교, ③ 윤리나 도덕, 교육이나 철학적인 설교.
【6대지】 겨울은 활동하지 못하는 계절. 따라서 겨울 신앙은 일하지 아니하는 신앙, 얼어붙은 신앙, 영적 잠을 자는 신앙을 의미함. 종말 성도는 영적으로 깨어나는 신앙, 움직이는 신앙, 뛰는 신앙을 가져야 한다.
【7대지】 종말에 성경을 떠나 사람의 전통에 매이지 않도록 하라는 말씀이고, 폐쇄적인 교파주의와 잘못된 교리주의를 경계하라는 말씀이다.
【결론】 종말의 7대 신앙을 가진 자는 어떤 환난 속에서라도, 심지어 그날을 감(減)하는 한이 있더라도 우리 주님께서 보호해주시고 어린양의 혼인잔치에 들어가게 해 주신다.

- 절기, 용도, 장르, 특징: 종말론, 상징주의해석.
- Key Word: 종말, 대환난, 종말신앙.
- Remarks:

본문 : **마 25:1~7, 14~18, 31~33**
제목 : **종말 성도를 위한 3대 비유**
(The Parables Concerning the Last Account)

1.그 때에 천국은 마치 등을 들고 신랑을 맞으러 나간 열 처녀와 같다 하리니 **2.**그 중의 다섯은 미련하고 다섯은 슬기 있는 자라 **3.**미련한 자들은 등을 가지되 기름을 가지지 아니하고 **4.**슬기 있는 자들은 그릇에 기름을 담아 등과 함께 가져갔더니 **5.**신랑이 더디 오므로 다 졸며 잘새 **6.**밤중에 소리가 나되 보라 신랑이로다 맞으러 나오라 하매 **7.**이에 그 처녀들이 다 일어나 등을 준비할새……
14.또 어떤 사람이 타국에 갈 때 그 종들을 불러 자기 소유를 맡김과 같으니 **15.**각각 그 재능대로 한 사람에게는 금 다섯 달란트를, 한 사람에게는 두 달란트를, 한 사람에게는 한 달란트를 주고 떠났더니 **16.**다섯 달란트 받은 자는 바로 가서 그것으로 장사하여 또 다섯 달란트를 남기고 **17.**두 달란트 받은 자도 그같이 하여 또 두 달란트를 남겼으되 **18.**한 달란트 받은 자는 가서 땅을 파고 그 주인의 돈을 감추어 두었더니……**31.**인자가 자기 영광으로 모든 천사와 함께 올 때에 자기 영광의 보좌에 앉으리니 **32.**모든 민족을 그 앞에 모으고 각각 구분하기를 목자가 양과 염소를 구분하는 것 같이 하여 **33.**양은 그 오른편에 염소는 왼편에 두리라

1. 열 처녀 비유 (= 기름 준비의 중요성)

1절= "그 때에 천국은 마치 등을 들고 신랑을 맞으러 나간 열 처녀와 같다 하리니"

2. 달란트 비유 (= 소명에 대한 성실성)

14~15절= "또 어떤 사람이 타국에 갈 때 그 종들을 불러 자기 소유를 맡김과 같으니 각각 그 재능대로 한 사람에게는 금 다섯 달란트를, 한 사람에게는 두 달란트를, 한 사람에게는 한 달란트를 주고 떠났더니"

3. 양과 염소의 비유 (= 주의 종 영접이 주님 영접)

31~33절= "인자가 자기 영광으로 모든 천사와 함께 올 때에 자기 영광의 보좌에 앉으리니 모든 민족을 그 앞에 모으고 각각 구분하기를 목자가 양과 염소를 구분하는 것 같이 하여 양은 그 오른편에 염소는 왼편에 두리라"

◆◆◆

【대지 유형】 주제 함축형 – 본문 함축형 – 대지 병렬형
【주제】 종말 성도는 기름 준비한 지혜로운 처녀들처럼 속사람을 성령과 새로운 은혜로 증진시켜 나가야 하고, 직분에 충성·봉사하여 많은 열매를 남겨야

하며, 양과 염소 비유를 통하여 주의 종 영접 자세를 다시 한 번 돌아보아야 한다.
【FCF】 현대 신앙인 중 많은 이들이 주님의 재림을 준비하지 못하고 있음.

【서론】 계시록을 제외하고 가장 자세하게 집중적으로 주님의 재림을 밝히고 있는 곳으로는 마태복음 24장과 25장을 들 수 있다. 1~13절의 열 처녀 비유, 14~30절의 달란트 비유, 그리고 31~46절의 양과 염소의 비유는 재림을 대비하는 성도의 자세를 교훈하는 점에서는 공통이지만, 강조하는 점에서는 약간의 차이가 있는데, 각각 준비성, 소명(召命)에 대한 성실성, 사랑의 실천을 변별적으로 강조하고 있다.
【우산질문】 짧은 시간에 세 가지 비유를 다루기 위해, 비유의 세세한 내용을 살피기보다는 큰 주제와 유의점을 중점적으로 생각하며 우리 각자의 신앙생활에 적용하자.

【1대지】 '등'은 성도들의 외형적인 신앙의 모습을 상징하고, '기름'은 이를 유지시켜 주는 성령을 상징한다. 비유의 핵심은 준비성과 비준비성, 그리고 준비하지 못한 자의 비극적 결말에 있다. 말씀과 성령으로 더불어 하나님과 끊임없이 교제를 나눔으로써 생명력 있는 신앙과 경건의 능력을 갖추어야 한다.
【2대지】 달란트는 성도들이 하나님께 받은 모든 것을 가리키는데, 여기서는 시간과 재능, 은사 등을 나타내는 말. 중요한 것은 은사의 많고 적음에 있지 않고 그것을 어떻게 사용하느냐 하는 데 있다.
【3대지】 당시 주의 종들은 세상적으로 '지극히 작은 자'였다. 본문의 강조점은 '지극히 작은 자'에게 어떻게 행하느냐에 있다.
【결론】 세 비유는 재림 때 세 종류의 신앙 결산에 대한 것.

- 절기, 용도, 장르, 특징: 종말론, 비유.
- Key Word: 비유, 기름, 달란트, 양과 염소.
- Remarks:

본문 : **마 25:1~13**

제목 : **열 처녀 비유의 교훈 (The Tragedy of the Foolish Virgins)**

1.그 때에 천국은 마치 등을 들고 신랑을 맞으러 나간 열 처녀와 같다 하리니 **2.**그 중의 다섯은 미련하고 다섯은 슬기 있는 자라 **3.**미련한 자들은 등을 가지되 기름을 가지지 아니하고 **4.**슬기 있는 자들은 그릇에 기름을 담아 등과 함께 가져갔더니 **5.**신랑이 더디 오므로 다 졸며 잘새 **6.**밤중에 소리가 나되 보라 신랑이로다 맞으러 나오라 하매 **7.**이에 그 처녀들이 다 일어나 등을 준비할새 **8.**미련한 자들이 슬기 있는 자들에게 이르되 우리 등불이 꺼져가니 너희 기름을 좀 나눠 달라 하거늘 **9.**슬기 있는 자들이 대답하여 이르되 우리와 너희가 쓰기에 다 부족할까 하노니 차라리 파는 자들에게 가서 너희 쓸 것을 사라 하니 **10.**그들이 사러 간 사이에 신랑이 오므로 준비하였던 자들은 함께 혼인 잔치에 들어가고 문은 닫힌지라 **11.**그 후에 남은 처녀들이 와서 이르되 주여 주여 우리에게 열어 주소서 **12.**대답하여 이르되 진실로 너희에게 이르노니 내가 너희를 알지 못하노라 하였느니라 **13.**그런즉 깨어 있으라 너희는 그 날과 그 때를 알지 못하느니라

1. 열 처녀가 신랑을 기다리며 졸며 자는 것까지 같다고 하심 (= 신앙인의 외형적 모습은 유사함, 경건의 외형보다 능력이 중요함)

5절= "신랑이 더디 오므로 다 졸며 잘새"

2. 슬기 있는 자들이 기름을 나눠주지 않는다고 하심 (= 신앙의 삶은 누구도 대신할 수 없음)

8절= "미련한 자들이 슬기 있는 자들에게 이르되 우리 등불이 꺼져가니 너희 기름을 좀 나눠 달라 하거늘"

9절= "슬기 있는 자들이 대답하여 이르되 우리와 너희가 쓰기에 다 부족할까 하노니 차라리 파는 자들에게 가서 너희 쓸 것을 사라 하니"

3. 혼인잔치의 집 문이 닫히면 열 수 없음 (= 구원에는 때가 있음)

10절= "그들이 사러 간 사이에 신랑이 오므로 준비하였던 자들은 함께 혼인 잔치에 들어가고 문은 닫힌지라"

◈◈◈

【대지 유형】 주제 설명형 - 본문 묶음형 - 대지 진전형

【주제】 열 처녀 비유를 통해서 신앙생활을 바로 하는 것이 중요함을 역설하심.

【FCF】 많은 신앙인이 경건의 능력을 갖지 못하고 있음.

【서론】 본문은 '열 처녀 비유'로 알려진 종말에 관한 예수님의 비유이다. 혼인잔치는 대략 일주일씩 계속되었는데, 신랑은 친구들과 함께 어울려 여러 시간을 즐기다가 한밤중에 신부의 집을 향해 행진한다. 한편, 신부는 친구들과 함께 신랑을 기

다리다가, 신랑이 도착하면 친구들과 함께 나아가 신랑을 영접하여 등불을 켜고 신랑의 집을 향해 떠나는 행렬이 벌어진다. 이 비유에서 '신랑'은 그리스도이고 '열 처녀'는 성도들이다. '등'이 성도들의 외형적인 신앙의 모습을 상징한다면, '기름'은 이를 유지시켜주는 성령을 상징한다. 오늘 본문의 말씀에서 미련한 다섯 처녀의 비극적인 결말이 보여주는 교훈은 우리가 기억해야 할 말씀의 핵심이다.
【우산질문】 기름을 준비하지 못한 미련한 처녀들의 이야기에서 우리가 얻게 되는 교훈은 어떤 것인가?

【1대지】 미련한 다섯 처녀와 슬기로운 다섯 처녀의 삶이 그렇게 큰 차이가 있는 것이 아니었다. 똑같이 혼인잔치에 초대를 받아 그 초대에 응했고, 똑같이 신랑을 기다렸다. 심지어 똑같이 졸았다. 눈에 보이는 등은 신앙생활의 형식적인 부분을 의미하고, 등 안에 담겨 있는 기름은 신앙생활의 내면적인 것을 의미한다. 등과 기름은 믿음의 외형과 질인데, 외형보다 더 중요한 것은 질의 문제이다. 내가 가지고 있는 믿음의 알맹이가 확실하다면 위기가 닥쳐오더라도 내 삶을 주장하시고 인도하시는 신실하신 하나님을 신뢰할 수가 있다.
【2대지】 우리의 삶과 신앙생활은 누구도 대신할 수 없다. 이 비유에서 주님께서 교훈하시고자 하는 것이 무엇인가? 신앙의 내용이란 빌릴 수가 없다는 것. 기름은 결코 빌릴 수 없다. 자신이 직접 주님 앞에 무릎을 꿇고 예수 그리스도를 나의 주 나의 하나님으로 고백하지 않으면 안 된다. 그리고 그 고백대로 살아야만 한다.
【3대지】 혼인잔치집의 문은 한 번 닫히면 다시는 기회가 없다. 우리는 언제나 기회가 있다고 생각한다. 많은 사람이 마음만 먹으면 교회에 갈 수가 있고, 마음만 먹으면 언제라도 구역 생활을 할 수 있다고 생각한다. 그러나 삶의 기회가 언제나 그렇게 주어지는 것이 아니다. 신앙의 때가 중요하다. 왜냐하면 육신의 장막이 무너지고 구원의 문이 닫히고 나면 더 이상 회개의 기회도 없고, 은총의 축복도 누릴 수가 없기 때문이다.
【결론】 영적으로 깨어 있다는 것은 단순히 교회 생활에 외형적으로 열심히 참여하고 봉사하는 것만을 가리키는 것은 아니다. 영적으로 깨어 있으려면 등불과 함께 무엇보다 충분한 기름을 준비해야 한다. 곧 말씀과 성령으로 속사람이 충만해야 한다. 다시 말하면, 말씀과 성령으로 더불어 하나님과 끊임없이 교제를 나눔으로써 생명력 있는 신앙과 경건의 능력을 갖추어야 한다.

- 절기, 용도, 장르, 특징: 송구영신.
- Key Word: 열 처녀, 기름준비.
- Remarks:

본문 : **마 25:14~29**
제목 : **충성된 사람의 특성**

14.또 어떤 사람이 타국에 갈 때 그 종들을 불러 자기 소유를 맡김과 같으니 **15.**각각 그 재능대로 한
사람에게는 금 다섯 달란트를, 한 사람에게는 두 달란트를, 한 사람에게는 한 달란트를 주고 떠났더
니 **16.**다섯 달란트 받은 자는 바로 가서 그것으로 장사하여 또 다섯 달란트를 남기고 **17.**두 달란트
받은 자도 그같이 하여 또 두 달란트를 남겼으되 **18.**한 달란트 받은 자는 가서 땅을 파고 그 주인의
돈을 감추어 두었더니 **19.**오랜 후에 그 종들의 주인이 돌아와 그들과 결산할새 **20.**다섯 달란트 받
았던 자는 다섯 달란트를 더 가지고 와서 이르되 주인이여 내게 다섯 달란트를 주셨는데 보소서 내가
또 다섯 달란트를 남겼나이다 **21.**그 주인이 이르되 잘하였도다 착하고 충성된 종아 네가 적은 일에
충성하였으매 내가 많은 것을 네게 맡기리니 네 주인의 즐거움에 참여할지어다 하고 **22.**두 달란트
받았던 자도 와서 이르되 주인이여 내게 두 달란트를 주셨는데 보소서 내가 또 두 달란트를 남겼나이
다 **23.**그 주인이 이르되 잘하였도다 착하고 충성된 종아 네가 적은 일에 충성하였으매 내가 많은 것
을 네게 맡기리니 네 주인의 즐거움에 참여할지어다 하고 **24.**한 달란트 받았던 자는 와서 이르되 주
인이여 당신은 굳은 사람이라 심지 않은 데서 거두고 헤치지 않은 데서 모으는 줄을 내가 알았으므로
25.두려워하여 나가서 당신의 달란트를 땅에 감추어 두었었나이다 보소서 당신의 것을 가지셨나이
다 **26.**그 주인이 대답하여 이르되 악하고 게으른 종아 나는 심지 않은 데서 거두고 헤치지 않은 데
서 모으는 줄로 네가 알았느냐 **27.**그러면 네가 마땅히 내 돈을 취리하는 자들에게나 맡겼다가 내가
돌아와서 내 원금과 이자를 받게 하였을 것이니라 하고 **28.**그에게서 그 한 달란트를 빼앗아 열 달란
트 가진 자에게 주라 **29.**무릇 있는 자는 받아 풍족하게 되고 없는 자는 그 있는 것까지 빼앗기리라

1. 충성된 종들은 바로 가서 받은 것으로 장사하였음 (= 긍정적, 미래지향적)

16~17절= “다섯 달란트 받은 자는 바로 가서 그것으로 장사하여 또 다섯 달란트를 남기고 두 달란트 받은 자도 그같이 하여 또 두 달란트를 남겼으되”

2. 충성된 종들은 주인이 없어도 열심히 일해 배(倍)로 남겼음 (= 주인 의식 가짐. 사명감 투철)

16~17절= “다섯 달란트 받은 자는 바로 가서 그것으로 장사하여 또 다섯 달란트를 남기고 두 달란트 받은 자도 그같이 하여 또 두 달란트를 남겼으되”

3. 주인에게서 ‘착하고 충성된 종’이라는 칭찬을 받았음 (= 감사의 태도 인정받음)

23절= “그 주인이 이르되 잘하였도다 착하고 충성된 종아 네가 적은 일에 충성하였으매 내가 많은 것을 네게 맡기리니 네 주인의 즐거움에 참여할지어다”

◆◆◆

【대지 유형】 주제 설명형 - 본문 묵상형 - 대지 진전형
【주제】 충성된 사람은 항상 긍정적이면서 투철한 사명감으로 일해서 착하고 충성된 종이라는 칭찬을 받는 자이다.
【FCF】 많은 교인이 주인 의식 없이 게으른 종처럼 사역하고 있음.

【서론】 본문은 세 사람의 종들이 주인으로부터 달란트를 받아 먼 훗날에 평가받는 내용이다. 주인= 예수님, 종들= 성도들, 달란트= 주어진 재능이나 은사, 직분 등. 한 달란트 받은 종은 게으른 종, 다섯 달란트와 두 달란트 받은 종은 충성된 종. 게으른 것만큼 우리에게 큰 손해를 주는 것은 없다.
【우산질문】 충성된 종들은 어떤 모습이었나?

【1대지】 주인의 칭찬을 기대함. 상상력 풍부. 믿음의 사람은 항상 미래 지향적이고 가능성을 바라본다. 그러나 게으른 사람은 이유가 많고 핑계가 많다. 한 달란트 받은 자는 부정적인 사람. 그는 주인에게 문제가 있는 것처럼 생각했고, 주인의 책망을 먼저 생각함.
【2대지】 충성된 자들의 자세는 내 일처럼, 내 몸처럼… 게으른 종은 항상 남의 고용에 불과한 생각, 항상 마지못해 일을 하고, 피동적이다. 사명 있는 자는 주인이 없어도 내 일처럼 한다. 종이지만 주인의 자세로 충성하는 종이다.
【3대지】 주인의 종으로 일하게 된 것, 달란트를 맡겨주신 것 감사. 악한 종들은 원망과 불평으로 특징지워짐.
【결론】 적자 인생을 살지 말자. 부지런하자. 긍정적인 사고력을 가지자. 충성된 종이라고 칭찬 듣는 종이 되자.

- 절기, 용도, 장르, 특징:
- Key Word: 달란트.
- Remarks:

본문 : **마 26:36~46**

제목 : **겟세마네 고뇌의 기도 (The Most Difficult Prayer to Pray)**

36.이에 예수께서 제자들과 함께 겟세마네라 하는 곳에 이르러 제자들에게 이르시되 내가 저기 가서 기도할 동안에 너희는 여기 앉아 있으라 하시고 **37.**베드로와 세베대의 두 아들을 데리고 가실새 고민하고 슬퍼하사 **38.**이에 말씀하시되 내 마음이 매우 고민하여 죽게 되었으니 너희는 여기 머물러 나와 함께 깨어 있으라 하시고 **39.**조금 나아가사 얼굴을 땅에 대시고 엎드려 기도하여 이르시되 내 아버지여 만일 할 만하시거든 이 잔을 내게서 지나가게 하옵소서 그러나 나의 원대로 마시옵고 아버지의 원대로 하옵소서 하시고 **40.**제자들에게 오사 그 자는 것을 보시고 베드로에게 말씀하시되 너희가 나와 함께 한 시간도 이렇게 깨어 있을 수 없더냐 **41.**시험에 들지 않게 깨어 기도하라 마음에는 원이로되 육신이 약하도다 하시고 **42.**다시 두 번째 나아가 기도하여 이르시되 내 아버지여 만일 내가 마시지 않고는 이 잔이 내게서 지나갈 수 없거든 아버지의 원대로 되기를 원하나이다 하시고 **43.**다시 오사 보신즉 그들이 자니 이는 그들의 눈이 피곤함일러라 **44.**또 그들을 두시고 나아가 세 번째 같은 말씀으로 기도하신 후 **45.**이에 제자들에게 오사 이르시되 이제는 자고 쉬라 보라 때가 가까이 왔으니 인자가 죄인의 손에 팔리느니라 **46.**일어나라 함께 가자 보라 나를 파는 자가 가까이 왔느니라

1. 심한 고민 중에 드리는 기도 (= 영혼의 항복, 간절한 소원)

38절= "이에 말씀하시되 내 마음이 매우 고민하여 죽게 되었으니 너희는 여기 머물러 나와 함께 깨어 있으라 하시고"

2. 아버지의 뜻에 맡기는 기도 (= 의지의 항복, 하나님 전적 신뢰)

39절= "조금 나아가사 얼굴을 땅에 대시고 엎드려 기도하여 이르시되 내 아버지여 만일 할 만하시거든 이 잔을 내게서 지나가게 하옵소서 그러나 나의 원대로 마시옵고 아버지의 원대로 하옵소서 하시고"

3. 세 번 동일한 말씀으로 드리는 기도 (= 더욱 간절한 소원)

44절= "또 그들을 두시고 나아가 세 번째 같은 말씀으로 기도하신 후"

◈◈◈

【대지 유형】 주제 설명형 - 본문 수집형 - 대지 진전형

【주제】 (석의) 주님의 겟세마네 기도는 하나님을 온전히 신뢰하며 자신의 의지를 포기하는 간절한 기도였다.

【FCF】 많은 신앙인이 하나님 아버지의 뜻에 맡기는 기도를 하지 못함.

【서론】 "세상에는 두 종류의 사람이 있다. 한 부류는 '주님의 뜻이 이루어지이다' 라고 하면서 하나님께 전폭적으로 복종하는 사람이다. 또 한 부류는 하나님께서 그들을 향하여 '네 마음대로 해라'고 할 수밖에 없는 불순종의 무리이다"(C. S. Lewis).

【우산질문】 예수님의 기도는 어떤 기도였으며, 주님의 기도하는 모습에서 우리는 어떤 교훈을 받을 수 있는지 살펴보자.

【1대지】 겟세마네 기도는 십자가를 준비하는 기도였다. 우리에게 필요한 것은 영혼의 항복이요 간절한 마음으로 주님과 함께 갈보리 길로 올라가는 결단이다.

【2대지】 인성(人性)을 지니신 예수님의 고뇌. "그러나 나의 원대로 마시옵고 아버지의 원대로 하옵소서"라고 하심으로 자신의 뜻을 하나님의 뜻에 굴복시키셨다.

【3대지】 제자들이 어이없이 실패하던 현장에서 예수님은 다시 기도 자리로 나아가 동일한 기도를 간절히 드렸다(42절). 주님은 그 절박하고 고통스러운 상황 속에서도 두 번씩이나 제자들을 돌아보러 오셨다.

【결론】 예수님의 고민, 번민, 외로운 싸움, 영적인 혈투의 모습이 말씀을 통하여 다가오는가? 우리 모두 각자의 '작은 겟세마네'에 올라가 교회와 한국 교회와 북한의 지하교회 성도들을 위해 기도하자.

- 절기, 용도, 장르, 특징:
- Key Word: 기도, 겟세마네.
- Remarks:

본문 : **마 26:57~58, 69~75**
제목 : **베드로의 예수 부인 사건의 교훈**

57.예수를 잡은 자들이 그를 끌고 대제사장 가야바에게로 가니 거기 서기관과 장로들이 모여 있더라
58.베드로가 멀찍이 예수를 따라 대제사장의 집 뜰에까지 가서 그 결말을 보려고 안에 들어가 하인
들과 함께 앉아 있더라……**69.**베드로가 바깥 뜰에 앉았더니 한 여종이 나아와 이르되 너도 갈릴리
사람 예수와 함께 있었도다 하거늘 **70.**베드로가 모든 사람 앞에서 부인하여 이르되 나는 네가 무슨
말을 하는지 알지 못하겠노라 하며 **71.**앞문까지 나아가니 다른 여종이 그를 보고 거기 있는 사람들
에게 말하되 이 사람은 나사렛 예수와 함께 있었도다 하매 **72.**베드로가 맹세하고 또 부인하여 이르
되 나는 그 사람을 알지 못하노라 하더라 **73.**조금 후에 곁에 섰던 사람들이 나아와 베드로에게 이르
되 너도 진실로 그 도당이라 네 말소리가 너를 표명한다 하거늘 **74.**그가 저주하며 맹세하여 이르되
나는 그 사람을 알지 못하노라 하니 곧 닭이 울더라 **75.**이에 베드로가 예수의 말씀에 닭 울기 전에
네가 세 번 나를 부인하리라 하심이 생각나서 밖에 나가서 심히 통곡하니라

1. 멀찍이 따라갔음 (= 구경꾼은 되지 말아야 함)

58절= "베드로가 멀찍이 예수를 따라 대제사장의 집 뜰에까지 가서 그 결말을 보려고…"

2. 예수님을 조롱하는 무리와 함께 있었음 (= 교회 비방, 당짓는 무리와는 함께 하지 말아야 함)

58절= "…안에 들어가 하인들과 함께 앉아 있더라"

3. 닭 울음소리를 듣자 곧 회개하고 통곡했음 (= 회개는 즉시 해야 함)

75절= "이에 베드로가 예수의 말씀에 닭 울기 전에 네가 세 번 나를 부인하리라 하심이 생각나서 밖에 나가서 심히 통곡하니라"

◈◈◈

【대지 유형】 주제 설명형 - 본문 수집형 - 대지 진전형, 반전형
【주제】 (석의) 멀찍이 따라가던 베드로는 사탄의 시험에 넘어가 예수님을 부인했으나 닭 울음소리를 듣고 통곡하며 회개했다.
【FCF】 많은 신앙인이 어둠의 세력과 함께 하는 위험을 잘 모르고 있음.

【서론】 본문은 대제사장의 뜰에서 예수님을 세 번이나 부인한 후 통곡하는 베드로에 관한 말씀이다. 이 사건은 우리에게 많은 교훈을 준다. 베드로의 통

곡의 의미를 살펴보는 것이 중요하다. 왜 베드로가 엄청난 잘못을 저지르게 되었는가, 어떻게 그리 쉽게 무너졌는가, 우리가 배워야 할 교훈은 무엇인가.
【우산질문】 베드로의 예수님 부인 사건이 주는 교훈을 살펴보자.

【1대지】 베드로는 몰래 숨어서 멀찍이 따라갔다. '멀찍이'= 사탄은 구경꾼을 자기편으로 만든다. 요한은 깊숙이 있었고 베드로는 멀찍이 있다가 사탄의 쐐기를 받았다. 하나님의 일에 구경꾼이 되어서는 안 된다. 진정한 은혜는 내가 참여할 때 찾아온다.
【2대지】 베드로가 쭈그려 앉은 장소는 예수님을 거역하는 무리가 모여 있는 곳이었다. 사탄의 조종을 받는 무리와 함께 하다니! 주의 백성은 하나님의 영광을 가리는 모임에는 함께 하지 말라. 어두운 곳에 모여 모의하는 모임에 가지 말라. 교회를 비방하는 무리와는 같이 하지 말라.
【3대지】 베드로는 닭 울음소리를 듣는 즉시 밖에 나가서 심히 통곡했다. 통곡하는 베드로의 마음속에 일어났을 생각들: 자신이 주님을 부인했다는 것을 알았고, 주님이 미리 경고해 주신 사실을 떠올렸고, 그 주님이 자신을 사도로 삼아주셔서 특별히 사랑해 주신 것을 뼈저리게 깨달았다. 회개는 즉시 해야 한다. 늦으면 돌아올 수 없다. 가룟 유다의 예를 기억하자. 우리에게 실수가 없을 수 없다. 그러나 즉시 통곡하며 회개할 줄 아는 사람이 될 때 그 실수는 오히려 우리를 위대한 사람으로 만들어 준다.
【결론】 베드로의 통곡소리가 들리는가? 당신에게 회개의 눈물이 있는가? 우리 자신이 받은 은혜를 생각해보자. 주님의 도우심으로 그동안 내가 이룬 작은 발전을 살펴보자. 타인의 영혼에 대해 게을리했던 자신을 생각해보자. 주님은 나를 피로 값 주고 사셨다.

- 절기, 용도, 장르, 특징:
- Key Word: 회개, 베드로의 부인.
- Remarks:

본문 : **마 27:11~26**
제목 : **빌라도의 질문 (Pilate's Question)**

11.예수께서 총독 앞에 섰으매 총독이 물어 이르되 네가 유대인의 왕이냐 예수께서 대답하시되
네 말이 옳도다 하시고 **12.**대제사장들과 장로들에게 고발을 당하되 아무 대답도 아니하시는지
라 **13.**이에 빌라도가 이르되 그들이 너를 쳐서 얼마나 많은 것으로 증언하는지 듣지 못하느냐 하
되 **14.**한 마디도 대답하지 아니하시니 총독이 크게 놀라워하더라 **15.**명절이 되면 총독이 무리의
청원대로 죄수 한 사람을 놓아 주는 전례가 있더니 **16.**그 때에 바라바라 하는 유명한 죄수가 있는
데 **17.**그들이 모였을 때에 빌라도가 물어 이르되 너희는 내가 누구를 너희에게 놓아 주기를 원하느
냐 바라바냐 그리스도라 하는 예수냐 하니 **18.**이는 그가 그들의 시기로 예수를 넘겨 준 줄 앎이더라
19.총독이 재판석에 앉았을 때에 그의 아내가 사람을 보내어 이르되 저 옳은 사람에게 아무 상관도
하지 마옵소서 오늘 꿈에 내가 그 사람으로 인하여 애를 많이 태웠나이다 하더라 **20.**대제사장들과
장로들이 무리를 권하여 바라바를 달라 하게 하고 예수를 죽이자 하게 하였더니 **21.**총독이 대답하
여 이르되 둘 중의 누구를 너희에게 놓아 주기를 원하느냐 이르되 바라바로소이다 **22.**빌라도가 이
르되 그러면 그리스도라 하는 예수를 내가 어떻게 하랴 그들이 다 이르되 십자가에 못 박혀야 하겠나
이다 **23.**빌라도가 이르되 어찜이냐 무슨 악한 일을 하였느냐 그들이 더욱 소리 질러 이르되 십자가
에 못 박혀야 하겠나이다 하는지라 **24.**빌라도가 아무 성과도 없이 도리어 민란이 나려는 것을 보고
물을 가져다가 무리 앞에서 손을 씻으며 이르되 이 사람의 피에 대하여 나는 무죄하니 너희가 당하라
25.백성이 다 대답하여 이르되 그 피를 우리와 우리 자손에게 돌릴지어다 하거늘 **26.**이에 바라바는
그들에게 놓아 주고 예수는 채찍질하고 십자가에 못 박히게 넘겨 주니라

1. "내가": 개인적인 질문
22절= "그리스도라 하는 예수를 내가 어떻게 하랴?"

2. "어떻게 하랴?": 행동할 것을 요구하는 질문
22절= "그리스도라 하는 예수를 내가 어떻게 하랴?"

3. "그리스도라 하는 예수를": 예수 그리스도에 관한 질문
22절= "그리스도라 하는 예수를 내가 어떻게 하랴?"

◈◈◈

【대지 유형】 주제 함축형 - 본문 분석형 - 대지 진전형
【주제】 (적용) 우리는 개인적으로 예수 그리스도에 대해 결정해야 하고 행동해야 한다.
【FCF】 많은 신앙인이 믿는다고 하면서 해야 할 행동을 주저하고 있음.

【서론】 빌라도는 당시 최고 권력자로서, 생사여탈권을 가지고 재판장으로서 예수님을 심문하고 있다. 당시 빌라도는 궁지에 빠져 있었다: 자기 앞에 선 죄수의 신비로운 모습, 자기 아내의 간곡한 부탁, 유대인들의 분노의 함성 등.
【우산질문】 "그리스도라 하는 예수를 내가 어떻게 하랴?" 빌라도가 무리 앞에서 던진 이 질문을 중심으로 하여 빌라도의 우유부단하고 비겁한 모습을 살펴보자.

【1대지】 빌라도는 종교지도자들이 시기심에서 거짓으로 예수에게 불리한 증언을 하고 있다는 사실을 인식하고 있었다. 그의 마음을 주저하게 만들었던 것은 아내로부터 온 전갈이었다. 빌라도의 비겁한 모습은 자신의 책임을 군중들에게 돌리려 한 데서 잘 나타난다.
【2대지】 빌라도는 대야에 물을 가져다가 손을 씻는 행동을 보였다. 그는 결정의 책임을 피하고 싶었다. 이 질문은 우리가 반드시 행동해야 하고 결정해야 하는 질문이다. 어떤 결정을 하건 간에 그 책임은 여러분의 몫이다. 우리는 결코 이를 벗어날 수 없다.
【3대지】 이 질문보다 더 중요한 것은 없다. "그리스도냐, 바라바냐?" 우리는 두 가지 손 씻는 대야 사이에서 분명한 결단을 내려야 한다.
【결론】 우리는 먼저 개인적으로 이 질문에 정직하게 답해야 하고 실제로 행동에 옮겨야 한다.

- 절기, 용도, 장르, 특징: 고난주간.
- Key Word: 빌라도, 내가 어떻게 하랴!
- Remarks:

본문 : **마 27:15~26**

제목 : **세 종류의 사람들 (Jews, Pilate, and Barabbas)**

15.명절이 되면 총독이 무리의 청원대로 죄수 한 사람을 놓아 주는 전례가 있더니 **16.**그 때에 바라
바라 하는 유명한 죄수가 있는데 **17.**그들이 모였을 때에 빌라도가 물어 이르되 너희는 내가 누구를
너희에게 놓아 주기를 원하느냐 바라바냐 그리스도라 하는 예수냐 하니 **18.**이는 그가 그들의 시기
로 예수를 넘겨 준 줄 앎이더라 **19.**총독이 재판석에 앉았을 때에 그의 아내가 사람을 보내어 이르되
저 옳은 사람에게 아무 상관도 하지 마옵소서 오늘 꿈에 내가 그 사람으로 인하여 애를 많이 태웠나
이다 하더라 **20.**대제사장들과 장로들이 무리를 권하여 바라바를 달라 하게 하고 예수를 죽이자 하
게 하였더니 **21.**총독이 대답하여 이르되 둘 중의 누구를 너희에게 놓아 주기를 원하느냐 이르되 바
라바로소이다 **22.**빌라도가 이르되 그러면 그리스도라 하는 예수를 내가 어떻게 하랴 그들이 다 이
르되 십자가에 못 박혀야 하겠나이다 **23.**빌라도가 이르되 어찜이냐 무슨 악한 일을 하였느냐 그들
이 더욱 소리 질러 이르되 십자가에 못 박혀야 하겠나이다 하는지라 **24.**빌라도가 아무 성과도 없이
도리어 민란이 나려는 것을 보고 물을 가져다가 무리 앞에서 손을 씻으며 이르되 이 사람의 피에 대
하여 나는 무죄하니 너희가 당하라 **25.**백성이 다 대답하여 이르되 그 피를 우리와 우리 자손에게 돌
릴지어다 하거늘 **26.**이에 바라바는 그들에게 놓아 주고 예수는 채찍질하고 십자가에 못 박히게 넘
겨 주니라

1. 유대인들: 예수님을 죽음으로 내몬 죄인들

22절= "그들이 다 이르되 십자가에 못 박혀야 하겠나이다"

2. 빌라도: 진리를 외면하고 예수님을 넘겨준 비겁자

24절= "빌라도가 아무 성과도 없이 도리어 민란이 나려는 것을 보고 물을 가져다가 무리 앞에서 손을 씻으며 이르되 이 사람의 피에 대하여 나는 무죄하니 너희가 당하라"

3. 바라바: 죽음의 형벌에서 사면된 자들의 예표

26절= "이에 바라바는 그들에게 놓아 주고 예수는 채찍질하고 십자가에 못 박히게 넘겨 주니라"

◈◈◈

【대지 유형】 주제 함축형 - 본문 묶음형 - 대지 병렬형

【주제】 법정에 나온 군중들과 비겁한 재판관, 그리고 사면된 사형수의 모습을 통해 예수 그리스도의 구원 사역의 심오함을 보여준다.

【FCF】 많은 신앙인이 자신이 바라바와 같은 존재임을 잊고 있음.

【서론】 본문은 빌라도의 법정에 나온 세 종류의 사람들에 대한 이야기. 대제사장들의 사주를 받은 유대인 무리들, 로마 정부를 대표한 재판관 빌라도, 사형에 처해져야 할 죄수 바라바. 오늘 우리 주위에서 얼마든지 찾아볼 수 있는 유형의 사람들이다.
【우산질문】 빌라도 법정에 나온 세 부류의 사람들에 대해 살펴보자.

【1대지】 유대인들은 구원의 십자가를 잃어버린 사람들이다. "그 피를 우리와 우리 자손에게 돌릴지어다." 유대인들의 저주의 함성은 그대로 이루어졌다.
【2대지】 사형판결에 대해 최종 결정권을 가지고 있었던 빌라도는 진리를 외면하고 예수님을 죽음으로 넘겨준 역사의 죄인이 되었다. 유대인들은 진리 자체를 구별하지 못하여 십자가를 잃어버렸지만, 빌라도는 예수님이 죄 없으심을 알면서도 자기의 안위와 이익 때문에 십자가를 잃어버렸다.
【3대지】 바라바는 예수님 대신에 풀려나게 되었다. 이제 새로운 유월절은 한 사람만 특혜를 입는 것이 아니다. 빌라도는 겨우 한 명의 육신만을 사면해 줄 수 있었으나 우리 주님은 믿는 자들을 얼마든지 사면해 줄 수 있는 사죄의 명절을 제정하셨다. 바라바는 구원받을 이유가 없었다. 마찬가지로 우리 또한 구원받을 이유가 없지만, 아무 조건 없이 예수님 한 분 때문에 구원받았다.
【결론】 어떤 시대에나 본문의 유대인들, 본문의 빌라도 같은 악하고 비겁한 사람들이 있기 마련이다. 비록 죄인이었으나 예수님으로 인해 해방을 받고 그 이후 십자가를 붙들고 승리의 삶을 살았던 바라바의 축복이 함께하기를 기원한다.

- 절기, 용도, 장르, 특징: 고난주간.
- Key Word: 빌라도, 십자가.
- Remarks:

본문 : **마 27:27~36**

제목 : **골고다 군병들에게서 보는 불신 세상 (They Watched Him There)**

27.이에 총독의 군병들이 예수를 데리고 관정 안으로 들어가서 온 군대를 그에게로 모으고 **28.**그의 옷을 벗기고 홍포를 입히며 **29.**가시관을 엮어 그 머리에 씌우고 갈대를 그 오른손에 들리고 그 앞에서 무릎을 꿇고 희롱하여 이르되 유대인의 왕이여 평안할지어다 하며 **30.**그에게 침 뱉고 갈대를 빼앗아 그의 머리를 치더라 **31.**희롱을 다 한 후 홍포를 벗기고 도로 그의 옷을 입혀 십자가에 못 박으려고 끌고 나가니라 **32.**나가다가 시몬이란 구레네 사람을 만나매 그에게 예수의 십자가를 억지로 지워 가게 하였더라 **33.**골고다 즉 해골의 곳이라는 곳에 이르러 **34.**쓸개 탄 포도주를 예수께 주어 마시게 하려 하였더니 예수께서 맛보시고 마시고자 하지 아니하시더라 **35.**그들이 예수를 십자가에 못 박은 후에 그 옷을 제비 뽑아 나누고 **36.**거기 앉아 지키더라

1. 사형수를 잔인하게 다루었음 (= 동정심 없이 잔인한 불신 세상)

29~30절= "가시관을 엮어 그 머리에 씌우고 갈대를 그 오른손에 들리고 그 앞에서 무릎을 꿇고 희롱하여 이르되 유대인의 왕이여 평안할지어다 하며 그에게 침 뱉고 갈대를 빼앗아 그의 머리를 치더라"

2. 십자가형이 집행되는 것을 느낌 없이 지켜보고 있었음 (= 지상 최대의 사건에 무심한 불신 세상)

35~36절= "그들이 예수를 십자가에 못 박은 후에 그 옷을 제비 뽑아 나누고 거기 앉아 지키더라"

3. 고난의 최절정의 순간에 오히려 무심하게 지켜보고 있었음 (= 십자가의 부르짖음에 무심한 불신 세상)

35~36절= "그들이 예수를 십자가에 못 박은 후에 그 옷을 제비 뽑아 나누고 거기 앉아 지키더라"

◈◈◈

【대지 유형】 주제 설명형 - 본문 묵상형 - 대지 연결형

【주제】 골고다의 군병들처럼 불신 세상은 잔인하며 하나님의 구속의 사랑에 관심 없는 패역한 무리이다.

【FCF】 많은 교인이 불신 세상의 가치관과 문화에 대해 경각심 없이 빠져들고 있음.

【서론】 예수님이 당하신 고난, 점차 농도가 진해져 이제는 로마 군병들에게서 조롱받고 육체적 수난을 받게 됨. 드디어 십자가를 지고 골고다로 가심. 본문에 묘사된, 그리고 다른 복음서에 기록된 군병들의 모습에서 우리는 오늘의 불신 세상이 어떠함을 볼 수 있다.
【우산질문】 골고다 십자가 처형 현장에서의 군병들의 모습에서 투영되는 불신 세상에 대하여 살펴보자.

【1대지】 군인들= 십자가 처형 경험자들. 이날의 십자가 처형도 또 하나의 업무일 따름. 그런데 이분이 누구신가? 선지자들이 예언했던 분이요 이적으로 태어나셨고 기적을 행하신 분이다.
【2대지】 십자가 위에서의 6시간. 어두움, 지진, 엄청난 영적 전쟁의 시간. 군병들은 자신들의 앞에서 전개되는 장면에서 단지 옵서버일 뿐이었다. 십자가에 달리셨던 주님은 열두 영 더 되는 천군들을 언제든지 부를 수 있었다. 그러나 그는 모든 고난을 자원하여 감당하셨다.
【3대지】 그들은 하나님의 지고한 사랑이 표현되는 최절정의 순간에 오히려 무심하게 지켜보고 있었다. 그들은 무심히 예수님의 옷을 제비뽑아 나누고 있었다. 그들은 십자가로부터 들려오는 부르짖음을 듣고 있었다. 그럼에도 여전히 무관심했다. 여러분은 하나님의 사랑에 감동해본 적이 있는가?
【결론】 그리스도의 십자가 죽으심이 여러분에게 무슨 의미가 있는가? 그 죽으심이 여러분의 삶에 어떤 영향을 미치고 있는가?

- 절기, 용도, 장르, 특징: 고난주간.
- Key Word: 십자가.
- Remarks:

본문 : **마 27:32~46**

제목 : **십자가 위의 삼중 고난 (The Triple Sufferings of Christ)**

32.나가다가 시몬이란 구레네 사람을 만나매 그에게 예수의 십자가를 억지로 지워 가게 하였더라
33.골고다 즉 해골의 곳이라는 곳에 이르러 **34.**쓸개 탄 포도주를 예수께 주어 마시게 하려 하였더니
예수께서 맛보시고 마시고자 하지 아니하시더라 **35.**그들이 예수를 십자가에 못 박은 후에 그 옷을
제비 뽑아 나누고 **36.**거기 앉아 지키더라 **37.**그 머리 위에 이는 유대인의 왕 예수라 쓴 죄패를 붙였
더라 **38.**이 때에 예수와 함께 강도 둘이 십자가에 못 박히니 하나는 우편에, 하나는 좌편에 있더라
39.지나가는 자들은 자기 머리를 흔들며 예수를 모욕하여 **40.**이르되 성전을 헐고 사흘에 짓는 자여
네가 만일 하나님의 아들이어든 자기를 구원하고 십자가에서 내려오라 하며 **41.**그와 같이 대제사장
들도 서기관들과 장로들과 함께 희롱하여 이르되 **42.**그가 남은 구원하였으되 자기는 구원할 수 없
도다 그가 이스라엘의 왕이로다 지금 십자가에서 내려올지어다 그리하면 우리가 믿겠노라 **43.**그가
하나님을 신뢰하니 하나님이 원하시면 이제 그를 구원하실지라 그의 말이 나는 하나님의 아들이라
하였도다 하며 **44.**함께 십자가에 못 박힌 강도들도 이와 같이 욕하더라 **45.**제육시로부터 온 땅에
어둠이 임하여 제구시까지 계속되더니 **46.**제구시쯤에 예수께서 크게 소리 질러 이르시되 엘리 엘리
라마 사박다니 하시니 이는 곧 나의 하나님, 나의 하나님, 어찌하여 나를 버리셨나이까 하는 뜻이라

1. 십자가에 못 박혔음 (= 극심한 육체적 고난)

35절= "저희가 예수를 십자가에 못 박은 후에… "

2. 억울하게 모욕과 오해, 멸시와 조롱을 받았음 (= 엄청난 정신적 고난)

39~40절= "지나가는 자들은 자기 머리를 흔들며 예수를 모욕하여 가로되, 성전을 헐고 사흘에 짓는 자여, 네가 만일 하나님의 아들이어든 자기를 구원하고 십자가에서 내려 오라"

3. 하나님으로부터 버림을 받았음 (= 감당하기 힘든 영적 고난)

46절= "제구시쯤에 예수께서 크게 소리 질러 이르시되 엘리 엘리 라마 사박다니 하시니 이는 곧 나의 하나님, 나의 하나님, 어찌하여 나를 버리셨나이까 하는 뜻이라"

◈◈◈

【대지 유형】 주제 설명형 - 본문 수집형 - 대지 진전형

【주제】 (석의) 예수님이 갈보리 언덕에서 경험한 고난은 극심한 육체적, 정신적, 영적 고난이었다.

【FCF】 많은 신앙인이 예수님의 삼중적인 고난을 깊이 있게 깨닫지 못하고

있음.

【서론】 주님의 십자가 고난은 인류를 위한 모든 고난 중에서 가장 유익한 고난이었고, 모든 사람에게 엄청난 영향을 미치는 사상 최대의 사건이었다.
【우산질문】 본문을 통하여 예수께서 겪으셨던 십자가의 삼중 고난을 되새겨 보자.

【1대지】 1세기 로마시대에 십자가형은 극형 중의 극형. 십자가형의 시행 과정 세 단계: ① 죄수를 빈사상태에 이를 정도로 채찍질, ② 십자가를 직접 지고 현장까지 가게 함, ③ 죄수의 옷을 벗기고 죄패를 목에 걸고 십자가에 못 박아서 고통 가운데 서서히 죽어가게 하다가, 죄수의 다리를 꺾어 소생의 가능성을 배제해서 완전히 죽게 한다.
【2대지】 머리를 흔드는 것은 심한 조롱의 표현. 주님이 사랑을 베푸시고 이적을 행하시며 천국 복음을 전하신 것의 대가는 오직 모욕과 손가락질뿐이었다. 주님이 겪으신 정신적인 통증은 짐작조차 할 수 없다. 그분이 감내해야 한 수치심과 모욕감은 인류 구원의 대업을 향한 주님의 결단 없이는 결코 참아낼 수 없는 것이었다.
【3대지】 "엘리 엘리 라마 사박다니." 이것은 하나님께 버림받은 자의 절규. 온 땅에 임한 어두움은 하나님으로부터 버림받은 예수님의 영적 고난을 상징. 십자가 위에서 아들은 아버지로부터 버림받는 최악의 경험을 하게 되셨고, 이 무서운 영적 고통을 아들은 어둠 가운데서 오직 홀로 감내해야만 하셨다.
【결론】 주님은 십자가에서 전인격적이며 총체적인 고난을 당하셨다. 사도 바울은 이 은혜에 감격하여 평생 십자가만을 알기로 결심했다. 그는 십자가만을 자랑하기로 결단했고, 십자가만을 전하는 삶을 살았다.

- 절기, 용도, 장르, 특징: 고난주간.
- Key Word: 십자가, 고난.
- Remarks:

본문 : **마 27:35~44**

제목 : **남은 구원하되 자신은 구하지 않으시다**
(The Savior of Others Not Able to Save Himself)

35.그들이 예수를 십자가에 못 박은 후에 그 옷을 제비 뽑아 나누고 **36.**거기 앉아 지키더라 **37.**그
머리 위에 이는 유대인의 왕 예수라 쓴 죄패를 붙였더라 **38.**이 때에 예수와 함께 강도 둘이 십자가
에 못 박히니 하나는 우편에, 하나는 좌편에 있더라 **39.**지나가는 자들은 자기 머리를 흔들며 예수를
모욕하여 **40.**이르되 성전을 헐고 사흘에 짓는 자여 네가 만일 하나님의 아들이어든 자기를 구원하
고 십자가에서 내려오라 하며 **41.**그와 같이 대제사장들도 서기관들과 장로들과 함께 희롱하여 이르
되 **42.**그가 남은 구원하였으되 자기는 구원할 수 없도다 그가 이스라엘의 왕이로다 지금 십자가에
서 내려올지어다 그리하면 우리가 믿겠노라 **43.**그가 하나님을 신뢰하니 하나님이 원하시면 이제 그
를 구원하실지라 그의 말이 나는 하나님의 아들이라 하였도다 하며 **44.**함께 십자가에 못 박힌 강도
들도 이와 같이 욕하더라

1. 다른 사람들을 구원하신 예수님 (= 인류의 구원자 되신 예수님)
42절= "그가 남은 구원하였으되…"

2. 자기를 구원할 수 없으신 예수님 (= 자원하여 희생제물 되신 예수님)
42절 = "…자기는 구원할 수 없도다"

3. 구원의 보다 깊은 의미 (= 측량할 수 없는 우리 구원의 가치)
42절= "그가 남은 구원하였으되 자기는 구원할 수 없도다"

◈◈◈

【대지 유형】 주제 함축형 - 본문 묵상형 - 대지 혼재형 (2+1)
【주제】 십자가 주위의 원수들이 내뱉은 말(42절)처럼, 예수님은 인류를 구원하시되 자원하여 희생제물이 되셨다.
【FCF】 많은 현대교인이 구원의 깊은 의미를 알지 못하고 있음.

【서론】 예수님은 다른 사람을 구원하시면서도 자신은 구하지 않으셨고 또한 구할 수도 없었다. 본문을 보면 예수님이 십자가에 달리신 정황과 예수님의 대적자들이 손가락질하며 조롱하는 소리가 선명하게 그려지고 있다. 42절은 당시 종교지도자들이 십자가에 달리신 예수님을 희롱하는 말인데, 체신 없는 표현이고 이성 잃은 그들의 모습을 단적으로 나타내는 말이다. 그러나 아이

러니컬하게도 이 말은 복음의 핵심이다. 때로는 하나님께서 불신자들의 입을 통하여도 진리를 드러내신다는 좋은 예증이다.
【우산질문】 42절의 말씀을 중심으로 하여 구원자 예수님의 모습을 묵상하자.

【1대지】 이 말은 예수님을 죽이기 위하여 혈안이 되어 있던 당시 종교지도자들의 입에서 나온 말이다. 본 절에서 우리의 주의를 끄는 것은 예수님의 대적자들도 예수님의 사역은 인정할 수밖에 없었다는 점이다. "저가 다른 사람들은 구원하였도다." 예수님의 구원 사역은 모든 사람, 특히 그의 원수들에 의하여서도 인정받은 사역이다. "그가 남은 구원하였으되…" 그렇다. 예수님은 인류의 구원자이시다.
【2대지】 대적자들이 조롱하는 말 속에는 놀라운 진리가 숨어 있다. 예수님은 자신이 가지신 그 큰 능력에도 불구하고 십자가에서 내려오지 않으셨다. 주님은 자원하여 십자가에 달려 희생제물이 되셨다. 본 절의 "자기는 구원할 수 없도다"라는 말은 어떤 의미에서는 틀린 말이다. 예수님은 모든 권세와 능력을 가지신 분이다. "하늘과 땅의 모든 권세를 아버지께서 내게 주셨으니…" 주님은 자신 안에 생명을 소유하고 계시며, 아무도 그것을 빼앗을 수 없다.
【3대지】 주님이 받으신 고난의 의미는 매우 깊다. 주님의 십자가 고난으로 얻은 우리의 구원의 가치 또한 비할 바 없이 크다. 즉 주님의 십자가는 그가 겪으신 고난의 깊은 의미와 우리가 받은 구원의 가치가 어떠함을 보여준다. 예수께서 고난받으신 참 이유는 어디에 있는가? 사랑 때문이다. 주님의 무한한 사랑과 자비가 우리의 구원 사역 위에 부어진 것이다. 우리의 구원은 매우 비싼 대가를 치른 것이다. 우리를 저주로부터 건져내기 위해 주님은 자원하여 저주를 받으셨다.
【결론】 십자가 주위의 사람들은 한결같이 예수님에 대한 적의에 가득 찬 사람들이었는데, 아이러니컬하게도 그들의 입에서 뱉어진 말 속에 엄청난 진리를 포함하고 있다. "그가 남은 구원하였으되 자기는 구원할 수 없도다." 우리의 주님께 모든 영광을 돌려야 하겠다.

- 절기, 용도, 장르, 특징: 고난주간.
- Key Word: 구원.
- Remarks:

본문 : **마 27:62~66; 28:11~15**

제목 : **원수들에 의해 입증되는 부활 (The Broken Seal)**

27:62.그 이튿날은 준비일 다음 날이라 대제사장들과 바리새인들이 함께 빌라도에게 모여 이르되
63.주여 저 속이던 자가 살아 있을 때에 말하되 내가 사흘 후에 다시 살아나리라 한 것을 우리가 기
억하노니 **64.**그러므로 명령하여 그 무덤을 사흘까지 굳게 지키게 하소서 그의 제자들이 와서 시체
를 도둑질하여 가고 백성에게 말하되 그가 죽은 자 가운데서 살아났다 하면 후의 속임이 전보다 더
클까 하나이다 하니 **65.**빌라도가 이르되 너희에게 경비병이 있으니 가서 힘대로 굳게 지키라 하거
늘 **66.**그들이 경비병과 함께 가서 돌을 인봉하고 무덤을 굳게 지키니라 …… **28:11.**여자들이 갈 때
경비병 중 몇이 성에 들어가 모든 된 일을 대제사장들에게 알리니 **12.**그들이 장로들과 함께 모여 의
논하고 군인들에게 돈을 많이 주며 **13.**이르되 너희는 말하기를 그의 제자들이 밤에 와서 우리가 잘
때에 그를 도둑질하여 갔다 하라 **14.**만일 이 말이 총독에게 들리면 우리가 권하여 너희로 근심하지
않게 하리라 하니 **15.**군인들이 돈을 받고 가르친 대로 하였으니 이 말이 오늘날까지 유대인 가운데
두루 퍼지니라

1. 원수들은 예수께서 "사흘 후에 다시 살아나리라" 하신 말씀을 기억하고 있었음 (= 시체를 두려워하는 모습이 부활 약속을 생각나게 함)

63절= "저 속이던 자가 살아 있을 때에 말하되 내가 사흘 후에 다시 살아나리라 한 것을 우리가 기억하노니"

2. 원수들은 예수님의 무덤을 굳게 지키고자 했음 (= 굳게 인봉된 돌이 부활을 입증하는 증거가 됨)

64절= "그러므로 명령하여 그 무덤을 사흘까지 굳게 지키게 하소서 그의 제자들이 와서 시체를 도둑질하여 가고 백성에게 말하되 그가 죽은 자 가운데서 살아났다 하면 후의 속임이 전보다 더 클까 하나이다"

3. 원수들은 예수님의 부활을 덮기 위해 모략을 꾸몄음 (= 비겁한 모의가 오히려 주님의 부활을 입증함)

12~13절= "그들이 장로들과 함께 모여 의논하고 군인들에게 돈을 많이 주며 이르되 너희는 말하기를 그의 제자들이 밤에 와서 우리가 잘 때에 그를 도둑질하여 갔다 하라"

◈◈◈

【대지 유형】 주제 증명형 – 본문 묶음형 – 대지 심화형

【주제】 예수님의 시체조차 두려워하여 무덤의 돌문을 인봉하고 지키게 하며

부활 사실을 덮고자 모략을 꾸미던 원수들의 모습 자체가 예수님 부활의 확실한 증거이다.
【FCF】 많은 교인의 모습이 본문의 원수들의 여러 모습과 닮아 있음.

【서론】 예수님의 십자가 죽으심과 부활은 그 자체로도 전무후무한 대사건이다. 평소 주님의 말씀에 귀 기울였으면 놀라지 않았을 것. 실상은 어떠했나? 아이러니칼하게도 그리스도의 원수들은 주님의 부활 약속을 기억하고 있었지만 그의 제자들은 오히려 까맣게 잊어버리고 있었다. 마태는 예수님 장례 이후에 일어났던 많은 사건을 과감히 생략하면서, 교차대구구조 형식으로 본문을 기록하고 있다.
【우산질문】 예수님의 원수들의 모습을 통해 오히려 주님의 부활이 입증되고 있음을 살펴보자.

【1대지】 예수님의 인성, 몸의 고난, 십자가의 죽으심. 시신은 누군가에 의해 장사되어야 했음. 제자들은 도망쳤고, 의외의 인물이 이 사역을 대신했음. 원수들은 호흡이 끊긴 시체를 두려워했음. 그들은 주님의 부활 언급을 기억하고 있었음. 그들은 주님의 부활 약속이 단순히 영적 부활이 아니라 육체적 부활이라는 것을 잘 알고 있었다. 놀라운 일이다. 겉으로는 예수님을 속이는 자라고 비난하면서도 속으로는 '정말 다시 살아나면 어떻게 하나'라는 두려움을 가지고 있었다.
【2대지】 원수들이 취한 구체적 조치: 무덤을 단단히 인봉하고 사흘까지 경비병을 보내어 지키도록 함. 그들이 무서워했던 것: 예수님 부활이 백성들에게 미칠 영향력에 대한 것. 그런데 이것은 정확히 그대로 이루어졌고, 그것이 제자들의 말씀 선포의 핵심 주제가 되었다.
【3대지】 빌라도는 원수들의 청원대로 허락함. 그러나 그 누구도 무덤을 깨뜨리고 다시 사신 주님의 부활을 막을 수 없었다.
【결론】 깨어진 봉인, 굴려내진 돌문은 주님의 부활을 보증하는 증거들이다. 주님의 부활은 우리 부활의 보증이다. 이제 우리는 모든 민족으로 제자 삼는 주님의 제자가 되어야 한다.

- 절기, 용도, 장르, 특징:
- Key Word: 부활.
- Remarks:

본문 : **마 28:16~20**
제목 : **임마누엘 예수**

16.열한 제자가 갈릴리에 가서 예수께서 지시하신 산에 이르러 **17.**예수를 뵈옵고 경배하나 아직도 의심하는 사람들이 있더라 **18.**예수께서 나아와 말씀하여 이르시되 하늘과 땅의 모든 권세를 내게 주셨으니 **19.**그러므로 너희는 가서 모든 민족을 제자로 삼아 아버지와 아들과 성령의 이름으로 세례를 베풀고 **20.**내가 너희에게 분부한 모든 것을 가르쳐 지키게 하라 볼지어다 내가 세상 끝날까지 너희와 항상 함께 있으리라 하시니라

1. 제자들과 함께하리라고 하심 (= 동행의 약속)

20절= "…너희와 항상 함께 있으리라 하시니라"

2. 세상 끝날까지 항상 함께하리라고 하심 (= 동행 약속의 계속성)

20절= "…볼지어다 내가 세상 끝날까지 너희와 항상 함께 있으리라 하시니라"

3. 모든 민족을 제자삼는 자들과 함께하리라고 하심 (= 교회 공동체와의 동행 약속)

20절= "내가 너희에게 분부한 모든 것을 가르쳐 지키게 하라 볼지어다 내가 세상 끝날까지 너희와 항상 함께 있으리라 하시니라"

◈◈◈

【대지 유형】 주제 설명형 - 본문 분석형 - 대지 진전형
【주제】 예수님은 세상 끝날까지 항상 교회 공동체와 동행하신다.
【FCF】 많은 교인이 교회공동체에 함께 하시는 주님의 존재에 마땅히 가져야 할 관심을 갖지 못하고 있음.

【서론】 임마누엘= 우리와 함께하시는 하나님. 본문은 예수님의 지상명령이다. 너무나 중요한 명령을 주시고 이어 동행의 약속을 분명히 하심. "볼지어다 내가 세상 끝날까지 너희와 항상 함께 있으리라 하시니라." 누구에게 이 약속을 주셨는가? 제자 삼는 사역에 헌신하는 자들에게. 이 사역의 현장에 함께 하심, 이 사역이 이루어지고 있는 곳이라면 어디나 함께 하심. 특히 개인의

성장을 위해 투자하는 자에게 함께하심.
【우산질문】 우리와 함께하시는 예수님의 약속을 살펴보자.

【1대지】 "I am with you" - 엄숙한 말씀. '에고 에이미(I AM)' 용법. 동행의 약속을 주신 분이 누구? 말씀이 육신이 되신 분. 고난과 죽음, 부활을 통하여 우리와 함께 하심. 요 14장, 16장, 보혜사 성령의 동행. "내가 너희에게 실상을 말하노니…"
【2대지】 항상, 모든 날에= 형통할 때나 환난의 때에도 함께 하시겠다는 약속. 심지어 영혼이 힘을 잃고 방황할 때에도… 주님은 우리 개인의 형편에 개입, 교회의 형편에도 개입하심. 이 동행의 약속은 교회의 참 동력이 된다. 세상 끝날까지= 이 시대 후 오는 시대, 천년왕국에서도 임마누엘 하신다.
【3대지】 특히 제자훈련 사역에 헌신한 자를 위한 위대한 격려가 된다. 이 교제만이 우리를 성장케 하고, 그리스도를 닮게 함. 이 시대는 곧 끝이 난다. 우리는 주님의 권세, 주님의 능력이 성령으로 임재한 시대에 살고 있다. 성령, 그분은 교회를 능히 승리케 하신다.
【결론】 여러분은 주님의 참제자 되기를 원하는가? 그렇다면 이 약속은 필요하다. 주님의 동행 약속은 이미 주어졌다. 이 말씀이 나에게 적용되어 성취되도록 하자.

- 절기, 용도, 장르, 특징:
- Key Word: 동행, 임마누엘.
- Remarks:

본문 : **마 28:16~20**

제목 : **하나님 나라 회복의 세 주역(主役)**

(Jesus Christ, His Disciples, and His Church)

16.열한 제자가 갈릴리에 가서 예수께서 지시하신 산에 이르러 **17.**예수를 뵈옵고 경배하나 아직도 의심하는 사람들이 있더라 **18.**예수께서 나아와 말씀하여 이르시되 하늘과 땅의 모든 권세를 내게 주셨으니 **19.**그러므로 너희는 가서 모든 민족을 제자로 삼아 아버지와 아들과 성령의 이름으로 세례를 베풀고 **20.**내가 너희에게 분부한 모든 것을 가르쳐 지키게 하라 볼지어다 내가 세상 끝날까지 너희와 항상 함께 있으리라 하시니라

1. 우주적 권세를 받으신 예수 그리스도 (= 하늘과 땅의 모든 권세를 받으심)

18절= "예수께서 나아와 일러 가라사대 하늘과 땅의 모든 권세를 내게 주셨으니"

2. 그리스도의 이름과 권세로 파송 받은 제자들 (= 그리스도의 전권대사들)

19절= "그러므로 너희는 가서 모든 족속으로 제자를 삼아…"

3. 모든 족속에게로 파송 받는 교회 (= 땅끝 선교의 주역)

19~20절= "그러므로 너희는 가서 모든 족속으로 제자를 삼아 아버지와 아들과 성령의 이름으로 세례를 주고 내가 너희에게 분부한 모든 것을 가르쳐 지키게 하라…"

◈◈◈

【대지 유형】 주제 설명형 - 본문 분석형 - 대지 진전형

【주제】 부활하신 예수님은 제자들을 교회로 모아 모든 족속에게로 파송하셔서 하나님 나라를 회복케 하신다.

【FCF】 하나님 나라 회복의 사명에 무감각해진 현대교회의 모습.

【서론】 그리스도의 지상명령(至上命令, The Great Commission)으로 알려져 있는 유명한 구절임. 이 말씀 속에는 이 땅에 하나님 나라를 회복하고자 하시는 예수님의 계획과 의지가 명백히 나타나 있다.

【우산질문】 본문을 통하여 하나님 나라 회복의 주역들을 살펴보자. 하나님의 통치권 회복의 주역은 누구인가?

【1대지】 예수님은 죄 없으신 몸으로 십자가에 달려 죽으시고 부활하셨고, 인류 구속의 대업을 이루셨다. 하나님 아버지는 예수님에게 하늘과 땅의 모든 권세를 주셨다. 예수님은 성육신하셔서 자신의 몸을 대속 제물로 내어주심으로 하나님과 인간 사이의 완전한 중보자가 되셨다. 이에 대한 보상으로 성부 하나님으로부터 구원과 심판의 권세를 받으신 것이다.

【2대지】 예수님은 제자들에게 '하나님 나라 회복'의 사명을 위임하셨다. "오직 성령이 너희에게 임하시면 너희가 권능을 받고…" 오순절에 성령께서 권능으로 강림하셨다.

【3대지】 이 말씀은 일차적으로는 당시의 산 위의 제자들에게 주어졌지만, 동시에 오고 오는 세대의 모든 교회에 주어진 명령이기도 하다. "내가 천국 열쇠를 네게 주리라"(마 16:19). 주님의 부활과 승천을 통하여 그 계획은 최종적으로 완전히 성취되었다. 이제 교회는 영광스럽게도 하나님의 통치권을 회복하는 마지막 주역으로 부름 받고 있다. 교회로 모인 우리는 주님의 몸이다!

【결론】 지금 이 세상이 필요로 하는 것은 교회가 다시금 하나님 나라의 권세와 능력과 영광을 보여주고, 그 나라의 메시지를 말해주는 일이다. 우리는 사도들이 전해 준 말씀과 그들의 사역을 물려받은 사도적 교회(Apostolic Church)이다. 우리에게는 하나님 나라의 회복이라는 중차대한 사명이 주어져 있다.

- 절기, 용도, 장르, 특징:
- Key Word: 하나님 나라, 제자, 교회.
- Remarks:

본문 : **막 1:14~15, 21~27**
제목 : **권위 있는 새 교훈 (A New Teaching with Authority)**

14.요한이 잡힌 후 예수께서 갈릴리에 오셔서 하나님의 복음을 전파하여 **15.**이르시되 때가 찼고 하
나님의 나라가 가까이 왔으니 회개하고 복음을 믿으라 하시더라……**21.**그들이 가버나움에 들어가
니라 예수께서 곧 안식일에 회당에 들어가 가르치시매 **22.**뭇 사람이 그의 교훈에 놀라니 이는 그가
가르치시는 것이 권위 있는 자와 같고 서기관들과 같지 아니함일러라 **23.**마침 그들의 회당에 더러
운 귀신 들린 사람이 있어 소리 질러 이르되 **24.**나사렛 예수여 우리가 당신과 무슨 상관이 있나이까
우리를 멸하러 왔나이까 나는 당신이 누구인 줄 아노니 하나님의 거룩한 자니이다 **25.**예수께서 꾸
짖어 이르시되 잠잠하고 그 사람에게서 나오라 하시니 **26.**더러운 귀신이 그 사람에게 경련을 일으
키고 큰 소리를 지르며 나오는지라 **27.**다 놀라 서로 물어 이르되 이는 어찜이냐 권위 있는 새 교훈
이로다 더러운 귀신들에게 명한즉 순종하는도다 하더라

1. 하나님의 나라가 가까이 왔다고 선포하심 (= 하나님 나라의 복음)

15절= "…때가 찼고 하나님의 나라가 가까이 왔으니 회개하고 복음을 믿으라…"

2. 회개하고 복음을 믿으라 하심 (= 회개와 구원의 복음)

15절= "…회개하고 복음을 믿으라…"

3. 귀심을 꾸짖어 사람에게서 나오게 하심 (= 귀신 쫓는 권위를 가진 복음)

25~26절= "예수께서 꾸짖어 이르시되 잠잠하고 그 사람에게서 나오라 하시니 더러운 귀신이 그 사람에게 경련을 일으키고 큰 소리를 지르며 나오는지라"

◈◈◈

【대지 유형】 주제 설명형 – 본문 수집형 – 대지 진전형
【주제】 (석의) 예수님은 하나님의 나라를 소개하시면서 회개와 믿음을 강조하셨고 축사(逐邪) 사역을 통하여 권위 있는 새 교훈임을 입증하셨다.
【FCF】 현대 교회는 복음을 전하면서도 권위를 잃어버림.

【서론】 예수님의 공생애 초기에 주위에 모여든 무리가 발견한 주님의 매력은 "권위 있는 새 교훈" 속에 잘 나타나 있다. 주님은 가버나움 회당에 들어가 '하나님 나라의 복음'을 가르치셨다. 말씀만으로 가르치신 것이 아니라 귀신들린

사람을 고쳐주심으로 하나님 나라의 복음이 얼마나 놀라운 능력을 가졌는가를 보여주셨다.

【우산질문】 말씀을 통하여 예수님이 가르치신 권위 있는 새 교훈이 어떤 것인가를 살펴보며, 주님의 매력에 빠져들어 보자.

【1대지】 이 나라는 영토적 개념과 그 영역에 포함된 백성들, 그리고 완전하고 영원한 통치를 포함하고 있는 개념의 단어이다. 이 나라는 예수님의 초림으로 시작되었다. 하나님의 나라는 하나님을 왕으로 모신 사람들의 모임이라는 개념으로서 이 경우 하나님 나라와 교회는 거의 동일한 개념이다.

【2대지】 회개는 하나님과의 단절되었던 관계를 회복하는 일이다. '메타노에이테'는 과거에 저지른 모든 악한 일에 대하여는 슬퍼하는 한편, 다른 면으로는 앞을 바라볼 것도 의미하는 용어이다. 예수님은 죄를 뉘우치고 하나님께로 돌아오라는 것에서 한 걸음 더 나아가서 '복음을 믿으라'는 보다 적극적인 행동을 요구하셨다. 예수님의 교훈이 매력적인 이유는 이처럼 우리의 삶에 있어 가장 중요하고 시급한 과제를 직선적으로 다루고 있기 때문이다.

【3대지】 예수님은 귀신을 쫓아내는 일에서 뿐만 아니라 바람을 잠잠하게 하는 일이나(막 4:39) 병을 고치는 일(눅 4:39) 등에 있어서도 오직 말씀의 권위로 자연과 귀신들을 꾸짖으셔서(에피티마오) 그것들을 원래의 상태로 회복하는 사역을 행하셨다. 우리에게 주신 복음은 귀신에게 절대 권위를 행사할 수 있는 능력의 복음이다.

【결론】 그리스도는 오늘도 우리 삶의 현장에서 역사하신다. 복음이 닿는 곳에서 병들이 치유되고 귀신들이 쫓겨나는 역사가 일어나고, 말씀을 받고 믿는 사람들에게서 놀라운 변화가 일어난다. 왜냐하면 주님의 복음은 권위 있는 새 교훈이기 때문이다.

- 절기, 용도, 장르, 특징:
- Key Word: 권위 있는 교훈, 복음, 하나님의 나라.
- Remarks:

본문 : **막 2:1~5**

제목 : **침상을 내리는 사람들 (Holding Up Your Corner)**

1.수 일 후에 예수께서 다시 가버나움에 들어가시니 집에 계시다는 소문이 들린지라 **2.**많은 사람이 모여서 문 앞까지도 들어설 자리가 없게 되었는데 예수께서 그들에게 도를 말씀하시더니 **3.**사람들이 한 중풍병자를 네 사람에게 메워 가지고 예수께로 올새 **4.**무리들 때문에 예수께 데려갈 수 없으므로 그 계신 곳의 지붕을 뜯어 구멍을 내고 중풍병자가 누운 상을 달아 내리니 **5.**예수께서 그들의 믿음을 보시고 중풍병자에게 이르시되 작은 자야 네 죄 사함을 받았느니라 하시니

1. 한 중풍병자를 메고 예수께로 나아왔음 (= 예수님에 대한 확고한 믿음을 가짐)

3절= "사람들이 한 중풍병자를 네 사람에게 메워 가지고 예수께로 올새"

2. 지붕을 뜯어 병자를 달아 내렸음 (= 친구의 영혼 구원을 위해 열심 냄)

4절= "무리들 때문에 예수께 데려갈 수 없으므로 그 계신 곳의 지붕을 뜯어 구멍을 내고 중풍병자가 누운 상을 달아 내리니"

3. 각자 침상의 네 귀퉁이를 단단히 붙들었음 (= 합심하여 각자의 임무에 충실함)

4절= "…그 계신 곳의 지붕을 뜯어 구멍을 내고 중풍병자가 누운 상을 달아 내리니"

◈◈◈

【대지 유형】 주제 적용형 – 본문 분석형 – 대지 진전형

【주제】 (석의) 침상을 내리는 사람들의 믿음과 협동 정신을 예수님은 크게 칭찬하셨다.

【FCF】 많은 신앙인이 자기 코너를 붙잡는 협동심이 부족함.

【서론】 예수님에 관한 기록은 사건마다 흥분이 된다. 우리가 거기 있었다면 얼마나 좋을까. 단순한 사건이 아니라 심원한 교훈을 준다. 본문은 healing과 용서 이야기이다. 침상 네 모서리를 붙잡은 네 사람. "예수께서 저희의 믿음을 보시고…" 사건의 주인공은 물론 예수님과 병자이지만, 오늘은 네 사람에게 주목해보자.

【우산질문】 침상을 멘 네 사람의 믿음의 모습을 살펴보자.

【1대지】 그들의 믿음= '예수께 메고 가면 반드시 고침받는다.' 네 사람은 예수님에 대한 확실한 믿음과 병자에 대한 사랑을 가졌다. 그들이 어려움을 이기고 친구를 예수께로 인도하게 된 근본 동력은 믿음과 사랑이었음.
【2대지】 난관 극복. 영혼 사랑-뜨거운 사랑. 여기 true evangelism을 본다. 그들은 믿었고, 함께 하고 싶었고, 주님께로 인도하는 일에 최우선 순위. 여러분의 친구 중 도움 없이는 안 되는 사람은 없나? 영적으로 방황하는 자들, 결혼생활 파탄자들, 도박이나 알콜 중독, 자녀 문제…. 이들을 주님이 도우실 수 있다. 하나님의 나라가 함께 한다.
【3대지】 Holding Up Your Corner! 한 사람보다 네 사람이 낫다. 서로서로 격려하면서 사역하는 것이 좋다. 이웃의 삶에 좀 더 적극적으로 개입하는 자세가 중요하다. 네 사람은 병자를 예수께 인도하는 자들의 모범이 되었다. 만일 오늘 그리스도인들이 자신의 코너를 붙들었다면 이 세상은 많이 달라졌을 것이다.
【결론】 Holding up Their corners! 그들은 희망과 기대를 가지고 자기 위치를 지켰다. 예수께로 인도하는 일은 그 어떤 것보다 중요하다. 이를 위해 자기의 위치에서 최선을 다하는 것. 아직 늦지 않았다. 우리 모두 개인적 이기적 신앙에서 성장하여 합심하는 신앙, 자기 코너를 잘 붙드는 신앙으로 무장하자. 전도자의 자세는 이런 것이다.

- 절기, 용도, 장르, 특징:
- Key Word: 합심, unity, 자기 임무 충실.
- Remarks:

본문 : **막 2:1~12**

제목 : **기적의 현장에 보이는 것들 (Wanted: Stretcher-Bearers!)**

1.수 일 후에 예수께서 다시 가버나움에 들어가시니 집에 계시다는 소문이 들린지라 **2.**많은 사람이 모여서 문 앞까지도 들어설 자리가 없게 되었는데 예수께서 그들에게 도를 말씀하시더니 **3.**사람들이 한 중풍병자를 네 사람에게 메워 가지고 예수께로 올새 **4.**무리들 때문에 예수께 데려갈 수 없으므로 그 계신 곳의 지붕을 뜯어 구멍을 내고 중풍병자가 누운 상을 달아 내리니 **5.**예수께서 그들의 믿음을 보시고 중풍병자에게 이르시되 작은 자야 네 죄 사함을 받았느니라 하시니 **6.**어떤 서기관들이 거기 앉아서 마음에 생각하기를 **7.**이 사람이 어찌 이렇게 말하는가 신성 모독이로다 오직 하나님 한 분 외에는 누가 능히 죄를 사하겠느냐 **8.**그들이 속으로 이렇게 생각하는 줄을 예수께서 곧 중심에 아시고 이르시되 어찌하여 이것을 마음에 생각하느냐 **9.**중풍병자에게 네 죄 사함을 받았느니라 하는 말과 일어나 네 상을 가지고 걸어가라 하는 말 중에서 어느 것이 쉽겠느냐 **10.**그러나 인자가 땅에서 죄를 사하는 권세가 있는 줄을 너희로 알게 하려 하노라 하시고 중풍병자에게 말씀하시되 **11.**내가 네게 이르노니 일어나 네 상을 가지고 집으로 가라 하시니 **12.**그가 일어나 곧 상을 가지고 모든 사람 앞에서 나가거늘 그들이 다 놀라 하나님께 영광을 돌리며 이르되 우리가 이런 일을 도무지 보지 못하였다 하더라

1. 네 사람이 한 병자를 들것에 뉘어 예수께로 운반함 (= 헌신된 사역자들, 병든 영혼에 대한 사랑)

3절= "사람들이 한 중풍병자를 네 사람에게 메워 가지고 예수께로 올새"

2. 지붕을 뜯어 병자를 달아 내림 (= 복음 전도의 장애물을 넘어서)

4절= "무리들 때문에 예수께 데려갈 수 없으므로 그 계신 곳의 지붕을 뜯어 구멍을 내고 중풍병자가 누운 상을 달아 내리니"

3. 병자가 일어나 빈 침상을 들고 나감 (= 주님의 죄 사함과 치유 능력)

12절= "그가 일어나 곧 상을 가지고 모든 사람 앞에서 나가거늘 그들이 다 놀라 하나님께 영광을 돌리며 이르되 우리가 이런 일을 도무지 보지 못하였다 하더라"

◈◈◈

【대지 유형】 주제 설명형 - 본문 수집형 - 대지 진전형

【주제】 (석의) 기적의 현장에는 병자의 들것을 들고 지붕까지 뜯어 예수께로 인도한 헌신된 사역자들과 주님의 죄 사함과 치유 능력을 입증하는 빈 침상이 있었다.

【FCF】 현대교회에는 병든 영혼을 지극히 사랑하여 예수께로 인도하고자 하는 헌신된 사역자들이 잘 보이지 않음.

【서론】 예수 그리스도는 기적을 일으키는 분으로서, 가시는 곳마다 놀라운 이적(異蹟)이 일어났다. 본문은 너무 자주 읽고 들어서 별 감동이 없을 수 있지만, 곰곰이 생각하면 참으로 대단한 분이 아닐 수 없다. 맹인이 보게 되고 하체 장애인이

일어나고 죽은 자가 살아난다. 한 중풍 병자를 들것에 뉘어 메고 예수님을 찾아온 네 사람, 그들은 보통 사람들이 생각할 수 없는 방법으로 기어이 병자를 예수님 앞으로 데려왔다. 우리는 들것을 멘 네 사람(Stretcher-Bearers)이 지붕을 뜯기까지 하면서 병자를 예수님께 데려오는 모습을 통하여 우리의 모습을 돌아보게 된다.

【우산질문】 본문을 읽어나가며 기적의 현장에서 발견되는 세 가지를 통해 주님 주시는 교훈의 말씀을 받자.

【1대지】 '중풍 병자'는 뇌출혈(cerebral hemorrhage) 등으로 몸의 일부분 혹은 전신을 움직일 수 없게 되는 증상을 가진 사람이다. 네 사람에 관해 알려진 것은 많지 않다. 그러나 그들에 대해 알 수 있는 것은 그들의 믿음과 사랑 그리고 행동력이 대단했다는 점. 네 사람은 중풍병에 걸려 누운 친구에게 깊은 관심을 갖고 있었고, 예수님께 중풍 병자의 병을 고쳐주실 능력이 있음을 믿고 있었다. 먼저 믿은 우리가 길 잃은 영혼들에게로 가지 않으면 그들은 결국 죄 가운데서 멸망할 수밖에 없다. 더 중요한 문제는 그들을 예수께로 인도하는 일, 즉 '제자를 삼는 일'이다.

【2대지】 뜯어진 지붕. 들것을 든 네 사람이 예수님께로 다가가는 데에는 많은 난관이 있었다. 뜯어진 지붕은 그들의 굳은 결심을 나타내는 결과물이었고, 이것은 우리 모두 복음 전도의 걸림돌을 극복해야 하는 것을 보여준다.

【3대지】 기적의 현장에 보이는 세 번째는 중풍 병에서 고침받은 사람이 들고 가는 빈 침상(Empty Stretcher)이다. "작은 자야, 네 죄 사함을 받았느니라"(5절). 죄를 사하신 것은 자신에게 병 고침을 받기 위하여 나아온 중풍 병자의 병의 원인을 먼저 제거함으로 병을 치유하기 위해서였다. 예수님은 실로 우리의 죄를 사하기 위하여 하늘 보좌를 버리시고 이 땅에 오셨다. 죄짐에 눌려 신음하는 모든 사람은 예수님께로 나아가 자신의 죄를 고백하고 회개하며 그분을 자기 인생의 주인으로 모셔 들여야 한다.

【결론】 기적의 현장에서 들려오는 예수님의 권세 있는 음성을 듣자. "내가 네게 이르노니 일어나 네 상을 가지고 집으로 가라"(11절). 주님은 지금도 우리에게 놀라운 기적의 현장을 베풀고 계신다. 이 기적의 현장에는 반드시 헌신된 사역자들, 어떤 장애물이라도 극복하려는 의지를 가지고 영혼 구원에 나서는 '들것 메는 사람들(Stretcher-Bearers)'이 필요하다. 주님은 지금 구인(求人) 광고 현수막을 천하에 붙여놓고 기다리고 계신다: "급구: 들것 드는 사람들(Wanted: Stretcher-Bearers!)"

- 절기, 용도, 장르, 특징:
- Key Word: 들것 메는 사람, 기적, 죄 사함.
- Remarks:

본문 : **막 3:13~19**

제목 : **우리의 영원한 스승 예수 그리스도**
(Jesus Christ the Great Teacher)

13.또 산에 오르사 자기가 원하는 자들을 부르시니 나아온지라 **14.**이에 열둘을 세우셨으니 이는
자기와 함께 있게 하시고 또 보내사 전도도 하며 **15.**귀신을 내쫓는 권능도 가지게 하려 하심이러
라 **16.**이 열둘을 세우셨으니 시몬에게는 베드로란 이름을 더하셨고 **17.**또 세베대의 아들 야고보
와 야고보의 형제 요한이니 이 둘에게는 보아너게 곧 우레의 아들이란 이름을 더하셨으며 **18.**또 안
드레와 빌립과 바돌로매와 마태와 도마와 알패오의 아들 야고보와 및 다대오와 가나나인 시몬이며
19.또 가룟 유다니 이는 예수를 판 자더라

1. 열둘을 세워 자기와 함께 있게 하심 (= 제자들과 함께 삶을 나누시는 스승)

14절= "이에 열 둘을 세우셨으니 이는 자기와 함께 있게 하시고"

2. 부족한 자들을 위대한 일꾼으로 키워 주심 (= 가능성과 잠재력을 일깨워 주시는 스승)

16절= "이 열 둘을 세우셨으니 시몬에게는 베드로란 이름을 더하셨고"
17절= "또 세베대의 아들 야고보와 야고보의 형제 요한이니 이 둘에게는 보아너게 곧 우뢰의 아들이란 이름을 더하셨으며"

3. 제자들에게 전도훈련과 축사훈련을 시키심 (= 능력 있는 제자로 양육하시는 스승)

14절= "…또 보내사 전도도 하며 귀신을 내어쫓는 권세도 있게 하려 하심이러라"

◈◈◈

【대지 유형】 주제 설명형 - 본문 묵상형 - 대지 진전형

【주제】 (석의) 예수님은 부족한 자들을 제자로 불러 동거하시면서 능력 있는 제자로 양육하시는 스승이시다.

【FCF】 많은 신앙인이 예수님과의 동거에 실패하고 있음.

【서론】 예수님은 인류를 구원하기 위해 오신 구주이시며, 동시에 우리의 영원한 스승이시다. 주님은 열두 사도를 세우시는 것으로 제2차 갈릴리 사역

을 개시하셨다. 제1차 갈릴리 사역도 네 제자를 부르신 것으로 시작하였고(막 1:16~20), 제3차 갈리리 사역 또한 12사도를 파송하신 것(막 6:7~13)으로 시작하셨다. 주님의 사역에 있어 제자들의 훈련이 얼마나 큰 비중을 차지하는지 알 수 있다.

【우산질문】 예수 그리스도는 어떤 스승이신가? 본문을 통하여 우리의 스승 되신 예수님의 모습을 보다 자세하게 살펴보자.

【1대지】 예수님의 제자 선정의 첫 번째 목적은 '동거'이다. 매일 말씀 묵상과 기도로 주님과 함께 거하기를 힘쓰자. 주의 몸 된 교회의 성도들과 함께하는 시간을 아까워하지 말라.

【2대지】 제자들의 구성= 이름 없는 어부들과 비난받는 세리, 그리고 당시 반정부 세력이었던 열심 당원…= 아무도 주목하지 않을 사람들로 사도단을 구성하신 것. 주님은 아무것도 아닌 우리를 부르셔서 우리 속에 있는 가능성과 잠재력을 극대화 시켜 하나님 나라의 일꾼으로 만들어 가신다. 우리가 자원하여 주님께 헌신한다면, 주님은 교회를 통하여 우리의 가능성과 잠재력을 최대한 개발하게 하시고, 마지막 시대 엄청난 사역을 우리에게 맡겨주실 것이다.

【3대지】 열두 제자들을 선정하신 또 다른 목적은 그들을 '파송'하시기 위해서였다. 파송된 제자들은 전도해야 했고, 필요시 귀신을 내어쫓기도 해야 했다. 주님은 제자들을 불러 세우셔서 능력 있는 그리스도의 군사로 양육하신다.

【결론】 주님은 우리와 함께 동거하시기를 원하신다. 그리하여 우리를 주님 당신의 모습으로 변화시키기를 원하신다. 주님은 우리의 가능성과 잠재 능력을 일깨워주시기를 원하신다. 주님은 우리를 파송하여 전도하게도 하시고 사탄 왕국의 세력을 분쇄하게도 할 수 있도록 능력 있는 제자로 양육하신다.

- 절기, 용도, 장르, 특징:
- Key Word: 스승, 제자.
- Remarks:

본문 : **막 4:35~41**

제목 : **광풍을 잔잔케 하시는 예수님**

35.그 날 저물 때에 제자들에게 이르시되 우리가 저편으로 건너가자 하시니 **36.**그들이 무리를 떠나 예수를 배에 계신 그대로 모시고 가매 다른 배들도 함께 하더니 **37.**큰 광풍이 일어나며 물결이 배에 부딪쳐 들어와 배에 가득하게 되었더라 **38.**예수께서는 고물에서 베개를 베고 주무시더니 제자들이 깨우며 이르되 선생님이여 우리가 죽게 된 것을 돌보지 아니하시나이까 하니 **39.**예수께서 깨어 바람을 꾸짖으시며 바다더러 이르시되 잠잠하라 고요하라 하시니 바람이 그치고 아주 잔잔하여지더라 **40.**이에 제자들에게 이르시되 어찌하여 이렇게 무서워하느냐 너희가 어찌 믿음이 없느냐 하시니 **41.**그들이 심히 두려워하여 서로 말하되 그가 누구이기에 바람과 바다도 순종하는가 하였더라

1. 제자들과 함께 여행하심 (= 인생길에 동행하시는 예수님)

36절= "그들이 무리를 떠나 예수를 배에 계신 그대로 모시고 가매…"

2. 큰 광풍 속에서도 제자들과 함께 하심 (= 인생의 폭풍 속에서도 함께 하시는 예수님)

37절= "큰 광풍이 일어나며 물결이 배에 부딪쳐 들어와 배에 가득하게 되었더라"

3. 바람과 파도를 잔잔케 하심 (= 인생의 광풍을 잔잔케 하시는 예수님)

39절= "예수께서 깨어 바람을 꾸짖으시며 바다더러 이르시되 잠잠하라 고요하라 하시니 바람이 그치고 아주 잔잔하여지더라"

◈◈◈

【대지 유형】 주제 설명형 – 본문 묶음형 – 대지 진전형

【주제】 (적용) 예수님은 우리와 함께하시며 인생 폭풍 속에서 동행하시고 광풍을 잠재우시며 평강을 베푸신다.

【FCF】 많은 신앙인이 인생 폭풍 속에서 주님의 동행과 도우심을 확신하지 못함.

【서론】 예수님의 공생애는 놀라움의 연속이다. 세례받으심, 금식, 갈릴리로부터 시작된 하나님 나라의 사역들…. 사건마다 주님의 인성과 신성이 잘 보여지고 있음. 주님의 가르침의 핵심 주제는 '하나님 나라'. 예수님의 공생애

중 광풍을 잔잔케 하신 본문은 지극히 인간적인 주님을 잘 보여줌. 하나님 나라에 관한 가르침 후 35절의 초청. "그 날 저물 때에 제자들에게 이르시되 우리가 저편으로 건너가자" 본문의 모험적인 사건 전개. 저가 뉘기에? 놀라는 제자들의 모습이 새롭다.

【우산질문】 본문에서 인생의 폭풍 가운데서도 우리와 함께하시는 주님의 모습을 살펴보자.

【1대지】 35절, "우리가 저편으로 가자." 쉬지 않고 새로운 사역, 새로운 장소로 이동하시는 주님. 주님의 초청 속에는 놀라운 교제의 약속이 포함되어 있음. 여행길에 주님이 함께 교제를 나누시겠다는 약속을 주심. 우리 그리스도인의 삶이 그러하다. 성도들이 세상 사람들과 확연하게 구별되는 점= 성도는 인생의 중심에 예수님을 모시고 사는 사람이다.

【2대지】 큰 광풍. 시속 120km 초속 33m 더 되는 강풍. 배가 파선될 만큼 큰 광풍이 불어왔다. 갈릴리 호수는 해발보다 200m나 낮은 분지여서, 가끔씩 휘몰아치는 강한 바람이 일어났다. 자연의 힘 앞에 무력한 인간의 모습. 폭풍이 제자들에게 찾아왔다는 사실에 유의하자. 예수님과 함께 여행 중이고, 예수님의 말씀에 순종한 것이었는데 어떻게 이런 일이? 폭풍을 허용하시는 하나님의 의도는? 요나의 경우는 불순종의 자리에서 회복시키기 위함. 바울의 경우는 선교의 새로운 장을 열기 위함. 본문의 경우는 저들의 믿음을 시험하고 강하게 하기 위하여.

【3대지】 38절, 예수님은 피곤하여 주무심. 깨우는 제자들. 주님은 광풍을 향하여 잠잠하라, 고요하라고 명령. 제자들에게 꾸짖으시며, 너희가 어찌 믿음이 없느냐? 41절의 제자들의 놀라움. 그들은 예수님께 경외심을 가지게 됨.

【결론】 성도의 삶 속에 폭풍이 찾아온다. 한 가지 분명한 것은 예수님은 이 광풍을 잠잠케 하실 수 있다는 것. 예수님을 아는 것이 능력의 원천이다.

- 절기, 용도, 장르, 특징:
- Key Word: 광풍.
- Remarks:

본문 : **막 4:35~41**
제목 : **풍랑을 이기는 비결**

35.그 날 저물 때에 제자들에게 이르시되 우리가 저편으로 건너가자 하시니 **36.**그들이 무리를 떠나
예수를 배에 계신 그대로 모시고 가매 다른 배들도 함께 하더니 **37.**큰 광풍이 일어나며 물결이 배
에 부딪쳐 들어와 배에 가득하게 되었더라 **38.**예수께서는 고물에서 베개를 베고 주무시더니 제자들
이 깨우며 이르되 선생님이여 우리가 죽게 된 것을 돌보지 아니하시나이까 하니 **39.**예수께서 깨어
바람을 꾸짖으시며 바다더러 이르시되 잠잠하라 고요하라 하시니 바람이 그치고 아주 잔잔하여지더
라 40.이에 제자들에게 이르시되 어찌하여 이렇게 무서워하느냐 너희가 어찌 믿음이 없느냐 하시니
41.그들이 심히 두려워하여 서로 말하되 그가 누구이기에 바람과 바다도 순종하는가 하였더라

1. 제자들은 바다의 광풍과 파도에 대비해야 했음 (= 인생 풍랑에 대비)
37절= "큰 광풍이 일어나며 물결이 배에 부딪쳐 들어와 배에 가득하게 되었더라"

2. 고물에서 주무시는 예수님을 보았음 (= 주님 안에 있는 평안 확신)
38절= "예수께서는 고물에서 베개를 베고 주무시더니…"

3. 풍랑 속에서 예수님을 깨웠음 (= 겸손히 주님께 간구)
38절= "…제자들이 깨우며 이르되 선생님이여 우리가 죽게 된 것을 돌보지 아니하시나이까 하니"

◈◈◈

【대지 유형】 주제 설명형 - 본문 분석형 - 대지 진전형
【주제】 (적용) 우리는 평소에 인생 풍랑에 대비하며 주님 안에 있는 평안을 확신하는 믿음으로 주님께 간구해야 한다.
【FCF】 많은 신앙인이 풍랑을 만나면 두려워하되 주님께 간구하지 못하고 있음.

【서론】 본문은 갈릴리 바다의 폭풍을 잔잔케 하신 놀라운 이적의 현장을 담담히 기록하고 있음. 갈릴리 호수= 작고 조용하지만 때로는 광풍이 몰아치는 곳. 본문에서 우리는 세 가지 모습(바다의 모습, 예수님의 모습, 그리고 제자들의 모습)의 대조를 발견한다.

【**우산질문**】 제자들이 풍랑을 극복해 가는 과정을 살피면서 풍랑을 이기는 비결을 배우자.

【**1대지**】 작은 호수인 갈릴리 바다= 해수면보다 200m 낮은 곳. 무서운 돌풍(突風)이 있다. 마치 우리 인생살이처럼. 무서운 풍랑에 대비하는 것은 인생 풍랑에 대비하는 것을 의미한다. 인생의 위기는 언제 올지 모른다. 사전에 잘 대비하자. 마 8:24, "바다에 큰 놀(세이스모스)이 일어나…" 여기 '놀'은 큰 지진에 의해 소동이 일어난 상태를 가리킴. 땅이 움직여 물이 위로 끓어 올라온다는 표현. 그런데 놀라운 것은 주님이 호수를 건너가자 하셨고, 주님이 함께 타고 계셨다. 그러므로 일단 두려워 말아야 한다. 사 43:2. 항상 인생 풍랑을 대비하는 믿음을 키우자.

【**2대지**】 놀라운 장면이다. 풍랑 속, 제자들의 아우성 속에서 예수님은 주무시고 계셨다. 내적 평안의 모범을 보여주심. 아버지 하나님을 온전히 신뢰하는 마음= 성령을 통한 평안. 예) 감옥 속의 베드로, 바울의 예. 요 14:27, "평안을 너희에게 끼치노니 곧 나의 평안을 너희에게 주노라 내가 너희에게 주는 것은 세상이 주는 것 같지 아니하니라." 시 119:165, "주의 법을 사랑하는 자에게는 큰 평안이 있으니 저희에게 장애물이 없으리이다." 인생의 거센 풍랑을 어떻게 이기는가? 평안의 근원이신 예수님을 바라보아야 한다.

【**3대지**】 제자들의 모습은? 풍랑 속에서 제자들이 예수님을 깨웠다는 것은 겸손히 주님께 간구했다는 것. 누구를 깨울 것인가는 매우 중요하다. 예수님께 구원을 호소하는 것이 중요하다. 예수님은 전능자이시다. 주님은 귀신을 쫓고 열병을 고치는 능력, 각색 질병을 제압하시고 자연을 제압하시는 능력을 가지셨다.

【**결론**】 인생 바다는 언제 돌풍이 올지 모른다. 예수님께 믿음으로 겸손히 간구하라. 믿음으로 부르짖자.

- 절기, 용도, 장르, 특징:
- Key Word: 풍랑.
- Remarks:

본문 : **막 5:1~15**

제목 : **귀신들린 사람의 특징**

1.예수께서 바다 건너편 거라사인의 지방에 이르러 **2.**배에서 나오시매 곧 더러운 귀신 들린 사람이 무덤 사이에서 나와 예수를 만나니라 **3.**그 사람은 무덤 사이에 거처하는데 이제는 아무도 그를 쇠사슬로도 맬 수 없게 되었으니 **4.**이는 여러 번 고랑과 쇠사슬에 매였어도 쇠사슬을 끊고 고랑을 깨뜨렸음이러라 그리하여 아무도 그를 제어할 힘이 없는지라 **5.**밤낮 무덤 사이에서나 산에서나 늘 소리 지르며 돌로 자기의 몸을 해치고 있었더라 **6.**그가 멀리서 예수를 보고 달려와 절하며 **7.**큰 소리로 부르짖어 이르되 지극히 높으신 하나님의 아들 예수여 나와 당신이 무슨 상관이 있나이까 원하건대 하나님 앞에 맹세하고 나를 괴롭히지 마옵소서 하니 **8.**이는 예수께서 이미 그에게 이르시기를 더러운 귀신아 그 사람에게서 나오라 하셨음이라 **9.**이에 물으시되 네 이름이 무엇이냐 이르되 내 이름은 군대니 우리가 많음이니이다 하고 **10.**자기를 그 지방에서 내보내지 마시기를 간구하더니 **11.**마침 거기 돼지의 큰 떼가 산 곁에서 먹고 있는지라 **12.**이에 간구하여 이르되 우리를 돼지에게로 보내어 들어가게 하소서 하니 **13.**허락하신대 더러운 귀신들이 나와서 돼지에게로 들어가매 거의 이천 마리 되는 떼가 바다를 향하여 비탈로 내리달아 바다에서 몰사하거늘 **14.**치던 자들이 도망하여 읍내와 여러 마을에 말하니 사람들이 어떻게 되었는지를 보러 와서 **15.**예수께 이르러 그 귀신 들렸던 자 곧 군대 귀신 지폈던 자가 옷을 입고 정신이 온전하여 앉은 것을 보고 두려워하더라

1. 거라사의 광인(狂人)은 굉장한 힘을 가지고 있었음 (= 자기를 통제 못 함)

3~4절= "그 사람은 무덤 사이에 거처하는데 이제는 아무도 그를 쇠사슬로도 맬 수 없게 되었으니 이는 여러 번 고랑과 쇠사슬에 매였어도 쇠사슬을 끊고 고랑을 깨뜨렸음이러라 그리하여 아무도 그를 제어할 힘이 없는지라"

2. 자기의 몸을 해치고 있었음 (= 자해 행위)

5절= "밤낮 무덤 사이에서나 산에서나 늘 소리 지르며 돌로 자기의 몸을 해치고 있었더라"

3. 예수님께 "나를 괴롭히지 말라"고 함 (= 주님의 은혜 거부)

7절= "큰 소리로 부르짖어 이르되 지극히 높으신 하나님의 아들 예수여 나와 당신이 무슨 상관이 있나이까 원하건대 하나님 앞에 맹세하고 나를 괴롭히지 마옵소서"

◈◈◈

【대지 유형】 주제 설명형 - 본문 묶음형 - 대지 연결형

【주제】 거라사 광인은 큰 힘으로 자해하며 주님의 은혜를 거부하는 모습이었

으나 주님의 능력으로 고침을 받았다.
【FCF】 많은 신앙인의 속에 있는 광인의 특징들을 제거하지 못하고 있음.

【서론】 본문은 귀신들린 청년을 고쳐주신 사건이다. 거라사 동네. 예수 일행을 따라오며 벗은 채로 흉측한 모습을 보이는 청년. 예수님의 능력으로 쫓겨난 귀신.
【우산질문】 본문을 통해 귀신들린 사람의 특징을 살펴보자.

【1대지】 광인은 통제 불가능한 힘을 갖고 있음. 파괴적인 힘. 여기에 불행이 있다. 힘을 써야 할 곳에 쓰고, 쓰지 말아야 할 때에는 쓰지 않는 통제가 이루어질 때 그 힘은 참다운 능력인 것. 현대인들의 굉장한 힘을 가짐. 지식의 힘으로 하나님의 뜻을 벗어나고, 물질의 힘으로 하나님의 도움을 거절한다. 과학의 힘으로 믿음의 모든 사슬을 끊어내려 한다. 조심하라. 타인에게 유익하지 못한 힘은 통제받아야 한다.
【2대지】 자해 행위는 귀신의 역사로 온다. 자기 연민이나 자기 비관주의 등이 여기 속한다. 남을 학대하는 것도 큰 죄이지만 하나님의 고귀한 형상을 지닌 인간의 자기 학대는 더 무서운 죄이다.
【3대지】 귀신의 지배를 받는 사람은 하나님의 관심을 싫어한다. 현대인들, '나는 내 멋대로 살겠으니 간섭하지 말라.' 하나님의 은혜와 관심이 괴로운 사람은 그 마음속에 사탄의 영이 있기 때문이다. 우리는 하나님의 은혜 없는 거라사의 무덤 생활에서 탈출해야 한다. 교회 공동체 삶을 원하지 않고, 목사의 관심을 싫어하고, 의도적으로 작은 교회보다 큰 교회를 찾아가는 것 등은 하나님 없는 곳에서 살기를 원하기 때문이 아닌가!
【결론】 귀신은 더러운 존재이다(8절). 귀신은 사람을 더럽게 한다. 우리 속의 정욕들, 계명 불순종, 교만 등은 귀신을 부른다. 주님의 십자가 은혜와 능력으로 쫓아내야 한다.

- 절기, 용도, 장르, 특징:
- Key Word: 귀신들린 사람.
- Remarks:

본문 : **막 5:24~34**
제목 : **혈루증 앓던 여인의 절대 신앙 (If I just touch His clothes)**

24.이에 그와 함께 가실새 큰 무리가 따라가며 에워싸 밀더라 **25.**열두 해를 혈루증으로 앓아 온 한
여자가 있어 **26.**많은 의사에게 많은 괴로움을 받았고 가진 것도 다 허비하였으되 아무 효험이 없고
도리어 더 중하여졌던 차에 **27.**예수의 소문을 듣고 무리 가운데 끼어 뒤로 와서 그의 옷에 손을 대니
28.이는 내가 그의 옷에만 손을 대어도 구원을 받으리라 생각함일러라 **29.**이에 그의 혈루 근원이 곧
마르매 병이 나은 줄을 몸에 깨달으니라 **30.**예수께서 그 능력이 자기에게서 나간 줄을 곧 스스로 아
시고 무리 가운데서 돌이켜 말씀하시되 누가 내 옷에 손을 대었느냐 하시니 **31.**제자들이 여짜오되
무리가 에워싸 미는 것을 보시며 누가 내게 손을 대었느냐 물으시나이까 하되 **32.**예수께서 이 일 행
한 여자를 보려고 둘러 보시니 **33.**여자가 자기에게 이루어진 일을 알고 두려워하여 떨며 와서 그 앞
에 엎드려 모든 사실을 여쭈니 **34.**예수께서 이르시되 딸아 네 믿음이 너를 구원하였으니 평안히 가
라 네 병에서 놓여 건강할지어다

1. "그의 옷에만 손을 대어도 구원을 받으리라"고 생각함 (= 예수님을 지극히 높임)

27~28절= "예수의 소문을 듣고 무리 가운데 끼어 뒤로 와서 그의 옷에 손을 대니 이는 내가 그의 옷에만 손을 대어도 구원을 받으리라 생각함일러라"

2. 두려워 떨며 예수님 앞에 엎드림 (= 자신을 지극히 낮춤)

33절= "여자가 자기에게 이루어진 일을 알고 두려워하여 떨며 와서 그 앞에 엎드려 모든 사실을 여쭈니"

3. 옷에 손을 대었는데도 병 고침을 받음 (= 절대 신앙의 효험)

27, 29절= "예수의 소문을 듣고 무리 가운데 끼어 뒤로 와서 그의 옷에 손을 대니…이에 그의 혈루 근원이 곧 마르매 병이 나은 줄을 몸에 깨달으니라"

◈◈◈

【대지 유형】 주제 설명형 - 본문 수집형 - 대지 진전형
【주제】 (석의) 예수님에 대한 절대 신앙을 가진 혈루증 앓던 여인은 겸손한 자세로 주님의 옷 가에 손을 대 병 고침을 받았다.
【FCF】 현대 교회에서 예수님에 대한 절대 신앙을 가진 성도를 찾기 어려움.

【서론】 혈루증(hemorrhaging)= 지속적으로 하혈을 하는 부인병의 일종으로서 부정한 병(레 15:25~27). 이 여자가 예수님에게 다가가 옷자락을 만지려고 한 행위는 거의 목숨을 건 시도였다. 여기에는 이 여자의 절박한 상황이 있고 예수님을 향한 절대 신앙이 있다.

【우산질문】 본문에서 혈루증 앓던 여인의 신앙은 어떻게 나타나고 있는가?

【1대지】 여인의 믿음은 처음 가졌던 생각에서부터 나타났다. 어디서 이런 믿음이 생겼을까? 고통과 시련을 통해서였다. 우리의 믿음도 이 여인처럼 자발적인 믿음이어야 하겠다.

【2대지】 12년간 고생= 더 이상 참을 수 없을 정도로 꽉 찬 세월을 보냈다는 것. 여인은 가난한 마음, 빈손을 가지고 예수님의 옷 가를 만졌다. 이 가난한 마음이야말로 아름다운 마음= 절대 신앙은 바로 이 가난한 심령에서 솟아난다.

【3대지】 예수님의 능력은 참 신앙을 가진 자에게 즉시 효력을 미친다. 병 고침 받은 것은 주님의 옷 가에 손을 대기만 해도 나을 수 있다는 여인의 믿음과 그녀를 긍휼히 여기신 예수님의 자비하심에 있다. 주님의 능력을 받기 위해 우리에게 필요한 것은 참된 신앙, 절대 신앙이다.

【결론】 우리는 예수님의 옷 가를 만진 정도의 사람들이 아니라 주님의 몸에서 흘러나온 구원의 피를 먹고 마신 존재들이다. 주님의 곁을 스쳐 지나가는 군중들이 되지 말고, 주님과 굳게 결합하여 주님의 무한한 능력을 끊임없이 받아내는 성도가 되자.

- 절기, 용도, 장르, 특징:
- Key Word: 혈루증, 기적, 치유, 절대 신앙.
- Remarks:

본문 : **막 6:1~6**

제목 : **예수님을 놀라게 하는 불신앙 (Amazed at Our Unbelief)**

1.예수께서 거기를 떠나사 고향으로 가시니 제자들도 따르니라 **2.**안식일이 되어 회당에서 가르치
시니 많은 사람이 듣고 놀라 이르되 이 사람이 어디서 이런 것을 얻었느냐 이 사람이 받은 지혜와
그 손으로 이루어지는 이런 권능이 어찌됨이냐 **3.**이 사람이 마리아의 아들 목수가 아니냐 야고보
와 요셉과 유다와 시몬의 형제가 아니냐 그 누이들이 우리와 함께 여기 있지 아니하냐 하고 예수를
배척한지라 **4.**예수께서 그들에게 이르시되 선지자가 자기 고향과 자기 친척과 자기 집 외에서는
존경을 받지 못함이 없느니라 하시며 **5.**거기서는 아무 권능도 행하실 수 없어 다만 소수의 병자에
게 안수하여 고치실 뿐이었고 **6.**그들이 믿지 않음을 이상히 여기셨더라 이에 모든 촌에 두루 다니
시며 가르치시더라

1. 많은 사람이 예수님의 설교를 듣고 놀랐음 (= 믿음 없는 자에게도 보이는 말씀의 능력)

2절= "안식일이 되어 회당에서 가르치시니 많은 사람이 듣고 놀라 이르되 이 사람이 어디서 이런 것을 얻었느냐?"

2. 예수님의 육적 배경을 잘 안다는 이유로 배척했음 (= 신앙적 고정관념을 깨야 함)

3절= "이 사람이 마리아의 아들 목수가 아니냐 야고보와 요셉과 유다와 시몬의 형제가 아니냐 그 누이들이 우리와 함께 여기 있지 아니하냐 하고 예수를 배척한지라"

3. 거기서는 아무 권능도 행하실 수 없었음 (= 불신은 영적 질병)

5절= "거기서는 아무 권능도 행하실 수 없어 다만 소수의 병자에게 안수하여 고치실 뿐이었고"

◈◈◈

【대지 유형】 주제 설명형 – 본문 분석형 – 대지 진전형

【주제】 (적용) 많은 사람이 예수님의 말씀에 놀라면서도 고정 관념 때문에 믿지 못하여 영적 질병에서 헤어나지 못하고 있다.

【FCF】 많은 신앙인에게서 신앙적 고정 관념이 깨어지지 않고 있음.

【서론】 예수님은 고향 나사렛 사람들이 자신의 말을 믿지 아니하고 배척하는 것을 이상히 여기셨다. 본문은 예수님의 제2차 갈릴리 사역 기간 중 고향 나사렛을 방문하셨으나 배척받으신 사건의 기록이다.
【우산질문】 말씀을 통하여 사람들의 불신앙에 놀라시는 예수님의 모습을 살펴보고, 우리의 믿음을 재점검하자.

【1대지】 사람들은 예수님의 입에서 나오는 지혜롭고 권위 있는 말씀에 압도되어 충격을 받았다. 나사렛 사람들은 예수님을 미천한 목수 정도로만 알았는데, 주님의 가르침은 거부할 수 없는 능력으로 그들에게 다가왔던 것. 믿노라고 하면서 단지 예수님을 인정하고 감탄하는 정도에 머물러서는 안 되겠다. 적극적으로 마음의 문을 열어 우리의 중심에 주님을 모셔 들이고 주님의 뜻대로 사는 데까지 나아가야 하겠다.
【2대지】 나사렛 사람들은 자기들의 섣부른 고정관념에 사로잡혀 하나님의 아들인 예수 그리스도의 진면목을 전혀 볼 수가 없었다. 우리 자신의 신앙적 고정관념을 깨야 한다. 우리의 형식화된 신앙생활은 예수님의 능력 있는 말씀을 무력하게 하고 실패하게 한다.
【3대지】 우리는 복음을 배척하는 자를 보면 부끄러워하지 말고 도리어 이상하게 여겨야 한다. 어느 사회주의자 曰: "우리는 인간이 만들어 낸 사상을 가지고도 이렇게 확신이 있는데, 왜 여러분들은 하나님의 진리를 전파하는데도 그토록 확신이 없습니까?"
【결론】 불신은 오직 아담의 자손들에게만 있는 영적 질병이다. 불신은 사실 오만방자한 자세이다.

- 절기, 용도, 장르, 특징:
- Key Word: 불신, 신앙적 고정관념.
- Remarks:

본문 : **막 6:14~20**

제목 : **헤롯의 슬픈 이야기 (Much Perplexed; yet Heard Gladly)**

14.이에 예수의 이름이 드러난지라 헤롯 왕이 듣고 이르되 이는 세례 요한이 죽은 자 가운데서 살아났도다 그러므로 이런 능력이 그 속에서 일어나느니라 하고
15.어떤 이는 그가 엘리야라 하고 또 어떤 이는 그가 선지자니 옛 선지자 중의 하나와 같다 하되
16.헤롯은 듣고 이르되 내가 목 벤 요한 그가 살아났다 하더라
17.전에 헤롯이 자기가 동생 빌립의 아내 헤로디아에게 장가 든 고로 이 여자를 위하여 사람을 보내어 요한을 잡아 옥에 가두었으니
18.이는 요한이 헤롯에게 말하되 동생의 아내를 취한 것이 옳지 않다 하였음이라
19.헤로디아가 요한을 원수로 여겨 죽이고자 하였으되 하지 못한 것은
20.헤롯이 요한을 의롭고 거룩한 사람으로 알고 두려워하여 보호하며 또 그의 말을 들을 때에 크게 번민을 하면서도 달갑게 들음이러라

1. 헤롯은 요한의 설교를 번민하면서도 즐겼음 (= 구원의 문턱을 넘지 못함)

20절= "헤롯이 요한을 의롭고 거룩한 사람으로 알고 두려워하여 보호하며 또 그의 말을 들을 때에 크게 번민을 하면서도 달갑게 들음이러라"

2. 요한의 설교가 헤롯에게는 무용(無用)했던 이유

첫째, 헤롯은 요한의 설교를 들으면서 단지 어떤 느낌만으로 만족해 했음.
둘째, 그는 헤로디아와의 불륜의 관계를 번민만 하였지, 결국 놓지 못했음.
셋째, 헤롯의 주된 관심은 세상적 인기와 평판을 누리는 데 있었음.

◈◈◈

【대지 유형】 이유 제시형 – 본문 묵상형 – 대지 혼재형
【주제】 (석의) 헤롯은 요한의 설교를 들으면서 번민하였지만, 회개의 결단을 하지 못해 구원의 문턱에서 주저앉았다.
【FCF】 많은 신앙인이 분명한 회개의 선을 넘지 못하고 있음.

【서론】 기독교의 복음은 그 복음을 듣는 사람에게 명백한 결심과 분명한 입장을 요구한다. 헤롯은 어떤 사람인가? 헤롯 대왕의 둘째 아들 헤롯 안티바스(B.C. 20~A.D. 39), 갈릴리와 베레아의 분봉왕. 그는 후에 자신의 동생인 헤롯 빌립의 처이자 자신의 조카인 헤로디아와 불륜의 관계에 빠져 세례요한의 책망을 받았다.
【우산질문】 헤롯의 슬픈 이야기! 말씀을 통하여 우리 자신의 모습을 돌아보

고, 주위의 안타까운 사람들을 향한 연민의 마음을 새롭게 다지자.

【1대지】 헤롯은 요한을 두려워했을 뿐 아니라 그의 의롭고 거룩한 모습으로 인하여 그를 존경했다. 요한의 분명한 말씀 앞에서 명백한 결심을 하지 못한 헤롯은 결국 복음 없는 불신자와 다를 바 없는 사람이었다. 헤롯은 요한을 아직 감옥에 가두기 전에 이미 요한의 메시지를 알았고, 그것을 즐기기까지 했다. 그럼에도 불구하고 이 모든 일이 허사라니, 참으로 놀랍고 안타깝다.

【2대지】 헤롯은 끝까지 맞서서 정당한 입장을 일관되게 고수하지 못했다. 진리의 말씀에 감동했다가 잊어버리곤 하는 사람이었다. 오늘의 헤롯도 다른 것들은 고치기도 하고 버리기도 하면서, 특정한 죄를 청산하지 못하는 경우가 많다. 그러나 하나님은 우리의 온전한 복종, 전적인 헌신을 원하신다. 헤롯은 많은 사람 앞에서 만용을 부려 헤로디아의 딸 살로메에게 호언장담했던 것에 대하여 부담을 떨어버리지 못했다.

【결론】 만일 우리가 정확하게 그리스도의 편을 택하지 않는다면, 복음을 통해 우리가 가지는 훌륭한 느낌들, 가슴 뭉클한 감동들, 그리고 우리의 선행들은 결국 무용(無用)한 것이다.

- 절기, 용도, 장르, 특징:
- Key Word: 발목 신앙, 구원의 문턱.
- Remarks:

본문 : **막 6:45~54**

제목 : **풍랑 속의 제자들을 찾아오시는 예수님**
(Jesus Walking on the Sea)

45.예수께서 즉시 제자들을 재촉하사 자기가 무리를 보내는 동안에 배 타고 앞서 건너편 벳새다로
가게 하시고 **46.**무리를 작별하신 후에 기도하러 산으로 가시니라 **47.**저물매 배는 바다 가운데 있고
예수께서는 홀로 뭍에 계시다가 **48.**바람이 거스르므로 제자들이 힘겹게 노 젓는 것을 보시고 밤 사
경쯤에 바다 위로 걸어서 그들에게 오사 지나가려고 하시매 **49.**제자들이 그가 바다 위로 걸어 오심
을 보고 유령인가 하여 소리 지르니 **50.**그들이 다 예수를 보고 놀람이라 이에 예수께서 곧 그들에게
말씀하여 이르시되 안심하라 내니 두려워하지 말라 하시고 **51.**배에 올라 그들에게 가시니 바람이
그치는지라 제자들이 마음에 심히 놀라니 **52.**이는 그들이 그 떡 떼시던 일을 깨닫지 못하고 도리어
그 마음이 둔하여졌음이러라 **53.**건너가 게네사렛 땅에 이르러 대고 **54.**배에서 내리니 사람들이 곧
예수신 줄을 알고

1. 제자들이 힘겹게 노 젓는 것을 보심 (= 고달픈 인생)

47~48절= "저물매 배는 바다 가운데 있고 예수께서는 홀로 뭍에 계시다가 바람이 거스르므로 제자들이 힘겹게 노 젓는 것을 보시고…"

2. 바다 위 제자들에게로 걸어 오심 (= 초자연적 능력의 예수님)

48~49절= "…밤 사경쯤에 바다 위로 걸어서 그들에게 오사 지나가려고 하시매 제자들이 그가 바다 위로 걸어 오심을 보고 유령인가 하여 소리 지르니"

3. 배에 오르시니 바람이 그침 (= 인생 풍랑 잠잠케)

51절= "배에 올라 그들에게 가시니 바람이 그치는지라…"

◈◈◈

【대지 유형】 주제 설명형 - 본문 묶음형 - 대지 진전형
【주제】 (적용) 예수님은 고달픈 인생살이를 하고 있는 우리를 찾아오셔서 능력으로 인생 풍랑을 잠잠케 하신다.
【FCF】 많은 사람이 인생 풍랑 속에 찾아오시는 예수님을 알아보지 못함.

【서론】 본문에서는 환호하는 군중을 피하셔서 기도하시는 예수님, 한밤중에 바다 위에서 괴로이 노 젓는 제자들을 보시는 예수님, 물 위로 걸어서 제자들

을 찾아오시는 예수님, 그리고 그들을 안전하게 목적지까지 인도하시는 예수님의 모습을 담담하게 그리고 있다.

【우산질문】 말씀을 통하여 풍랑 속의 제자들을 찾아오시는 예수님을 만나는 은혜를 체험하자.

【1대지】 '힘겹게(바사니조메누스)'= '고통을 당하고 있는'. 예수님은 멀리 산에서부터 제자들을 돕기 위해 물 위를 걷는 기적의 방법을 동원해서 그들을 찾아오셨다. 말씀에 순종하며 하나님 나라의 길을 가다가 시련과 역경에 부딪히더라도 결코 이상하게 생각하거나 당황하지 말아야 한다.

【2대지】 배는 육지에서 십여 리 떨어진 곳(요 6:19), 바다 한복판에 있었고, 시간은 밤 사경(새벽 3시~6시)이었다. 물 위로 걸어오신 예수님은 두려워 떠는 제자들에게 "안심하라 내니 두려워하지 말라"고 하셨다. 풍랑 속의 제자들을 찾아오시는 예수님을 바라보라. 유령이라고 놀라지 말고, 우리의 구주요 주님이신 그분을 기쁨으로 맞이하자.

【3대지】 주님 앞에서는 자연까지라도 순종할 수밖에 없었다. 예수님은 우리에게 오셔서 우리의 인생 풍랑을 잠잠케 하신다.

【결론】 여러분은 물 위로 걸어오시는 예수님을 보신 적이 있나? 여러분의 삶을 위협하는 인생 풍랑을 말씀으로 꾸짖어 잠잠케 하시는 예수님을 뵌 적이 있는가?

- 절기, 용도, 장르, 특징:
- Key Word: 풍랑, 물 위로 걷기.
- Remarks:

본문 : **막 8:34~38**

제목 : **영혼의 구원 (Gaining the World, Losing the Soul)**

34.무리와 제자들을 불러 이르시되 누구든지 나를 따라오려거든 자기를 부인하고 자기 십자가를 지고 나를 따를 것이니라 **35.**누구든지 자기 목숨을 구원하고자 하면 잃을 것이요 누구든지 나와 복음을 위하여 자기 목숨을 잃으면 구원하리라 **36.**사람이 만일 온 천하를 얻고도 자기 목숨을 잃으면 무엇이 유익하리요 **37.**사람이 무엇을 주고 자기 목숨과 바꾸겠느냐 **38.**누구든지 이 음란하고 죄 많은 세대에서 나와 내 말을 부끄러워하면 인자도 아버지의 영광으로 거룩한 천사들과 함께 올 때에 그 사람을 부끄러워하리라

1. 사람의 목숨은 온 천하와 바꿀 수 없다고 하심 (= 영혼의 무한한 가치 강조하심)

36~37절= "사람이 만일 온 천하를 얻고도 자기 목숨을 잃으면 무엇이 유익하리요 사람이 무엇을 주고 자기 목숨과 바꾸겠느냐"

2. 자기 목숨을 구원하고자 하면 잃을 것이라고 하심 (= 영혼의 잃어버림을 경고하심)

35절= "누구든지 자기 목숨을 구원하고자 하면 잃을 것이요…"

3. 복음을 위해 자기 목숨을 잃으면 구원받는다고 하심 (= 십자가 지는 삶을 격려하심)

34절= "누구든지 나를 따라오려거든 자기를 부인하고 자기 십자가를 지고 나를 따를 것이니라"

35절= "누구든지 나와 복음을 위하여 자기 목숨을 잃으면 구원하리라"

◈◈◈

【대지 유형】 주제 설명형 – 본문 분석형 – 대지 반전형

【주제】 고귀한 영혼을 잃지 않고 구원하는 길은 십자가 지고 주님을 따르는 삶이다.

【FCF】 많은 사람이 영혼을 상실할 위험 앞에서 잘 깨닫지 못하고 있음.

【서론】 인간이란 무엇인가?= 철학의 오랜 질문이다. 진정한 의미의 인간 연구는 오직 성경에서만이 가능하다. 인간= 하나님의 형상대로 창조됨(거룩,

의, 도덕적 존재)= 하나님과의 교제 목적, 인간은 하나님과 사랑의 교통을 나누는 존재= 이런 면에서 여타 피조물과는 구별된다. 인간은 타락으로 어둠 가운데 거하게 됨. 예수 오심은 인간 본래의 거룩한 형상을 되찾아 주시기 위함. 인간의 가치는 엄청나다. 주님은 자신을 희생하면서까지 인류를 구원하기 위해 오셨다.

【우산질문】 우리의 영혼을 구원하는 일에 대해 주님은 어떻게 가르치고 계시나?

【1대지】 목숨의 중요함을 주님이 친히 역설하신다. 우리의 목숨은 동물과 다르고 물질과 다르다. 하나님의 형상으로 창조된 인간은 영적 존재이다. 성경은 영혼에 대해 확실하게 증명한다. 영혼의 진정한 가치: 기능면(이해, 판단, 의지, 기억, 양심 등)에서 뛰어남, 그러나 진정한 가치는 영혼의 불멸성에 있다. 우리를 향하신 하나님의 무한한 관심을 볼 때 영혼의 가치는 더욱 빛난다. 우리의 영혼은 끝없는 욕구로 끊임없이 팽창되어 간다.

【2대지】 영혼 상실에 대한 주님의 경고는 명확하다. 영혼을 잃어버린다? 생각만 해도 무서운 일이다. 하나님의 모든 축복(모든 좋은 것, 평강, 빛, 자유, 안식, 하늘의 영광, 하나님과의 교제 등)으로부터 제외된다. 하나님의 저주의 형벌 아래 처해지게 된다. 어둠 속에 꽁꽁 묶여 이를 갊이 있으리라 하심. 특히 자기 의로 살려 하는 자는 반드시 영혼을 상실하게 된다.

【3대지】 주님은 성도가 십자가 지고 주님을 따르는 삶을 격려하신다. 심지어 온 천하를 얻어도 영혼을 잃으면 안 된다. 아무리 이 세상에서 높아져도, 아무리 많은 보화를 소유해도, 아무리 큰 명예를 얻어도 영혼의 가치는 그보다 훨씬 크다!

【결론】 생각하자. 영원한 삶에 욕심내자. 예수님을 믿고, 예수님을 따라 예수님을 주인 삼고 예수님과 동행하자. 우리 주위, 내 사랑하는 자들 가운데 한 명도 양보할 수 없다!

- 절기, 용도, 장르, 특징:
- Key Word: 목숨, 영혼의 고귀함.
- Remarks:

본문 : **막 9:14~29**

제목 : **변화산 아래의 영적 전투 (Spiritual Warfare under the Moutain)**

14.이에 그들이 제자들에게 와서 보니 큰 무리가 그들을 둘러싸고 서기관들이 그들과 더불어 변론하고 있더라 **15.**온 무리가 곧 예수를 보고 매우 놀라며 달려와 문안하거늘 **16.**예수께서 물으시되 너희가 무엇을 그들과 변론하느냐 **17.**무리 중의 하나가 대답하되 선생님 말 못하게 귀신 들린 내 아들을 선생님께 데려왔나이다 **18.**귀신이 어디서든지 그를 잡으면 거꾸러져 거품을 흘리며 이를 갈며 그리고 파리해지는지라 내가 선생님의 제자들에게 내쫓아 달라 하였으나 그들이 능히 하지 못하더이다 **19.**대답하여 이르시되 믿음이 없는 세대여 내가 얼마나 너희와 함께 있으며 얼마나 너희에게 참으리요 그를 내게로 데려오라 하시매 **20.**이에 데리고 오니 귀신이 예수를 보고 곧 그 아이로 심히 경련을 일으키게 하는지라 그가 땅에 엎드러져 구르며 거품을 흘리더라 **21.**예수께서 그 아버지에게 물으시되 언제부터 이렇게 되었느냐 하시니 이르되 어릴 때부터니이다 **22.**귀신이 그를 죽이려고 불과 물에 자주 던졌나이다 그러나 무엇을 하실 수 있거든 우리를 불쌍히 여기사 도와 주옵소서 **23.**예수께서 이르시되 할 수 있거든이 무슨 말이냐 믿는 자에게는 능히 하지 못할 일이 없느니라 하시니 **24.**곧 그 아이의 아버지가 소리를 질러 이르되 내가 믿나이다 나의 믿음 없는 것을 도와 주소서 하더라 **25.**예수께서 무리가 달려와 모이는 것을 보시고 그 더러운 귀신을 꾸짖어 이르시되 말 못하고 못 듣는 귀신아 내가 네게 명하노니 그 아이에게서 나오고 다시 들어가지 말라 하시매 **26.**귀신이 소리 지르며 아이로 심히 경련을 일으키게 하고 나가니 그 아이가 죽은 것 같이 되어 많은 사람이 말하기를 죽었다 하나 **27.**예수께서 그 손을 잡아 일으키시니 이에 일어서니라 **28.**집에 들어가시매 제자들이 조용히 묻자오되 우리는 어찌하여 능히 그 귀신을 쫓아내지 못하였나이까 **29.**이르시되 기도 외에 다른 것으로는 이런 종류가 나갈 수 없느니라 하시니라

1. 제자들은 귀신을 내쫓지 못하였음 (= 우리 혼자 힘으로는 영적 전투에 이길 수 없음)

18절= “귀신이 어디서든지 그를 잡으면 거꾸러져 거품을 흘리며 이를 갈며 그리고 파리해지는지라 내가 선생님의 제자들에게 내쫓아 달라 하였으나 그들이 능히 하지 못하더이다”

2. 예수님은 곧바로 소년을 돕지 않으셨음 (= 영적 전투에 시간이 걸림)

21절= “예수께서 그 아버지에게 물으시되 언제부터 이렇게 되었느냐?”

23절= “예수께서 이르시되 할 수 있거든이 무슨 말이냐? 믿는 자에게는 능히 하지 못할 일이 없느니라”

3. 귀신이 심한 경련을 일으켜 아이가 죽은 것 같이 됨 (= 고침 받기 전에 더 나빠질 수 있음)

26절= “귀신이 소리 지르며 아이로 심히 경련을 일으키게 하고 나가니 그 아이가 죽은 것 같이 되어 많은 사람이 말하기를 죽었다 하나”

◈◈◈

【대지 유형】 주제 설명형 - 본문 묶음형 - 대지 진전형
【주제】 영적 전투에는 다소 시간이 걸릴 수 있으나 주님을 의지하여 승리할 수 있다.
【FCF】 많은 신앙인이 영적 전투의 치열함을 인식하지 못함.

【서론】 이 세상은 영적 전투의 현장이다. 많은 설교자는 성경에서 귀신에 관한 본문과 마주칠 때마다 건너뛰고 싶은 유혹을 느끼는 것 같다. 말씀을 통해서, 귀신을 내쫓는 문제를 직접적으로 살펴보자.
【우산질문】 축사(逐邪)는 영적 전투의 대표적 케이스이다. 변화산 아래에서 일어났던 사건을 통하여 우리에게 주시는 하나님의 음성을 듣자.

【1대지】 주님 없이는 제자들은 아무것도 아니었고, 논쟁을 걸어온 서기관들에게도 이들은 허약한 존재일 뿐이었다. 제자들은 자만(自慢)과 안일(安逸)에 빠져서 하나님을 전적으로 의지하는 믿음과 기도의 자세를 갖추지 않았다.
【2대지】 예수님은 마치 소년의 병력(病歷)을 캐고 계시는 것 같다. 예수님은 결코 서두르지 않으신다. 우리가 그 이유는 다 모른다 하더라도, 주님은 세상에서 악을 서둘러 제거하지 않으시는 것이 틀림없다. 설교자가 계속해서 물어야 하는 첫 번째 질문은 "우리는 과연 그분을 전적으로 믿는가?" 또는 "나는 과연 예수께서 이 문제를 해결할 능력을 가지고 있음을 100% 믿고 있는가?"이다.
【3대지】 우리는 성령으로 충만한 설교가 선포될 때 회중 가운데서 계속 경련이 일어나더라도 놀라지 말아야 한다. 귀신은 누군가에서 떠나갈 때 마지막 발악으로 그를 해치려고 하는 법이다. 어떤 사람들은 교회에 대하여 그렇게 말할 것이다. "교회가 피곤하다. 성도들이 힘들어한다." 그러나 예수님은 그렇게 말하지 않으신다. 허리를 굽혀 아이의 손을 잡고 일으키시자 아이는 마침내 일어난다.
【결론】 귀신을 쫓아내는 것은 매우 중요하다. 우리 속의 세속적인 요소들을 내쫓고 성령 충만한 성도가 되어야 한다. 옛사람을 벗어버리고 주님이 입혀주는 새사람으로 옷 입는 성도가 되어야 한다(골 3:9).

- 절기, 용도, 장르, 특징:
- Key Word: 귀신, 축사, 영적전투.
- Remarks:

본문 : **막 10:13~16**
제목 : **어린아이들에 대한 세 가지 시각**
(Do Not Hinder the Little Children)

13.사람들이 예수께서 만져 주심을 바라고 어린 아이들을 데리고 오매 제자들이 꾸짖거늘 **14.**예수
께서 보시고 노하시어 이르시되 어린 아이들이 내게 오는 것을 용납하고 금하지 말라 하나님의 나라
가 이런 자의 것이니라 **15.**내가 진실로 너희에게 이르노니 누구든지 하나님의 나라를 어린 아이와
같이 받들지 않는 자는 결단코 그 곳에 들어가지 못하리라 하시고 **16.**그 어린 아이들을 안고 그들
위에 안수하시고 축복하시니라

1. 부모의 모습: 예수께로 데리고 옴

13절= "사람들이 예수께서 만져 주심을 바라고 어린아이들을 데리고 오매"

2. 제자들의 모습: 어린아이들을 귀찮게 여김

13절= "··· 어린아이들을 데리고 오매 제자들이 꾸짖거늘"

3. 예수님의 모습: 어린아이들을 축복하심

16절= "그 어린 아이들을 안고 그들 위에 안수하시고 축복하시니라"

◈◈◈

【대지 유형】 주제 함축형 – 본문 분석형 – 대지 반전형
【주제】 (석의) 예수님은 부모의 손에 이끌려 예수께로 나오는 어린아이들을 막는 제자들을 꾸짖으시고 어린아이들을 축복하셨다.
【FCF】 많은 신앙인은 어린아이들이 예수께로 나오는 것의 귀중함을 모르고 있음.

【서론】 5월은 가정의 달. 어린이 주일과 어버이 주일. 오늘은 한 해 한 번 있는 어린이 주일. 어린이에 대한 우리의 태도를 돌아보자. 어린아이들과 청소년들의 어깨에 우리의 미래가 달려 있다. 교회와 사회와 나라의 미래가 이들에게 달려 있다. 그러므로 어린아이들에게 바람직한 교육환경을 조성하는 것이야말로 무엇보다 중요하다.
【우산질문】 우리는 어린아이에 대해 어떤 시각을 가지고 있는가? 본문에 나타난 세 가지 시각을 살펴보자.

【1대지】 부모는 "만져 주심을 바라고" 자녀를 데려왔다. 아무리 못난 자식에게도 부모의 바람이 있다. 동사는 미완료 과거로 쓰여 사람들이 끊임없이 어린아이들을 데리고 왔음을 암시하고 있다. '데리고 오매(prosphero)'라는 단어는 하나님께 드리는 의미로 쓰인다. 마 19:13, "때에 사람들이 예수의 안수하고 기도하심을 바라고 어린아이들을 데리고 오매…" 가장 훌륭한 부모의 역할은 무엇보다 자녀를 예수님께로 데리고 와서 예수님의 품에 안기도록 하는 것이다.

【2대지】 제자들은 어린이를 데리고 오는 부모들을 꾸짖었고, 귀찮게 여겼다. '꾸짖다(epitimao)'는 매우 강한 단어이다. 제자들은 실제로 부모들을 붙잡고 밀어낸 것 같다. 제자들의 이런 모습은 예수님의 분노를 자아내게 했다. 당시 예수님은 십자가 고난을 앞두고 매우 착잡한 심경이었지만, 아이들을 향한 관용과 여유를 가졌다.

【3대지】 예수님의 어린아이에 대한 관심은 사람들의 예상을 훨씬 뛰어넘는 것이었다. 어린아이는 천국의 주인이요 예수님 앞에 나오는 것은 오히려 어린아이들에게 더 큰 권리인데, 누가 야단을 칠 수 있겠는가! 예수 이름으로 모이는 주일학교에서 아이들은 진정한 사랑이 무엇인가를 배우고, 생명과 소망과 믿음을 배우며 자란다. 거기서 그리스도의 평강을 소유하여 험한 세상에서도 승리할 수 있는 능력을 얻는다.

【결론】 어린아이 때부터 예수님께로 인도하자. 야단치는 것보다 마치 예수님 대하듯 사랑과 정성으로 받아들이자.

- 절기, 용도, 장르, 특징: 어린이 주일.
- Key Word: 어린아이.
- Remarks:

본문 : **막 10:13~16**
제목 : **어린아이에 관한 예수님의 가르침**

13.사람들이 예수께서 만져 주심을 바라고 어린 아이들을 데리고 오매 제자들이 꾸짖거늘 **14.**예수께서 보시고 노하시어 이르시되 어린 아이들이 내게 오는 것을 용납하고 금하지 말라 하나님의 나라가 이런 자의 것이니라 **15.**내가 진실로 너희에게 이르노니 누구든지 하나님의 나라를 어린 아이와 같이 받들지 않는 자는 결단코 그 곳에 들어가지 못하리라 하시고 **16.**그 어린 아이들을 안고 그들 위에 안수하시고 축복하시니라

1. 어린아이들이 예수께 나아오는 것을 금하지 말라 하심 (= 아이들을 주님께로, 교회로 인도해야 함)
14절= "예수께서 보시고 노하시어 이르시되 어린아이들이 내게 오는 것을 용납하고 금하지 말라…"

2. 하나님 나라는 어린아이와 같은 자들의 것이라 하심 (= 성도에게 어린아이의 심성이 필요함)
14절= "…하나님의 나라가 이런 자의 것이니라"

3. 하나님 나라를 어린아이와 같이 받들지 않는 자는 그곳에 들어가지 못하리라 하심 (= 성도는 예수님을 신뢰하고 맡기며 순종해야 함)
15절= "내가 진실로 너희에게 이르노니 누구든지 하나님의 나라를 어린 아이와 같이 받들지 않는 자는 결단코 그 곳에 들어가지 못하리라"

◈◈◈

【대지 유형】 주제 적용형 - 본문 분석형 - 대지 혼재형(1+2)
【주제】 교회는 아이들을 영접하고 아이들의 심성으로 하나님 나라를 받드는 성도들의 모임이어야 한다.
【FCF】 많은 교회가 어린이의 가치와 귀중성에 대해 눈을 더 떠야 함.

【서론】 어린이 주일의 유래(찰스 레오날드 목사, 다른 주제 잡기 참조). 본문은 주님의 생애 가운데 복음의 진수를 가장 강력하고 아름답게 묘사하고 있는 장면이다. 13절= 제자들은 아이들을 귀찮은 존재로 생각함. 제자들의 세속적인 권위의식. 그러나 예수님의 생각은 전혀 달랐다.

【우산질문】 본문에서 예수님은 어린아이들에 관해 어떻게 가르치시는가?

【1대지】 어린아이라 할지라도 예수님께로 이끌림 받아야 한다. 용납하라, 금하지 말라. 두 가지 명령을 주심. 아이들을 그리스도께로 인도해 올 때 얻는 유익: 사랑받고 사랑하는 것을 배운다. 자라면서 하나님의 능력과 주시는 승리의 삶을 배우게 된다. 자라면서 소망과 믿음을 배운다.
【2대지】 어린아이의 성품, 심성, 행동 등에는 하나님 나라에 들어가고자 하는 사람들이 갖추어야 할 요소가 보인다. 어린아이는 무엇이든지 잘 믿으며 의존적이다. 무엇에나 순종적이며 선악 간에 항상 배우는 존재이다. 겸손하며 쉽게 용서하는 존재이다. "하나님 나라는 이런 자의 것이다."
【3대지】 15절은 성도가 평생 가슴속에 넣어두어야 할 주님의 금언(金言)이다. 하나님 나라를 줄 수 있는 권한은 오직 하나님께만 있다. 하나님의 은혜로운 초청에 대한 반응은 긍정적, 부정적 반응으로 나뉜다. 주님의 강한 표현: "결단코 들어가지 못하리라." 천국을 어린아이처럼 받든다?= 예수님을 신뢰하고 의지, 모든 것을 맡기며 순종, 겸손하며 모든 것을 용서한다.
【결론】 16절= "그 어린아이들을 안고 그들 위에 안수하시고 축복하시니라." 주님은 어린아이들을 영접하시며 축복하신다. 우리는 어린아이들의 유치한 점들은 버려야 하나, 어린아이들의 좋은 특성을 잃지 않고 더욱 살려야 한다.

- 절기, 용도, 장르, 특징: 어린이 주일.
- Key Word: 어린이.
- Remarks:

본문 : **막 10:13~16**
제목 : **어린아이에 대한 성경의 가르침**
(Do Not Hinder the Little Children)

13.사람들이 예수께서 만져 주심을 바라고 어린 아이들을 데리고 오매 제자들이 꾸짖거늘 **14.**예수
께서 보시고 노하시어 이르시되 어린 아이들이 내게 오는 것을 용납하고 금하지 말라 하나님의 나라
가 이런 자의 것이니라 **15.**내가 진실로 너희에게 이르노니 누구든지 하나님의 나라를 어린 아이와
같이 받들지 않는 자는 결단코 그 곳에 들어가지 못하리라 하시고 **16.**그 어린 아이들을 안고 그들
위에 안수하시고 축복하시니라

1. 부모들은 어린아이들을 예수께로 데리고 왔음 (= 교회 어린이 교육의 당위성)
13절= "사람들이 예수께서 만져 주심을 바라고 어린 아이들을 데리고 오매…"

2. 제자들은 그 부모를 꾸짖었음 (= 어린이 교육의 홀대를 경계)
13절= "사람들이 예수께서 만져 주심을 바라고 어린 아이들을 데리고 오매 제자들이 꾸짖거늘"

3. 예수님은 어린아이들을 축복하심 (= 어린이 교육의 중요성)
15~16절= "내가 진실로 너희에게 이르노니 누구든지 하나님의 나라를 어린 아이와 같이 받들지 않는 자는 결단코 그 곳에 들어가지 못하리라 하시고 그 어린 아이들을 안고 그들 위에 안수하시고 축복하시니라"

◈◈◈

【대지 유형】 주제 설명형 – 본문 분석형 – 대지 반전형
【주제】 (석의) 아이들을 예수께로 데리고 오는 부모들을 제자들은 귀찮아했지만 예수님은 오히려 아이들을 축복하셨다.
【FCF】 많은 교인이 어린아이들의 교회 교육과 이를 위한 투자 등에 미온적임.

【서론】 5월은 가정의 달. 어린이의 중요성, 어린이에 대한 평소 우리의 태도를 돌아보는 기회로 삼자. 본문은 어린이에 대한 성경적 시각을 잘 보여준다.
【우산질문】 우리는 어린아이에 대해 어떤 시각을 갖고 있나? 예수님에게서 어떤 점을 배워야 하나?

【1대지】 "만져주심을 바라고…" 자식에게 바람을 갖는 부모의 마음. "데리고 오매"= 하나님께 드리는 의미로 사용됨. 잠 22:6; 딤후 3:15.

【2대지】 제자들은 아이들을 귀찮게 여겼고 세속적인 권위 의식을 가졌다. 제자들의 행동에 이해는 된다: 많은 사람, 고단하신 예수님, 존귀하신 예수님, 별 대수롭지도 않은 아이들 때문에 방해가 크다? 등등. 그러나 예수님은 그런 제자들의 태도를 책망하셨다. "분히 여기셨다."

【3대지】 어린이를 소중히 여기시는 예수님. 예) 마 18:5, 예수님께 안기는 아이들은 엄청난 복을 받는다. 사랑, 생명, 소망, 믿음을 배운다. 평강을 소유하게 되고 능력을 얻는다.

【결론】 어린이는 한 가정의 미래요 한 국가의 미래이다. 어린아이 때부터 예수께로 인도하자. 예수님 대하듯 사랑과 정성으로 받아들이자.

- 절기, 용도, 장르, 특징: 어린이 주일.
- Key Word: 어린이.
- Remarks:

본문 : **막 10:35~45; 빌 2:8~11**
제목 : **인자가 온 것은 (The Coming of Jesus Christ)**

35.세베대의 아들 야고보와 요한이 주께 나아와 여짜오되 선생님이여 무엇이든지 우리가 구하는 바를 우리에게 하여 주시기를 원하옵나이다 **36.**이르시되 너희에게 무엇을 하여 주기를 원하느냐 **37.**여짜오되 주의 영광중에서 우리를 하나는 주의 우편에, 하나는 좌편에 앉게 하여 주옵소서 **38.**예수께서 이르시되 너희는 너희가 구하는 것을 알지 못하는도다 내가 마시는 잔을 너희가 마실 수 있으며 내가 받는 세례를 너희가 받을 수 있느냐 **39.**그들이 말하되 할 수 있나이다 예수께서 이르시되 너희는 내가 마시는 잔을 마시며 내가 받는 세례를 받으려니와 **40.**내 좌우편에 앉는 것은 내가 줄 것이 아니라 누구를 위하여 준비되었든지 그들이 얻을 것이니라 **41.**열 제자가 듣고 야고보와 요한에 대하여 화를 내거늘 **42.**예수께서 불러다가 이르시되 이방인의 집권자들이 그들을 임의로 주관하고 그 고관들이 그들에게 권세를 부리는 줄을 너희가 알거니와 **43.**너희 중에는 그렇지 않을지니 너희 중에 누구든지 크고자 하는 자는 너희를 섬기는 자가 되고 **44.**너희 중에 누구든지 으뜸이 되고자 하는 자는 모든 사람의 종이 되어야 하리라 **45.**인자가 온 것은 섬김을 받으려 함이 아니라 도리어 섬기려 하고 자기 목숨을 많은 사람의 대속물로 주려 함이니라
빌 2:8.사람의 모양으로 나타나사 자기를 낮추시고 죽기까지 복종하셨으니 곧 십자가에 죽으심이라 **9.**이러므로 하나님이 그를 지극히 높여 모든 이름 위에 뛰어난 이름을 주사 **10.**하늘에 있는 자들과 땅에 있는 자들과 땅 아래에 있는 자들로 모든 무릎을 예수의 이름에 꿇게 하시고 **11.**모든 입으로 예수 그리스도를 주라 시인하여 하나님 아버지께 영광을 돌리게 하셨느니라

1. 섬김을 받으려 함이 아니라 섬기려 하심 (= 섬기는 자)

45절= "인자가 온 것은 섬김을 받으려 함이 아니라 도리어 섬기려 하고…"

2. 자기 목숨을 대속물로 주려 하심 (= 대속의 봉사자)

45절= "인자가 온 것은 섬김을 받으려 함이 아니라 도리어 섬기려 하고 자기 목숨을 많은 사람의 대속물로 주려 함이니라"

3. 모든 무릎을 예수님의 이름에 꿇게 하심 (= 하나님이 그를 지극히 높이심)

빌 2:9~11= "이러므로 하나님이 그를 지극히 높여 모든 이름 위에 뛰어난 이름을 주사 하늘에 있는 자들과 땅에 있는 자들과 땅 아래에 있는 자들로 모든 무릎을 예수의 이름에 꿇게 하시고 모든 입으로 예수 그리스도를 주라 시인하여 하나님 아버지께 영광을 돌리게 하셨느니라"

◈◈◈

【대지 유형】 주제 설명형 - 본문 수집형 - 대지 진전형

【주제】 성육신하신 예수 그리스도는 섬기는 자로 오셔서 자기 목숨을 대속물로 주셨고, 하나님에 의해 지극히 높은 자리로 오르셨다.
【FCF】 많은 신앙인이 섬기는 자의 자세를 갖지 못함.

【서론】 대림 절기는 독생자가 성육신(成肉身)하여 이 땅에 오신 엄청난 사건을 뒤돌아보며, 부활 승천하셔서 하늘 보좌에 좌정하신 주님이 다시 오실 '재림의 날'에 대한 소망을 다짐하는 절기이다. 본문은 예수님이 이 땅에 오신 목적을 분명히 보여준다.
【우산질문】 말씀을 통하여 인자(人子)이신 예수 그리스도의 강림이 주는 의미에 대해 살펴보며, 주님이 주시는 겸손과 섬김에 대한 교훈을 되새기자.

【1대지】 예수님의 성육신 자체가 섬기는 자의 화신이다. 예수님이 섬기는 자로 오신 것은 주님의 일생을 통하여 하신 모든 사역에서도 나타난다. 주님은 고난의 길, 십자가의 길, 섬기는 자의 길을 교훈하시고 모범을 보이셨건만 제자들은 세속적 영광에만 집착했다.
【2대지】 섬기는 자의 마지막 극치는 남의 대속물이 되는 것이다. '대속물(代贖物, 뤼트론)'은 '의무나 속박에서 풀어주는 것'. 마지막 환난의 시대에 고통받는 모든 자에게 대속의 봉사자로 오신 예수님의 이름보다 더 중요한 것은 없다.
【3대지】 하나님은 섬기려 오신 예수님을 지극히 높이셨다. 온 인류 가운데 수억의 사람들이 입을 열어 예수님의 이름을 찬미하고 있다. 그리고 동일한 방법으로 섬기는 삶을 사는 성도들을 높여주신다.
【결론】 섬기는 자로 오신 예수님을 본받아 우리도 섬김을 받으려 하는 마음을 버리고 섬기는 삶을 향해 달려가자. 대속의 봉사자로 오신 예수님을 기억하며 날마다 주님의 십자가 보혈로 우리의 영혼을 깨끗하게 씻자.

- 절기, 용도, 장르, 특징: 강림절.
- Key Word: 성육신.
- Remarks:

본문 : **막 10:46~52**

제목 : **빛을 찾은 사람**

46.그들이 여리고에 이르렀더니 예수께서 제자들과 허다한 무리와 함께 여리고에서 나가실 때에 디
매오의 아들인 맹인 거지 바디매오가 길 가에 앉았다가 **47.**나사렛 예수시란 말을 듣고 소리 질러 이
르되 다윗의 자손 예수여 나를 불쌍히 여기소서 하거늘 **48.**많은 사람이 꾸짖어 잠잠하라 하되 그가
더욱 크게 소리 질러 이르되 다윗의 자손이여 나를 불쌍히 여기소서 하는지라 **49.**예수께서 머물러
서서 그를 부르라 하시니 그들이 그 맹인을 부르며 이르되 안심하고 일어나라 그가 너를 부르신다 하
매 **50.**맹인이 겉옷을 내버리고 뛰어 일어나 예수께 나아오거늘 **51.**예수께서 말씀하여 이르시되 네
게 무엇을 하여 주기를 원하느냐 맹인이 이르되 선생님이여 보기를 원하나이다 **52.**예수께서 이르시
되 가라 네 믿음이 너를 구원하였느니라 하시니 그가 곧 보게 되어 예수를 길에서 따르니라

1.바디매오는 소리 질러 예수님을 찾았음 (= 보지 못해도 믿고 구함)

46~47절= "…맹인 거지 바디매오가 길 가에 앉았다가 나사렛 예수시란 말을 듣고 소리 질러 이르되 다윗의 자손 예수여 나를 불쌍히 여기소서 하거늘"

2. 많은 사람의 반대 속에서도 더욱 열심히 주님을 찾았음 (= 기회를 놓치지 않음)

48절= "많은 사람이 꾸짖어 잠잠하라 하되 그가 더욱 크게 소리 질러 이르되 다윗의 자손이여 나를 불쌍히 여기소서 하는지라"

3. 예수님의 능력으로 곧 보게 되어 예수님을 따랐음 (= 빛을 찾고 삶의 방향이 달라짐)

52절= "예수께서 이르시되 가라 네 믿음이 너를 구원하였느니라 하시니 그가 곧 보게 되어 예수를 길에서 따르니라"

◈◈◈

【대지 유형】 주제 설명형 - 본문 묶음형 - 대지 진전형

【주제】 (석의) 맹인 바디매오는 예수님을 믿고 부지런히 찾아 빛을 찾은 사람이 되었다.

【FCF】 많은 사람이 구원의 기회를 잡지 못하고 떠내려 보내고 있음.

【서론】 디매오(당시 유명한 인물로 추정됨)의 아들 바디매오. 날 때부터 맹인이었음. 길거리에서 구걸하는 신세. 모든 인생의 비극은 나면서부터 죄인이라는 사실. 날 때부터 저주받은 몸으로 태어난 바디매오는 부모에게까지 버림받았고 사람들로부터 버림받아 갈 곳이 없었다. 저주받은 죄인들이 갈 곳은 이 세상 어디에도 없다. 그런 사람이 예수님을 만났고 빛을 찾게 되었다.
【우산질문】 바디매오가 어떻게 빛을 찾게 되었는가 살펴보자.

【1대지】 바디매오는 소문을 듣고 믿었다. 예수님에 대한 소식은 구원과 승리와 기쁨의 소식이다. 우리가 전할 소식은 예수님의 소식밖에 없다. 그는 예수님을 보지 못했지만 믿었다. 그는 예수님의 도움을 받기로 결심했다. "다윗의 자손 예수여!" 예) 예수님은 도마에게, "너는 나를 본 고로 믿느냐?" 보지 않고 믿는 것이 중요하다고 하심. 바디매오는 자신이 불쌍한 존재임을 스스로 인정했다. 그리고 그는 기회를 놓치지 않았다.
【2대지】 바디매오가 예수님께 나아오는 길을 주위 사람들이 방해했다. 우리 주위에서, 많은 교회에서 쉽게 볼 수 있는 현상이다. 하지만 그는 기회를 놓칠 수 없었다. 그만큼 믿었고 절박했기 때문. 이 바디매오의 심정이 전도자의 심정이어야 한다. 우리 원수 사탄은 우리가 예수께로 가는 길목에 서서 방해한다. 때로는 교인들을 사용하기도 한다.
【3대지】 주님의 부르심에 그는 겉옷을 벗어 던지고 뛰어나왔다= 모든 장애를 던져버리고. 그는 결단의 사람. 그리고 자기의 형편을 주님께 겸손히 아뢰었다. 그는 예수님에 의해 눈이 열려 보게 되었다. 영의 눈, 신령한 눈이 열렸다. 빛을 보게 되었다. 여러분의 시각은 어떤가? 그는 예수님을 따르는 삶을 택했다.
【결론】 우리의 심장은 누구를 위해 약동하고 있나? 우리의 발은 지금 어디를 향해 가고 있나? 당신은 지금 무엇을 위해 삶을 투자하고 있나? 겉옷(걸림돌 되는 것들)을 던져버리고 주님을 따르자.

- 절기, 용도, 장르, 특징:
- Key Word: 맹인, 빛을 찾은 사람.
- Remarks:

본문 : **막 11:11~18**
제목 : **둘러보시는 예수님**
(Looking Around All Things of the Temple)

11.예수께서 예루살렘에 이르러 성전에 들어가사 모든 것을 둘러 보시고 때가 이미 저물매 열두 제
자를 데리시고 베다니에 나가시니라 **12.**이튿날 그들이 베다니에서 나왔을 때에 예수께서 시장하신
지라 **13.**멀리서 잎사귀 있는 한 무화과나무를 보시고 혹 그 나무에 무엇이 있을까 하여 가셨더니 가
서 보신즉 잎사귀 외에 아무 것도 없더라 이는 무화과의 때가 아님이라 **14.**예수께서 나무에게 말씀
하여 이르시되 이제부터 영원토록 사람이 네게서 열매를 따 먹지 못하리라 하시니 제자들이 이를 듣
더라 **15.**그들이 예루살렘에 들어가니라 예수께서 성전에 들어가사 성전 안에서 매매하는 자들을 내
쫓으시며 돈 바꾸는 자들의 상과 비둘기 파는 자들의 의자를 둘러 엎으시며 **16.**아무나 물건을 가지
고 성전 안으로 지나다님을 허락하지 아니하시고 **17.**이에 가르쳐 이르시되 기록된 바 내 집은 만민
이 기도하는 집이라 칭함을 받으리라고 하지 아니하였느냐 너희는 강도의 소굴을 만들었도다 하시
매 **18.**대제사장들과 서기관들이 듣고 예수를 어떻게 죽일까 하고 꾀하니 이는 무리가 다 그의 교훈
을 놀랍게 여기므로 그를 두려워함일러라

1. 성전의 제반 상태를 점검하심 (= 교회의 영적 상태 점검)

11절= "예수께서 예루살렘에 이르러 성전에 들어가사 모든 것을 둘러 보시고…"

2. 장사꾼들을 쫓아내심 (= 있어선 안 될 것 추방)

15절= "저희가 예루살렘에 들어가니라 예수께서 성전에 들어가사 성전 안에서 매매하는 자들을 내어쫓으시며 돈 바꾸는 자들의 상과 비둘기 파는 자들의 의자를 둘러 엎으시며"

3. 무화과나무의 열매를 찾으심 (= 있어야 할 열매 찾으심)

13절= "멀리서 잎사귀 있는 한 무화과나무를 보시고 혹 그 나무에 무엇이 있을까 하여 가셨더니 가서 보신즉 잎사귀 외에 아무 것도 없더라…"

◈◈◈

【대지 유형】 주제 설명형 – 본문 묶음형 – 대지 진전형

【주제】 (적용) 예수님은 우리의 영적 상태를 점검해 보시고 있어선 안 될 것을 추방하시며 있어야 할 열매를 찾으신다.

【FCF】 많은 신앙인이 내면에 있어선 안 될 것들을 추방하지 못하고 있음.

【서론】 한 해의 마지막 주일이다. 본문은 예수님께서 예루살렘에 들어가셔서 성전을 둘러보신 일을 기록하고 있다. 우리도 주님처럼 우리의 주위를 둘러보는 시간을 가지자.
【우산질문】 주님은 어떤 모습으로 주위를 둘러보셨는가?

【1대지】 주님은 성전의 모든 일이 하나님의 말씀대로 진행되고 있는지 하나하나 점검해 보셨다. 주님은 우리 교회에 들어오셔서 교회 안의 영적 상태를 꼼꼼히 점검해 보신다. 우리 개인과 가정의 영적 상태에 대하여도 예외가 될 수 없다.
【2대지】 예수님이 쫓아내신 소나 양, 비둘기는 사람들이 하나님께 바치는 제물이었다. 그런데도 예수님은 이들을 모두 추방하셨다. 무엇 때문인가? 성전을 사모하시는 예수님의 열심은 참으로 대단하다. 주님은 "아무나 기구를 가지고 성전 안으로 지나다님을" 허락하지 않으셨다(16절).
【3대지】 무화과나무에서 열매를 찾으시던 예수님은 우리 각자의 심령과 가정, 구역, 그리고 우리 교회 안에서 반드시 있어야 할 열매를 찾으신다.
【결론】 우리에게 있어서는 안 될 것이 있는지 살펴보고, 아직도 남아 있는 것들은 예수 이름으로 과감하게 추방하자. 우리에게 있어야 할 열매를 주님께서 찾고 계심을 잊지 말자. 성령의 부으심을 받아 초대교회 성도들처럼 능력 있는 성도로 성장해 가자.

- 절기, 용도, 장르, 특징: 송구영신.
- Key Word: 열매.
- Remarks:

본문 : **막 12:28~34; 요일 5:1~3**
제목 : **하나님을 사랑하라는 계명**

28.서기관 중 한 사람이 그들이 변론하는 것을 듣고 예수께서 잘 대답하신 줄을 알고 나아와 묻되 모
든 계명 중에 첫째가 무엇이니이까 **29.**예수께서 대답하시되 첫째는 이것이니 이스라엘아 들으라 주
곧 우리 하나님은 유일한 주시라 **30.**네 마음을 다하고 목숨을 다하고 뜻을 다하고 힘을 다하여 주
너의 하나님을 사랑하라 하신 것이요 **31.**둘째는 이것이니 네 이웃을 네 자신과 같이 사랑하라 하신
것이라 이보다 더 큰 계명이 없느니라 **32.**서기관이 이르되 선생님이여 옳소이다 하나님은 한 분이
시요 그 외에 다른 이가 없다 하신 말씀이 참이니이다 **33.**또 마음을 다하고 지혜를 다하고 힘을 다
하여 하나님을 사랑하는 것과 또 이웃을 자기 자신과 같이 사랑하는 것이 전체로 드리는 모든 번제물
과 기타 제물보다 나으니이다 **34.**예수께서 그가 지혜 있게 대답함을 보시고 이르시되 네가 하나님
의 나라에서 멀지 않도다 하시니 그 후에 감히 묻는 자가 없더라
요일 5:1.예수께서 그리스도이심을 믿는 자마다 하나님께로부터 난 자니 또한 낳으신 이를 사랑하는
자마다 그에게서 난 자를 사랑하느니라 **2.**우리가 하나님을 사랑하고 그의 계명들을 지킬 때에 이로
써 우리가 하나님의 자녀를 사랑하는 줄을 아느니라 **3.**하나님을 사랑하는 것은 이것이니 우리가 그
의 계명들을 지키는 것이라 그의 계명들은 무거운 것이 아니로다

1. 하나님을 사랑하는 것은 크고 첫째 되는 계명임 (= 모든 계명을 포함하는 계명)

29~30절= "첫째는 이것이니…네 마음을 다하고 목숨을 다하고 뜻을 다하고 힘을 다하여 주 너의 하나님을 사랑하라 하신 것이요"

2. 이 계명에 이어 이웃을 사랑하라는 계명이 따라옴 (= 하나님을 사랑할 때 이웃 사랑이 가능)

31절= "둘째는 이것이니 네 이웃을 네 자신과 같이 사랑하라 하신 것이라 이보다 더 큰 계명이 없느니라"

3. 하나님을 사랑하면 그의 계명들을 지키게 됨 (= 계명 순종이 하나님 사랑의 증거임)

요일 5:3= "하나님을 사랑하는 것은 이것이니 우리가 그의 계명들을 지키는 것이라 그의 계명들은 무거운 것이 아니로다"

◆◆◆

【대지 유형】 주제 설명형 - 본문 수집형 - 대지 연결형

【주제】 가장 크고 첫째 되는 계명인 '하나님 사랑'을 지킨다는 것은 하나님의

계명을 지키는 것이다.

【FCF】 많은 신앙인이 하나님을 사랑한다 하면서도 계명을 지키는 데는 미온적임.

【서론】 본문은 사랑의 계명에 대해 교훈하고 있다. 세상에서 가장 행복한 사람은 사랑의 대상을 올바로 찾은 사람이다. 하나님은 우리의 신학의 대상이나 존경과 감사 정도의 대상이 아니라 우리의 사랑의 대상이다. 지혜로운 그리스도인은 가장 중요한 것을 가장 먼저 잘 하는 사람. 하나님을 사랑하라는 계명이 중요함을 다시 한 번 인식하자.

【우산질문】 하나님을 사랑하라는 계명에 대해 좀 더 깊이 살펴보자.

【1대지】 크고 첫째 되는 계명= 가장 중요하고 기초되는 계명. 이 계명은 모든 계명을 포함한다. 하나님을 사랑하면 다른 모든 계명은 자연스레 지켜진다. 하나님 사랑하면: 다른 신을 섬길 수 없고, 우상을 만들 수 없고, 하나님의 날을 지키지 않을 수 없다. 그러므로 하나님을 사랑하는 것이 가장 중요하다.

【2대지】 요일 4:21, "하나님을 사랑하는 자는 또한 그 형제를 사랑할지니라." 인간을 향한 계명 중에 가장 중요한 계명은 내 이웃의 형제를 사랑하는 것. 이 이상의 계명이 있을 수 없다.

【3대지】 요 14:15, "너희가 나를 사랑하면 내 계명을 지키리라." 하나님 사랑하면 주의 말씀 따라 살기를 원하게 된다. 사랑엔 반드시 수고가 따르게 된다. 사랑하면 수고하는 것까지도 오히려 즐겁게 된다. 하나님을 사랑하면 예배 시간이 낭비라고 짜증 내지 않는다. 십일조나 감사헌금을 아까워하지 않는다.

【결론】 하나님을 사랑하면 세상을 사랑하지 않는다. 주님 말씀을 따라 살기를 원하게 된다. 날마다 하나님을 앙망한다. 그리고 기쁨으로 복음을 전하게 된다.

- 절기, 용도, 장르, 특징:
- Key Word: 하나님을 사랑하라, 크고 첫째 되는 계명.
- Remarks:

본문 : **막 14:1~9**

제목 : **옥합을 깨뜨린 여인의 헌신**

1.이틀이 지나면 유월절과 무교절이라 대제사장들과 서기관들이 예수를 흉계로 잡아 죽일 방도를 구하며 **2.**이르되 민란이 날까 하노니 명절에는 하지 말자 하더라 **3.**예수께서 베다니 나병환자 시몬의 집에서 식사하실 때에 한 여자가 매우 값진 향유 곧 순전한 나드 한 옥합을 가지고 와서 그 옥합을 깨뜨려 예수의 머리에 부으니 **4.**어떤 사람들이 화를 내어 서로 말하되 어찌하여 이 향유를 허비하는가 **5.**이 향유를 삼백 데나리온 이상에 팔아 가난한 자들에게 줄 수 있었겠도다 하며 그 여자를 책망하는지라 **6.**예수께서 이르시되 가만 두라 너희가 어찌하여 그를 괴롭게 하느냐 그가 내게 좋은 일을 하였느니라 **7.**가난한 자들은 항상 너희와 함께 있으니 아무 때라도 원하는 대로 도울 수 있거니와 나는 너희와 항상 함께 있지 아니하리라 **8.**그는 힘을 다하여 내 몸에 향유를 부어 내 장례를 미리 준비하였느니라 **9.**내가 진실로 너희에게 이르노니 온 천하에 어디서든지 복음이 전파되는 곳에는 이 여자가 행한 일도 말하여 그를 기억하리라 하시니라

1. 예수님이 가까이 오셨을 때 자원하여 헌신함 (= 자발적인 헌신)

3절= "예수께서 베다니 나병환자 시몬의 집에서 식사하실 때에 한 여자가 매우 값진 향유 곧 순전한 나드 한 옥합을 가지고 와서 그 옥합을 깨뜨려 예수의 머리에 부으니"

2. 사람들이 향유를 낭비한다고 책망함 (= 비난받을 각오)

4~5절= "어떤 사람들이 화를 내어 서로 말하되 어찌하여 이 향유를 허비하는가 이 향유를 삼백 데나리온 이상에 팔아 가난한 자들에게 줄 수 있었겠도다 하며 그 여자를 책망하는지라"

3. 예수님의 죽음을 미리 알고 준비하였음 (= 순수한 동기)

8절= "그는 힘을 다하여 내 몸에 향유를 부어 내 장례를 미리 준비하였느니라"

◈◈◈

【대지 유형】 주제 설명함 - 본문 분석형 - 대지 반전형

【주제】 (석의) 옥합을 깨뜨린 여인은 비난받을 각오를 가지고 순수한 동기로 헌신하였다.

【FCF】 주위 사람들의 시선에 지나치게 좌우되는 비겁한 성도들의 모습.

【서론】 본문은 매우 유명한 사건. 사복음서에 기록될 만큼. 옥합을 깨뜨린 마리아의 믿음과 헌신을 잘 보여준다. 향유는 약 3백 데나리온(2천만 원)의 고가 제품. 오랜 꿈과 결혼을 포기한 것이나 다름없음. 마리아의 마음과 행동을 좀 더 고찰해 볼 필요가 있다.
【우산질문】 옥합을 깨뜨린 여인은 어떤 마음으로 헌신했으며 주위의 반응은 어떠했나?

【1대지】 여인의 자원하는 행동이었다. 누구의 요구도 없었음. 마리아는 십자가를 앞둔 예수님의 마음을 알았다. 예수님의 번민과 고독감과 사랑하는 자들과의 이별에 대한 아쉬움 등등…. 기회가 왔을 때 예수님께 힘을 주고 피로를 씻게 하고 만족함을 주는 헌신. 성도들의 자발적인 헌신이야말로 최고의 청량제이다. 교회와 주의 종과 하나님 나라를 위한 자발적인 헌신. 당신의 헌신은?
【2대지】 헌신에는 항상 무서운 비난과 조소가 따른다. 믿음 없는 자는 믿음 있는 자들을 이해 못한다. 본문은 예수님 주위에 있던 제자들로부터 나온 반응이었다. 그러나 걱정할 것 없다. 예수님은 여자를 칭찬하셨다. 사람의 칭찬은 중요하지 않다. 우리는 예수님이 칭찬하는 사람이 되어야 한다. 마귀는 항상 헌신하는 성도들을 비난하고 대적한다. 사람들은 골리앗 앞에 나가는 다윗을 비난했다. 그러므로 우리는 용기를 가지고 헌신과 봉사를 실천해야 한다.
【3대지】 어떤 조건도 없는 헌신이었다. 은혜에 대한 보답으로, 사랑과 감사가 동기가 되어야 한다. 예) 아나니아와 삽비라는 좋지 않은 동기로 헌금했다가 멸망했다. 마리아 앞에 계신 예수님은 곧 십자가를 지실 것이었고, 어떤 보상도 기대할 수 없었다.
【결론】 마리아의 과감한 행동과 순수한 동기. 남을 돕는 일에도 용기가 있어야 하고, 사랑을 실천하는 일에도 용기가 있어야 한다. 하나님을 증거하는 일에도 담대해야 하고, 공개적인 헌신이 있어야 한다.

- 절기, 용도, 장르, 특징: 내러티브.
- Key Word: 옥합, 헌신.
- Remarks:

본문 : **막 15:16~25**
제목 : **시몬이 지고 간 십자가 (The Cross of Simon from Cyrene)**

16.군인들이 예수를 끌고 브라이도리온이라는 뜰 안으로 들어가서 온 군대를 모으고 **17.**예수에게
자색 옷을 입히고 가시관을 엮어 씌우고 **18.**경례하여 이르되 유대인의 왕이여 평안할지어다 하고
19.갈대로 그의 머리를 치며 침을 뱉으며 꿇어 절하더라 **20.**희롱을 다 한 후 자색 옷을 벗기고 도로
그의 옷을 입히고 십자가에 못 박으려고 끌고 나가니라 **21.**마침 알렉산더와 루포의 아버지인 구레
네 사람 시몬이 시골로부터 와서 지나가는데 그들이 그를 억지로 같이 가게 하여 예수의 십자가를 지
우고 **22.**예수를 끌고 골고다라 하는 곳(번역하면 해골의 곳)에 이르러 **23.**몰약을 탄 포도주를 주었
으나 예수께서 받지 아니하시니라 **24.**십자가에 못 박고 그 옷을 나눌새 누가 어느 것을 가질까 하여
제비를 뽑더라 **25.**때가 제삼시가 되어 십자가에 못 박으니라

1. 억지로 지고 간 십자가임 (= 자기 의사와는 관계없는 고난)

21절= "…구레네 사람 시몬이 시골로서 와서 지나가는데 저희가 그를 억지로 같이 가게 하여 예수의 십자가를 지우고"

2. 예수께서 지고 가시다가 쓰러진 십자가임 (= 예수님의 남은 고난에 동참)

21절= "…저희가 그를 억지로 같이 가게 하여 예수의 십자가를 지우고"

3. 축복을 가져온 십자가임 (= 십자가를 진 자의 받는 축복)

21절= "마침 알렉산더와 루포의 아비인 구레네 사람 시몬이 시골로서 와서 지나가는데…"

◈◈◈

【대지 유형】 주제 설명형 - 본문 분석형 - 대지 진전형
【주제】 십자가는 비록 억지로 지더라도 주님의 축복을 가져온다.
【FCF】 고난이 올 때 달게 받지 못하는 신앙인들의 준비되지 못한 모습.

【서론】 십자가는 하나님의 사랑의 클라이맥스요, 십자가에 달리신 예수님은 이 사랑을 보여주신 최고의 모범이다. 그러므로 주님의 제자에게는 누구나 제 몫에 태인 십자가를 기꺼이 지고 주님을 따르는 것이 요청된다. 본문은 이와는 달리 예수께서 십자가를 지고 골고다로 올라가던 날, 뜻하지 아니하게 예수님의 십자가를 대신 지게 된 한 사람의 이야기를 간략하게 소개하고 있다.

【우산질문】 예수께서 십자가를 메고 가기에 힘들어하는 모습을 보고, 군병들은 구레네 시몬을 잡아 예수님의 십자가를 대신 지게 했다. 시몬이 지고 간 십자가의 의미는 무엇인가?

【1대지】 그로서는 전혀 생각지도 못한 일이었다. 아무도 반기지 않는, 어찌 보면 억세게도 재수 없는 사건이었다. 십자가는 본래 본인의 의사와는 상관없이 지워지는 고난의 짐이다. 기왕에 내게 맡겨진 십자가라면 피하지 말고 기쁨으로, 자원하는 마음으로 지는 성도가 되자.

【2대지】 시몬이 강제로 지게 된 십자가는 탈진한 예수님이 지고 가시다가 쓰러져 있던 바로 그 십자가였다. 예수님의 십자가는 이제 불신자의 어깨에 지워졌다. 이것은 주님을 따르는 우리에게 큰 충격이 아닐 수 없다. 예수께서 지고 가시다가 쓰러진 십자가, 시몬이 대신 지고 갔던 십자가는 우리 한 사람 한 사람이 져야 할 십자가이다. 우리가 동참해야 할 예수님의 남은 고난을 상징한다.

【3대지】 마가복음의 저자가 시몬의 두 아들의 이름을 소개하는 것을 볼 때, 알렉산더와 루포는 마가의 독자들에게 잘 알려진 인물임을 시사한다. 십자가를 지고 간 구레네 시몬은 오래 기억되는 사람이 되었다. 시몬이 지고 간 십자가는 그의 가족 모두에게 구원의 길을 열었다.

【결론】 주를 위해 봉사할 기회가 주어질 때에 그것이 자신이 원하는 것이든 아니든 상관없이 감사한 마음으로 참예해야 한다. 왜냐하면 그것은 아무나 얻을 수 없는 행운이요 축복이기 때문이다.

- 절기, 용도, 장르, 특징:
- Key Word: 십자가.
- Remarks:

본문 : **막 16:1~8**
제목 : **돌 문이 대변하는 것들**

1.안식일이 지나매 막달라 마리아와 야고보의 어머니 마리아와 또 살로메가 가서 예수께 바르기 위하여 향품을 사다 두었다가 **2.**안식 후 첫날 매우 일찍이 해 돋을 때에 그 무덤으로 가며 **3.**서로 말하되 누가 우리를 위하여 무덤 문에서 돌을 굴려 주리요 하더니 **4.**눈을 들어본즉 벌써 돌이 굴려져 있는데 그 돌이 심히 크더라 **5.**무덤에 들어가서 흰 옷을 입은 한 청년이 우편에 앉은 것을 보고 놀라매 **6.**청년이 이르되 놀라지 말라 너희가 십자가에 못 박히신 나사렛 예수를 찾는구나 그가 살아나셨고 여기 계시지 아니하니라 보라 그를 두었던 곳이니라 **7.**가서 그의 제자들과 베드로에게 이르기를 예수께서 너희보다 먼저 갈릴리로 가시나니 전에 너희에게 말씀하신 대로 너희가 거기서 뵈오리라 하라 하는지라 **8.**여자들이 몹시 놀라 떨며 나와 무덤에서 도망하고 무서워하여 아무에게 아무 말도 하지 못하더라

1. 돌문의 피상적 의미: 무덤 문을 막고 있는 존재임 (= 사망의 절망적인 상황)
3절= "…누가 우리를 위하여 무덤 문에서 돌을 굴려 주리요 하더니"

2. 돌문의 심층적 의미: 원수들의 필사적인 노력을 대변함 (= 마귀의 궤계)
마 27:63~66= "…명령하여 그 무덤을 사흘까지 굳게 지키게 하소서 … 빌라도가 이르되 너희에게 경비병이 있으니 가서 힘대로 굳게 지키라 하거늘

3. 돌문이 굴려진 것의 의미: 예수님의 부활 (= 사망 권세를 이기심, 죄인들을 용서)
7절= "가서 그의 제자들과 베드로에게 이르기를 예수께서 너희보다 먼저 갈릴리로 가시나니 전에 너희에게 말씀하신 대로 너희가 거기서 뵈오리라 하라"

◆◆◆

【대지 유형】 주제 함축형 - 본문 묵상형 - 대지 심화형
【주제】 예수님의 무덤 문을 막고 있던 돌문이 열린 것은 예수께서 사망 권세를 깨고 부활하신 것과 예수님이 죄인들을 받아들이심을 의미한다.
【FCF】 많은 사람이 예수님의 부활을 믿지 못하고 의심함.

【서론】 그리스도 부활의 중요성은 아무리 강조해도 지나치지 않다(약속 성취, 그리스도의 신성 나타냄, 그리스도의 높아지심), 본문은 부활의 아침의 스

케치, 충성된 여인들이 향품을 들고 무덤을 찾았음. 3절, "서로 말하되 누가 우리를 위하여 무덤 문에서 돌을 굴려 주리요 하더니." 무덤 문을 막은 돌= 이 돌은 우리에게 지금 많은 것을 말하고 있다.

【우산질문】 무덤 문을 막았던 돌문이 대변하는 것은 무엇인가?

【1대지】 이 돌문은 죽음 이편과 저편을 갈라놓고 있다. 이 돌은 사랑하는 사람들을 데려가 버리는 죽음의 무정함을 상징한다. 그러나 무덤의 돌은 이미 굴러 옮겨져 있었다!(4절). 돌이 굴려진 것= 과거 완료, 예수님은 다시 살아나셨다. 주님은 우리를 위하여 사망의 권세를 이기셨다. 여인들의 시선이 근심을 떠나 하나님을 바라볼 때 이미 문제는 해결되어 있었다!

【2대지】 당시 종교 지도자들의 흉계, 이 돌은 로마제국의 이름으로 봉인되었던 돌임. 이것은 당시 대제사장들과 바리새인들의 요청에 의한 것. 무덤 문을 지키는 병사들. 그 배후에 마귀의 존재가 도사리고 있음. 기억하자(예수 그리스도는 살아나셨고, 모든 원수의 세력을 꺾으셨다). 마귀는 마지막이 가까움을 알고 지금 광분하고 있다.

【3대지】 무덤 이편에서 무력하게 있던 제자들. 부활하신 예수님은 그들을 찾으셨다. 우리의 죄는 예수님과 우리 사이를 갈라놓는다. 이제 이 돌은 영원히 굴려 옮겨졌다. 주님은 자신이 죄인임을 인정하고 주께 나오는 자들을 용서하신다. 주님은 용서하고 또 용서하신다. 그러나 원수 사탄은 이미 용서받은 성도들까지도 계속 정죄하려 한다.

【결론】 무덤을 가로막고 있던 돌= 사망과 절망의 상징, 원수 세력의 상징, 주님과 우리를 갈라놓은 것들의 상징. 이 부활의 아침에 우리에게 주시는 복음의 메시지를 들어야 한다!

- 절기, 용도, 장르, 특징: 부활절.
- Key Word: 돌문이 열렸다, 빈 무덤.
- Remarks:

본문 : **막 16:14~20**

제목 : **인류 구원을 위한 주님의 심장 맥박**
(God's Heart Beat & the Disciples' Delight)

14.그 후에 열한 제자가 음식 먹을 때에 예수께서 그들에게 나타나사 그들의 믿음 없는 것과 마음이
완악한 것을 꾸짖으시니 이는 자기가 살아난 것을 본 자들의 말을 믿지 아니함일러라 **15.**또 이르시
되 너희는 온 천하에 다니며 만민에게 복음을 전파하라 **16.**믿고 세례를 받는 사람은 구원을 얻을 것
이요 믿지 않는 사람은 정죄를 받으리라 **17.**믿는 자들에게는 이런 표적이 따르리니 곧 그들이 내 이
름으로 귀신을 쫓아내며 새 방언을 말하며 **18.**뱀을 집어올리며 무슨 독을 마실지라도 해를 받지 아
니하며 병든 사람에게 손을 얹은즉 나으리라 하시더라 **19.**주 예수께서 말씀을 마치신 후에 하늘로
올려지사 하나님 우편에 앉으시니라 **20.**제자들이 나가 두루 전파할새 주께서 함께 역사하사 그 따
르는 표적으로 말씀을 확실히 증언하시니라]

1. "온 천하 만민에게 복음을 전파하라"고 명령하심 (= 직선적인 선교 명령)

15~16절= "너희는 온 천하에 다니며 만민에게 복음을 전파하라 믿고 세례를 받는 사람은 구원을 얻을 것이요 믿지 않는 사람은 정죄를 받으리라"

2. 믿는 자들에게 축사와 치유 등의 표적을 약속하심 (= 전도자에게 주신 표적의 약속)

17~18절= "믿는 자들에게는 이런 표적이 따르리니 곧 그들이 내 이름으로 귀신을 쫓아내며 새 방언을 말하며 뱀을 집어올리며 무슨 독을 마실지라도 해를 받지 아니하며 병든 사람에게 손을 얹은즉 나으리라 하시더라"

3. 제자들의 전도 현장에 표적으로 역사하심 (= 주님의 심장을 가진 제자들과 동행하심)

20절= "제자들이 나가 두루 전파할새 주께서 함께 역사하사 그 따르는 표적으로 말씀을 확실히 증언하시니라"

◆◆◆

【대지 유형】 주제 설명형 - 본문 묶음형 - 대지 진전형

【주제】 주님은 제자들에게 세계선교의 명령을 주시면서 표적으로 함께 하실 것을 약속하셨다.

【FCF】 많은 신앙인이 영혼 구원을 위한 주님의 심장 박동을 갖지 못함.

【서론】 현대 교회의 가장 시급한 필요와 문제는 무엇인가? 현대교회의 실패는 무엇인가? 사도행전의 교회에 비해 부족한 것이 많지만, 주님의 심장 맥박은 분명히 지상명령에 있다. 온 세상에 나가 복음 전파하고 제자 삼는 사역! 예수님의 사역 형태를 보라. 새 장소에서 항상 새 사람을 만나 복음을 전파. soul winning. 그러나 현대 교회는 이기적, 엘리트주의, 개교회주의, 작은 영역에서 만족…

【우산질문】 본문에서 주님의 심장 고동 소리를 들어보자.

【1대지】 주님은 제자들과 교회에 세계선교를 위한 직선적인 명령을 주신다. 당시 제자들에게 불가능해 보이는 명령이다. 그럼에도 명령하신 것은 그것이 구원이냐 멸망이냐의 문제이기 때문.

【2대지】 전도의 사역에 뛰어든 자에게 주님은 엄청난 약속을 주신다. 축사, 새 방언, 치유 등의 표적이 함께 따른다. 초자연적인 능력을 주신다. 온갖 어려움을 극복할 수 있도록. 당신은 이것을 믿는가? 당신의 사역에 현재 나타나고 있는가? 우리 교회는 이런 표적을 경험해 본 적이 있는가?

【3대지】 제자들은 이 주님의 심장을 소유했다. 주께서 표적으로 동행하시면서 효과적인 전도를 가능케 했다. 사도 바울의 심장 박동. 빌립보의 강가에서 복음 전파. 축사의 능력. 바울의 고백, 고전 2:4, "내 말과 내 전도함이 지혜의 권하는 말로 아니하고 다만 성령의 나타남과 능력으로 하여…"

【결론】 당신은 참 신자인가? 그렇다면 하나님의 심장박동을 가지고 있어야 한다.

- 절기, 용도, 장르, 특징:
- Key Word: 지상명령, 전도, 영혼 구원.
- Remarks:

본문 : **막 16:15~18**

제목 : **전도자들에게 따르는 표적**
(Signs That Accompany Evangelists)

15.또 이르시되 너희는 온 천하에 다니며 만민에게 복음을 전파하라 **16.**믿고 세례를 받는 사람은 구원을 얻을 것이요 믿지 않는 사람은 정죄를 받으리라 **17.**믿는 자들에게는 이런 표적이 따르리니 곧 그들이 내 이름으로 귀신을 쫓아내며 새 방언을 말하며 **18.**뱀을 집어올리며 무슨 독을 마실지라도 해를 받지 아니하며 병든 사람에게 손을 얹은즉 나으리라 하시더라

1. 귀신을 쫓아내는 표적 (= 축사)

17절= "믿는 자들에게는 이런 표적이 따르리니 곧 그들이 내 이름으로 귀신을 쫓아내며… "

2. 새 방언을 말하는 표적 (= 새 방언)

17절= "믿는 자들에게는 이런 표적이 따르리니 곧 그들이 내 이름으로… 새 방언을 말하며"

3. 해(害)를 받지 않는 표적 (= 무해독)

18절= "뱀을 집어올리며 무슨 독을 마실지라도 해를 받지 아니하며… "

4. 병을 고치는 능력 (= 신유)

18절= "…병든 사람에게 손을 얹은즉 나으리라"

◈◈◈

【대지 유형】 주제 설명형 - 본문 분석형 - 대지 병렬형
【주제】 주님은 전도자들에게 축사와 새 방언, 그리고 치유 등의 표적과 능력을 주신다.
【FCF】 현대 교회는 전반적으로 표적과 기사에 대한 믿음이 부족함.

【서론】 예수님은 승천하시기에 앞서 제자들에게 '만민에게 복음을 전파하라'는 지상명령을 주셨는데, 이는 당시 제자들뿐 아니라 예수님의 부활을 믿는 오늘의 모든 성도에게 주신 명령이다. '믿는 자들'이란 가만히 앉아서 입으로만 믿는 사람들을 말하는 것이 아니다. 그렇다고 머리로만 아는 지식적인 믿음을 말하는 것도 아니다. '믿는 자'는 행동하는 자를 말한다. 어떤 행동인가?

예수님을 따르는 것. 믿는 자는 곧 복음을 전하는 자이다. 본문에서 주님은 믿는 자들에게 놀라운 표적을 약속하신다.
【우산질문】 믿음으로 전도하는 자들에게는 여러 가지 표적이 따른다. 어떤 표적들인가?

【1대지】 축사는 공중 권세 잡은 자(엡 2:2)를 제어하신 예수님의 능력의 위대함을 보여주는 것으로서, 마귀에게 종 되었던 자가 복음을 받고 하나님의 종이 되어 자유케 됨을 보여주는 표적이다. '쫓아내며'의 원형인 '에크발로'는 어떤 자가 행하는 권세를 빼앗고 다른 장소로 쫓아낼 때 사용되는 동사이다. 본문에서는 세상 권세를 잡고 있던 귀신의 세력을 쫓아내는 것을 의미한다. 복음의 말씀을 전하는 행위 자체가 치열한 영적 싸움이다. 전도 행위 그 자체가 귀신을 몰아내는 일이다.
【2대지】 성령 충만한 전도자에게는 복음을 전해야 할 순간에 외국어 방언이 필요하면 성령님의 역사로 외국어 방언이 터져 나올 것이다. 또한, 주님과의 깊은 영적 교제를 위해 성령님은 기도의 은사로 천상의 방언을 주신다. 주님은 오늘도 믿음으로 전도하는 자들을 위해 새 방언의 표적을 주고 계신다. 더 나아가 전도자에게 말하는 지혜를 주신다. 말을 지혜롭게 할 수 있어야 상대방을 감동하게 할 수 있고 또한 위기를 만났을 때 그 위기를 모면할 수 있기 때문이다. 하나님의 지혜가 충만한 전도자의 메시지가 거침없이 터져 나오는 표적이 온 교회에 충만해져야 한다.
【3대지】 뱀은 사탄의 사주를 받은 뱀 같은 사람의 거짓된 입술을 말해주고 있으며, 독은 우리의 믿음을 파괴하는 잘못된 사상이나 교훈들을 상징한다고 할 수 있다. 복음으로 무장한 사람들에게는 어떤 사상의 독을 마실지라도 해를 받지 않는 능력이 있다.
【4대지】 전도자들에게는 병을 치료하는 능력이 따른다. 예수님의 이름을 사용하여 기도할 때 주님은 언제나 전도자에게 치유의 능력을 주신다.
【결론】 능력을 체험하려면 전도인의 일을 하라. 전도하다 보면 신기한 역사를 많이 보게 될 것이다.

- 절기, 용도, 장르, 특징:
- Key Word: 표적.
- Remarks:

본문 : **눅 1:26~38**
제목 : **성탄 절기에 마리아처럼**
(May it be done according to Your Word)

26.여섯째 달에 천사 가브리엘이 하나님의 보내심을 받아 갈릴리 나사렛이란 동네에 가서 **27.**다윗
의 자손 요셉이라 하는 사람과 약혼한 처녀에게 이르니 그 처녀의 이름은 마리아라 **28.**그에게 들어
가 이르되 은혜를 받은 자여 평안할지어다 주께서 너와 함께 하시도다 하니 **29.**처녀가 그 말을 듣고
놀라 이런 인사가 어찌함인가 생각하매 **30.**천사가 이르되 마리아여 무서워하지 말라 네가 하나님께
은혜를 입었느니라 **31.**보라 네가 잉태하여 아들을 낳으리니 그 이름을 예수라 하라 **32.**그가 큰 자
가 되고 지극히 높으신 이의 아들이라 일컬어질 것이요 주 하나님께서 그 조상 다윗의 왕위를 그에게
주시리니 **33.**영원히 야곱의 집을 왕으로 다스리실 것이며 그 나라가 무궁하리라 **34.**마리아가 천사
에게 말하되 나는 남자를 알지 못하니 어찌 이 일이 있으리이까 **35.**천사가 대답하여 이르되 성령이
네게 임하시고 지극히 높으신 이의 능력이 너를 덮으시리니 이러므로 나실 바 거룩한 이는 하나님의
아들이라 일컬어지리라 **36.**보라 네 친족 엘리사벳도 늙어서 아들을 배었느니라 본래 임신하지 못한
다고 알려진 이가 이미 여섯 달이 되었나니 **37.**대저 하나님의 모든 말씀은 능하지 못하심이 없느니
라 **38.**마리아가 이르되 주의 여종이오니 말씀대로 내게 이루어지이다 하매 천사가 떠나가니라

1. '주의 여종이오니 말씀대로 이루어지이다'라고 함 (= 말씀에 절대 순종)

38절= "마리아가 이르되 주의 여종이오니 말씀대로 내게 이루어지이다…"

2. 죽음을 각오하고 잉태를 받아들임 (= 목숨 건 헌신)

38절= "…말씀대로 내게 이루어지이다…"

3. 아들을 낳기까지 동침하지 아니함 (= 순결을 지킴)

마 1:25= "요셉이 잠에서 깨어 일어나 주의 사자의 분부대로 행하여 그의 아내를 데려왔으나 아들을 낳기까지 동침하지 아니하더니 낳으매 이름을 예수라 하니라"

4. 성령님이 임하셔서 아들을 잉태케 하심 (= 성령 충만)

35절= "…성령이 네게 임하시고 지극히 높으신 이의 능력이 너를 덮으시리니…"

마 1:18= "예수 그리스도의 나심은 이러하니라 그의 어머니 마리아가 요셉과 약혼하고 동거하기 전에 성령으로 잉태된 것이 나타났더니"

◈◈◈

【대지 유형】 주제 설명형 - 본문 수집형 - 대지 연결형
【주제】 성탄의 주인공 마리아는 목숨 걸고 말씀에 순종하여 메시아의 어머니가 되었다.
【FCF】 목숨 건 헌신의 의미를 잘 알지 못하는 현대 교인들의 나약함.

【서론】 성탄절의 주인공은 말할 것도 없이 예수 그리스도이시다. 이 예수님을 잉태하고 이 세상에 태어나게 한 사람이 동정녀 마리아이다. 가브리엘 천사의 예언은 상상할 수도 없는 일이었다. 상식적으로도 있을 수 없는 일이지만, 만일 임신을 한다면 그 결과는 마리아에게 치명적인 문제가 될 것이었다. 그럼에도 불구하고 젊은 처녀 마리아가 믿음으로 고백한 대답은 우리의 가슴을 뛰게 한다. "주의 여종이오니 말씀대로 내게 이루어지이다"(38절).
【우산질문】 본문 말씀을 통하여 동정녀 마리아의 신앙의 모습을 살펴보자.

【1대지】 주의 '여종(둘레)'= '노예'를 의미하는 '둘로스'의 여성명사로 '결코 주인의 뜻을 거스를 수 없는 하녀'를 의미. 믿음의 열매는 순종이다. 순종 없는 믿음은 헛것이다. 순종 없이는 성탄도 없다.
【2대지】 성탄의 본질은 헌신이다. 마리아는 헌신의 사람이다. 마리아는 후일 장성한 아들이 십자가에서 고통스럽게 피 흘리며 죽어가는 장면을 지켜봐야 했고, 가슴을 칼로 도려내는 아픔을 감내해야 했다. 참으로 마리아의 헌신은 생명을 건 헌신이었다.
【3대지】 순결(純潔) 없이 성탄은 없다. 성탄의 또 다른 본질은 순결이다. 영적으로 보면 '순전하다'는 것은 악과 죄에 오염되지 않은 상태를 가리킨다.
【4대지】 예수님 없이 성탄 없고 마리아 없이 아기 예수님이 없으며, 성령님 없이 예수님의 어머니 마리아가 있을 수 없다. 성탄의 본질은 성령 충만에 있다. 성탄 절기에 우리 모두 마리아처럼 성령 충만해야 하겠다.
【결론】 은혜 없이는 성탄도 없다. 평범한 시골 처녀 마리아가 만왕의 왕, 만주의 주님이신 예수 그리스도의 어머니가 된다는 것은 은혜 아니고는 설명할 길이 없다. 성탄은 마리아의 태속에 있었다. 마리아의 본질은 말씀 순종과 헌신, 순결과 성령 충만, 그리고 은혜였다.

- 절기, 용도, 장르, 특징: 성탄절.
- Key Word: 성탄, 마리아.
- Remarks:

본문 : **눅 1:26~38**
제목 : **수태고지(受胎告知) 사건의 교훈 (Coming, Ready or Not)**

26.여섯째 달에 천사 가브리엘이 하나님의 보내심을 받아 갈릴리 나사렛이란 동네에 가서 **27.**다윗
의 자손 요셉이라 하는 사람과 약혼한 처녀에게 이르니 그 처녀의 이름은 마리아라 **28.**그에게 들어
가 이르되 은혜를 받은 자여 평안할지어다 주께서 너와 함께 하시도다 하니 **29.**처녀가 그 말을 듣고
놀라 이런 인사가 어찌함인가 생각하매 **30.**천사가 이르되 마리아여 무서워하지 말라 네가 하나님께
은혜를 입었느니라 **31.**보라 네가 잉태하여 아들을 낳으리니 그 이름을 예수라 하라 **32.**그가 큰 자
가 되고 지극히 높으신 이의 아들이라 일컬어질 것이요 주 하나님께서 그 조상 다윗의 왕위를 그에게
주시리니 **33.**영원히 야곱의 집을 왕으로 다스리실 것이며 그 나라가 무궁하리라 **34.**마리아가 천사
에게 말하되 나는 남자를 알지 못하니 어찌 이 일이 있으리이까 **35.**천사가 대답하여 이르되 성령이
네게 임하시고 지극히 높으신 이의 능력이 너를 덮으시리니 이러므로 나실 바 거룩한 이는 하나님의
아들이라 일컬어지리라 **36.**보라 네 친족 엘리사벳도 늙어서 아들을 배었느니라 본래 임신하지 못한
다고 알려진 이가 이미 여섯 달이 되었나니 **37.**대저 하나님의 모든 말씀은 능하지 못하심이 없느니
라 **38.**마리아가 이르되 주의 여종이오니 말씀대로 내게 이루어지이다 하매 천사가 떠나가니라

1. 하나님께서 마리아에게 큰 은혜를 주셨음 (= 은혜를 주시는 분은 오직 하나님)

30~31절= "천사가 이르되 마리아여 무서워하지 말라 네가 하나님께 은혜를 입었느니라 보라 네가 잉태하여 아들을 낳으리니 그 이름을 예수라 하라"

2. 마리아는 아직 준비되지 않은 상태였음 (= 주님은 우리가 준비되든 아니든 우리에게 오심)

34절= "마리아가 천사에게 말하되 나는 남자를 알지 못하니 어찌 이 일이 있으리이까"

3. 마리아는 말씀에 절대 순복하는 신앙을 보였음 (= 말씀에 절대 복종하는 믿음)

38절= "마리아가 이르되 주의 여종이오니 말씀대로 내게 이루어지이다 하매 천사가 떠나가니라"

◈◈◈

【대지 유형】 주제 설명형 - 본문 묶음형 - 대지 연결형

【주제】 하나님은 마리아에게 동정녀 탄생의 큰 은혜를 주셨고 마리아는 목숨을 걸고 말씀에 절대 순복하는 믿음을 보였다.

【FCF】 많은 신앙인이 말씀에 절대 순복하는 단계의 믿음에는 이르지 못하고 있음.

【서론】 강림절기이다. 본문은 그리스도의 성육신 과정을 보여주는 중요 구절. 동정녀 탄생 교리의 근거. 이 부분을 마태복음은 요셉의 관점에서, 누가복음은 마리아의 관점에서 기록하고 있음.

【우산질문】 본문을 통해, 예수님 오시는 길에 하나님이 어떻게 개입하셨는가? 마리아의 순종 모습은 어떠했는지를 살펴보자.

【1대지】 가브리엘을 보내심. 처녀의 생각과는 무관하게 하나님이 일방적으로 선택. 성령으로 잉태= 이것은 엄청난 선물이다. 모든 참 선물은 위로부터 온다.

【2대지】 마리아는 하나님의 구속 경륜에 대해 깜깜. 마리아의 마음은 아직 '메시아의 육신의 어머니'라는 엄청난 은혜를 받을 준비가 안 됨. 하나님의 은혜로운 모습을 보라. 준비되지 않은 자에게도 은혜를 주신다. 우리는 모두 하나님께 영원히 빚진 자이다.

【3대지】 "말씀대로 내게 이루어지이다." 처녀의 잉태? 이 길은 감당하기 어려운 십자가의 길. 누가 믿어줄까? 정혼한 요셉이 받을 충격은 어떤가? 마리아의 고난은 성도가 감당할 최고 수준의 십자가이지 않겠는가? 많은 그리스도인= 말씀대로 살지 않다가 고난을 겪은 후에 후회함. 하나님께 절대 순종하는 삶이 가장 복된 삶이다.

【결론】 크리스마스 스토리는 하나님이 우리를 위해 하신 일에 관한 이야기이다. 우리가 드릴 수 있는 최상의 것은? 감사하는 마음(a grateful heart).

- 절기, 용도, 장르, 특징: 대림절, 성탄절.
- Key Word: 수태고지.
- Remarks:

본문 : **눅 1:26~38**

제목 : **수태고지(受胎告知)에 나타난 구원의 진리**

26.여섯째 달에 천사 가브리엘이 하나님의 보내심을 받아 갈릴리 나사렛이란 동네에 가서 **27.**다윗
의 자손 요셉이라 하는 사람과 약혼한 처녀에게 이르니 그 처녀의 이름은 마리아라 **28.**그에게 들어
가 이르되 은혜를 받은 자여 평안할지어다 주께서 너와 함께 하시도다 하니 **29.**처녀가 그 말을 듣고
놀라 이런 인사가 어찌함인가 생각하매 **30.**천사가 이르되 마리아여 무서워하지 말라 네가 하나님께
은혜를 입었느니라 **31.**보라 네가 잉태하여 아들을 낳으리니 그 이름을 예수라 하라 **32.**그가 큰 자
가 되고 지극히 높으신 이의 아들이라 일컬어질 것이요 주 하나님께서 그 조상 다윗의 왕위를 그에게
주시리니 **33.**영원히 야곱의 집을 왕으로 다스리실 것이며 그 나라가 무궁하리라 **34.**마리아가 천사
에게 말하되 나는 남자를 알지 못하니 어찌 이 일이 있으리이까 **35.**천사가 대답하여 이르되 성령이
네게 임하시고 지극히 높으신 이의 능력이 너를 덮으시리니 이러므로 나실 바 거룩한 이는 하나님의
아들이라 일컬어지리라 **36.**보라 네 친족 엘리사벳도 늙어서 아들을 배었느니라 본래 임신하지 못한
다고 알려진 이가 이미 여섯 달이 되었나니 **37.**대저 하나님의 모든 말씀은 능하지 못하심이 없느니
라 **38.**마리아가 이르되 주의 여종이오니 말씀대로 내게 이루어지이다 하매 천사가 떠나가니라

1. 하나님이 찾아오시고 은혜를 입히셨음 (= 구원은 절대적으로 하나님께 속함)

30절= "천사가 이르되 마리아여 무서워하지 말라 네가 하나님께 은혜를 입었느니라"

2. 동정녀 탄생을 예고하심 (= 구원은 초자연적이요 이적적임)

31절= "보라 네가 잉태하여 아들을 낳으리니 그 이름을 예수라 하라"

3. 마리아는 "어찌 이 일이 있으리이까?"라고 의심함 (= 구원은 우리의 이해 밖에 있음)

34절= "마리아가 천사에게 말하되 나는 남자를 알지 못하니 어찌 이 일이 있으리이까"

◈◈◈

【대지 유형】 주제 설명형 – 본문 수집형, 묵상형 – 대지 병렬형

【주제】 구원은 하나님께로부터 난 것이므로 초자연적이어서 우리가 다 이해할 수 없고 오직 순종을 요구한다.

【FCF】 많은 신앙인이 구원의 신비함에 대한 경외심이 부족함.

【서론】 복음이란? 예수 그리스도의 성육신, 죽으심, 부활 그리고 재림. 복음은 사람에게 전인적인 변화를 가져온다. 눅 1, 2장의 여러 사람이 예수 그리스도 오심에 대해 보인 반응들= 전인적. 여러분은 그분의 오심 때문에 가장 깊은 곳이 움직였나?
【우산질문】 본문의 수태고지에 나타난 복음의 진리에 대해 살펴보자.

【1대지】 구원은 인간의 것이 아니다. 현대 인간의 문화는 하나님을 수동적으로 생각함(하나의 목표, 관망, 상급 주시는 자 정도). 구원이란 내가 명확한 규범에 따라 끝까지 살아냄으로써 얻는 그 무엇을 말하는가? Never. 구원은 전적으로 하나님께 속한 것. 따라서 우린 하나님을 찬양할 뿐이다. 요 3:16; 롬 5:8.
【2대지】 구원은 사람의 노력의 산물이 아니라 신적인 것. 구원이 성취된 방식을 보라!(세례요한 출생, 예수님 탄생, 주님의 생애, 그의 능력, 그의 부활과 승천…). 구원이 사람들에게 연관되어진 방식에서 볼 때 이는 신적인 것임에 틀림없다(오순절의 역사, 사도들이 변화된 모습, 교회사 많은 성도의 변모된 모습…). 이 모든 것이 우리의 찬미를 유발케 한다.
【3대지】 구원은 우리가 충분히 이해할 수 없는 영역임을 인정해야 함. 마리아나 니고데모나 헬라인들의 질문은 당연한 것. 누가 이해할 것인가? 현대의 모든 지성을 가지고도 한계. 우리에게는 두 가지 선택이 있을 뿐(믿기를 거절하거나 마리아처럼 받아들이거나). 복음은 우리에게 이해를 요구하지 않는다.
【결론】 구원은 하나님께로서 난 것이므로 초자연적이어서 우리가 다 이해할 수 없고 오직 순종을 요구한다. 여기 한 가지 위대한 소망, "하나님께는 능치 못할 일이 없으시다"(37절).

- 절기, 용도, 장르, 특징:
- Key Word: 복음, 구원.
- Remarks:

누가복음

본문 : **눅 2:1~7; 고후 8:9**

제목 : **구유에 오신 예수님 (Laid in a Manger)**

눅 2:1.그 때에 가이사 아구스도가 영을 내려 천하로 다 호적하라 하였으니 **2.**이 호적은 구레뇨가 수리아 총독이 되었을 때에 처음 한 것이라 **3.**모든 사람이 호적하러 각각 고향으로 돌아가매 **4.**요셉도 다윗의 집 족속이므로 갈릴리 나사렛 동네에서 유대를 향하여 베들레헴이라 하는 다윗의 동네로 **5.**그 약혼한 마리아와 함께 호적하러 올라가니 마리아가 이미 잉태하였더라 **6.**거기 있을 그 때에 해산할 날이 차서 **7.**첫아들을 낳아 강보로 싸서 구유에 뉘었으니 이는 여관에 있을 곳이 없음이러라

고후 8:9.우리 주 예수 그리스도의 은혜를 너희가 알거니와 부요하신 이로서 너희를 위하여 가난하게 되심은 그의 가난함으로 말미암아 너희를 부요하게 하려 하심이라

1. 사관에 있을 곳이 없었음 (= 예수님 맞을 여유 없는 인간의 마음)

7절= "맏아들을 낳아 강보로 싸서 구유에 뉘었으니 이는 사관에 있을 곳이 없음이러라"

2. 강보에 싸여 구유에 뉘었음 (= 예수님은 낮고 천한 자의 친구)

7절= "맏아들을 낳아 강보로 싸서 구유에 뉘었으니…"

3. 우리의 부요를 위해 가난하게 되심 (= 낮고 천한 자를 영화롭게 하심)

고후 8:9= "우리 주 예수 그리스도의 은혜를 너희가 알거니와 부요하신 자로서 너희를 위하여 가난하게 되심은 그의 가난함을 인하여 너희로 부요케 하려 하심이니라"

◈◈◈

【대지 유형】 주제 설명형 - 본문 수집형 - 대지 혼재형(1+2)

【주제】 만왕의 왕이신 주님은 낮고 천한 자를 영화롭게 하시려고 친히 가난하게 되셨다.

【FCF】 주님 맞이할 마음을 갖지 못한 인간들의 마음 상태.

【서론】 예수 그리스도는 지금으로부터 2000여 년 전 베들레헴 땅에 육신을 입고 오셨다. 하나님의 백성 이스라엘은 오랫동안 메시아 오시기를 기다려 왔으나, 정작 그가 오셨을 때는 아무도 그를 알아보지 못했다. 다만 하나님께서 알게 해 주신 몇몇 사람만이 오신 왕을 영접했을 뿐. 지금 세계는 크리스마스의 진정한 의미를 잊은 지 오래다. 성탄의 주인공에 대해서는 관심도 없이 그저 Happy Holiday, Season's Greetings와 같은 말들로 대체하고 있다. 본래 크리스마스는 '그리스도를 경배하는 날'이란 뜻이다.

【우산질문】 예수님이 마구간의 구유에 오신 사실이 우리에게 주는 의미를 살펴봄으로써 크리스마스의 진정한 의미를 되새기자.

【1대지】 당시 요셉은 만삭(滿朔)이 된 마리아를 데리고 나사렛에서 멀리 베들레헴까지 가야 했고, 베들레헴에 몰려든 인파 때문에 변변한 숙소를 찾을 수 없었던 두 사람은 마구간에서 아기를 해산할 수밖에 없었다. 그때나 지금이나 세상 사람들은 자신만을 생각하고 자신만을 사랑하는 이기적인 동물이다. 곧 해산할 만삭의 임산부인데, 두 부부를 위한 여관방 하나 남아 있지 못한 것인가? 당시의 유대 사회는 종교의 빈 껍데기만 남은 위선적이고 이기적인 사회였다. 이런 세상에 예수님이 오신 것이다.

【2대지】 '강보'라는 말은 '찢다'라는 말에서 파생된 단어. 요셉 부부는 신생아를 감아 덮을 천도 없이, 가지고 있던 옷을 찢어 아기 예수를 쌌던 것으로 여겨진다. '구유(파트네)'는 가축의 먹이를 넣어주는 여물통. 하나님의 독생자이신 예수님은 영광스러운 하늘 보좌에서 이 땅으로 오셔서, 구유와 같은 가장 낮고 초라한 자리에 누이셨다. 그리하여 예수님은 낮고 천한 자의 친구가 되셨다. 예수님은 우리를 위하여 그토록 가난해지고 낮아지셨다. 그런데 이러한 예수님을 맞이할 우리의 마음은 어떠한가? 세상 재물에 마음이 가 있지 않은가? 세상의 명예와 권세에 마음을 빼앗기고 있지 않은가? 나는 지금의 마음으로 구유에 오시는 예수님을 맞이할 수 있나?

【3대지】 예수님이 태어나신 장소는 냄새나는 마구간이었으나, 그곳은 하나님의 영광이 드러난 곳이 되었다. 목자들이 양을 지키던 들에서는 하늘의 천군 천사들의 노래가 울려 퍼졌다(눅 2:14). 동방박사들을 인도하던 신비의 별은 아기 예수가 있는 곳을 비추었고, 동방박사들은 예수님께 황금과 유향과 몰약을 드리면서 경배했다. 그곳에 하나님의 영광이 크게 드러났다. 예수님이 가시는 곳곳마다 하나님의 영광이 크게 드러났다. 예수님은 우리 가난한 자들을 위해 친히 가난하게 되셨다. 그리고 이제 주님을 영접하는 모든 사람을 부요하게 하시고 영화롭게 만들어 주신다.

【결론】 예수님은 사회의 가장 그늘진 곳으로 오신다. 예수님은 가난한 자들의 친구로 오셔서 그들의 삶을 천국으로 변화시키려 하신다. 주님을 맞이하기를 원하는가? 가난하고 천한 자들의 친구가 되는 것이 주님을 만나게 되는 지름길이다.

- 절기, 용도, 장르, 특징: 성탄절.
- Key Word: 성탄, 구유.
- Remarks:

본문 : **눅 2:8~14**
제목 : **첫 성탄 찬송 (The Praise of the First Christmas)**

8.그 지역에 목자들이 밤에 밖에서 자기 양 떼를 지키더니 **9.**주의 사자가 곁에 서고 주의 영광이 그들을 두루 비추매 크게 무서워하는지라 **10.**천사가 이르되 무서워하지 말라 보라 내가 온 백성에게 미칠 큰 기쁨의 좋은 소식을 너희에게 전하노라 **11.**오늘 다윗의 동네에 너희를 위하여 구주가 나셨으니 곧 그리스도 주시니라 **12.**너희가 가서 강보에 싸여 구유에 뉘어 있는 아기를 보리니 이것이 너희에게 표적이니라 하더니 **13.**홀연히 수많은 천군이 그 천사들과 함께 하나님을 찬송하여 이르되
14.지극히 높은 곳에서는 하나님께 영광이요 땅에서는 하나님이 기뻐하신 사람들 중에 평화로다 하니라

1. 첫 성탄 찬송을 부른 자들은 수많은 천군과 천사들임 (= 예수님 탄생의 위대함)

13절= "홀연히 수많은 천군이 그 천사들과 함께 하나님을 찬송하여 이르되"

2. 첫 성탄 찬송을 들은 사람들은 목자들임 (= 자기 일에 충성된 자들)

8~9절= "그 지역에 목자들이 밤에 밖에서 자기 양 떼를 지키더니 주의 사자가 곁에 서고 주의 영광이 그들을 두루 비추매 크게 무서워하는지라"

3. 첫 성탄 찬송의 내용은 "하늘엔 영광 땅에는 평화" (= 하늘엔 영광 땅에는 평화)

14절= "지극히 높은 곳에서는 하나님께 영광이요 땅에서는 하나님이 기뻐하신 사람들 중에 평화로다 하니라"

◈◈◈

【대지 유형】 주제 설명형 - 본문 분석형 - 대지 연결형

【주제】 (석의) 첫 성탄 찬송은 목자들이 듣는 가운데 천군 천사들이 '하늘엔 영광 땅에는 평화'라는 주제로 울려 퍼졌다.

【FCF】 '하늘엔 영광 땅에는 평화'라는 메시지에 대한 예전의 감동을 잃어버린 현대교회의 상태.

【서론】 누가복음 2장에는 성탄의 첫 찬송이 나온다. 하늘의 천군천사가 부르

는 엄청난 찬미 속에 성탄의 기본 정신이 잘 표현되어 있다.
【우산질문】 본문에 나타난 첫 성탄 찬송의 연주자, 청중, 그리고 그 내용을 살펴보며 성탄절을 더욱 뜻깊게 맞이하자.

【1대지】 여기 '천군'은 '하늘에 사는 만군'을 뜻하며 히브리어 '체바 핫샤마임' 이란 표현과 같은 의미(왕상 22:19; 대하 18:18). 누가복음은 이방인을 위해 기록된 것이지만, 본 절에서는 이렇게 구약적 용어를 사용하여서 셀 수 없이 많은 천사가 목자들 주위에 내려와 탄생하신 아기 예수 구세주를 찬양하는 너무나 장엄한 광경을 묘사한다. 천군 천사들은 그리스도 성육신(Incarnation)의 사건을 인하여 하나님께 영광의 찬송을 올렸다. 이날은 천군천사들이 찬양하고, 하늘의 별이 동방의 박사들을 인도하며 빛을 밝히고, 모든 피조물이 이제 곧 열리게 될 자유와 해방의 날을 기다리며 희망에 찬 찬미를 부르는 날이다.
【2대지】 성탄 기사는 마태복음과 누가복음에 나와 있는데, 마태복음의 기록에 의하면 동방의 박사들이 먼 곳에서부터 예수님을 찾아와서 경배하고 예물을 바쳤다. 동방의 박사들과 목자들은 여러 가지 면에서 대조가 된다. 그리고 그 모든 대조는 박사들에게가 아니라 목자들에게 우위(優位)를 주고 있다. 목자들에게 놀라운 특권을 주신 이유: ① 그들은 자기가 맡은 일에 열심을 지니고 행했다. ② 목자들은 정직했다. 첫 성탄 찬송을 시청하는 영광은 열심과 정직으로 자신의 일에 충성하는 목자들에게 돌아갔다.
【3대지】 9절의 '영광(헬, 독사)'이 하나님의 임재를 말하는 영광스러운 빛의 비췸이었다면, 본 절에서 '영광'은 하나님께 마땅히 드려야 할 존귀를 나타낸다. 즉 이곳에서의 찬양은 은혜로움과 장엄함과 영광이 하나님께 속한다는 것을 표현하는 것. WM 소요리문답 1문에도 "사람의 제일가는 목적이 하나님을 영화롭게 하고 영원토록 그를 즐거워하는 것." 그리스도의 거룩한 은혜가 우리의 마음 가운데 충만할 때 하나님 앞에 영광이 되고 우리의 삶에 참된 평안이 찾아온다.
【결론】 첫 성탄 찬송은 하늘에 있는 천군 천사와 온 우주 만물이 소리를 높인 대합창이었다. 무엇 때문이었나? 예수 그리스도로 말미암아 우주와 인류와 자연만물의 모든 문제가 해결되기 때문이다.

- 절기, 용도, 장르, 특징: 성탄절.
- Key Word: 성탄, 성탄 찬송.
- Remarks:

본문 : **눅 2:8~14**
제목 : **큰 기쁨의 좋은 소식**

8.그 지역에 목자들이 밤에 밖에서 자기 양 떼를 지키더니 **9.**주의 사자가 곁에 서고 주의 영광이 그
들을 두루 비추매 크게 무서워하는지라 **10.**천사가 이르되 무서워하지 말라 보라 내가 온 백성에게
미칠 큰 기쁨의 좋은 소식을 너희에게 전하노라 **11.**오늘 다윗의 동네에 너희를 위하여 구주가 나셨
으니 곧 그리스도 주시니라 **12.**너희가 가서 강보에 싸여 구유에 뉘어 있는 아기를 보리니 이것이 너
희에게 표적이니라 하더니 **13.**홀연히 수많은 천군이 그 천사들과 함께 하나님을 찬송하여 이르되
14.지극히 높은 곳에서는 하나님께 영광이요 땅에서는 하나님이 기뻐하신 사람들 중에 평화로다 하
니라

1.구주가 나셨다는 소식이기 때문 (= 죽음의 두려움을 해결하신 분)

11절= "오늘 다윗의 동네에 너희를 위하여 구주가 나셨으니 곧 그리스도 주시니라"

2. 온 백성에게 미칠 소식이기 때문 (= 세계선교의 당위성)

10절= "천사가 이르되 무서워하지 말라 보라 내가 온 백성에게 미칠 큰 기쁨의 좋은 소식을 너희에게 전하노라"

3. 사람들 중에 평화를 가져다주기 때문 (= 참된 평화의 원천)

14절= "지극히 높은 곳에서는 하나님께 영광이요 땅에서는 하나님이 기뻐하신 사람들 중에 평화로다 하니라"

◈◈◈

【대지 유형】 이유 제시형 - 본문 수집형 - 대지 병렬형

【주제】 구주께서 육신을 입고 오셔서 온 세상에 평화를 가져다주신다는 것은 큰 기쁨의 좋은 소식이다.

【FCF】 많은 신앙인이 주님이 오셨고, 다시 오신다는 소식에도 큰 기쁨을 갖지 못함.

【서론】 성탄절은 말씀이신 그리스도께서 육신을 입고 이 땅에 오신 날. 하나님이 이 세상에 상륙하신 날. 10절의 "내가 온 백성에게 미칠 큰 기쁨의 좋은 소식을 너희에게 전하노라."

【우산질문】 예수 탄생을 가장 큰 기쁨의 좋은 소식이라 한 이유가 무엇인가?

【1대지】 누가 나셨나? 구주. 목자들은 천사가 나타났을 때 크게 두려워했다. 인간의 모든 문제는 한 마디로 죽음의 문제이다. 인간의 모든 두려움과 근심은 결국 죽음의 문제가 그 속에 내재되어 있다. 이 죽음의 문제, 죄의 문제를 누가 해결해 줄 수 있는가? 마 1:21, "…이는 그가 자기 백성을 저희 죄에서 구원할 자이심이라." 우린 예수님이 우리의 구세주가 되심을 온전히 고백해야 한다.

【2대지】 세상의 소식은 다 특정한 사람들에게만 해당되고 특정한 사람들에게만 기쁘게 만든다. 그러나 이 구원의 소식은 누구에게나 차별이 없다. 남녀노소 인종의 구분 없이. 그러기에 이 소식은 온 백성에게 알려져야 하고 온 백성이 들어야 하고 온 백성이 불러야 할 소식이다. 막 16:15, "너희는 천하에 다니며 만민에게 복음을 전하라." 저 북한 땅에도 이 소식은 들려져야 한다!

【3대지】 사람들에게 평화가 없는 성탄절은 하나님께 영광이 되지 못하는 성탄절이 무의미한 것처럼 무의미하다. 세상은 평화를 이루기 위해 온갖 단체와 기구를 만드나 궁극적인 해답이 될 수 없다. 주님은 평화의 왕으로 오셨다. 그리스도를 영접한 자에게 평화가 있다.

【결론】 이 평화의 왕을 모셔 들이고 섬기며 살아감으로 마음의 평화, 가정의 평화, 교회의 평화 그리고 이웃과의 평화를 누리며 살아가자.

- 절기, 용도, 장르, 특징: 성탄절.
- Key Word: 좋은 소식, 평화.
- Remarks:

본문 : **눅 2:8~14**
제목 : **하늘엔 영광, 땅에는 평화**

8.그 지역에 목자들이 밤에 밖에서 자기 양 떼를 지키더니 **9.**주의 사자가 곁에 서고 주의 영광이 그들을 두루 비추매 크게 무서워하는지라 **10.**천사가 이르되 무서워하지 말라 보라 내가 온 백성에게 미칠 큰 기쁨의 좋은 소식을 너희에게 전하노라 **11.**오늘 다윗의 동네에 너희를 위하여 구주가 나셨으니 곧 그리스도 주시니라 **12.**너희가 가서 강보에 싸여 구유에 뉘어 있는 아기를 보리니 이것이 너희에게 표적이니라 하더니 **13.**홀연히 수많은 천군이 그 천사들과 함께 하나님을 찬송하여 이르되 **14.**지극히 높은 곳에서는 하나님께 영광이요 땅에서는 하나님이 기뻐하신 사람들 중에 평화로다 하니라

1. 천사가 목자에게 큰 기쁨의 좋은 소식을 전한다고 함 (= 예수님 탄생은 가장 큰 기쁨의 소식임)
10절= "천사가 이르되 무서워하지 말라 보라 내가 온 백성에게 미칠 큰 기쁨의 좋은 소식을 너희에게 전하노라"

2. 천사들이 "지극히 높은 곳에서는 하나님께 영광"이라 찬송함 (= 예수님 탄생은 하늘엔 영광)
14절= "지극히 높은 곳에서는 하나님께 영광이요…"

3. "땅에서는 하나님이 기뻐하신 사람들 중에 평화"라 찬송함 (= 예수님 탄생은 성도들의 평화)
14절= "…땅에서는 하나님이 기뻐하신 사람들 중에 평화로다 하니라"

◈◈◈

【대지 유형】 설명형 - 수집형 - 병렬형, 혼재형(1+2)
【주제】 (석의) 예수님 탄생에 대하여 천사들은 하늘엔 영광이요 땅에는 평화라고 노래한다.
【FCF】 현대인들은 성탄의 참 의미를 망각하고, 상업적인 것으로 전락시키고 있음.

【서론】 하나님 아들의 성육신= 역사상 많은 사건이 있지만, 그중 최대 사건임 = 역사를 AD와 BC로 바꾼 사건이다. "그가 육체로 오셨다!" 천사들의 반응을

보라. 하늘엔 영광, 땅에는 평화! 가장 정확하고 적절한 표현임.
【우산질문】 본문에서 예수님 탄생에 대해 천사들이 전한 소식은 어떤 것이었는가?

【1대지】 이 놀라운 계시가 목자들에게 먼저 주어졌다. 목자들은 겸손, 단순, 조용히 메시아를 대망하던 자들이었음. 그 내용은 온 백성에게 미칠 큰 기쁨의 좋은 소식이라 했음. 주님이 육신을 입고 오신 사건은 가장 큰 기쁨의 소식이다.
【2대지】 그리스도께서 육체로 오신 것은 하나님께 무한한 영광이 된다. 영광은 본래 하나님 아버지의 것. 성경의 강조는 이 영광이 어떻게 나타났는가에 있다. 시내 산 위에 여호와의 영광이…(출 24:17f) 솔로몬 성전의 영광(대하 7:1). 하나님 영광의 최절정은 새 언약의 중보이신 그리스도의 성육신에서…(요 1:14). 예수 그리스도의 성육신 자체도 영광, 더 나아가 그의 일생 전체가 하나님께 큰 영광이 되었다. 그러므로 천사의 노래는 핵심을 꿰뚫고 있다.
【3대지】 당시 로마제국은 'Pax Romana'를 구가함= 외형적인 평화일 뿐. 그러나 오직 그리스도만이 하나님과의 막혔던 담을 헐고 우리를 하나님께로 인도할 수 있음. 주님의 십자가와 부활이 우리를 하나님의 평강으로 인도한다. 그의 죽으심은 죄에 대해, 세상에 대해 죽으심이고, 그의 부활은 하나님에 대해 살아나심이다. 주님은 마귀의 모든 권세를 깨뜨리셨다. 주님을 통해 이제 우리는 세상이 감당할 수 없는 그리스도의 평강을 누린다. 이 평강은 세상이 알지 못하고, 주지 못하고, 빼앗아 갈 수도 없는 평강이다.
【결론】 이제 주님은 세상의 심판주로, 만왕의 왕으로 오신다. 그동안 성령으로 교회에 자신의 일(하나님께 영광, 땅에는 평화)을 교회에 맡기셨다.

- 절기, 용도, 장르, 특징: 성탄절.
- Key Word: 영광, 평화.
- Remarks:

본문 : **눅 2:25~33**
제목 : **성령의 사람 시므온의 모습**

25.예루살렘에 시므온이라 하는 사람이 있으니 이 사람은 의롭고 경건하여 이스라엘의 위로를 기다리는 자라 성령이 그 위에 계시더라 **26.**그가 주의 그리스도를 보기 전에는 죽지 아니하리라 하는 성령의 지시를 받았더니 **27.**성령의 감동으로 성전에 들어가매 마침 부모가 율법의 관례대로 행하고자 하여 그 아기 예수를 데리고 오는지라 **28.**시므온이 아기를 안고 하나님을 찬송하여 이르되 **29.**주재여 이제는 말씀하신 대로 종을 평안히 놓아 주시는도다 **30.**내 눈이 주의 구원을 보았사오니 **31.**이는 만민 앞에 예비하신 것이요 **32.**이방을 비추는 빛이요 주의 백성 이스라엘의 영광이니이다 하니 **33.**그의 부모가 그에 대한 말들을 놀랍게 여기더라

1. 의롭고 경건하여 이스라엘의 위로를 기다렸음 (= 경건한 삶)
25절= "이 사람은 의롭고 경건하여 이스라엘의 위로를 기다리는 자라 성령이 그 위에 계시더라"

2. 성령의 지시와 감동으로 예수님을 만났음 (= 성령님의 철저한 인도받는 삶)
26절= "그가 주의 그리스도를 보기 전에는 죽지 아니하리라 하는 성령의 지시를 받았더니"
27절= "성령의 감동으로 성전에 들어가매 마침 부모가 율법의 관례대로 행하고자 하여 그 아기 예수를 데리고 오는지라"

3. "이제는 말씀하신 대로 종을 평안히 놓아 주시는도다"라고 찬송함 (= 하나님께 모든 것을 맡기는 삶)
29절= "주재여 이제는 말씀하신 대로 종을 평안히 놓아 주시는도다"

◈◈◈

【대지 유형】 주제 설명형 - 본문 묶음형 - 대지 진전형
【주제】 (적용) 성령의 사람은 경건하며 성령의 인도를 잘 받고 모든 것을 하나님께 맡기는 삶을 사는 사람이다.
【FCF】 많은 신앙인이 믿는다고 하면서 자신의 힘으로 살려는 모습을 갖고 있음.

【서론】 본문은 한 인간의 일생에 가장 극적인 순간, 가장 행복한 순간을 묘사

하고 있음. “성령이 그 위에 계시더라.” 시므온이라는 독특한 인물.
【우산질문】 본문에서 시므온의 성령 충만한 삶의 모습은 어떻게 나타나고 있나?

【1대지】 성령의 사람은 평소의 삶이 경건하다. 하나님의 말씀과 약속, 예언을 믿고 기다린다. 종말 성도의 모습이 이러해야 한다.
【2대지】 성령의 지시대로 예루살렘 성전에 들어서는 시므온, 마리아와 요셉과 아기를 만남. 아기를 안고 기뻐하는 시므온! 그의 팔에 안긴 아기는 자신의 전 생애를 보게 하는 렌즈와 같았다. 예수는 자신의 과거의 모든 삶이 인도해온 목적지였고, 자신의 현재의 삶을 가치 있는 삶으로 만들고 있었고, 자신의 미래를 컨트롤하고 있다. 그는 하나님의 모든 구원 계획이 이루어지고 있음을 아기를 통해 보았다. 성령의 사람은 지금도 이처럼 철저히 인도받는다.
【3대지】 시므온은 모든 것을 하나님께 맡기며 찬송한다. 그는 아기를 통해 모든 약속이 성취되는 것을 보았고, 소망이 이루어짐을 보았고, 미래가 이해되는 체험을 가졌다.
【결론】 시므온의 팔에 안긴 아기를 통해 모든 것을 보게 된 시므온처럼, 우리도 하나님의 말씀을 품에 안고 하나님의 모든 구원 경륜을 알고 미래에 대한 소망을 굳게 하자.

- **절기, 용도, 장르, 특징**: 성탄절기, 찬송시.
- Key Word: 성령의 사람.
- Remarks:

본문 : **눅 2:25~35**
제목 : **믿음의 비밀을 가진 자 (Simeon and His Secret)**

25.예루살렘에 시므온이라 하는 사람이 있으니 이 사람은 의롭고 경건하여 이스라엘의 위로를 기다
리는 자라 성령이 그 위에 계시더라 **26.**그가 주의 그리스도를 보기 전에는 죽지 아니하리라 하는 성
령의 지시를 받았더니 **27.**성령의 감동으로 성전에 들어가매 마침 부모가 율법의 관례대로 행하고자
하여 그 아기 예수를 데리고 오는지라 **28.**시므온이 아기를 안고 하나님을 찬송하여 이르되 **29.**주재
여 이제는 말씀하신 대로 종을 평안히 놓아 주시는도다 **30.**내 눈이 주의 구원을 보았사오니 **31.**이
는 만민 앞에 예비하신 것이요 **32.**이방을 비추는 빛이요 주의 백성 이스라엘의 영광이니이다 하니
33.그의 부모가 그에 대한 말들을 놀랍게 여기더라 **34.**시므온이 그들에게 축복하고 그의 어머니 마
리아에게 말하여 이르되 보라 이는 이스라엘 중 많은 사람을 패하거나 흥하게 하며 비방을 받는 표적
이 되기 위하여 세움을 받았고 **35.**또 칼이 네 마음을 찌르듯 하리니 이는 여러 사람의 마음의 생각
을 드러내려 함이니라 하더라

1. 시므온은 경건하여 성령이 그 위에 계셨음 (= 성령 계시의 비밀을 가진 자)
25절= "예루살렘에 시므온이라 하는 사람이 있으니 이 사람은 의롭고 경건하여 이스라엘의 위로를 기다리는 자라 성령이 그 위에 계시더라"

2. 아기를 안고 예언의 찬송을 불렀음 (= 찬송의 비밀을 가진 자)
28절= "시므온이 아기를 안고 하나님을 찬송하여 이르되"

3. 아기와 마리아에 대해 예언하였음 (= 예언의 비밀을 가진 자)
34절= "시므온이 그들에게 축복하고 그의 어머니 마리아에게 말하여 이르되 보라 이는 이스라엘 중 많은 사람을 패하거나 흥하게 하며 비방을 받는 표적이 되기 위하여 세움을 받았고"
35절= "또 칼이 네 마음을 찌르듯 하리니 이는 여러 사람의 마음의 생각을 드러내려 함이니라 하더라"

◈◈◈

【대지 유형】 주제 설명형 – 본문 묶음형 – 대지 연결형
【주제】 (석의) 시므온은 성령 충만하여 메시아에 대한 예언을 받을 만큼 믿음의 비밀을 가진 자였다.
【FCF】 많은 신앙인이 성령님과 함께하는 차원의 삶을 알지 못함.

【서론】 본문은 예수께서 아직 어린 아기로 계실 당시 시므온을 만나신 장면이다. 아주 귀하고 드문 이야기. 본문에서 우리는 믿음의 비밀을 가진 한 사람을 본다. 아기 예수께서 성전에 이르렀을 때에 이미 성전에는 성령님의 감동

을 받은 시므온이 있었다. 예수님이 하나님께 드려지자 메시아의 오심을 고대하고 있던 시므온이 그를 기다렸다는 듯이 등장하고 있는 것이다. 오늘 우리의 주제는 이 사람이 가진 믿음의 비밀에 관한 것이다.

【우산질문】 시므온이 아기 예수를 안고 하나님께 드린 기도 속에 그의 믿음의 비밀이 엿보인다. 또한, 그가 마리아에게 말한 예언을 통하여 그가 어떤 믿음의 소유자인지를 살펴보자.

【1대지】 시므온은 메시아가 오시기를 간절히 기다리고 있었다. 그는 '이스라엘의 위로를 기다리는 자'라는 증거를 받았다. 성령님에 의하여 인도함을 받는 자였다. 그는 당시의 수많은 사람이 전혀 알지도 못했고 눈치채지도 못한 엄청난 믿음의 비밀을 가지고 있었다. 어디 시므온뿐인가? 성경 역사에는 이런 믿음의 비밀을 가진 분들이 많다.

【2대지】 시므온은 아기 예수를 보자마자 자기 팔에 안고 감격해 했다. 그의 입에서는 감사의 찬송이 절로 터져 나왔다. '시므온의 고별노래(the Nunc Dimittis)'라고 불리는 것으로, 찬송이요 동시에 기도이다. 그의 기도에는 참 평안과 만족함(29절), 구원의 확신(30절), 하나님의 주권 선포(31절)가 있다. 여러분의 찬송 생활과 찬송의 내용은 어떠한가? 여러분의 기도 생활과 기도의 내용은 어떠한가? 우리의 기도에 포용과 여유, 그리고 만족함이 흐르고 있나? 우리의 기도에 구원의 확신과 그에 따른 감사가 넘치고 있는가?

【3대지】 34, 35절에 기록된 시므온의 예언의 말은 예수님의 일생이 어떠할 것임을 너무도 선명하게 밝히고 있다. 이것은 시므온이 얼마나 하나님과 가깝게 교통하고 있었는가를 잘 보여준다. 예수님은 많은 사람에게 '거치는 돌'이 될 것, 주님의 생애는 비방과 조롱의 표적으로서의 생애일 것, 아들의 고통을 지켜보아야만 했던 어머니의 심정 등이 표현되어 있다. 우리 또한 믿음의 눈으로 십자가에 달리신 주님을 바라보고 느껴야겠다.

【결론】 여러분은 주님과 얼마나 가깝게 교통하고 있나? 주님과 가까이 사귀고 있는 증거가 어떻게 나타나고 있나? 주님의 초림을 기다리던 시므온의 삶의 자세는 재림을 기다리는 이 시대 성도들의 삶의 자세의 모범이 된다. 주님은 자기의 사랑하시는 자에게 주님의 비밀을 허락하신다. 이 사람에게는 성령님의 인도하심이 날마다의 삶 속에 다반사로 나타난다.

- 절기, 용도, 장르, 특징:
- Key Word: 믿음의 비밀.
- Remarks:

본문 : **눅 2:36~38**
제목 : **메시아를 만난 안나 선지자**

36.또 아셀 지파 바누엘의 딸 안나라 하는 선지자가 있어 나이가 매우 많았더라 그가 결혼한 후 일곱 해 동안 남편과 함께 살다가 **37.**과부가 되고 팔십사 세가 되었더라 이 사람이 성전을 떠나지 아니하고 주야로 금식하며 기도함으로 섬기더니 **38.**마침 이 때에 나아와서 하나님께 감사하고 예루살렘의 속량을 바라는 모든 사람에게 그에 대하여 말하니라

1. 성전을 떠나지 아니하였음 (= 교회 중심의 믿음의 삶)

37절= "과부가 되고 팔십사 세가 되었더라 이 사람이 성전을 떠나지 아니하고…"

2. 주야로 금식하며 기도함으로 섬겼음 (= 기도와 봉사의 삶)

37절= "…주야로 금식하며 기도함으로 섬기더니"

3. 하나님께 은혜를 입고 감사했음 (= 감사와 증거의 삶)

38절= "마침 이 때에 나아와서 하나님께 감사하고 예루살렘의 속량을 바라는 모든 사람에게 그에 대하여 말하니라"

◈◈◈

【대지 유형】 주제 설명형 - 본문 분석형 - 대지 진전형
【주제】 안나는 오랜 세월 성전을 떠나지 아니하고 기도와 봉사로 주님을 섬기다가 메시아를 만나는 은혜를 입었다.
【FCF】 많은 신앙인이 인내심이 부족하여 한결같은 신앙생활 유지에 힘쓰지 못하고 있음.

【서론】 하나님의 눈은 환난 당한 자 위에 머문다. 약 1:27, "고아와 과부를 그 환난 중에 돌보고…" 환난 가운데 있는 사람은 어떤 태도를 취해야 할까? 본문의 안나라는 여성은 우리에게 큰 도전을 준다. 과부로 84년, 그녀는 누구보다 의미 있게 살았다.
【우산질문】 짧은 구절이지만, 본문을 통해 안나의 삶을 재조명해보자.

【1대지】 안나는 매우 소수 지파인 아셀 지파 바누엘의 딸. 북 이스라엘에서 남 유다로 돌아온 신앙의 사람들. 안나의 히브리어는 한나. 성전을 떠나지 않았다는 것은 세속에 물들지 않았다는 말. 안나는 오직 하나님만 바라보며 살았다. 평탄치 않은 삶. 외로울 때마다 유혹이 많았을 것. 교회 중심의 믿음의 삶.

【2대지】 오랜 삶을 봉사하며 살 수 있었던 비결은? 과부지만, 하나님을 위해 할 수 있는 일이 무엇인지 찾았기 때문. 도움받고 사는 것보다 안나처럼 하나님 위해 주의 교회 위해 자신만이 할 수 있는 일을 찾자. 안나처럼 교회 사역과 성도들을 위해 열심히 기도하는 것은 매우 중요하다. 기도하는 안나= 영안이 열리고 하나님의 비밀인 그리스도를 깨닫게 하셨다.

【3대지】 안나에게 주신 큰 선물= 고대했던 예루살렘의 구속됨, 즉 메시아가 이 땅에 오셨음을 알아볼 수 있는 특권을 주심. 오직 의롭고 경건하여 이스라엘의 위로를 기다렸던 시므온과 안나만이 아기 예수의 메시아 됨을 알아보았다. 안나는 이 은혜에 감사했다.

【결론】 지금도 안나의 삶을 사는 사람들은 주의 재림 때 영광의 주를 만나 면류관과 상급을 받을 것이다.

- 절기, 용도, 장르, 특징: 대림절.
- Key Word: 안나.
- Remarks:

본문 : **눅 2:40, 52**
제목 : **이상적인 자녀 교육 (Jesus' Growth as a Child)**

40.아기가 자라며 강하여지고 지혜가 충만하며 하나님의 은혜가 그의 위에 있더라 …… **52.**예수는 지혜와 키가 자라가며 하나님과 사람에게 더욱 사랑스러워 가시더라"

1. 몸이 건강하게 자라도록 키워야 (= 신체적 성장)
40절= "아기가 자라며 강하여지고…"
52절= "예수는 … 키가 자라가며…"

2. 지혜가 충만하게 자라도록 키워야 (= 지적, 정신적 성장)
40절= "아기가 …지혜가 충만하며…"
52절= "예수는 지혜와 … 자라가며"

3. 하나님과 사람에게 사랑받는 사람이 되도록 키워야 (= 영적, 사회적 성장)
40절= "… 하나님의 은혜가 그의 위에 있더라"
52절= "… 하나님과 사람에게 더욱 사랑스러워 가시더라"

◈◈◈

【대지 유형】 주제 적용형 – 본문 분석형 – 대지 진전형
【주제】 예수님의 신체적, 정신적, 사회적, 영적 성장 과정은 자녀교육의 모델을 제공한다.
【FCF】 네 가지 방면의 고른 성장을 보지 못하고 한 두 부분에서 성장이 지체되고 있는 자녀교육의 현장.

【서론】 어린이 주일은 1856년 미국 동부 매사추세츠주의 G. H. Leonald 목사에 의해 시작되었다. 본문에서 우리는 이상적인 자녀의 성장 과정을 어린 시절의 예수님에게서 발견하게 된다. 예수님은 우리와 마찬가지로 어린 시절부터 성인에 이르기까지 단계별로 정상적이고 완전하게 성장하셨다. 예수님의 성장 과정은 우리에게 자녀 교육의 모델을 제공한다.
【우산질문】 본문을 통하여 성경이 제시하는 이상적인 자녀 교육이 어떤 것인지, 우리의 자녀를 어떻게 키워야 하는지를 함께 생각해보자.

【1대지】 예수님은 여느 사람과 다름없이 지적, 신체적으로 성장 과정을 거쳤다. 하나님은 왜 독생자 예수님을 그러한 겸손의 과정을 거치게 하셨을까? 그것은 그리스도께서 모든 사람을 위하여, 그들의 나이가 어떠하든지 심지어 어린 아이를 위하여서까지도 완벽한 모범이 되실 필요가 있었기 때문이다. 아기로 이 땅에 오신 또다른 이유는 천국에 들어갈 수 있는 자는 반드시 처음 어린 아기를 거쳐야 한다는 진리를 보여주기 위함이다.

【2대지】 우리는 하나님께서 모든 피조물 중에 인간들에게만 주신 이성(理性)을 제대로 개발해야 할 책임이 있다. 자녀들이 이러한 부모의 모습을 보고 배우도록 모범을 보이는 것이 무엇보다 중요하다. 교회학교 영아부, 유아부, 유치부, 유년부, 초등부에 이르기까지 예배와 활동을 통하여 신앙적인 지혜와 신앙적인 이야기 그리고 주님을 찬양하는 노래를 많이 다루어주는 것이 중요하다.

【3대지】 예수님의 지혜와 키는 물론, 하나님과 사람 앞에서의 은총 역시 계속적인 성장이 있었다. 예수님은 성장하면서 하나님과 사람에 대한 도리를 다 하심으로 하나님과 사람들로부터 더욱 사랑을 받으셨다.

【결론】 부모 여러분! 우리의 자녀들이 육체적 성장과 정신적 성장을 고루 이루게 하자. 자녀들의 사회적 성장, 특히 영적 성장에 큰 진보를 나타내도록 부모의 책임을 다하자. 학생 여러분! 여러분은 신체적인 면과 정신적인 면에서 고루 자라고 있는가? 자신이 사람들에게 사랑받고 있나? 특히 하나님과의 영적 관계는 어떠한가? 그리고 교사 여러분! 여러분은 자신이 책임 맡은 학생들 앞에서 주님 안에서의 균형 잡힌 성장의 모습이 어떠한가를 직접 몸으로 보여주어야 한다.

- 절기, 용도, 장르, 특징: 어린이 주일.
- Key Word: 자녀 교육.
- Remarks:

본문 : **눅 2:40~52**

제목 : **하나님께 사랑스러워 가는 성도**
(Growing in Favor with God)

40.아기가 자라며 강하여지고 지혜가 충만하며 하나님의 은혜가 그의 위에 있더라 **41.**그의 부모가
해마다 유월절이 되면 예루살렘으로 가더니 **42.**예수께서 열두 살 되었을 때에 그들이 이 절기의 관
례를 따라 올라갔다가 **43.**그 날들을 마치고 돌아갈 때에 아이 예수는 예루살렘에 머무셨더라 그 부
모는 이를 알지 못하고 **44.**동행 중에 있는 줄로 생각하고 하룻길을 간 후 친족과 아는 자 중에서 찾
되 **45.**만나지 못하매 찾으면서 예루살렘에 돌아갔더니 **46.**사흘 후에 성전에서 만난즉 그가 선생들
중에 앉으사 그들에게 듣기도 하시며 묻기도 하시니 **47.**듣는 자가 다 그 지혜와 대답을 놀랍게 여기
더라 **48.**그의 부모가 보고 놀라며 그의 어머니는 이르되 아이야 어찌하여 우리에게 이렇게 하였느
냐 보라 네 아버지와 내가 근심하여 너를 찾았노라 **49.**예수께서 이르시되 어찌하여 나를 찾으셨나
이까 내가 내 아버지 집에 있어야 될 줄을 알지 못하셨나이까 하시니 **50.**그 부모가 그가 하신 말씀
을 깨닫지 못하더라 **51.**예수께서 함께 내려가사 나사렛에 이르러 순종하여 받드시더라 그 어머니는
이 모든 말을 마음에 두니라 **52.**예수는 지혜와 키가 자라가며 하나님과 사람에게 더욱 사랑스러워
가시더라

1. 지혜와 키가 자라가며 강하여짐 (= 성장해 가는 모습을 사랑하심)

40절= "아기가 자라며 강하여지고 지혜가 충족하며 하나님의 은혜가 그 위에 있더라"

52절= "예수는 그 지혜와 그 키가 자라가며 하나님과 사람에게 더 사랑스러워 가시더라"

2. 부모를 순종하여 받드심 (= 순종하여 받드는 모습을 사랑하심)

51절= "예수께서 한가지로 내려가사 나사렛에 이르러 순종하여 받드시더라"

3. 내 아버지 집에 있어야 한다고 함 (= 하나님의 집을 사랑하는 모습을 사랑하심)

49절= "예수께서 가라사대 어찌하여 나를 찾으셨나이까? 내가 내 아버지 집에 있어야 될 줄을 알지 못하셨나이까?"

◈◈◈

【대지 유형】 주제 설명형 – 본문 수집형 – 대지 병렬형

【주제】 (적용) 하나님은 모든 면에서 성장해가며 순종하는 사람, 특히 교회를

사랑하는 성도를 사랑스러워하신다.

【FCF】 하나님께 사랑받는 것 자체에 무관심하거나 관심이 적은 현대 교인들의 상태.

【서론】 하나님께 사랑받는 것보다 더 좋은 것은 없다. "예수는 그 지혜와 그 키가 자라가며 하나님과 사람에게 더 사랑스러워 가시더라." 하나님은 예수님의 자라가는 모습을 사랑스러워하셨다.

【우산질문】 하나님은 성도의 어떤 모습을 사랑스러워하시는가?

【1대지】 원문의 동사 '자라며(어윅사넨)', '강하여지고(에크라타이우토)', '자라가며(프로에콥텐)'는 모두 미완료 과거시제이다. 사람은 성숙해 갈 때 사랑받는 인물이 될 수 있다. 우리가 하나님께 사랑받는 존재가 되려면 무엇보다 우리의 신앙이 자라가야 한다. 여러분 속에 있는 예수 신앙은 얼마나 자라고 있나? 여러분의 예수 사랑, 교회 사랑은 얼마나 자라고 있나?

【2대지】 하나님은 말씀에 순종할 줄 알고 하나님을 높일 줄 아는 사람을 사랑하신다. 하나님의 사랑은 주의 법에 굴복할 줄 아는 사람, 교회의 규례와 치리에 순복하는 사람, 주의 종의 가르침에 순종하는 사람 위에 함께 하신다.

【3대지】 교회는 하나님의 집이요 예수님의 몸이다. 교회를 사랑하는 것은 곧 예수님을 사랑하는 것이다. 예수님을 사랑하는 성도는 하나님의 사랑을 받는다. 어떻게 하는 것이 교회를 사랑하는 것인가? 교회를 자주 찾는 것, 교회에서 살다시피 하는 것이 좋은 일. 교회를 아름답게 하는 일, 소중하게 가꾸면서 관리하는 마음가짐이 중요하다. 어떻게 하는 것이 교회를 사랑하는 것인가? 교회를 자랑하는 일, 교회의 여러 사역에 적극 동참하는 것.

【결론】 하나님께 사랑받는 성도가 되기를 원하는가? 자신의 영적 생활에서 성장해 가고 있는가 점검해 보라. 자신에게 순종하여 받드는 모습이 있는가 살펴보라. 그리고 교회를 뜨겁게 사랑하는 성도가 되기를 결심하자.

- 절기, 용도, 장르, 특징:
- Key Word: 성장, 하나님께 사랑스러워 감.
- Remarks:

본문 : **눅 3:1~6**

제목 : **요한의 소명**

1.디베료 황제가 통치한 지 열다섯 해 곧 본디오 빌라도가 유대의 총독으로, 헤롯이 갈릴리의 분봉 왕으로, 그 동생 빌립이 이두래와 드라고닛 지방의 분봉 왕으로, 루사니아가 아빌레네의 분봉 왕으로, **2.**안나스와 가야바가 대제사장으로 있을 때에 하나님의 말씀이 빈 들에서 사가랴의 아들 요한에게 임한지라 **3.**요한이 요단 강 부근 각처에 와서 죄 사함을 받게 하는 회개의 세례를 전파하니 **4.**선지자 이사야의 책에 쓴 바 광야에서 외치는 자의 소리가 있어 이르되 너희는 주의 길을 준비하라 그의 오실 길을 곧게 하라 **5.**모든 골짜기가 메워지고 모든 산과 작은 산이 낮아지고 굽은 것이 곧아지고 험한 길이 평탄하여질 것이요 **6.**모든 육체가 하나님의 구원하심을 보리라 함과 같으니라

1. 하나님의 말씀이 빈 들의 요한에게 임하였음 (= 찾아오시는 하나님, 비전의 사람에게 침입해 들어오심)

2절= "안나스와 가야바가 대제사장으로 있을 때에 하나님의 말씀이 빈 들에서 사가랴의 아들 요한에게 임한지라"

2. 요한은 회개의 세례를 전파했음 (= 세상에 진리를 전파함)

3절= "요한이 요단 강 부근 각처에 와서 죄 사함을 받게 하는 회개의 세례를 전파하니"

3. 골짜기와 높고 굽은 곳과 험한 길을 바르게 하였음 (= 주님 오시는 길 예비)

5절= "모든 골짜기가 메워지고 모든 산과 작은 산이 낮아지고 굽은 것이 곧아지고 험한 길이 평탄하여질 것이요"

◈◈◈

【대지 유형】 주제 설명형 – 본문 분석형 – 대지 진전형

【주제】 (적용) 주님은 지금 생명의 말씀으로 우리를 찾아오셔서 재림 주의 오시는 길을 준비하도록 하신다.

【FCF】 많은 사역자가 소명감 부족으로 하나님 나라 확장 사역에 열매를 맺지 못함.

【서론】 이 세상은 예나 지금이나 인간의 욕심의 무대. 그 배후에 사탄이 암약하고 있다. 예수님 초림 때의 세상도 여전했음. 특히 종교 지도자들의 타락,

어용 현상이 심함. 이런 때에 하나님은 세상을 바꿀 사람을 찾으셨다.
【우산질문】 본문을 통해 세례 요한이 받은 소명과 결과를 살펴보자.

【1대지】 들판에서 하나님의 구원의 역사가 임하기를 고대하는 세례 요한. 그의 가슴은 민족을 향한 사랑으로 가득 찼다. 광야에서 자신의 욕망을 못 박고 오직 하나님으로 충만하길 원했던 자= 그에게 하나님은 침입해 들어가셨다. 요한에게 찾아온 음성= "선포하라 다가오는 위대한 사건, 메시아의 오심을."
【2대지】 요한은 다가오는 하나님 나라를 바라보며 성령으로 불탔다. 그의 마음은 하나님 주신 생명의 말씀 때문에 터질 것 같았다. 벅찬 감격으로 사역의 현장에 투신하여 '광야에 외치는 자의 소리(phone, 사 40:3)'가 되었다. 400년간 선지자가 없던 시대. 마침내 터져 나온 하나님의 음성: "회개하라 천국이 가까웠느니라."
【3대지】 요한은 주님 오시는 길을 성공적으로 준비했다. 백성들의 마음의 상처, 교만, 비뚤어진 생각, 거친 마음을 고쳐서 예수님의 사역이 조기에 효과적으로 자리잡을 수 있도록 '메시아 오는 길'을 잘 준비했다.
【결론】 하나님은 지금도 생명의 말씀을 통해 우리 속에 침입해 들어오신다. 백성들에게 담대히 회개의 메시지를 외칠 자가 누구인가? 지금은 예수님의 재림을 준비해야 하는 시기이다. 우리 교회가 광야에 외치는 자의 소리가 되어야겠다.

- **절기, 용도, 장르, 특징:** 성탄절.
- **Key Word:** 세례요한.
- **Remarks:**

본문 : **눅 3:1~6**

제목 : **주의 길을 준비하는 방법**

1.디베료 황제가 통치한 지 열다섯 해 곧 본디오 빌라도가 유대의 총독으로, 헤롯이 갈릴리의 분봉 왕으로, 그 동생 빌립이 이두래와 드라고닛 지방의 분봉 왕으로, 루사니아가 아빌레네의 분봉 왕으로, **2.**안나스와 가야바가 대제사장으로 있을 때에 하나님의 말씀이 빈 들에서 사가랴의 아들 요한에게 임한지라 **3.**요한이 요단 강 부근 각처에 와서 죄 사함을 받게 하는 회개의 세례를 전파하니 **4.**선지자 이사야의 책에 쓴 바 광야에서 외치는 자의 소리가 있어 이르되 너희는 주의 길을 준비하라 그의 오실 길을 곧게 하라 **5.**모든 골짜기가 메워지고 모든 산과 작은 산이 낮아지고 굽은 것이 곧아지고 험한 길이 평탄하여질 것이요 **6.**모든 육체가 하나님의 구원하심을 보리라 함과 같으니라

1. 모든 골짜기를 메움 (= 마음의 상처 치유)

5절= "모든 골짜기가 메워지고…"

2. 모든 산과 작은 산을 낮춤 (= 교만 제거)

5절= "…모든 산과 작은 산이 낮아지고…"

3. 굽은 것을 곧게 함 (= 비뚤어진 생각을 바르게 함)

5절= "…굽은 것이 곧아지고…"

4. 험한 길을 평탄케 함 (= 거친 마음을 부드럽게 함)

5절= "…험한 길이 평탄하여질 것이요"

◈◈◈

【대지 유형】 주제 설명형 – 본문 분석형 – 대지 연결형

【주제】 주님 오시는 길을 준비하는 방법은 마음의 상처를 치유하고 교만을 제거하며, 비뚤어진 생각을 바르게 하고 거친 마음을 부드럽게 하는 것이다.

【FCF】 주의 길을 준비하는 것이 얼마나 귀한 것인가를 잘 모르는 신앙인들의 무지.

【서론】 인간의 삶과 길은 매우 밀접한 관계가 있다. 길이 없는 곳에는 발전도 없다. 길을 잘 닦아야 한다. 한 민족에게도 한 개인에게도 길을 잘 닦는 것이 흥하는 비결이다. 광야의 외치는 자의 소리는 주의 길을 예비하라는 것. 주의

길은 축복의 길. 광야와 같은 우리 마음에 축복의 길을 닦아야 복을 받을 수 있다.
【우산질문】 어떻게 길을 닦을 것인가? 주의 길을 준비하는 방법은 무엇인가?

【1대지】 축복의 대로를 만들려면 우선 골짜기를 메워야 한다. 당시 유대인의 마음 상태= 골짜기. 골짜기는 골이 깊이 난 곳= 마음의 상처가 깊어진 병든 마음. 이 마음엔 평화가 없다. 미움의 골엔 사랑을 채워야. 절망에 빠진 마음엔 소망을 채워야. 의심의 골에는 확신을, 상처받은 마음에는 주님의 은혜로 치유받아야 한다.
【2대지】 산은 헤롯과 같이 교만한 마음을 의미한다. 잠 29:23, "사람이 교만하면 낮아지게 되겠고 겸손하면 영예를 얻느니라." 가장 힘든 것이 낮아지는 일이다. 낮아지지 못해 떨어지거나 꺾이는 사람이 있다. 신앙의 교만을 무너뜨려야 축복의 길이 예비된다.
【3대지】 굽은 것은 굽은 마음, 비뚤어진 생각을 의미한다. 당시 바리새인과 서기관들의 상태를 가리킨다. 마음이 굽으면 생각이 비뚤어지고 남에게 상처를 주는 말을 하게 된다.
【4대지】 험한 길은 험한 마음= 거칠고 울퉁불퉁한 마음, 다듬어지지 않은 마음, 황폐해진 마음, 폭력적이고 불평으로 얼룩진 마음에는 축복이 임할 수 없다. 성령으로 거듭나야 한다. 여러분의 마음은 어떠한가? 거칠고 사납지 않은가?
【결론】 골짜기 같은 사람들의 골을 메워주기 위해 주님이 이 땅에 오셨다. 산은 헤롯왕같이 교만이 산처럼 뻗쳐 있는 사람을 가리킨다. 굽은 사람은 당시 종교 지도자들. 험한 사람은 여관집 주인과 같은 야박한 사람. 이런 마음들을 고치고 축복의 길을 예비해야 한다.

- 절기, 용도, 장르, 특징:
- Key Word: 주의 길.
- Remarks:

본문 : **눅 4:14~21**

제목 : **예수님이 오신 목적 (What Jesus Christ Came for)**

14.예수께서 성령의 능력으로 갈릴리에 돌아가시니 그 소문이 사방에 퍼졌고 **15.**친히 그 여러 회당에서 가르치시매 뭇 사람에게 칭송을 받으시더라 **16.**예수께서 그 자라나신 곳 나사렛에 이르사 안식일에 늘 하시던 대로 회당에 들어가사 성경을 읽으려고 서시매 **17.**선지자 이사야의 글을 드리거늘 책을 펴서 이렇게 기록된 데를 찾으시니 곧 **18.**주의 성령이 내게 임하셨으니 이는 가난한 자에게 복음을 전하게 하시려고 내게 기름을 부으시고 나를 보내사 포로 된 자에게 자유를, 눈 먼 자에게 다시 보게 함을 전파하며 눌린 자를 자유롭게 하고 **19.**주의 은혜의 해를 전파하게 하려 하심이라 하였더라 **20.**책을 덮어 그 맡은 자에게 주시고 앉으시니 회당에 있는 자들이 다 주목하여 보더라 **21.**이에 예수께서 그들에게 말씀하시되 이 글이 오늘 너희 귀에 응하였느니라 하시니

1. 가난한 자에게 복음을 전하심 (= 영적 · 육적 빈곤자에게 해방 선포)

18절= "주의 성령이 내게 임하셨으니 이는 가난한 자에게 복음을 전하게 하시려고 내게 기름을 부으시고…"

2. 포로된 자에게 자유를 전파하심 (= 마귀로부터의 해방 선포)

18절= "…나를 보내사 포로 된 자에게 자유를…전파하며…"

3. 눈 먼 자에게 다시 보게 함을 전파하심 (= 영적, 육적 시력 회복 선포)

18절= "…눈 먼 자에게 다시 보게 함을 전파하며…"

4. 눌린 자를 자유롭게 하심 (= 억압에서의 해방 선포)

18절= "…눌린 자를 자유롭게 하고"

5. 주의 은혜의 해를 전파하심 (= 하나님 나라의 새 시대 선포)

19절= "주의 은혜의 해를 전파하게 하려 하심이라 하였더라"

◈◈◈

【대지 유형】 목적 제시형 – 본문 분석형 – 대지 병렬형

【주제】 예수님이 이 땅에 오신 것은 죄 가운데 빠져 마귀에게 노예 된 자들을 해방하여 진리를 보게 하고 하나님 나라의 새 시대를 선포하기 위함이다.

【FCF】 자신이 마귀에게 속박된 사실을 인정하지 않으려는 현대인들의 교만과 무지.

【서론】 예수 그리스도께서 이 땅에 오신 목적은 무엇인가? 주님은 왜 오셨고 무슨 일을 하셨나? 예수께서 갈릴리를 복음 전파의 중심지로 삼으신 것은 복음을 효과적으로 전하시기 위함이었다. 갈릴리 지방은 인구가 만 오천 명 이

상이나 되고, 크고 작은 도시가 204개나 되어 많은 사람이 복음을 접할 수 있었다. 갈릴리는 교통의 요지요 외래 문물에 개방적인 곳이어서 주님의 복음 전파 사역은 많은 열매를 맺으셨다.
【우산질문】 본문을 통하여 예수 그리스도께서 이 땅에 오신 목적에 대해 좀 더 구체적으로 알아보자.

【1대지】 아담과 하와가 범죄한 이후 모든 인류는 영육 간에 가난하게 되었다. 사람들은 삶의 능력과 가치를 상실하게 되었다. 예수님은 우리에게 가난에서의 해방을 선포하셨다.
【2대지】 마귀는 인간을 포로로 잡아서 육신의 정욕과 안목의 정욕과 이 세상의 자랑을 좇아 살아가게 하며 세속을 따라 죄악의 노예가 되게 했다. 그러나 예수께서 오셔서 우리를 마귀의 노예 상태에서 해방시켜 자유케 하셨다. 우리의 죄를 사하시고 마귀의 속박에서 우리를 해방시키시기 위해 십자가에서 죽으시고 부활하여 사망과 음부를 철폐하시고 천국 가는 길을 열어놓기 위해 오신 것이다.
【3대지】 예수님은 눈먼 자를 다시 보게 하시고 우리의 질병을 치유하기 위해 이 땅에 오셨다. 건강의 축복을 받을수록 그것을 의의 병기로 삼고 그 몸으로 하나님께 영광을 돌리는 것이 완전한 해방이 되는 것이다. 여러분은 영적 눈을 떠서 주님의 은혜와 영광의 모습을 보고 있나? 이제 곧 주님 재림의 때가 되었음을 보는 시력이 회복되었나?
【4대지】 많은 사람은 정신적인 억압 속에서 살아간다. 이 세상 풍속을 좇고 정욕과 탐심 때문에 마귀의 종이 되어 억압된 삶을 살아간다. 이들은 본래의 자유를 잃어버리고 노예의 쇠사슬에 묶여서 끌려다니는 신세가 되고 말았다.
【5대지】 '은혜의 해'라는 말은 '희년(year of jubilie)'을 가리킨다. 주님은 취임사를 통해 하나님 나라의 새 시대를 선포하신 것이다. 초림 예수님은 하나님 나라의 새 시대를 선포하셨고, 새 시대를 위한 모든 역사를 이미 이루셨다. 주님은 이제 곧 다시 오셔서 말씀대로 새로운 나라를 여실 것이다.
【결론】 성령으로 기름 부음 받으신 예수님은 이 모든 목적을 훌륭하게 수행하셨다. 그러므로 우리는 예수님 안에서 새로워져야 한다. 주님을 닮아 어떤 죄인일지라도 하나님의 용서와 자비와 은혜를 먼저 전해야 한다.

- 절기, 용도, 장르, 특징: 대림절기.
- Key Word: 자유, 은혜의 해.
- Remarks:

본문 : **눅 4:16~21**
제목 : **메시아의 자기 선언 (The Messiah's Self-Proclamation)**

16.예수께서 그 자라나신 곳 나사렛에 이르사 안식일에 늘 하시던 대로 회당에 들어가사 성경을
읽으려고 서시매 **17.**선지자 이사야의 글을 드리거늘 책을 펴서 이렇게 기록된 데를 찾으시니 곧
18.주의 성령이 내게 임하셨으니 이는 가난한 자에게 복음을 전하게 하시려고 내게 기름을 부으시고
나를 보내사 포로 된 자에게 자유를, 눈 먼 자에게 다시 보게 함을 전파하며 눌린 자를 자유롭게 하고
19.주의 은혜의 해를 전파하게 하려 하심이라 하였더라 **20.**책을 덮어 그 맡은 자에게 주시고 앉으시
니 회당에 있는 자들이 다 주목하여 보더라 **21.**이에 예수께서 그들에게 말씀하시되 이 글이 오늘 너
희 귀에 응하였느니라 하시니

1. 가난한 자에게 복음을 전하심 (= 천국 복음 전파)
18절= "주의 성령이 내게 임하셨으니 이는 가난한 자에게 복음을 전하게 하시려고 내게 기름을 부으시고…"

2. 포로 된 자에게 자유를 선포하심 (= 고통에서 건져주심)
18절= "…나를 보내사 포로 된 자에게 자유를, 눈 먼 자에게 다시 보게 함을 전파하며 눌린 자를 자유롭게 하고…"

3. 주의 은혜의 해를 전파하심 (= 하나님 은혜를 깨닫게 함)
19절= "주의 은혜의 해를 전파하게 하려 하심이라 하였더라"

◈◈◈

【대지 유형】 주제 설명형 - 본문 분석형 - 대지 진전형
【주제】 (석의) 예수님은 자신의 사역이 천국 복음을 전파하며 포로 된 자들을 고통에서 건져 내시고 하나님의 은혜를 깨닫게 하는 것이라고 선언하신다.
【FCF】 죄악에 포로 되어 눈먼 상태를 고의로 외면하는 자들의 상태.

【서론】 3.1정신은 "포로 된 자와 눌린 자를 자유케 하라"는 외침이다. 이 운동은 세계적인 독립운동의 불을 지핀 운동이다. 같은 해(1919년) 5월 중국 천안문에서 봉기했던 5.4 운동이 우리의 3.1 운동의 영향으로 일어난 운동임을 중국의 지도자 진독수나 모택동까지 인정했다. 그 외에도 3.1 운동의 보도를 읽고 남아프리카에서 급히 인도로 귀국한 간디에 의해 시작된 인도 국민회의파 비폭력 독립운동(사타야 그라하), 6월의 필리핀의 마닐라 대학생들의 독립운동, 6월의 이집트 카이로 대학생들에 의해 시작된 아랍의 독립운동 등등, 3.1 운동은 인류의 4분의 3에게 새로운 자유의 희망과 광명을 비춰준 첫 봉화이다. 인도의 시성(詩聖) 타고르는 3.1 운동 10주년에 한국 찬송 시 '동방의 등불'을 써주었고, 감옥에 갇힌 네루도 '세계사 편력'에서 3.1 운동을 격찬했다. 3.1

운동의 근저에는 인류 구원을 위해 자신을 희생하신 예수 그리스도의 십자가 정신이 흐르고 있다. 당시 전국에 그리스도인들이 소수에 불과했지만, 이 운동의 대세를 이루었던 것도 이 때문이다.
우리가 나사렛 목수 출신 예수를 '예수 그리스도'라고 부르는 것은 '예수님은 인류의 구주이신 그리스도이시다'라고 고백하는 것과 같다. 예수님은 회당에서 미리 정해진 그 날의 본문을 발견하고서 읽었다. 그 부분은 메시아적 사역을 의미하는 이사야 61장의 1, 2절인데, 여기에는 하나님의 치밀한 섭리가 있었다. 예수님의 사역은 곧 오늘 교회의 사역이어야 하고, 우리 각자 삶의 가장 중요한 목표가 되어야 한다.
【우산질문】 본문에서 예수께서 친히 선언하신 자신의 사역은 어떤 것인가?

【1대지】 '가난한 자(프토코스)'는 누가복음에서 특별한 관심의 대상으로 나타나며, 문자적인 의미(14:13; 21:16~20)와 영적인 의미로 해석된다. 이 말은 순수한 은혜와 자비만을 얻기 위하여 마음을 열어놓은 자들을 가리킨다. 예수님은 '심령이 가난한 자'에게 천국을 소유케 하실 것이다(마 5:3). 주님은 스스로 자신의 주된 사역이 '가난한 자들에게 복음을 전하는 것'이라고 만천하에 공개하셨다. 옛날이나 지금이나 복음은 '가난한 자'에게 보다 쉽게 전파된다.
【2대지】 '포로 된 자'는 부채를 갚지 못해 노예로 붙잡혀 있는 자, '눌린 자'는 압제당하는 자들을 말하는 것으로, 사회적으로 보호받지 못하는 약자이다. 포로 되고 눌린 자들에 대한 메시아의 선물은 바로 '해방(아페시스)'이다. 그러므로 포로 된 자를 자유케 하는 일과 눈먼 자를 다시 보게 하는 일, 그리고 눌린 자를 자유롭게 하는 사역은 교회의 필수 사역이다.
【3대지】 희년은 여호와께서 구약 이스라엘 공동체 속에 규정하신 해방의 해를 말한다(레 25:8~55). 희년은 가난하고 소외된 자들에게 해방과 자유를 주는 구원과 은총의 해였다. 희년에는 땅의 경작이 중단되고, 모든 빚이 탕감되며, 노예들이 해방되는 특별한 은혜가 주어졌다. 예수님은 자신의 메시아적 구원 사역을 희년에 비유하심으로써 하나님의 은총의 나라가 가까이 왔음을 보여주셨다. 예수님은 희년의 감격을 이 땅에 회복하러 오셨다. 이제 이 사역은 교회에 주어졌다.
【결론】 예수님 오심으로 성취되었고 또한 성취되어 가는 위와 같은 일들은 오늘날에도 지구 곳곳에서 예수님의 가르침을 실천하는 자들에 의해 계속되고 있으며, 예수님 재림 때까지 진행될 것이다.

- **절기, 용도, 장르, 특징:** 3.1절.
- Key Word: 자유, 은혜의 해.
- Remarks:

본문 : **눅 4:16~30; 벧후 1:19~21**
제목 : **성경에 능통하신 예수님**

16.예수께서 그 자라나신 곳 나사렛에 이르사 안식일에 늘 하시던 대로 회당에 들어가사 성경을 읽으려고 서시매 **17.**선지자 이사야의 글을 드리거늘 책을 펴서 이렇게 기록된 데를 찾으시니 곧 **18.**주의 성령이 내게 임하셨으니 이는 가난한 자에게 복음을 전하게 하시려고 내게 기름을 부으시고 나를 보내사 포로 된 자에게 자유를, 눈 먼 자에게 다시 보게 함을 전파하며 눌린 자를 자유롭게 하고 **19.**주의 은혜의 해를 전파하게 하려 하심이라 하였더라 **20.**책을 덮어 그 맡은 자에게 주시고 앉으시니 회당에 있는 자들이 다 주목하여 보더라 **21.**이에 예수께서 그들에게 말씀하시되 이 글이 오늘 너희 귀에 응하였느니라 하시니 **22.**그들이 다 그를 증언하고 그 입으로 나오는 바 은혜로운 말을 놀랍게 여겨 이르되 이 사람이 요셉의 아들이 아니냐 **23.**예수께서 그들에게 이르시되 너희가 반드시 의사야 너 자신을 고치라 하는 속담을 인용하여 내게 말하기를 우리가 들은 바 가버나움에서 행한 일을 네 고향 여기서도 행하라 하리라 **24.**또 이르시되 내가 진실로 너희에게 이르노니 선지자가 고향에서는 환영을 받는 자가 없느니라 **25.**내가 참으로 너희에게 이르노니 엘리야 시대에 하늘이 삼 년 육 개월간 닫히어 온 땅에 큰 흉년이 들었을 때에 이스라엘에 많은 과부가 있었으되 **26.**엘리야가 그 중 한 사람에게도 보내심을 받지 않고 오직 시돈 땅에 있는 사렙다의 한 과부에게 뿐이었으며 **27.**또 선지자 엘리사 때에 이스라엘에 많은 나병환자가 있었으되 그 중의 한 사람도 깨끗함을 얻지 못하고 오직 수리아 사람 나아만뿐이었느니라 **28.**회당에 있는 자들이 이것을 듣고 다 크게 화가 나서 **29.**일어나 동네 밖으로 쫓아내어 그 동네가 건설된 산 낭떠러지까지 끌고 가서 밀쳐 떨어뜨리고자 하되 **30.**예수께서 그들 가운데로 지나서 가시니라 …… **벧후 1:19.**또 우리에게는 더 확실한 예언이 있어 어두운 데를 비추는 등불과 같으니 날이 새어 샛별이 너희 마음에 떠오르기까지 너희가 이것을 주의하는 것이 옳으니라 **20.**먼저 알 것은 성경의 모든 예언은 사사로이 풀 것이 아니니 **21.**예언은 언제든지 사람의 뜻으로 낸 것이 아니요 오직 성령의 감동하심을 받은 사람들이 하나님께 받아 말한 것임이라

1. 사람들이 예수님의 입에서 나오는 말씀에 놀랐음 (= 성경 지식에 부요하심)

22절= "그들이 다 그를 증언하고 그 입으로 나오는 바 은혜로운 말을 놀랍게 여겨"

2. 엘리야, 엘리사 시대 사건에도 정통하심을 보였음 (= 성경에 정통하심을 보인 실례들)

25절= "엘리야 시대에 하늘이 삼 년 육 개월간 닫히어 온 땅에 큰 흉년이 들었을 때에…"

27절= "또 선지자 엘리사 때에 이스라엘에 많은 나병환자가 있었으되…"

3. 제자 베드로도 성경의 중요성을 강조하였음 (= 주님 닮으려면 성경에 정통해야 함)

벧후 1:19= "또 우리에게는 더 확실한 예언이 있어 어두운 데를 비추는 등불과 같으니 날이 새어 샛별이 너희 마음에 떠오르기까지 너희가 이것을 주의하는 것이 옳으니라"

◆◆◆

【대지 유형】 주제 설명형 – 본문 수집형 – 대지 혼재형(2+1)
【주제】 주님을 닮아가려면 우리도 성경에 정통해야 한다.
【FCF】 많은 신앙인이 신앙생활의 연륜을 자랑하면서도 성경에 정통하지 못함.

【서론】 모든 그리스도인은 예수님을 닮아가야 한다. 이것이 우리를 부르신 목적. 주님 닮으려면 그분처럼 성경을 잘 알아야. 예수님의 모든 말씀과 생각과 행동을 닮는 것= 바로 이 성경지식과 이해, 하나님의 뜻 이해로부터 시작.
【우산질문】 성경 전반에 걸쳐 예수님의 성경에 정통하신 모습을 살펴보자.

【1대지】 본문에서, 예수님의 가르침에 모든 사람이 놀랐다. 구약 이사야서를 읽고 적절하게 적용하심. 주님은 부활하신 후에도 엠마오 도상에서 성경으로 제자들을 가르치셨다(눅 24장). 때로는 사람들의 잘못을 지적하심(막 12:24, 너희가 성경도 하나님의 능력도 알지 못하므로 오해함이 아니냐?). 주님은 무리가 성경에 무지함에 놀라기까지 하심(마 21:16).
【2대지】 주님이 얼마나 성경에 정통하신지, 그 적용과 인용 등에 완전하신 모습. 마태복음을 통해 간단히 살펴본다면, 마 4장의 마귀 시험, 5~7장 산상수훈의 대부분은 구약의 인용과 적용. 12:3 안식일 교훈, 12:39 요나의 표적 적용, 21:4 시온 딸 나귀…, 24장 소계시록은 구약에서 인용.
【3대지】 베드로는 변화산의 경험보다 성경을 더 확실한 예언이라 함. 베드로의 신앙자세는 열심히 공부하고 적용하는 자세. 사도 바울도 말씀 강조(예, 딤후 3장)에 역점. 그러므로 우리가 예수님 닮기를 원한다면 먼저 성경으로 돌아가야. 성경은 우리의 안전망(safety net). ① 먼저 성경을 읽어야. ② 성경을 공부해야. ③ 성경 본문을 묵상해야. ④ 그리고 성경 말씀을 암송해야.
【결론】 성경 말씀에 정통해서 예수님을 더욱 닮아가자.

- 절기, 용도, 장르, 특징:
- Key Word: 성경.
- Remarks:

본문 : **눅 5:1~11**

제목 : **베드로의 변화 과정 (Put out into Deep Water)**

1.무리가 몰려와서 하나님의 말씀을 들을새 예수는 게네사렛 호숫가에 서서 **2.**호숫가에 배 두 척이 있는 것을 보시니 어부들은 배에서 나와서 그물을 씻는지라 **3.**예수께서 한 배에 오르시니 그 배는 시몬의 배라 육지에서 조금 떼기를 청하시고 앉으사 배에서 무리를 가르치시더니 **4.**말씀을 마치시고 시몬에게 이르시되 깊은 데로 가서 그물을 내려 고기를 잡으라 **5.**시몬이 대답하여 이르되 선생님 우리들이 밤이 새도록 수고하였으되 잡은 것이 없지마는 말씀에 의지하여 내가 그물을 내리리이다 하고 **6.**그렇게 하니 고기를 잡은 것이 심히 많아 그물이 찢어지는지라 **7.**이에 다른 배에 있는 동무들에게 손짓하여 와서 도와 달라 하니 그들이 와서 두 배에 채우매 잠기게 되었더라 **8.**시몬 베드로가 이를 보고 예수의 무릎 아래에 엎드려 이르되 주여 나를 떠나소서 나는 죄인이로소이다 하니 **9.**이는 자기 및 자기와 함께 있는 모든 사람이 고기 잡힌 것으로 말미암아 놀라고 **10.**세베대의 아들로서 시몬의 동업자인 야고보와 요한도 놀랐음이라 예수께서 시몬에게 이르시되 무서워하지 말라 이제 후로는 네가 사람을 취하리라 하시니 **11.**그들이 배들을 육지에 대고 모든 것을 버려 두고 예수를 따르니라

1. '깊은 데로 가라'는 음성을 들음 (= 어려운 난관 만남)

4절= "말씀을 마치시고 시몬에게 이르시되 깊은 데로 가서 그물을 내려 고기를 잡으라"

2. 말씀에 의지하여 순종함 (= 말씀에 무조건 순종)

5절= "시몬이 대답하여 가로되 선생이여 우리들이 밤이 맞도록 수고를 하였으되 얻은 것이 없지마는 말씀에 의지하여 내가 그물을 내리리이다"

3. 자신이 죄인임을 고백함 (= 새사람 되는 순간)

8절= "시몬 베드로가 이를 보고 예수의 무릎 아래 엎드려 가로되, 주여 나를 떠나소서 나는 죄인이로소이다"

4. '사람을 취하리라'는 약속을 받음 (= 높은 사명 받음)

10절= "예수께서 시몬에게 일러 가라사대, 무서워 말라 이제 후로는 네가 사람을 취하리라"

◆◆◆

【대지 유형】 주제 설명형 - 본문 묶음형 - 대지 진전형

【주제】 (석의) 베드로는 순종하기 어려운 말씀에 무조건 순종하여 주님의 영광을 목도하고 변하여 새사람 되고 높은 사명을 받았다.
【FCF】 많은 현대교인의 신앙은 무조건 순종하는 것과는 거리가 멀다.

【서론】 성도의 진정한 변화는 생명이신 예수님을 만나는 데서부터 시작된다. 예수님은 베드로의 배에 올라, 무리에게 말씀을 전하시면서 베드로가 그 말씀을 듣도록 하셨다. 베드로는 주님의 은혜스러운 지시에 순종하였고, 그 결과 그는 엄청난 축복을 받았다.
【우산질문】 말씀을 통하여 베드로가 변화되어 가는 과정을 살펴봄으로써 우리가 변화하는 데 필요한 요소가 무엇인지 알아보자.

【1대지】 베드로의 변화는 이해하기 어려운 주님의 음성을 듣는 데서부터 시작되었다. "깊은 데로 가서 그물을 내려 고기를 잡으라"= ① 시간적으로 맞지 않고, ② 전문가에게 비전문가가 지시하고 있고, ③ 실리적으로 맞지 않다.
【2대지】 이치에 맞지 않고 사리에도 맞지 않고 경험에도 배치되지만, 일단 모든 것은 덮어두고 "말씀을 따라서 깊은 데로 가겠습니다." 말씀 순종은 성도의 삶 가운데 가장 중요한 덕목인데, 많은 경우 신앙의 모험이 필요하다.
【3대지】 새사람으로의 변화는 베드로 자신이 죄인임을 깨닫는 순간에 찾아왔다. 진정한 회개는 주님을 진정으로 만날 때만이 가능하다. 나에게 진정한 고백이 있을 때, 바로 그때가 새사람으로 변화되는 순간이다.
【4대지】 "네가 사람을 취하리라"는 말씀은 '네가 사로잡을 것이다'라는 미래적 의미와 '네가 사로잡아야 한다'는 명령적 의미를 동시에 가지고 있다. 주님은 베드로를 전문 전도인으로 사용하실 작정이었고, 또한 베드로는 자신의 의지를 꺾고 전폭적으로 순종해야만 했다.
【결론】 여러분은 주님의 영광 앞에서 진정으로 회개해 본 경험이 있는가? 진심으로 고백하는 자는 그 순간 새롭게 변화되는 자신을 발견하게 될 것이고, 보다 높은 사명을 받게 될 것이다.

- 절기, 용도, 장르, 특징:
- Key Word: 변화, 회개.
- Remarks:

본문 : **눅 5:1~11**

제목 : **은총의 주님과 순종의 제자**

1.무리가 몰려와서 하나님의 말씀을 들을새 예수는 게네사렛 호숫가에 서서 **2.**호숫가에 배 두 척
이 있는 것을 보시니 어부들은 배에서 나와서 그물을 씻는지라 **3.**예수께서 한 배에 오르시니 그 배
는 시몬의 배라 육지에서 조금 떼기를 청하시고 앉으사 배에서 무리를 가르치시더니 **4.**말씀을 마치
시고 시몬에게 이르시되 깊은 데로 가서 그물을 내려 고기를 잡으라 **5.**시몬이 대답하여 이르되 선
생님 우리들이 밤이 새도록 수고하였으되 잡은 것이 없지마는 말씀에 의지하여 내가 그물을 내리리
이다 하고 **6.**그렇게 하니 고기를 잡은 것이 심히 많아 그물이 찢어지는지라 **7.**이에 다른 배에 있는
동무들에게 손짓하여 와서 도와 달라 하니 그들이 와서 두 배에 채우매 잠기게 되었더라 **8.**시몬 베
드로가 이를 보고 예수의 무릎 아래에 엎드려 이르되 주여 나를 떠나소서 나는 죄인이로소이다 하니
9.이는 자기 및 자기와 함께 있는 모든 사람이 고기 잡힌 것으로 말미암아 놀라고 **10.**세베대의 아들
로서 시몬의 동업자인 야고보와 요한도 놀랐음이라 예수께서 시몬에게 이르시되 무서워하지 말라
이제 후로는 네가 사람을 취하리라 하시니 **11.**그들이 배들을 육지에 대고 모든 것을 버려 두고 예수
를 따르니라

1. 예수께서 찾아오시고 말씀으로 가르치셨음 (= 은총을 베푸시는 예수님)

3절= "예수께서 한 배에 오르시니 그 배는 시몬의 배라 육지에서 조금 떼기를 청하시고 앉으사 배에서 무리를 가르치시더니"

2. 베드로는 말씀에 순종하여 그물을 내렸음 (= 말씀에 순종하는 제자)

5절= "시몬이 대답하여 이르되 선생님 우리들이 밤이 새도록 수고하였으되 잡은 것이 없지마는 말씀에 의지하여 내가 그물을 내리리이다 하고"

3. 베드로는 놀라 자신이 죄인임을 고백함 (= 눈이 열리는 제자)

8~10절= "시몬 베드로가 이를 보고 예수의 무릎 아래에 엎드려 이르되 주여 나를 떠나소서 나는 죄인이로소이다 하니 이는 자기 및 자기와 함께 있는 모든 사람이 고기 잡힌 것으로 말미암아 놀라고 세베대의 아들로서 시몬의 동업자인 야고보와 요한도 놀랐음이라"

4. 예수께서 베드로에게 "네가 사람을 취하리라" 하심 (= 제자에게 사명을 주시는 예수님)

10절= "예수께서 시몬에게 이르시되 무서워하지 말라 이제 후로는 네가 사람을 취하리라"

◈◈◈

【대지 유형】 주제 설명형 – 본문 묶음형 – 대지 대조형

【주제】 주님은 은총을 베푸시고 제자는 순종하여 주님의 영광을 보게 되고, 주님은 이제 그 제자에게 사명을 주신다.
【FCF】 많은 신앙인이 영안(靈眼)을 뜨지 못해 주님 주시는 사명을 깨닫지 못하고 있음.

【서론】 본문에서 가장 눈에 띄는 단어는= '취하리라'(조그레오, 10절)= 하나님의 권능으로 사람의 영혼을 확고히 붙드는 것. 주님의 전 사명이 여기에 집중됨. 제자들 선택, 훈련, 파송도 이를 위해. 본문은 대량 포획 사냥의 이야기. 예) 행 2장, 3000명의 회심 사건. 이를 위해 먼저 주님의 은총의 손길이 다가오고 참 제자들의 아름다운 순종이 뒤따른다.
【우산질문】 본문을 통해 은총을 베푸는 주님과 순종하는 제자들의 모습을 살펴보자.

【1대지】 본문은 예수님의 1차 갈릴리 사역 초기. 주님은 많은 무리를 보시고 찾아오셨다. 그들은 힘든 삶, 밤새도록 수고함. 다가오시는 주님. 주님이 다가오심은 큰 축복이다. "주님이 우리의 삶을 주목하신다." 그리고 요청하시는 주님. 배를 좀 사용하자. 말씀을 마치시고, "깊은 데로 가서 그물을 내려 고기를 잡으라." 은총의 말씀이다.
【2대지】 베드로의 반응. '선생이여!' '말씀에 의지하여'. 신앙의 역사에는 믿음의 영웅들이 모두 순종의 사람들이었음. 우린 모든 것을 다 이해할 수는 없다. 다만 믿음을 가지고 순종할 뿐이다. 순종의 결과 놀라운 일이 일어났다. 마치 갈릴리 호수의 온 물고기를 다 모아 놓으셨듯이.
【3대지】 베드로는 주님의 영광을 발견함. 그 영광 앞에 노출된 초라한 자신. 떨리는 음성, "주여 나를 떠나소서"(8절).
【4대지】 찾아오신 주님, 은혜의 음성을 주신다. "무서워하지 말라 이제 후로는 네가 사람을 취하리라." 지금까지는 고기를 잡아 죽였으나 이제 후로는 사람을 살리리라. 나를 따르라.
【결론】 본문을 보라. 11절, 모든 것을 버려두고 예수님을 따랐다. 인생의 대전환점. 여러분은 남은 생애를 무엇에 투자할 것인가? 우리는 갈릴리 해변의 구경꾼이 아니라 동업자요, 주님의 동역자여야 한다.

- 절기, 용도, 장르, 특징:
- Key Word: 순종, 은총.
- Remarks:

본문 : **눅 5:1~6; 요 21:3~6, 11**
제목 : **두 물고기 사건의 의미**
(Differences Between Two Fishing Events)

눅 5:1.무리가 몰려와서 하나님의 말씀을 들을새 예수는 게네사렛 호숫가에 서서 **2.**호숫가에 배 두 척이 있는 것을 보시니 어부들은 배에서 나와서 그물을 씻는지라 **3.**예수께서 한 배에 오르시니 그 배는 시몬의 배라 육지에서 조금 떼기를 청하시고 앉으사 배에서 무리를 가르치시더니 **4.**말씀을 마치시고 시몬에게 이르시되 깊은 데로 가서 그물을 내려 고기를 잡으라 **5.**시몬이 대답하여 이르되 선생님 우리들이 밤이 새도록 수고하였으되 잡은 것이 없지마는 말씀에 의지하여 내가 그물을 내리리이다 하고 **6.**그렇게 하니 고기를 잡은 것이 심히 많아 그물이 찢어지는지라
요 21:3.시몬 베드로가 나는 물고기 잡으러 가노라 하니 그들이 우리도 함께 가겠다 하고 나가서 배에 올랐으나 그 날 밤에 아무 것도 잡지 못하였더니 **4.**날이 새어갈 때에 예수께서 바닷가에 서셨으나 제자들이 예수이신 줄 알지 못하는지라 **5.**예수께서 이르시되 얘들아 너희에게 고기가 있느냐 대답하되 없나이다 **6.**이르시되 그물을 배 오른편에 던지라 그리하면 잡으리라 하시니 이에 던졌더니 물고기가 많아 그물을 들 수 없더라 …… **11.**시몬 베드로가 올라가서 그물을 육지에 끌어 올리니 가득히 찬 큰 물고기가 백쉰세 마리라 이같이 많으나 그물이 찢어지지 아니하였더라

1. 고기의 차이에 내포된 의미

눅 5:6= "그렇게 하니 고기를 잡은 것이 심히 많아 그물이 찢어지는지라"
요 21:11= "시몬 베드로가 올라가서 그물을 육지에 끌어 올리니 가득히 찬 큰 물고기가 백쉰세 마리라 이같이 많으나 그물이 찢어지지 아니하였더라"

2. 그물의 차이에 내포된 의미

눅 5:4= "말씀을 마치시고 시몬에게 이르시되 깊은 데로 가서 그물을 내려 고기를 잡으라"
요 21:6= "이르시되 그물을 배 오른편에 던지라 그리하면 잡으리라 하시니 이에 던졌더니 물고기가 많아 그물을 들 수 없더라"

3. 시간과 장소의 차이에 내포된 의미

눅 5:5= "시몬이 대답하여 이르되 선생님 우리들이 밤이 새도록 수고하였으되 잡은 것이 없지마는…"
요 21:4= "날이 새어갈 때에 예수께서 바닷가에 서셨으나 제자들이 예수이신 줄 알지 못하는지라…"

◈◈◈

【대지 유형】 주제 함축형 – 본문 묵상형 – 대지 병렬형
【주제】 (적용) 초림과 재림을 상징하는 두 물고기 사건의 감추어진 진리를 깨닫게 될 때 우리는 우리의 현주소를 알고 재림 소망을 갖게된다.
【FCF】 많은 신앙인이 성경적 상징주의에 깜깜함. 재림 소망이 희미함.

【서론】 본문은 예수님의 공생애 초기 누가복음 5장에 나오는 고기 잡는 사건과 부활하신 후 디베랴 바다에 오셔서 제자들로 하여금 153마리의 고기를 잡게 한 사건에 관한 말씀이다. 두 물고기 사건은 예수 그리스도의 초림과 재림을 긴밀하게 연결시키고 있다. 두 사건은 육적 어획량을 이야기하심이 결코 아니다. 성경은 육적 어획 사건을 통해 영적 복음의 내용을 말씀하고 있다.
【우산질문】 말씀을 통해 두 사건에 나타난 고기의 차이, 그물의 차이, 그리고 시간과 장소의 차이에 주목하여 감추어진 진리를 찾아내자.

【1대지】 누가복음의 물고기= 너무 많아 셀 수 없을 정도. 그물 찢어짐= 제자들이 복음을 온 세상에 전파하여 무수한 영혼을 건져낸다는 의미. 그물 속의 가득한 고기는 땅끝까지 전파될 복음의 세계. 요한복음의 물고기는 심히 많아 그물을 들 수 없을 정도. 큰 고기가 153마리로 집계= 큰 성도를 의미. 종말에 세계 선교를 통해 구원받을 참 성도의 충만한 수를 상징한다.
【2대지】 누가복음의 그물 던짐= 구약교회 율법의 그림자로서 얕은 물과 같다. 밤새도록 한 마리도 잡지 못하고 그물을 씻고 있는 모습= 구약의 모습. 요한복음에서 그물을 배 오른편에 던진 것= 하나님의 보좌가 있는 방향. 오른편에 던진 그물에 건져 올려진 고기는 재림 때 오른편에 서게 될 양들과 같다. 왼편은 염소요 어두움이요 지옥이며 저주이다. 누가복음은 그물이 찢어졌다= 신약시대 복음이 온 세상에 전파될 것을 의미. 그물이 찢어져 빠져나온 고기들이 다시 바다로 가듯이, 복음을 받고 다시 타락하여 세속화될 사람들이 적지 않을 것이다. 요한복음에서 그물은 찢어지지 않았는데, 이는 잡은 고기를 한 마리도 놓치지 않았다는 뜻이다. 이것은 분명 종말과 재림의 상징이다.
【3대지】 두 물고기 사건에서 그물질을 한 시간대가 다르게 기록= 구약교회와 종말을 상징적으로 보여주는 것. 종말의 때가 가까울수록 구약의 율법으로 어두워진 밤이 서서히 물러가고 새 하늘과 새 땅이 도래하고 있음을 의미. '게네사렛 호수'는 구약 이스라엘을 상징하고, '디베랴 바다'는 예수 그리스도의 구원 사역을 통해 온 세상의 모든 사람이 믿음으로 말미암아 하나님의 백성이 될 것을 상징한다.
【결론】 물고기를 잡는 사건 하나에도 이처럼 엄청난 의미, 놀라운 하나님의 경륜이 담겨 있다. 하나님은 이를 보배처럼 감추어 두시고 우리로 하여금 찾을 수 있게 하셨고 찾기를 또한 기다리신다.

- 절기, 용도, 장르, 특징: 송구영신, 상징주의 해석.
- Key Word: 물고기, 초림과 재림.
- Remarks:

본문 : **눅 5:37~39**

제목 : **새 포도주는 새 부대에**
(New Wine Poured into New Wineskins)

37.새 포도주를 낡은 가죽 부대에 넣는 자가 없나니 만일 그렇게 하면 새 포도주가 부대를 터뜨려 포도주가 쏟아지고 부대도 못쓰게 되리라 **38.**새 포도주는 새 부대에 넣어야 할 것이니라 **39.**묵은 포도주를 마시고 새 것을 원하는 자가 없나니 이는 묵은 것이 좋다 함이니라

1. 새 포도주는 낡은 부대에 보관해서는 안 됨 (= 그리스도의 복음과 이에 따른 생활양식은 과거의 고루한 종교형식으로 보존될 수 없음)
37절= "새 포도주를 낡은 가죽 부대에 넣는 자가 없나니 만일 그렇게 하면 새 포도주가 부대를 터뜨려 포도주가 쏟아지고 부대도 못 쓰게 되리라"

2. 새 포도주는 새 부대에 보관해야 함 (= 예수님의 복음은 새로운 가치관을 가진 그릇에 담아야 함)
38절= "새 포도주는 새 부대에 넣어야 할 것이니라"

3. 준비해야 할 새 부대의 세 가지 (= 3대 실천사항)
38절= "새 포도주는 새 부대에 넣어야 할 것이니라"

◈◈◈

【대지 유형】 주제 설명형 - 본문 분석형 - 대지 혼재형(2+1)
【주제】 우리는 새 포도주를 담을 새 부대를 준비해야 한다.
【FCF】 많은 교회가 복음을 담는 그릇으로 부족한 점이 많음.

【서론】 새해 우리 교회 표어= "새 포도주는 새 부대에"= 상당히 넓은 의미이다. 당시 예수님이 오심으로 새 시대 시작되었으나 유대교의 낡은 전통은 여전함. 그리스도의 복음은 새 포도주= 이 포도주를 담는 그릇도 새로워야 함. 주님의 이 비유는 여러 가지 면에 적용 가능함. 본문 통해 금년 우리의 좌표와 목표를 생각하고 세부 실천사항을 다짐하기 바람.
【우산질문】 새 포도주와 그것을 담을 부대에 관한 예수님의 교훈을 살펴보자.

【**1대지**】 예수님의 새 포도주 비유는 당시 유대인의 일상생활로부터 가져옴= 무리에게는 친숙한 내용임= 포도주, 가죽 부대 등 사용. 새 포도주는 발효성이 강하지만 낡은 가죽 부대는 신축성 약함= "부대를 터뜨려." 그러므로 새 포도주는 낡은 부대에 보관해서는 안 됨. "새 포도주"= 예수님이 새롭게 제시하신 복음. "가죽 부대"= 복음을 담는 그릇= 교회의 가치관, 구조, 사역형태 등 의미. "낡은 가죽 부대"= 율법을 왜곡해 만든 과거의 고루한 규칙과 전통= 낡은 종교 형식. 즉, 그리스도의 복음과 이에 따른 생활양식은 과거의 고루한 종교형식으로 보존될 수 없음. 주님은 공생애 내내 종교지도자들과 갈등 관계였음. 그 이유?= 주님의 가르침은 새 포도주, 그들의 가치체계와 세계관은 낡은 가죽 부대= 맞을 수 없음. 산상보훈에서의 율법해석은 그들의 문자적 해석을 뛰어넘어 마음의 영역으로 확대= 하나님의 사랑의 법으로 해석.

【**2대지**】 예수님은 비유에서 결론까지 유도하심= "새 부대에 넣어야 한다"= 매우 강한 강조 용법. 이것은 결코 쉽지않음= 왜냐하면 인간의 성향이 그러함. 성도 개인에게 있어서, 새 부대는 성령에 의해 변화된 새 마음이다. 겔 36:26~27= "…새 마음을 너희에게 주되 너희 육신에서 굳은 마음을 제하고 부드러운 마음을 줄 것이며." 교회 구조면에서는 두 날개 필요= 대그룹과 소그룹= 전체 모임과 구역모임 각각의 활성화가 중요하다.

【**3대지**】 금년 우리 교회는 세 가지 방향에서 새 부대를 준비하게 되길 바람 (1) 성경적 가치관을 새롭게 공유= 가치관의 새 부대 확립. (2) 소그룹 날개를 더욱 강화하길 바람= 교회 구조의 새 부대 확립. (3) 이웃사랑과 위임명령을 새롭게 실천= 교회 사역의 새 부대 확립.

【**결론**】 새 포도주는 새 부대에 넣어야 한다. 주님의 복음은 새 가치관으로 무장한 일꾼들의 입과 손으로 더욱 빛나게 될 것임. 주님 주신 생명의 말씀은 초대교회 닮은 두 날개 교회에 의해 더욱 흥왕하게 될 것임. 하나님 나라는 이웃사랑과 위임명령을 새롭게 실천하는 교회를 통해 더욱 힘차게 뻗어나가게 될 것이다.

- 절기, 용도, 장르, 특징:
- Key Word: 새 부대.
- Remarks:

본문 : **눅 6:20~26**
제목 : **두 종류의 사람들 (Two Kinds of People)**

20.예수께서 눈을 들어 제자들을 보시고 이르시되 너희 가난한 자는 복이 있나니 하나님의 나라가
너희 것임이요 **21.**지금 주린 자는 복이 있나니 너희가 배부름을 얻을 것임이요 지금 우는 자는 복이
있나니 너희가 웃을 것임이요 **22.**인자로 말미암아 사람들이 너희를 미워하며 멀리하고 욕하고 너희
이름을 악하다 하여 버릴 때에는 너희에게 복이 있도다 **23.**그 날에 기뻐하고 뛰놀라 하늘에서 너희
상이 큼이라 그들의 조상들이 선지자들에게 이와 같이 하였느니라 **24.**그러나 화 있을진저 너희 부
요한 자여 너희는 너희의 위로를 이미 받았도다 **25.**화 있을진저 너희 지금 배부른 자여 너희는 주리
리로다 화 있을진저 너희 지금 웃는 자여 너희가 애통하며 울리로다 **26.**모든 사람이 너희를 칭찬하
면 화가 있도다 그들의 조상들이 거짓 선지자들에게 이와 같이 하였느니라

1. 복 있는 자들: 가난한 자, 지금 주린 자, 지금 우는 자, 주님 때문에 핍박받는 자.

20~22절= "…너희 가난한 자는 복이 있나니 하나님의 나라가 너희 것임이요 지금 주린 자는 복이 있나니 너희가 배부름을 얻을 것임이요 지금 우는 자는 복이 있나니 너희가 웃을 것임이요 인자로 말미암아 사람들이 너희를 미워하며 멀리하고 욕하고 너희 이름을 악하다 하여 버릴 때에는 너희에게 복이 있도다"

2. 화가 임할 자들: 부요한 자, 지금 배부른 자, 지금 웃는 자, 모든 사람에게 칭찬받는 자.

24~26절= "그러나 화 있을진저 너희 부요한 자여 너희는 너희의 위로를 이미 받았도다 화 있을진저 너희 지금 배부른 자여 너희는 주리리로다 화 있을진저 너희 지금 웃는 자여 너희가 애통하며 울리로다 모든 사람이 너희를 칭찬하면 화가 있도다 그들의 조상들이 거짓 선지자들에게 이와 같이 하였느니라"

◈◈◈

【대지 유형】 주제 함축형 - 본문 묶음형 - 대지 대조형

【주제】 주님은 복 있는 자들과 화(禍)가 임할 자들을 분명히 구분하시고 화가 임하지 않도록 경고하신다.

【FCF】 많은 신앙인이 복과 화의 경계선을 넘나들고 있음.

【서론】 이 땅에는 여러 종류의 사람들이 있다. 그러나 실상은 두 종류의 사람들로 구분할 수 있음: ① 하나님을 믿고 의지하는 사람들과 ② 자기 자신과 세상을 믿고 따라가는 사람들. 겉으로는 별 차이가 없어 보이나 그들의 결과는 엄청난 차이가 있음을 가르치신다. 본문은 평지(平地) 수훈(垂訓)의 말씀.

【우산질문】 본문을 통해 주님이 구별하시는 두 종류의 사람들에 대해 살펴보자.

【1대지】 이 말씀은 당시 주님 주변에 둘러선 주님을 따르는 자들에게 하신 말씀. 그들은 세상 적인 눈으로는 실패한 자들임. "주린 자"= 육체적 굶주림과 동시에 의에 대한 목마름의 의미를 포함. "가난한 자"= 물질적 영적 가난. "우는 자"= 슬퍼 애곡함과 죄에 대해 회개의 눈물을 흘리는 자. "그 날에 기뻐하고 뛰놀라"= 바로 그 핍박의 현장에서 적극적인 기쁨의 행동을 취하라.

【2대지】 "화 있을진저"= 죄상을 들추고 꾸짖으면서도 동정적 슬픔을 함께 표현하는 감탄사. "부요한 자"= 물질을 우선시하고, 어려운 이웃들 외면하는 자. "웃는 자"= 현실의 자신의 상태에 대한 만족만을 중요하게 여기고 다른 이들은 관심 없는 이기적인 행복의 추구자. 여러분에게 화 있는 자의 요소는 없는가? 자신 속에 있는 이런 요소들을 철저히 회개하자.

【결론】 복 있는 길로 나오라는 주님의 말씀을 듣자. 이 길은 생명의 길. 주위를 돌아보라. 얼마나 많은 사람이 화를 부르고 있는가?

- 절기, 용도, 장르, 특징:
- Key Word: 복 있는 자, 화가 임할 자.
- Remarks:

본문 : **눅 7:11~17**
제목 : **두 종류의 행렬 (The Miracle of Nain)**

11.그 후에 예수께서 나인이란 성으로 가실새 제자와 많은 무리가 동행하더니 **12.**성문에 가까이 이
르실 때에 사람들이 한 죽은 자를 메고 나오니 이는 한 어머니의 독자요 그의 어머니는 과부라 그
성의 많은 사람도 그와 함께 나오거늘 **13.**주께서 과부를 보시고 불쌍히 여기사 울지 말라 하시고
14.가까이 가서 그 관에 손을 대시니 멘 자들이 서는지라 예수께서 이르시되 청년아 내가 네게 말하
노니 일어나라 하시매 **15.**죽었던 자가 일어나 앉고 말도 하거늘 예수께서 그를 어머니에게 주시니
16.모든 사람이 두려워하며 하나님께 영광을 돌려 이르되 큰 선지자가 우리 가운데 일어나셨다 하고
또 하나님께서 자기 백성을 돌보셨다 하더라 **17.**예수께 대한 이 소문이 온 유대와 사방에 두루 퍼지
니라

1. 죽음의 행렬과 생명의 행렬 (= 두 행렬의 극명한 대조)

11절= "그 후에 예수께서 나인이란 성으로 가실새 제자와 많은 무리가 동행하더니"

12절= "성문에 가까이 이르실 때에 사람들이 한 죽은 자를 메고 나오니 이는 한 어머니의 독자요 그의 어머니는 과부라 그 성의 많은 사람도 그와 함께 나오거늘"

2. 생명의 행렬 앞에 멈추어진 죽음의 행렬 (= 과부의 곡성 정지, 우리 대신 우신 주님)

13절= "주께서 과부를 보시고 불쌍히 여기사 울지 말라 하시고"

14절= "가까이 가서 그 관에 손을 대시니 멘 자들이 서는지라…"

3. 죽음의 행렬 위에 임한 부활의 능력 (= 생명의 부활)

14절="…청년아 내가 네게 말하노니 일어나라"

15절= "죽었던 자가 일어나 앉고 말도 하거늘 예수께서 그를 어머니에게 주시니"

◈◈◈

【대지 유형】 주제 설명형 – 본문 묶음형 – 대지 진전형

【주제】 (석의) 생명의 행렬을 이끄신 예수님은 나인성에서 나오던 죽음의 행렬을 멈추게 하시고 그 행렬 위에 부활의 능력을 나타내셨다.

【FCF】 많은 사람이 자신이 죽음의 행렬에 속해 있다는 사실을 인정하지도

않고 알지도 못함.

【서론】 모든 사람은 두 종류의 행렬인 생명의 행렬과 죽음의 행렬 중 하나에 속해 있다. 생명의 행렬에 속한 사람들은 예수님을 믿고 그를 따르는 자들이고, 죽음의 행렬에 속한 사람들은 이 세상 임금인 사탄을 따르는 자들이다. 두 행렬이 만나는 곳에서 놀라운 기적이 일어났다: 나인성의 기적.
【우산질문】 죽음의 행렬이 생명의 행렬과 맞부딪칠 때 어떤 일이 일어나는가를 본문에서 찾아보자.

【1대지】 예수님의 행렬은 소망과 생명의 빛이 가득한 생명의 행렬이었고, 나인성 과부의 아들의 장례 행렬은 울음꾼들의 울음소리로 떠들썩했지만 죽음의 행렬이었다. 여러분은 어느 행렬에 속해 있는가? 주위의 동행하는 분들에게는 생명의 행렬의 특징들이 확실히 나타나고 있는가?
【2대지】 '불쌍히 여기사'의 원형(스플랑크니조마이)은 '창자까지 뒤틀려지는 것'을 의미한다. 예수님은 이 과부가 겪고 있는 아픔을 누구보다 잘 아셨기 때문에 심한 가슴앓이를 하셨다. 상여를 정지시키시고 과부의 곡성을 그치게 하신 예수님은 실상은 우리의 울음을 대신 울어주신 분이시다.
【3대지】 예수 이름의 권세 앞에 사망까지도 복종할 수밖에 없었다. 우리는 예수 이름의 권세를 가지고 세상으로 나아가야 하겠다. 장차 주님의 재림시에 우리 모두 생명의 부활로 살아 일어나게 될 것을 만천하에 전하는 부활의 증인이 되어야 하겠다.
【결론】 지금도 이 땅에는 두 종류의 행렬이 계속되고 있다. 어쩌면 90% 이상이 죽음의 행렬에 속해 있지 않은가? 우리는 죽음의 행렬을 가로 막고 서서 죽은 시체들에게 예수 이름의 권세로 생명의 복음을 담대하게 증거해야 한다.

- 절기, 용도, 장르, 특징:
- Key Word: 죽음, 생명.
- Remarks:

본문 : **눅 7:36~50**
제목 : **많이 탕감받은 자**
(The One Who Had More Debt Cancelled)

36.한 바리새인이 예수께 자기와 함께 잡수시기를 청하니 이에 바리새인의 집에 들어가 앉으셨을 때
에 **37.**그 동네에 죄를 지은 한 여자가 있어 예수께서 바리새인의 집에 앉아 계심을 알고 향유 담은
옥합을 가지고 와서 **38.**예수의 뒤로 그 발 곁에 서서 울며 눈물로 그 발을 적시고 자기 머리털로 닦
고 그 발에 입맞추고 향유를 부으니 **39.**예수를 청한 바리새인이 그것을 보고 마음에 이르되 이 사
람이 만일 선지자라면 자기를 만지는 이 여자가 누구며 어떠한 자 곧 죄인인 줄을 알았으리라 하거
늘 **40.**예수께서 대답하여 이르시되 시몬아 내가 네게 이를 말이 있다 하시니 그가 이르되 선생님 말
씀하소서 **41.**이르시되 빚 주는 사람에게 빚진 자가 둘이 있어 하나는 오백 데나리온을 졌고 하나는
오십 데나리온을 졌는데 **42.**갚을 것이 없으므로 둘 다 탕감하여 주었으니 둘 중에 누가 그를 더 사
랑하겠느냐 **43.**시몬이 대답하여 이르되 내 생각에는 많이 탕감함을 받은 자니이다 이르시되 네 판
단이 옳다 하시고 **44.**그 여자를 돌아보시며 시몬에게 이르시되 이 여자를 보느냐 내가 네 집에 들어
올 때 너는 내게 발 씻을 물도 주지 아니하였으되 이 여자는 눈물로 내 발을 적시고 그 머리털로 닦
았으며 **45.**너는 내게 입맞추지 아니하였으되 그는 내가 들어올 때로부터 내 발에 입맞추기를 그치
지 아니하였으며 **46.**너는 내 머리에 감람유도 붓지 아니하였으되 그는 향유를 내 발에 부었느니라
47.이러므로 내가 네게 말하노니 그의 많은 죄가 사하여졌도다 이는 그의 사랑함이 많음이라 사함
을 받은 일이 적은 자는 적게 사랑하느니라 **48.**이에 여자에게 이르시되 네 죄 사함을 받았느니라 하
시니 **49.**함께 앉아 있는 자들이 속으로 말하되 이가 누구이기에 죄도 사하는가 하더라 **50.**예수께서
여자에게 이르시되 네 믿음이 너를 구원하였으니 평안히 가라 하시니라

1. 예수님께 나아왔음 (= 오직 예배 신앙)

37절= "그 동네에 죄를 지은 한 여자가 있어 예수께서 바리새인의 집에 앉아 계심을 알고 … 와서"

2. 눈물로 그 발을 적시었음 (= 죄악의 깊은 의미 깨달음)

38절= "예수의 뒤로 그 발 곁에 서서 울며 눈물로 그 발을 적시고…"

3. 자기 머리털로 닦고 향유를 부었음 (= 전적 헌신과 봉사)

38절= "…자기 머리털로 닦고 그 발에 입맞추고 향유를 부으니"

◈◈◈

【대지 유형】 주제 설명형 - 본문 수집형 - 대지 진전형
【주제】 (적용) 주님께 사죄의 은총을 받는 자는 죄를 깊이 깨닫고 회개하며 전적 헌신과 봉사의 삶을 사는 사람이다.

【FCF】 많은 교인의 죄 깨달음과 회개의 자세가 피상적임.

【서론】 본문은 참 회개를 경험한 사람과 자기 의(義, Self-righteousness)로 가득한 사람을 대조시키고 있다. 많이 탕감받은 자가 많이 사랑하게 된다.
【우산질문】 본문의 여인의 모습을 통하여 주님께 사죄의 은총을 누리는 자는 어떤 자인가 살펴보자.

【1대지】 죄 사함의 은총은 오직 예수 신앙으로 예수님께 나아오는 자에게 부어주신다. 하나님의 은혜를 입으려면 이 여인과 같은 마음, 즉 주님 때문이라면 세상의 멸시와 수욕도 감내할 수 있다는 마음이 있어야 한다.
【2대지】 우리에게 가장 필요한 것은 이 여인처럼 자신의 큰 죄를 용서해 주시는 주님의 사랑을 깨닫는 마음이다. 어떻게 하면 이런 마음을 가질 수 있을까? ① 하나님의 계명에 대해 분명한 인식을 가져야. ② 우리 속에는 하나님의 계명을 제대로 지킬 능력이 없다는 사실을 솔직히 인정해야. ③ 우리를 향한 하나님의 사랑에 대해 깊이 인식하는 것. ④ 독생자를 희생하신 하나님의 구속 사역에 대해 예리하게 평가하는 일. ⑤ 완전한 사죄에 대한 확신.
【3대지】 바리새인 시몬이 이 여인을 보는 시각은 매우 달랐다. 자기 의로 꽉 차 있는 사람은 영적으로는 소경이다. 예수님은 여인의 헌신과 봉사를 기쁘게 받으셨다. 여인의 마음속에 시몬에게 없는 많이 탕감받은 자의 감동이 있음을 보셨다.
【결론】 우리 모두 엄청난 죄짐을 지고 있던 사람들이다. 회개의 눈물, 사랑의 눈물로 주님의 발을 적시는 복된 성도가 되자. 눈물은 주님의 발을 씻기는 가장 귀한 물이다(Bengel).

- 절기, 용도, 장르, 특징:
- Key Word: 옥합, 향유, 탕감, 헌신.
- Remarks:

본문 : **눅 8:4~15**

제목 : **씨 뿌리는 자의 비유 (The Sower and Seed)**

4.각 동네 사람들이 예수께로 나아와 큰 무리를 이루니 예수께서 비유로 말씀하시되 **5.**씨를 뿌리는 자가 그 씨를 뿌리러 나가서 뿌릴새 더러는 길 가에 떨어지매 밟히며 공중의 새들이 먹어버렸고 **6.**더러는 바위 위에 떨어지매 싹이 났다가 습기가 없으므로 말랐고 **7.**더러는 가시떨기 속에 떨어지매 가시가 함께 자라서 기운을 막았고 **8.**더러는 좋은 땅에 떨어지매 나서 백 배의 결실을 하였느니라 이 말씀을 하시고 외치시되 들을 귀 있는 자는 들을지어다 **9.**제자들이 이 비유의 뜻을 물으니 **10.**이르시되 하나님 나라의 비밀을 아는 것이 너희에게는 허락되었으나 다른 사람에게는 비유로 하나니 이는 그들로 보아도 보지 못하고 들어도 깨닫지 못하게 하려 함이라 **11.**이 비유는 이러하니라 씨는 하나님의 말씀이요 **12.**길 가에 있다는 것은 말씀을 들은 자니 이에 마귀가 가서 그들이 믿어 구원을 얻지 못하게 하려고 말씀을 그 마음에서 빼앗는 것이요 **13.**바위 위에 있다는 것은 말씀을 들을 때에 기쁨으로 받으나 뿌리가 없어 잠깐 믿다가 시련을 당할 때에 배반하는 자요 **14.**가시떨기에 떨어졌다는 것은 말씀을 들은 자이나 지내는 중 이생의 염려와 재물과 향락에 기운이 막혀 온전히 결실하지 못하는 자요 **15.**좋은 땅에 있다는 것은 착하고 좋은 마음으로 말씀을 듣고 지키어 인내로 결실하는 자니라

1. 길 가에 떨어지매 새들이 먹어버렸음 (= 길 가와 같은 마음)

5절= "씨를 뿌리는 자가 그 씨를 뿌리러 나가서 뿌릴새 더러는 길 가에 떨어지매 밟히며 공중의 새들이 먹어버렸고"

2. 바위 위에 떨어지매 싹이 났다가 말랐음 (= 바위 위와 같은 마음)

6절= "더러는 바위 위에 떨어지매 싹이 났다가 습기가 없으므로 말랐고"

3. 가시떨기 속에 떨어지매 가시가 기운을 막았음 (= 가시떨기와 같은 마음)

7절= "더러는 가시떨기 속에 떨어지매 가시가 함께 자라서 기운을 막았고"

4. 좋은 땅에 떨어지매 백 배의 결실을 하였음 (= 좋은 땅과 같은 마음)

8절= "더러는 좋은 땅에 떨어지매 나서 백 배의 결실을 하였느니라…"

◈◈◈

【대지 유형】 주제 설명형 – 본문 함축형 – 대지 병렬형

【주제】 말씀의 씨는 길 가, 바위 위, 가시떨기와 같은 마음 밭에서는 결실치 못하나 좋은 땅과 같은 마음 밭은 백배의 결실을 얻는다.

【FCF】 많은 신앙인의 마음이 길 가, 바위 위, 가시떨기와 같은 상태여서 결심을 못함.

【서론】 본문은 '씨 뿌리는 자의 비유'로 알려진 비유= 마음에 관한 가르침. 익히 아는 내용이지만 중요한 진리. 주님의 속마음을 냄새 맡아 보자. 본 비유의 강조점은 씨를 받는 밭 곧 마음 밭. 땅의 종류와 관계없이 씨를 뿌리는 자나 씨앗은 항상 동일하다.
【우산질문】 본 비유에 나타난 밭(마음)의 종류에 대해 살펴보자.

【1대지】 '길가'= 밭과 밭 사이에 난 좁은 길= 마음의 문을 굳게 걸어 잠그고 복음을 받아들이기를 아예 처음부터 거부하는 마음 상태. 예) 노아 시대의 사람들. 공중의 새들= 마귀와 귀신들의 세력. 12절에 주님의 해석.
【2대지】 '바위 위'= 바위 위에 약간의 흙이 덮여 있는 곳을 가리킴. 13절의 해석. 감정에 치우치는 마음. 중심의 변화가 없는 믿음은 위험하다. 일시적 흥분이나 감정으로는 안 된다. 예) 모세를 따라나선 중다한 잡족.
【3대지】 '가시떨기 속에'= 가시떨기 속 매우 깊이 떨어진 씨. 말씀을 받아들인 사람의 마음속에 이미 무성하게 자리 잡은 여러 생각과 욕심들이 그 사람을 끊임없이 죄어와 결국은 그것들로 인해 말씀은 결실치 못하고 죽게 된다. 14절의 해석.
【4대지】 '좋은'= 하나님 보시기에 좋은 땅. 15절의 해석.
【결론】 우리가 온전한 신앙을 갖는 일에 성공하려면 먼저 마음이 변해야 한다. 좋은 밭이 되어야 한다. 성령이여, 우리의 마음을 옥토로 만들어 주소서.

- 절기, 용도, 장르, 특징: 상징주의 해석.
- Key Word: 씨, 좋은 땅.
- Remarks:

본문 : **눅 8:40~42**
제목 : **다시 오시는 예수님을 환영하는 무리**
(Welcoming Jesus Who Is Coming Back)

40.예수께서 돌아오시매 무리가 환영하니 이는 다 기다렸음이러라 **41.**이에 회당장인 야이로라 하는 사람이 와서 예수의 발 아래에 엎드려 자기 집에 오시기를 간구하니 **42.**이는 자기에게 열두 살 된 외딸이 있어 죽어감이러라 예수께서 가실 때에 무리가 밀려들더라

1. 무리가 다 예수님을 기다렸음 (= 성도는 재림 주를 기다려야 함)
40절= "예수께서 돌아오시매 무리가 환영하니 이는 다 기다렸음이러라"

2. 예수님은 기다리는 무리에게 돌아오셨음 (= 성도는 주님의 재림을 확신해야 함)
40절= "예수께서 돌아오시매 무리가 환영하니…"

3. 무리가 기쁨으로 주님을 환영했음 (= 성도는 재림 주를 기쁨으로 환영하는 자임)
40절= "예수께서 돌아오시매 무리가 환영하니 이는 다 기다렸음이러라"

◈◈◈

【대지 유형】 주제 적용형 – 본문 분석형 – 대지 진전형
【주제】 (적용) 예수님을 기다렸던 무리처럼 참 성도는 예수님의 재림을 확신하고 기다려야 한다.
【FCF】 많은 신앙인이 재림을 의심하거나 재림에 무관심함.

【서론】 본문에서, 이방 땅 거라사 지방에서 배척받으시는 예수님= 그럼에도 귀신들린 자를 고쳐주심= 주님의 자유하심과 은혜의 주권성을 보여주심. 그리고 즉시 거기를 떠나심= 더 이상 권능을 행사 안 하심. 다시 갈릴리 서쪽 가버나움으로 오심= 무리가 환영하는 모습이 무척 인상적= 두 건의 기적을 행하심. 예수님을 대하는 태도는 세 가지: 무관심, 배척, 환영. 본문에서 예수님은 거라사 지방에서 배척받으시고, 가버나움으로 오실 때 무리가 환영하였음.

【**우산질문**】 예수님이 돌아오시기를 기다리는 무리의 모습을 통해 성도의 재림 신앙을 살펴보자.

【**1대지**】 온 동네의 분위기는 예수님이 돌아오기를 기다리는 분위기였음. 재림 신앙 일반. 주님을 기다리는 모습= 기도하는 모임, 구역으로 모임. 이 기다림은 진정한 사랑에서 오는 기다림이어야 함. 참 성도는 땅에 있는 썩을 장막을 벗어버리고 영원한 집을 기다림. 바울의 기다림을 보라. 고후 5:1, "만일 땅에 있는 우리의 장막 집이 무너지면 하나님께서 지으신 집 곧 손으로 지은 것이 아니요 하늘에 있는 영원한 집이 우리에게 있는 줄 아나니 과연 우리가 여기 있어 탄식하며 하늘로부터 오는 우리 처소로 덧입기를 간절히 사모하노니."

【**2대지**】 성경에 재림 예언은 매 25절에 한 번씩. 마 28:20, "볼지어다 내가 세상 끝날까지 너희와 항상 함께 있으리라." 성경의 언급: 중생 7회, 세례 20회, 회개 70회, 예수님 초림 300회, 재림에 대하여는 구약 1,527회, 신약 380회. 주님의 재림은 세상 어떤 것보다 더 확실하다.

【**3대지**】 "환영하다"= '아포데코마이'= 영접하다, 받아들이다의 의미. 멋진 장면임= 무리는 모여서, 기대하는 마음으로 기다리다가 주님을 뵙고 기뻐하며 맞아들임. 환영하는 무리= 말씀 사모하는 마음을 가짐, 주님 사랑하는 마음으로 가득함. 주님을 환영한다는 것은 어떤 것인가? 주님을 기다리는 사람들이 함께 모여 기도하며 말씀 받고 순종하는 각오를 다진다.

【**결론**】 내가 속히 오리라고 약속하신 주님, 벌써 2000년. 우리는 마라나타의 신앙으로 무장해야.

- 절기, 용도, 장르, 특징: 재림신앙.
- Key Word: 재림.
- Remarks:

본문 : **눅 8:43~48**

제목 : **예수님의 옷 가를 만진 여자**
(Touch the Hem of His Garment)

43.이에 열두 해를 혈루증으로 앓는 중에 아무에게도 고침을 받지 못하던 여자가 **44.**예수의 뒤로 와
서 그의 옷 가에 손을 대니 혈루증이 즉시 그쳤더라 **45.**예수께서 이르시되 내게 손을 댄 자가 누구
냐 하시니 다 아니라 할 때에 베드로가 이르되 주여 무리가 밀려들어 미나이다 **46.**예수께서 이르시
되 내게 손을 댄 자가 있도다 이는 내게서 능력이 나간 줄 앎이로다 하신대 **47.**여자가 스스로 숨기
지 못할 줄 알고 떨며 나아와 엎드리어 그 손 댄 이유와 곧 나은 것을 모든 사람 앞에서 말하니 **48.**예
수께서 이르시되 딸아 네 믿음이 너를 구원하였으니 평안히 가라 하시더라

1. 열두 해를 혈루증(血漏症)으로 앓고 있었음 (= 절망적인 상황)

43절= "이에 열두 해를 혈루증으로 앓는 중에 아무에게도 고침을 받지 못하던 여자가"

2. 예수님의 옷 가에 손을 댔음 (= 단호한 결단)

44절= "예수의 뒤로 와서 그의 옷 가에 손을 대니…"

3. 혈루증이 즉시 그쳤음 (= 전인적인 구원)

44절= "…그의 옷 가에 손을 대니 혈루증이 즉시 그쳤더라"
48절= "…네 믿음이 너를 구원하였으니 평안히 가라…"

◈◈◈

【대지 유형】 주제 설명형 - 본문 묶음형 - 대지 진전형
【주제】 (석의) 혈루증으로 절망적 상황에 있던 여자는 믿음을 가지고 단호한 결단으로 예수님께 나아와 전인적인 구원을 받았다.
【FCF】 많은 신앙인이 믿음이 없어 결단하지 못하고 주저하고 있음.

【서론】 누가복음 8장 후반부에 두 명의 심각한 병자= 한 사람은 사회적으로 지위가 높고 부유한 회당장의 딸이고, 다른 한 사람은 이름이 드러나지 않은 12년 동안 혈루증에 시달리던 여인. 두 사람은 모두 인간적인 방법으로는 치유할 수 없는 병을 앓고 있었다는 점에서는 동일한 형편에 처해 있었다. 인류의 심각한 불치병= 바로 죄라는 병. 본문의 여자는 절망적인 상황에서 놀라운

믿음의 결단을 하였고, 목숨을 걸고 예수님께 나아와 예수님의 옷 가를 붙잡았고, 그 결과 모든 문제를 해결받았다. 이 여자는 어쩌면 오늘 우리들의 자화상(自畫像)이라고 할 수 있다.
【우산질문】 본문의 여자는 어떤 상황에서 어떤 믿음을 가졌는가?

【1대지】 혈루증(hemorrhaging)이 어떤 병인가? 이는 지속적으로 하혈을 하는 증세를 보이는 부인병의 일종이다. 여자는 육체적으로 경제적으로 그리고 영적으로도 절망적이었다. 그녀는 심지어 하나님께 속죄하러 성전에 들어갈 수도 없었다. 이처럼 절망적인 상황에 처한 인류를 구하시기 위하여 육신을 입고 이 땅에 오신 예수님을 찬양하자.
【2대지】 본 절은 짧은 묘사이지만 여기에는 많은 것이 숨어 있다. 열두 해 동안 혈루증을 앓아 온 여인은 자신의 부정한 병 때문에 감히 예수님의 앞으로 접근하지 못하고 뒤로 다가섰다. 이 여인은 행여나 부정한 몸으로 예수님을 만지는 것이 죄가 될까 하는 마음으로 조심스럽게 '그 옷 가에 손을' 대었다. 작은 행동 같지만, 그 여자로서는 단호한 결단이다. '옷 가'는 '외투의 가장자리 끝에 붙어 있는 술'. 여인이 예수님께 접근하는 데는 많은 어려움 있었다. 무슨 일을 만나든지 주님 앞에 나아가 주님의 도우심을 받으리라는 단호한 결단이 필요한 때이다.
【3대지】 치유의 기적은 즉시 일어났다. 영성 있는 사람의 기도도 없었고 예수님의 안수나 기도에 의한 것도 아니다. 치유의 기적은 놀랍게도 병을 앓고 있던 여인 자신의 믿음에 의하여 즉각적으로 일어났다. 옷 가에 손을 댄 것은 실제로는 믿음의 터치였다. 여인은 육체적인 질병으로부터 놓여났을 뿐 아니라 영적 질병인 죄로부터 놓여났고 하나님의 자녀가 되었다.
【결론】 예수님께 나아갈 때는 주님의 능력과 주님의 자비를 바라보기만 하면 된다. 주님은 믿음으로 나오는 성도들의 모든 문제를 친히 해결해주실 만반의 준비를 갖추고 계신다.

- 절기, 용도, 장르, 특징:
- Key Word: 혈루증.
- Remarks:

본문 : **눅 9:51~62**
제목 : **제자가 되려면**

51.예수께서 승천하실 기약이 차가매 예루살렘을 향하여 올라가기로 굳게 결심하시고 **52.**사자들을
앞서 보내시매 그들이 가서 예수를 위하여 준비하려고 사마리아인의 한 마을에 들어갔더니 **53.**예
수께서 예루살렘을 향하여 가시기 때문에 그들이 받아들이지 아니 하는지라 **54.**제자 야고보와 요
한이 이를 보고 이르되 주여 우리가 불을 명하여 하늘로부터 내려 저들을 멸하라 하기를 원하시나이
까 **55.**예수께서 돌아보시며 꾸짖으시고 **56.**함께 다른 마을로 가시니라 **57.**길 가실 때에 어떤 사람
이 여짜오되 어디로 가시든지 나는 따르리이다 **58.**예수께서 이르시되 여우도 굴이 있고 공중의 새
도 집이 있으되 인자는 머리 둘 곳이 없도다 하시고 **59.**또 다른 사람에게 나를 따르라 하시니 그가
이르되 나로 먼저 가서 내 아버지를 장사하게 허락하옵소서 **60.**이르시되 죽은 자들로 자기의 죽은
자들을 장사하게 하고 너는 가서 하나님의 나라를 전파하라 하시고 **61.**또 다른 사람이 이르되 주여
내가 주를 따르겠나이다마는 나로 먼저 내 가족을 작별하게 허락하소서 **62.**예수께서 이르시되 손에
쟁기를 잡고 뒤를 돌아보는 자는 하나님의 나라에 합당하지 아니하니라 하시니라

1. 주님을 따르겠다는 자에게 인자는 머리 둘 곳이 없다고 하심 (= 희생과 수고를 각오해야)

57절= "어떤 사람이 여짜오되 어디로 가시든지 나는 따르리이다"
58절= "예수께서 이르시되 여우도 굴이 있고 공중의 새도 집이 있으되 인자는 머리 둘 곳이 없도다"

2. 사람과 관계되는 일보다 전도가 더 중요함을 강조하심 (= 우선순위를 잘 깨달아야)

59절= "…나로 먼저 가서 내 아버지를 장사하게 허락하옵소서"
60절= "이르시되 죽은 자들로 자기의 죽은 자들을 장사하게 하고 너는 가서 하나님의 나라를 전파하라"

3. 손에 쟁기를 잡고 뒤를 돌아보지 말라 하심 (= 누가 더 중요한가를 깨달아야)

61절= "…주여 내가 주를 따르겠나이다마는 나로 먼저 내 가족을 작별하게 허락하소서"
62절= "예수께서 이르시되 손에 쟁기를 잡고 뒤를 돌아보는 자는 하나님의 나라에 합당하지 아니하니라"

◈◈◈

【대지 유형】 주제 적용형 - 본문 묶음형 - 대지 연결형
【주제】 참 제자는 희생의 각오를 다지며 우선순위를 잘 깨닫고 주님 앞에 헌신하는 사람이다.
【FCF】 많은 신앙인이 군중의 수준에서 머물며 제자의 자리로 오르지 못하고 있음.

【서론】 예수님을 따르던 자들은 많았으나 그들이 모두 제자인 것은 아니었다. 12사도와 70인 제자 등 극소수였다. 군중들은 주님 앞에 쓰임받지도 않았다. 중요한 것은 헌신 된 제자들이 얼마나 많은가 하는 것이다. 당신은 제자인가 아니면 무작정 따르는 자인가? 51절에 '굳게 결심하시고' 예루살렘에 올라가심으로 제자도의 삶이 어떤 것인가를 보이신다.
【우산질문】 본문에서 예수님을 따르려고 했던 세 사람이 나오는데, 그들을 통하여 제자가 될 수 있는 길을 찾아보자.

【1대지】 본 절의 동문서답 같은 말씀. 이 사람은 잘못된 생각에서 예수님을 좇으려고 한 것이 분명하다. 왕이 되실 주님을 생각하면서 주님을 따르고 그래서 한자리해보겠다? 우리는 왜 주님을 따르는가?
【2대지】 주님은 먼저, "나를 따르는 것이 다른 어떤 것보다 더 중요하다"는 것을 가르쳐주신다. 중요한 일을 내일로 미루지 말고 오늘에 충실할 때 제자가 될 수 있다. 여러분은 어떤 일이 가장 중요하다고 생각하는가? 주의 일인가, 아니면 사람과 관계된 일들인가?
【3대지】 두 번째 사람과 세 번째 사람의 문제는 똑같이 우선순위의 문제이다. 두 번째 사람은 일이 우선순위였고, 세 번째는 사람이 우선순위였다.
【결론】 하나님의 은혜 속으로 깊이 들어가지 못하는 이유가 무엇인가? 그토록 오랫동안 주님의 제자가 되지 못하도록 여러분을 얽어매는 끈은 무엇인가?

- 절기, 용도, 장르, 특징:
- Key Word: 제자.
- Remarks:

본문 : **눅 9:57~62**

제목 : **따르는 자가 알아야 할 세 가지**

57.길 가실 때에 어떤 사람이 여짜오되 어디로 가시든지 나는 따르리이다 **58.**예수께서 이르시되 여
우도 굴이 있고 공중의 새도 집이 있으되 인자는 머리 둘 곳이 없도다 하시고 **59.**또 다른 사람에게
나를 따르라 하시니 그가 이르되 나로 먼저 가서 내 아버지를 장사하게 허락하옵소서 **60.**이르시되
죽은 자들로 자기의 죽은 자들을 장사하게 하고 너는 가서 하나님의 나라를 전파하라 하시고 **61.**또
다른 사람이 이르되 주여 내가 주를 따르겠나이다마는 나로 먼저 내 가족을 작별하게 허락하소서
62.예수께서 이르시되 손에 쟁기를 잡고 뒤를 돌아보는 자는 하나님의 나라에 합당하지 아니하니라
하시니라

1. "인자는 머리 둘 곳이 없다" 하심 (= 우리 머리 둘 곳은 오직 하늘)

58절= "예수께서 이르시되 여우도 굴이 있고 공중의 새도 집이 있으되 인자는 머리 둘 곳이 없도다"

2. "너는 가서 하나님의 나라를 전파하라" 하심 (= 복음 전파에 최우선을 두어야 함)

60절= "죽은 자들로 자기의 죽은 자들을 장사하게 하고 너는 가서 하나님의 나라를 전파하라"

3. "손에 쟁기를 잡고 뒤돌아보는 자는 하나님 나라에 합당치 않다" 하심 (= 결코 뒤돌아보면 안됨)

62절= "손에 쟁기를 잡고 뒤를 돌아보는 자는 하나님의 나라에 합당하지 아니하니라"

◈◈◈

【대지 유형】 주제 설명형 – 본문 묶음형 – 대지 병렬형

【주제】 (적용) 예수님을 따르는 자는 하나님 나라 전파에 최우선을 두고 결코 뒤돌아보지 말아야 한다.

【FCF】 많은 신앙인이 우선순위를 혼돈하고 맡은 일에 몰입하지 못하고 한눈을 파는 경향이 있음.

【서론】 공생애 후기, 승천하실 기약이 차 갈 때 예수님은 비장한 각오를 가지

고 예루살렘으로 향하심. 이때 예수님을 따른다는 문제가 발생. 본문에는 세 사람의 경우가 등장. 예수님의 멋지고 의미심장한 대답이 뒤따른다.
【우산질문】 예수님을 따르는 자가 알아야 할 것은 무엇인가?

【1대지】 57절= "어디로 가시든지 나는 따르리이다." 아무 조건 없이 대단히 진지하게 자원함. 예수님은 그에게 매우 부드럽게 대답하셨다. "나는 이 땅에 내 머리 둘 곳도 없다!" 그래도 따르겠느냐? 이 세상의 부귀, 명예, 행복은 포기할 수 있나? 우리의 시민권은 하늘에 있다.
【2대지】 59절= "나로 먼저 가서 내 아버지를 장사하게 허락하옵소서" 매우 중요한 일이다. 그러나 주님의 대답은 강력하다. "죽은 자들로 자기 죽은 자들을 장사하게 하고…" 그가 살았느냐? 그렇다면 그는 전파하는 자이다. 전파하지 않는 자는 죽은 자다! 전도의 중요성을 이보다 더 강하게 가르치는 것이 없다. 겔 33:8, 9, 핏값을 네게서 찾겠다. 딤후 4:1, "너는 말씀을 전파하라 때를 얻든지 못 얻든지 항상 힘쓰라."
【3대지】 "내가 주를 따르겠나이다마는 나로 먼저 내 가족을 작별하게 허락하소서"(61절). 당연한 말이지만 그 중심이 문제다. 우선순위, 중요도 문제. 일단 하나님의 일을 맡은 자는 그 일에 몰두해야 한다. 비교하거나 머뭇거리면 안 된다. 롯의 아내를 보라. 뒤돌아보지 말아야 한다.
【결론】 이러할 때 주님은 능력과 사랑의 손길을 펴서 따르는 자들에게 힘과 능력을 부어주신다.

- 절기, 용도, 장르, 특징:
- Key Word: 제자, 제자도.
- Remarks:

본문 : **눅 10:1~6**
제목 : **전도자의 삶의 자세**

1.그 후에 주께서 따로 칠십 인을 세우사 친히 가시려는 각 동네와 각 지역으로 둘씩 앞서 보내시며 **2.**이르시되 추수할 것은 많되 일꾼이 적으니 그러므로 추수하는 주인에게 청하여 추수할 일꾼들을 보내 주소서 하라 **3.**갈지어다 내가 너희를 보냄이 어린 양을 이리 가운데로 보냄과 같도다 **4.**전대나 배낭이나 신발을 가지지 말며 길에서 아무에게도 문안하지 말며 **5.**어느 집에 들어가든지 먼저 말하되 이 집이 평안할지어다 하라 **6.**만일 평안을 받을 사람이 거기 있으면 너희의 평안이 그에게 머물 것이요 그렇지 않으면 너희에게로 돌아오리라

1. "너희를 보냄이 어린 양을 이리 가운데로 보냄과 같다" 하심 (= 희생을 각오하는 삶)

3절= "갈지어다 내가 너희를 보냄이 어린 양을 이리 가운데로 보냄과 같도다"

2. 여행의 준비품을 갖지 말라 하심 (= 오직 하나님만 의지하는 삶, 세상적인 것 의지하지 않음)

4절= "전대나 배낭이나 신발을 가지지 말며…"

3. 전도 외의 일에 시간 허비하지 말라 하심 (= 세월을 아끼는 삶, 시간 낭비 금지)

4절= "…길에서 아무에게도 문안하지 말며"

4. 범사에 형통함과 번영을 빌라 하심 (= 이웃에 덕을 끼치는 삶, 최고의 인사법)

5절= "어느 집에 들어가든지 먼저 말하되 이 집이 평안할지어다 하라"

◈◈◈

【대지 유형】 주제 적용형 – 본문 분석형 – 대지 병렬형
【주제】 전도자는 어려움을 각오하고 오직 하나님만 의지하며 시간을 아껴 전도하며 이웃에 덕을 끼치는 삶을 사는 사람이다.
【FCF】 많은 신앙인이 전도자로서의 기본적인 삶의 자세를 갖추지 못하고 있음.

【서론】 참 전도인은 전도할 때 심혈을 기울여서 이야기하는 전도자. 본문에는 전도자가 가져야 할 마음가짐이 어떠해야 할 것인가를 교훈하고 있다.
【우산질문】 전도자가 취해야 할 바람직한 삶의 자세는 어떤 것인가?

【1대지】 양은 유약한 짐승이고 이리는 사납고 교활하고 잔인한 짐승. 양과 이리의 관계는 먹히는 자와 먹는 자의 관계임. 이런 세상에서 복음 전하다 보면 희생을 각오해야 한다. 매 맞고 욕먹고 배척당하고 위협당하는 삶. 시간과 물질, 때로는 자존심도 던져버려야. 요 12:24.
【2대지】 전대는 지갑, 주머니는 가방, 신발은 여행 필수품. 왜 준비하지 말라고 하시는가? 최우선적인 의지를 하나님께 두라는 것. 예) 행 8장의 마술사 시몬. 믿음의 눈으로 보라.
【3대지】 무례한 사람이 되라는 것이 아니다(잠 21:24). 시간을 낭비하지 말고 최대한 활용하여 전도하라는 말씀. 여러분은 시간 있을 때 주로 무엇을 하시는가? 영혼 구원하는 일은 세상에서 가장 가치 있는 일이다. 엡 5:16; 딤후 4:2.
【4대지】 4절은 하지 말아야 할 것, 5~11절은 해야 할 것. 여기 평안은 단순한 평안이 아니라 하나님 나라가 도래하여 주어지는 평안이다. 그리스도인이 이웃에 덕을 끼치는 것은 큰 틀에서의 전도를 위해서도 매우 중요하다. 현재 한국교회는 이 면에서 부족함이 많다. 교회는 세상의 소금이요 빛이다.
【결론】 전도자는 영혼 구원을 위해 자기를 희생할 줄 알고, 오직 주님만을 의지한다. 시간을 아끼고, 이웃에게 덕을 세울 줄 안다. 당신은 충성 된 종인가?

- 절기, 용도, 장르, 특징:
- Key Word: 전도.
- Remarks:

본문 : **눅 10:25~37**
제목 : **누가 강도 만난 자의 이웃인가? (A Good Samaritan)**

25.어떤 율법교사가 일어나 예수를 시험하여 이르되 선생님 내가 무엇을 하여야 영생을 얻으리이
까 **26.**예수께서 이르시되 율법에 무엇이라 기록되었으며 네가 어떻게 읽느냐 **27.**대답하여 이르되
네 마음을 다하며 목숨을 다하며 힘을 다하며 뜻을 다하여 주 너의 하나님을 사랑하고 또한 네 이웃
을 네 자신 같이 사랑하라 하였나이다 **28.**예수께서 이르시되 네 대답이 옳도다 이를 행하라 그러면
살리라 하시니 **29.**그 사람이 자기를 옳게 보이려고 예수께 여짜오되 그러면 내 이웃이 누구니이까
30.예수께서 대답하여 이르시되 어떤 사람이 예루살렘에서 여리고로 내려가다가 강도를 만나매 강
도들이 그 옷을 벗기고 때려 거의 죽은 것을 버리고 갔더라 **31.**마침 한 제사장이 그 길로 내려가다
가 그를 보고 피하여 지나가고 **32.**또 이와 같이 한 레위인도 그 곳에 이르러 그를 보고 피하여 지나
가되 **33.**어떤 사마리아 사람은 여행하는 중 거기 이르러 그를 보고 불쌍히 여겨 **34.**가까이 가서 기
름과 포도주를 그 상처에 붓고 싸매고 자기 짐승에 태워 주막으로 데리고 가서 돌보아 주니라 **35.**그
이튿날 그가 주막 주인에게 데나리온 둘을 내어 주며 이르되 이 사람을 돌보아 주라 비용이 더 들면
내가 돌아올 때에 갚으리라 하였으니 **36.**네 생각에는 이 세 사람 중에 누가 강도 만난 자의 이웃이
되겠느냐 **37.**이르되 자비를 베푼 자니이다 예수께서 이르시되 가서 너도 이와 같이 하라 하시니라

1. 강도 만난 자를 보고 불쌍히 여기는 사람 (= 관심을 기울이는 이웃)

33절= "어떤 사마리아 사람은 여행하는 중 거기 이르러 그를 보고 불쌍히 여겨"

2. 강도 만난 자를 치료하고 돌보아 주는 사람 (= 필요를 채워주는 이웃)

34절= "가까이 가서 기름과 포도주를 그 상처에 붓고 싸매고 자기 짐승에 태워 주막으로 데리고 가서 돌보아 주니라"

3. 끝까지 친절을 베푸는 사람 (= 참 사랑을 베푸는 이웃)

35절= "그 이튿날 그가 주막 주인에게 데나리온 둘을 내어 주며 이르되 이 사람을 돌보아 주라 비용이 더 들면 내가 돌아올 때에 갚으리라 하였으니"

◆◆◆

【대지 유형】 주제 설명형 – 본문 분석형 – 대지 진전형

【주제】 강도 만난 자의 이웃은 그를 불쌍히 여기는 마음으로 그에게 관심을 베풀며, 그의 필요를 채워주고 예수님의 사랑을 품고 끝까지 도와주는 자이다.

【FCF】 많은 신앙인이 본문의 제사장, 레위인 같은 처세자들의 모습을 하고

있음.

【서론】 "네 생각에는 이 세 사람 중에 누가 강도 만난 자의 이웃이 되겠느냐?" 질문의 요지가 무엇인가? 그것은 '강도 만난 사람이 법적인 의미에서 세 사람의 이웃이 될 수 있느냐'의 여부에 관한 것이 아니라, '세 사람 중 어느 누가 강도 만난 자의 이웃이 되어 주었느냐?'에 관한 것이다.
【우산질문】 누가 강도 만난 자의 이웃이 되는가?

【1대지】 '불쌍히 여겨'= 도움이 절실히 필요한 자들에게 쏟아 부어져야 할 인간의 기본 마음을 표현하는 데 사용. 사마리아 사람이 제사장과 레위인과 달랐던 것은 강도 만나 피 흘리고 죽게 된 사람을 향해 깊은 관심을 기울였다는 점.
【2대지】 올리브 기름과 포도주는 상처의 치료제로 널리 사용되고 있었다. 사마리아인은 환자를 '사랑과 정성과 책임을 다해' 돌보아 주었다. 그는 도움을 베풀면서 그 어떤 보상도 바라지 않았다.
【3대지】 사마리아인은 단순한 동정이나 재난 구조 차원에서 선을 행한 것이 아니라, 그의 마음에 예수님의 사랑의 마음이 있었다. 우리가 어떻게 이웃을 사랑하고 섬길 수 있나? 바로 내가 예수님의 사랑의 최대 수혜자이기 때문이다.
【결론】 누가 강도 만난 자의 이웃인가? 그를 불쌍히 여기는 마음으로 그에게 관심을 베푸는 자이고, 그에게 다가가서 그의 필요를 채워주는 자이고, 예수님의 사랑을 품고 끝까지 도와주는 자이다. 우리는 이웃의 개념을 바꾸어야 한다. 즉 이웃은 내게 호감을 갖고 호의를 베푸는 자가 아니라 나의 사랑과 관심을 필요로 하는 자라는 말씀이다.

- 절기, 용도, 장르, 특징:
- Key Word: 이웃, 강도 만난 자의 이웃.
- Remarks:

본문 : **눅 10:30~37**
제목 : **강도 만난 이유**

30.예수께서 대답하여 이르시되 어떤 사람이 예루살렘에서 여리고로 내려가다가 강도를 만나매 강
도들이 그 옷을 벗기고 때려 거의 죽은 것을 버리고 갔더라 **31.**마침 한 제사장이 그 길로 내려가다
가 그를 보고 피하여 지나가고 **32.**또 이와 같이 한 레위인도 그 곳에 이르러 그를 보고 피하여 지나
가되 **33.**어떤 사마리아 사람은 여행하는 중 거기 이르러 그를 보고 불쌍히 여겨 **34.**가까이 가서 기
름과 포도주를 그 상처에 붓고 싸매고 자기 짐승에 태워 주막으로 데리고 가서 돌보아 주니라 **35.**그
이튿날 그가 주막 주인에게 데나리온 둘을 내어 주며 이르되 이 사람을 돌보아 주라 비용이 더 들면
내가 돌아올 때에 갚으리라 하였으니 **36.**네 생각에는 이 세 사람 중에 누가 강도 만난 자의 이웃이
되겠느냐 **37.**이르되 자비를 베푼 자니이다 예수께서 이르시되 가서 너도 이와 같이 하라 하시니라

1. 예루살렘을 떠났기 때문 (= 교회 떠남, 믿음 떠남)

30절= "…어떤 사람이 예루살렘에서 여리고로 내려가다가 강도를 만나매…"

2. 여리고로 내려갔기 때문 (= 신앙의 낮은 차원으로 내려감, 세속의 길로 내려감)

30절= "…어떤 사람이 예루살렘에서 여리고로 내려가다가 강도를 만나매…"

3. 혼자 위험한 길로 갔기 때문 (= 성도의 교제 단절)

30절= "…어떤 사람이 예루살렘에서 여리고로 내려가다가 강도를 만나매…"

◈◈◈

【대지 유형】 이유 제시형 - 본문 묵상형 - 대지 병렬형
【주제】 (적용) 믿음 떠나 홀로 세속의 길로 내려갈 때 악한 세력에게 공격을 당하게 된다.
【FCF】 많은 교인이 신앙의 낮은 차원으로 내려가고 있음.

【서론】 제목= 본문의 일차적 의도는 아니지만, 생각해볼 필요가 있다. 강도 만난 사람에게도 문제가 있다고 보아야 할 것이다. 강도를 만나면 수치를 당

하고, 좋은 것을 상실하게 되고, 큰 상처를 입을 수 있다. 그리스도인은 그 원인을 다른 곳에서 찾기 이전에 먼저 자기 자신에게서 찾아야 한다. 불평, 원망하여 여리고로 내려가면 뱀에게 물린다.

【우산질문】 예수님의 비유에서 강도 만난 이유는 어떻게 상징되고 있는가?

【1대지】 예루살렘은 하나님의 성전이 있는 곳. 교회를 떠나는 것은 믿음을 떠나는 것. 주님 떠나고, 사명 버리고 가는 길에 마귀와 귀신들이 틈탄다. 강도는 마귀의 상징이다.

【2대지】 여리고는 낮은 곳(해발 -250m), 여리고로 가는 길은 35km의 비탈길. 여리고는 우상의 도시요 타락한 도시. 죄악의 장소로 가는 것은 죽음을 향하여 가는 것과 다름없다.

【3대지】 그 길은 종종 강도가 출몰하는 곳. 위험하고 험난한 산 비탈길. 혼자서 갔다고 하는 것은 어리석은 행동이요 건방진 행동이다. 신앙이 내려가는 교인들은 혼자 따로 움직이는 것을 볼 수 있다. 험한 세상 길로 걸어갈 때 예수님과 함께, 성령님과 함께, 신실한 성도들과 함께 걸어가자.

【결론】 강도를 만나면 어떻게 되나? 수치를 당하고, 갖고 있는 보화를 빼앗기게 된다. 때로는 상처가 심해 거의 죽게 된다. 성도의 교제를 떠나 세속의 길로 가지 말고, 하나님을 향해 가까이 나아가자.

- **절기, 용도, 장르, 특징:** 상징주의 해석.
- Key Word: 강도, 여리고.
- Remarks:

본문 : **눅 11:1~13**
제목 : **하나님의 음성을 구하는 세 가지 원리**

1.예수께서 한 곳에서 기도하시고 마치시매 제자 중 하나가 여짜오되 주여 요한이 자기 제자들에게 기도를 가르친 것과 같이 우리에게도 가르쳐 주옵소서 **2.**예수께서 이르시되 너희는 기도할 때에 이렇게 하라 아버지여 이름이 거룩히 여김을 받으시오며 나라가 임하시오며 **3.**우리에게 날마다 일용할 양식을 주시옵고 **4.**우리가 우리에게 죄 지은 모든 사람을 용서하오니 우리 죄도 사하여 주시옵고 우리를 시험에 들게 하지 마시옵소서 하라 **5.**또 이르시되 너희 중에 누가 벗이 있는데 밤중에 그에게 가서 말하기를 벗이여 떡 세 덩이를 내게 꾸어 달라 **6.**내 벗이 여행중에 내게 왔으나 내가 먹일 것이 없노라 하면 **7.**그가 안에서 대답하여 이르되 나를 괴롭게 하지 말라 문이 이미 닫혔고 아이들이 나와 함께 침실에 누웠으니 일어나 네게 줄 수가 없노라 하겠느냐 **8.**내가 너희에게 말하노니 비록 벗 됨으로 인하여서는 일어나서 주지 아니할지라도 그 간청함을 인하여 일어나 그 요구대로 주리라 **9.**내가 또 너희에게 이르노니 구하라 그러면 너희에게 주실 것이요 찾으라 그러면 찾아낼 것이요 문을 두드리라 그러면 너희에게 열릴 것이니 **10.**구하는 이마다 받을 것이요 찾는 이는 찾아낼 것이요 두드리는 이에게는 열릴 것이니라 **11.**너희 중에 아버지 된 자로서 누가 아들이 생선을 달라 하는데 생선 대신에 뱀을 주며 **12.**알을 달라 하는데 전갈을 주겠느냐 **13.**너희가 악할지라도 좋은 것을 자식에게 줄 줄 알거든 하물며 너희 하늘 아버지께서 구하는 자에게 성령을 주시지 않겠느냐 하시니라

1. 밤중에 떡 세 덩이를 꾸어 달라 함 (= '구체적으로 구하라'는 원리)
5절= "너희 중에 누가 벗이 있는데 밤중에 그에게 가서 말하기를 벗이여 떡 세 덩이를 내게 꾸어 달라"

2. 간청함을 인하여 요구대로 주리라 함 (= '끈질기게 인내로 구하라'는 원리)
8절= "비록 벗 됨으로 인하여서는 일어나서 주지 아니할지라도 그 간청함을 인하여 일어나 그 요구대로 주리라"

3. 구하는 것과 다른 것을 주실 수 있다 함 (= '하나님의 음성은 내가 원하는 음성이 아닐 수 있다'는 원리)
11절= "너희 중에 아버지 된 자로서 누가 아들이 생선을 달라 하는데 생선 대신에 뱀을 주며"
12절= "알을 달라 하는데 전갈을 주겠느냐"

◈◈◈

【대지 유형】 주제 설명형 - 본문 묶음형 - 대지 연결형

【주제】 예수님은 비유를 통하여 하나님의 음성을 들으려면 구체적으로 끈질기게 구해야 할 것을 가르치신다.
【FCF】 많은 신앙인이 자기중심의 기도를 드리므로 하나님의 음성을 듣지 못함.

【서론】 예수님의 기도를 가르치는 모습. 우리에게도 제자들처럼 기도에 대한 목마름이 있어야겠다. 아름다운 비유.
【우산질문】 하나님의 음성을 구하는 것과 관련된 세 가지 기초 원리를 알아보자.

【1대지】 떡 세 덩이= 구체적으로 구해야 할 것을 보여준다. 하나님은 우리가 구체적으로 구하기를 원하신다. 추상적인 기도가 아닌 구체적인 기도를 드릴 때 하나님은 구체적인 하나님의 음성을 들려주실 것.
【2대지】 벗 됨을 인하여는 도움을 주지 않지만 간청함을 인하여는 도움을 준다. 친구라는 명목보다 끈질기게 구하는 것이 더 중요하다.
【3대지】 예수님은 '좋은 것' 대신에 '성령'이라는 표현을 쓰심. 하나님은 가장 아름다운 방법으로 응답하신다. 그 어떤 경우에도 하나님의 선하심을 의심하지 말라.
【결론】 우리의 의무는 기도 응답을 찾아내는 것이 아니고 기도하는 것 자체가 우리의 의무가 되어야 한다.

- 절기, 용도, 장르, 특징:
- Key Word: 하나님의 음성.
- Remarks:

본문 : **눅 12:16~21**

제목 : **어리석은 부자 비유의 교훈**

16.또 비유로 그들에게 말하여 이르시되 한 부자가 그 밭에 소출이 풍성하매 **17.**심중에 생각하여 이르되 내가 곡식 쌓아 둘 곳이 없으니 어찌할까 하고 **18.**또 이르되 내가 이렇게 하리라 내 곳간을 헐고 더 크게 짓고 내 모든 곡식과 물건을 거기 쌓아 두리라 **19.**또 내가 내 영혼에게 이르되 영혼아 여러 해 쓸 물건을 많이 쌓아 두었으니 평안히 쉬고 먹고 마시고 즐거워하자 하리라 하되 **20.**하나님은 이르시되 어리석은 자여 오늘 밤에 네 영혼을 도로 찾으리니 그러면 네 준비한 것이 누구의 것이 되겠느냐 하셨으니 **21.**자기를 위하여 재물을 쌓아 두고 하나님께 대하여 부요하지 못한 자가 이와 같으니라

1. 하나님이 그를 '어리석은 자'라 하심 (= 하나님 모르는 자, 잘못된 인생관)

20절= "하나님은 이르시되 어리석은 자여 오늘 밤에 네 영혼을 도로 찾으리니 그러면 네 준비한 것이 누구의 것이 되겠느냐"

2. 어리석은 부자는 쌓아둔 재물이 자기의 것으로 생각함 (= 잘못된 물질관)

18절= "내가 이렇게 하리라 내 곳간을 헐고 더 크게 짓고 내 모든 곡식과 물건을 거기 쌓아 두리라"

20절= "…오늘 밤에 네 영혼을 도로 찾으리니 그러면 네 준비한 것이 누구의 것이 되겠느냐"

3. 부자는 "평안히 쉬고 먹고 마시고 즐거워하자" 함 (= 잘못된 세계관)

19절= "또 내가 내 영혼에게 이르되 영혼아 여러 해 쓸 물건을 많이 쌓아 두었으니 평안히 쉬고 먹고 마시고 즐거워하자 하리라"

◈◈◈

【대지 유형】 주제 증명형 – 본문 수집형 – 대지 병렬형

【주제】 부자는 하나님 없는 인생관, 이기적인 물질관, 자신만을 위한 세계관을 가진 면에서 어리석은 사람이었다.

【FCF】 많은 신앙인이 인생관, 물질관, 세계관의 면에서 하나님 나라 중심이 아니라 세속적이다.

【서론】 본문은 어리석은 부자에 관한 예수님의 비유이다. 부자의 인생관, 물

질관, 세계관이 비유를 통해 드러나고 있다. 그는 세상적인 기준에서 보면 성공한 사람이다. 그러나 성경은 그를 어리석은 자라 정의한다.
【우산질문】 그의 어리석음이 어떻게 드러나고 있나?

【1대지】 부자는 삶의 주관자가 하나님이심을 깨닫지 못했다. 자기중심의 사람. 그는 이웃의 가난한 자를 돌볼 줄 몰랐다.
【2대지】 물질은 원래 우리 것이 아니다. 우린 하나님의 청지기이다. 부자는 부(富)를 독점하고자 했다. 우리는 부를 사용해 천국에서 상급받는 자가 되어야 한다. 바른 물질관으로 하늘나라에 보화를 쌓아두는 사람이 되자.
【3대지】 부자는 이 땅에서 오래오래 살 것으로 생각했다. 내세를 모르는 현세주의자이다. 내세의 소망이 없는 사람은 어리석은 사람이다. 하나님 나라를 위해 지금 교회와 이웃과 나라를 위해 투자하는 사람이 되라.
【결론】 "자기를 위하여 재물을 쌓아 두고 하나님께 대하여 부요하지 못한 자가 이와 같으니라"(21절). 부자는 자신을 위해 부하게 살았지만 하나님께 대해서는 가난한 삶을 살았던 사람이다. 성경은 썩어질 육신을 위해서 보물을 이 땅에 쌓아두지 말고 하늘에 쌓아두라고 하신다.

- 절기, 용도, 장르, 특징:
- Key Word: 어리석은 부자.
- Remarks:

본문 : **눅 13:6~9**

제목 : **열매 없는 무화과나무 비유의 교훈**

6.이에 비유로 말씀하시되 한 사람이 포도원에 무화과나무를 심은 것이 있더니 와서 그 열매를 구하였으나 얻지 못한지라 **7.**포도원지기에게 이르되 내가 삼 년을 와서 이 무화과나무에서 열매를 구하되 얻지 못하니 찍어버리라 어찌 땅만 버리게 하겠느냐 **8.**대답하여 이르되 주인이여 금년에도 그대로 두소서 내가 두루 파고 거름을 주리니 **9.**이 후에 만일 열매가 열면 좋거니와 그렇지 않으면 찍어버리소서 하였다 하시니라

1. 주인이 각별한 관심을 가진 무화과나무임 (= 주님의 은혜받은 성도)

6절= "…한 사람이 포도원에 무화과나무를 심은 것이 있더니…"

7절= "포도원지기에게 이르되 내가 삼 년을 와서 이 무화과나무에서 열매를 구하되…"

2. 3년을 기다려도 열매를 맺지 못함 (= 은혜를 배반한 악한 행위)

7절= "…내가 삼 년을 와서 이 무화과나무에서 열매를 구하되 얻지 못하니 찍어버리라 어찌 땅만 버리게 하겠느냐"

3. 과원지기의 중보로 1년 더 연장되는 은혜를 입음 (= 주님의 사랑과 인내)

8절= "대답하여 이르되 주인이여 금년에도 그대로 두소서 내가 두루 파고 거름을 주리니"

9절= "이 후에 만일 열매가 열면 좋거니와 그렇지 않으면 찍어버리소서 하였다 하시니라"

◆◆◆

【대지 유형】 주제 설명형 – 본문 분석형 – 대지 반전형

【주제】 우리는 주님의 은혜에도 불구하고 열매 맺지 못하나 주님은 사랑으로 기다려주신다.

【FCF】 많은 교인이 열매 맺지 못한 채 주님의 인내를 시험하고 있다.

【서론】 열매 없는 무화과나무, 주인의 분노와 과수원지기의 중보기도에 대한 내용. 포도원 주인은 하나님, 과수원지기는 예수님, 무화과나무는 성도들. 포도원은 교회. 무화과나무는 재목이나 관상용으로는 안 되고 오직 열매를 목

적으로 심는 나무임. 열매에 대한 비중이 크다.
【우산질문】 이 비유가 주는 교훈을 살펴보자.

【1대지】 무화과나무는 이스라엘에서는 흔한 나무이지만, 이 나무는 포도원에 심겼다. 과원지기가 잘 가꾸었고, 3년이나 열심히 가꾸고 기다렸음. 충분한 기회를 주었음. 버림받아 마땅한 인간을 버리지 않고 참아주시는 주님, 회개하고 돌아오기를 기다려 주시는 주님의 은혜!
【2대지】 나무에게 변명의 여지가 없다. 이스라엘과 성도에게 적용. 무성한 잎만 내고 열매 맺히려는 목적의식이 없다. 잎만 무성한 교회? 교회는 영혼 구원에 전념해야. 좋은 땅이나 좋은 조건에 취해 있으면 안됨. 자신의 모습을 발견하지 못하는 성도는 열매 맺지 못함.
【3대지】 과원지기의 인내와 사랑을 보라. 열매 없음에 분노하기보다 안타까워하며, 1년 연장을 간청한다. 은혜 위에 은혜이다. 주님이 우리에게 베푸신 은혜는 은혜 위에 은혜이다. 과원지기는 무화과나무에 대한 믿음이 있다.
【결론】 우리는 모두 시한부 인생을 살고 있다. 지금까지는 열매가 없었지만 이제는 어떤 일이 있어도 열매를 맺어야 한다.

- 절기, 용도, 장르, 특징: 추석명절.
- Key Word: 무화과나무, 열매.
- Remarks:

본문 : **눅 13:10~17; 막 16:15~18**

제목 : **치유를 통한 온전한 회복**

(A Crippled Woman Healed on the Sabbath)

눅 13:10.예수께서 안식일에 한 회당에서 가르치실 때에 **11.**열여덟 해 동안이나 귀신 들려 앓으며
꼬부라져 조금도 펴지 못하는 한 여자가 있더라 **12.**예수께서 보시고 불러 이르시되 여자여 네가 네
병에서 놓였다 하시고 **13.**안수하시니 여자가 곧 펴고 하나님께 영광을 돌리는지라 **14.**회당장이 예
수께서 안식일에 병 고치시는 것을 분 내어 무리에게 이르되 일할 날이 엿새가 있으니 그 동안에 와
서 고침을 받을 것이요 안식일에는 하지 말 것이니라 하거늘 **15.**주께서 대답하여 이르시되 외식하
는 자들아 너희가 각각 안식일에 자기의 소나 나귀를 외양간에서 풀어내어 이끌고 가서 물을 먹이지
아니하느냐 **16.**그러면 열여덟 해 동안 사탄에게 매인 바 된 이 아브라함의 딸을 안식일에 이 매임에
서 푸는 것이 합당하지 아니하냐 **17.**예수께서 이 말씀을 하시매 모든 반대하는 자들은 부끄러워하
고 온 무리는 그가 하시는 모든 영광스러운 일을 기뻐하니라
막 16:15.너희는 온 천하에 다니며 만민에게 복음을 전파하라 **16.**믿고 세례를 받는 사람은 구원을
얻을 것이요 믿지 않는 사람은 정죄를 받으리라 **17.**믿는 자들에게는 이런 표적이 따르리니 곧 그들
이 내 이름으로 귀신을 쫓아내며 새 방언을 말하며 **18.**뱀을 집어올리며 무슨 독을 마실지라도 해를
받지 아니하며 병든 사람에게 손을 얹은즉 나으리라 하시더라

1. 예수께서 귀신들려 굽어진 여인을 안수하여 고치심 (= 주님의 치유)

11, 13절= "열여덟 해 동안이나 귀신 들려 앓으며 꼬부라져 조금도 펴지 못하는 한 여자가 있더라…안수하시니 여자가 곧 펴고 하나님께 영광을 돌리는지라"

2. 안식일 규정으로 외식하는 자들을 예수께서 훈계하심 (= 비복음 세력과의 치열한 영적 전투)

15~16절= "주께서 대답하여 이르시되 외식하는 자들아 너희가 각각 안식일에 자기의 소나 나귀를 외양간에서 풀어내어 이끌고 가서 물을 먹이지 아니하느냐 그러면 열여덟 해 동안 사탄에게 매인 바 된 이 아브라함의 딸을 안식일에 이 매임에서 푸는 것이 합당하지 아니하냐"

3. 예수께서 제자들에게 영적 전투를 위임하심 (= 교회가 계승해야 할 전인 치유 사역)

막 16:15, 17~18절= "너희는 온 천하에 다니며 만민에게 복음을 전파하라…믿는 자들에게는 이런 표적이 따르리니 곧 그들이 내 이름으로 귀신을 쫓아내며 새 방언을 말하며 뱀을 집어올리며 무슨 독을 마실지라도 해를 받지 아니하며 병든 사람에게 손을 얹은즉 나으리라 하시더라"

◈◈◈

【대지 유형】 주제 설명형 – 본문 묶음형 – 대지 혼재형
【주제】 주님의 치유사역에는 영적 전투가 따른다.
【FCF】 치유 사역 개념조차 희미한 현대교회의 무력한 모습.

【서론】 복음서의 이적 기록 약 35회 중 치유와 관계된 이적이 26회. 본문은 치유사역의 중요성을 교차대구 구조로 강조함.
【우산질문】 예수님의 치유 사역에 따르는 영적 시련과 교회에 주신 사명을 살펴보자.

【1대지】 예배에 참석한 여인, 예수님의 연민과 치유. 예수님의 주도권이 강조됨. 주님은 고통 중에 있는 자를 더 눈여겨보신다. "여자여 네가 네 병에서 놓였다"-완료동사 사용.
【2대지】 회당장의 분노. 한 사람의 구원과 치료에 대한 것보다 안식일에 관한 유전에 대하여 관심이 크다. 유대인의 안식일 규정= 35개조(율법에 없음). 불 켜거나 끄는 것 금지, 두 글자를 쓰거나 지우는 것 금지, 병 고침은 원칙적으로 금지(단 응급환자의 경우 예외). 외식하는 자들과 인권을 존중하는 예수님과의 뚜렷한 대조.
【3대지】 치유사건= 하나님의 통치가 이미 임했음을 보여준다. 교회의 존재 이유= 전인 치유.
【결론】 사탄의 세력을 물리치고 하나님의 통치를 회복시키는 것= 교회의 궁극적 존재 이유이다.

- 절기, 용도, 장르, 특징:
- Key Word: 치유, 영적 전투.
- Remarks:

본문 : **눅 14:12~24**
제목 : **잔칫집 비유의 교훈**

12.또 자기를 청한 자에게 이르시되 네가 점심이나 저녁이나 베풀거든 벗이나 형제나 친척이나 부한 이웃을 청하지 말라 두렵건대 그 사람들이 너를 도로 청하여 네게 갚음이 될까 하노라 **13.**잔치를 베풀거든 차라리 가난한 자들과 몸 불편한 자들과 저는 자들과 맹인들을 청하라 **14.**그리하면 그들이 갚을 것이 없으므로 네게 복이 되리니 이는 의인들의 부활시에 네가 갚음을 받겠음이라 하시더라 **15.**함께 먹는 사람 중의 하나가 이 말을 듣고 이르되 무릇 하나님의 나라에서 떡을 먹는 자는 복되도다 하니 **16.**이르시되 어떤 사람이 큰 잔치를 베풀고 많은 사람을 청하였더니 **17.**잔치할 시각에 그 청하였던 자들에게 종을 보내어 이르되 오소서 모든 것이 준비되었나이다 하매 **18.**다 일치하게 사양하여 한 사람은 이르되 나는 밭을 샀으매 아무래도 나가 보아야 하겠으니 청컨대 나를 양해하도록 하라 하고 **19.**또 한 사람은 이르되 나는 소 다섯 겨리를 샀으매 시험하러 가니 청컨대 나를 양해하도록 하라 하고 **20.**또 한 사람은 이르되 나는 장가 들었으니 그러므로 가지 못하겠노라 하는지라 **21.**종이 돌아와 주인에게 그대로 고하니 이에 집 주인이 노하여 그 종에게 이르되 빨리 시내의 거리와 골목으로 나가서 가난한 자들과 몸 불편한 자들과 맹인들과 저는 자들을 데려오라 하니라 **22.**종이 이르되 주인이여 명하신 대로 하였으되 아직도 자리가 있나이다 **23.**주인이 종에게 이르되 길과 산울타리 가로 나가서 사람을 강권하여 데려다가 내 집을 채우라 **24.**내가 너희에게 말하노니 전에 청하였던 그 사람들은 하나도 내 잔치를 맛보지 못하리라 하였다 하시니라

1. 잔칫집에 모든 것이 준비되었다 함 (= 교회는 잔칫집처럼 붐비는 곳)

16~17절= "이르시되 어떤 사람이 큰 잔치를 베풀고 많은 사람을 청하였더니 잔치할 시각에 그 청하였던 자들에게 종을 보내어 이르되 오소서 모든 것이 준비되었나이다 하매"

2. 초청을 거절하는 사람들이 많았음 (= 핑계는 주님의 진노를 불러옴)

18~20절= "다 일치하게 사양하여… 나는 밭을 샀으매… 나는 소 다섯 겨리를 샀으매 … 나는 장가 들었으니 그러므로 가지 못하겠노라 하는지라"

3. 강권하여 내 집을 채우라 하심 (= 끈질기게 전도해야 함)

23절= "주인이 종에게 이르되 길과 산울타리 가로 나가서 사람을 강권하여 데려다가 내 집을 채우라"

◈◈◈

【대지 유형】 주제 설명형 - 본문 묶음형 - 대지 진전형

【주제】 교회는 손님들을 초청한 잔칫집처럼 붐벼야 하고, 우리는 강권하여

채워야 한다.
【FCF】 많은 신앙인이 강권하는 면에 취약함.

【서론】 주님의 가르침은 매우 실제적이다. 상황에 맞게 가르치심. 본문의 주제는 천국 은혜의 잔치. 강조점은 하나님의 은혜와 자비는 감사함으로 받는 자의 것.
【우산질문】 주님의 잔칫집 비유로부터 배우는 교훈에 대해 찾아보자.

【1대지】 '어떤 사람'= 임금(마 22장). 성경은 혼인잔치의 즐거움을 천국에 비유한다. 교회는 찬양하고 즐거워하고 기뻐하는 곳. 잔칫집은 먹을 것이 풍부하고 즐거움이 있다. 영혼의 양식을 배부르게 먹고 즐거움을 나누는 곳. 주님의 초청을 보라(사 55:1).
【2대지】 거절하는 사람들의 세 종류= 밭 산 사람(재산 증식에 바쁨), 소 다섯 겨리(사업에 바빠), 장가든 사람(인생의 향락). 핑계하는 것은 주인의 노력을 무시, 주인의 호의 무시, 주인의 희생을 무시하는 것. 당연히 주인의 분노가 뒤따른다. 분노의 음성을 듣는 사람들은 주의 종들.
【3대지】 "길과 산울타리 가로 나가서"= 성 밖의 영역. "강권하여"= 친절한 자세로 끈질기게 초청. 우리는 잃은 영혼을 하나님 앞에 세우기까지 최선을 다해야. 분명한 것은 주님의 잔치 자리는 반드시 채워진다는 것.
【결론】 24절, "내가 너희에게 말하노니 전에 청하였던 그 사람들은 하나도 내 잔치를 맛보지 못하리라." 두 번째 기회는 없다.

- 절기, 용도, 장르, 특징:
- Key Word: 교회, 잔치.
- Remarks:

본문 : **눅 15:1~7**
제목 : **죄인을 영접하시는 예수님 (Sinners Welcomed)**

1.모든 세리와 죄인들이 말씀을 들으러 가까이 나아오니 **2.**바리새인과 서기관들이 수군거려 이르되 이 사람이 죄인을 영접하고 음식을 같이 먹는다 하더라 **3.**예수께서 그들에게 이 비유로 이르시되 **4.**너희 중에 어떤 사람이 양 백 마리가 있는데 그 중의 하나를 잃으면 아흔아홉 마리를 들에 두고 그 잃은 것을 찾아내기까지 찾아다니지 아니하겠느냐 **5.**또 찾아낸즉 즐거워 어깨에 메고 **6.**집에 와서 그 벗과 이웃을 불러 모으고 말하되 나와 함께 즐기자 나의 잃은 양을 찾아내었노라 하리라 **7.**내가 너희에게 이르노니 이와 같이 죄인 한 사람이 회개하면 하늘에서는 회개할 것 없는 의인 아흔아홉으로 말미암아 기뻐하는 것보다 더하리라

1. 예수께서 세리와 죄인들을 영접하심 (= 주님의 자비와 은혜)

1~2절= "모든 세리와 죄인들이 말씀을 들으러 가까이 나아오니… 이 사람이 죄인을 영접하고 음식을 같이 먹는다 하더라"

2. 가족과 이웃의 품에서 함께 즐거워하신다 함 (= 영접된 자들이 누리는 축복)

5~6절= "또 찾아낸즉 즐거워 어깨에 메고 집에 와서 그 벗과 이웃을 불러 모으고 말하되 나와 함께 즐기자 나의 잃은 양을 찾아내었노라 하리라"

3. 죄인 한 사람의 회개를 매우 기뻐하신다 함 (죄인을 영접하시는 조건, 회개)

7절= "이와 같이 죄인 한 사람이 회개하면 하늘에서는 회개할 것 없는 의인 아흔아홉으로 말미암아 기뻐하는 것보다 더하리라"

◈◈◈

【대지 유형】 주제 설명형 - 본문 묶음형 - 대지 연결형
【주제】 예수님은 죄인을 영접하시고 함께 기뻐하신다.
【FCF】 많은 사람이 자신의 죄를 회개하지 못함으로 영접의 축복을 누리지 못하고 있음.

【서론】 예수님은 죄인을 영접하신다. 매우 놀라운 선언이다. 본문의 선명한 대조를 보라. 죄인과 세리들은 말씀 들으러 가까이 나온 사람들. 그들에 비해 바리새인과 서기관들은 정죄하는 자들이었고 예수님의 자비와 은혜의 최대

난적이었다. "모든 세리와 죄인들이 말씀을 들으러 가까이 나아오니"(1절). 왜 몰려 왔나? 예수님의 가르침과 인격이 당시 종교지도자들과는 판이하게 달랐기 때문.

【우산질문】 본문의 비유를 통해서 죄인을 영접하시는 주님의 모습을 살펴보자.

【1대지】 세리와 죄인들은 말씀을 들으러 예수께로 왔음(호기심 만족이나 정죄하러 온 것이 아님). 죄인들에 대한 성경의 가르침: 롬 3:23 모두가 죄인. 사 53:6 길 잃은 양. 주님은 모든 연령의 죄인들을 영접하심. 심지어 오후 5시에 나온 품꾼까지. 빈부 귀천의 모든 형편의 죄인들을 받으심. 그의 죄악의 경중에 관계없이. 젊은 부자-막달라 마리아-십자가의 강도-핍박자 사울….

【2대지】 양 백 마리 비유를 묵상하자. 죄인을 어디로 영접하시는가? ① 용서하시는 은혜 안으로 영접. 죄 용서는 가장 기초 되는 축복이다. 주님은 용서하실 뿐 아니라 사랑의 대상으로 삼으신다. ②주님의 가족 안으로 영접. 눅 15장의 탕자의 비유를 보라. 지상에 있는 주님의 영적 가족은 교회임. 교회의 친교는 이처럼 놀라운 축복이다. ③주님의 천국으로 영접. 그곳은 영원한 구원의 자리. 주님은 죄인을 위해 하늘 가는 길을 여셨다.

【3대지】 주님이 죄인을 영접하는 조건은 참으로 은혜스럽다. 다른 조건이 필요 없다. 자기 죄를 인정하고 자백하며 회개하여 돌아서는 자. 요일 1:9. 다윗같이 큰 죄를 지은 자도 회개할 때 용서받음. 주님은 우리를 우리의 죄로부터(from our sins) 구하신다. 배반은 끝나야. 죄악 생활은 포기되어야. 여기엔 믿음이 필요하다(예수님의 구속사역과 능력과 능력에 대한).

【결론】 주님의 식탁에 참여한 여러분, 우리는 가까이서 주님의 모습 관찰하고 발견할수록 더욱 감사, 경외! 주님은 지금도 죄인을 열심히, 부드럽게, 그리고 즉각적으로 영접하신다. 찾아오는 죄인을 시내 광야나 개혁의 학교로 보내지 않으시고 즉시 받으신다.

- 절기, 용도, 장르, 특징:
- Key Word:
- Remarks:

본문 : **눅 15:1~10**

제목 : **잃은 양과 잃은 드라크마의 비유**
(The Parable of the Lost Sheep and the Coin)

1.모든 세리와 죄인들이 말씀을 들으러 가까이 나아오니 **2.**바리새인과 서기관들이 수군거려 이르되 이 사람이 죄인을 영접하고 음식을 같이 먹는다 하더라 **3.**예수께서 그들에게 이 비유로 이르시되 **4.**너희 중에 어떤 사람이 양 백 마리가 있는데 그 중의 하나를 잃으면 아흔아홉 마리를 들에 두고 그 잃은 것을 찾아내기까지 찾아다니지 아니하겠느냐 **5.**또 찾아낸즉 즐거워 어깨에 메고 **6.**집에 와서 그 벗과 이웃을 불러 모으고 말하되 나와 함께 즐기자 나의 잃은 양을 찾아내었노라 하리라 **7.**내가 너희에게 이르노니 이와 같이 죄인 한 사람이 회개하면 하늘에서는 회개할 것 없는 의인 아흔아홉으로 말미암아 기뻐하는 것보다 더하리라 **8.**어떤 여자가 열 드라크마가 있는데 하나를 잃으면 등불을 켜고 집을 쓸며 찾아내기까지 부지런히 찾지 아니하겠느냐 **9.**또 찾아낸즉 벗과 이웃을 불러 모으고 말하되 나와 함께 즐기자 잃은 드라크마를 찾아내었노라 하리라 **10.**내가 너희에게 이르노니 이와 같이 죄인 한 사람이 회개하면 하나님의 사자들 앞에 기쁨이 되느니라

1. 잃은 양의 비유 (= 잃은 양을 찾은 기쁨은 개인의 기쁨에서 공동체의 잔치로 이어짐)

4절= "너희 중에 어떤 사람이 양 백 마리가 있는데 그 중의 하나를 잃으면 아흔아홉 마리를 들에 두고 그 잃은 것을 찾아내기까지 찾아다니지 아니하겠느냐"

2. 잃은 드라크마의 비유 (= 찾은 기쁨을 약하고 소외된 이웃과 함께 나눔)

8절= "어떤 여자가 열 드라크마가 있는데 하나를 잃으면 등불을 켜고 집을 쓸며 찾아내기까지 부지런히 찾지 아니하겠느냐"

3. 잃어버린 자를 찾은 기쁨 (= 회개하는 자를 향한 하나님의 기쁨)

10절= "내가 너희에게 이르노니 이와 같이 죄인 한 사람이 회개하면 하나님의 사자들 앞에 기쁨이 되느니라"

◈◈◈

【대지 유형】 주제 함축형 - 본문 묶음형 - 대지 혼재형(2+1)

【주제】 두 비유 모두 잃은 영혼을 향한 하나님의 사랑이 얼마나 큰가를 잘 보여준다.

【FCF】 많은 신앙인이 잃은 영혼 찾기의 가치와 중요성에 눈을 뜨지 못하고

있음.

【서론】 당시 종교지도자들의 문제= 말씀 연구나 율법 조항들에 대해 대단한 열심이 있었지만 잃어버린 영혼들에 대한 열정이 없었다는 사실. 이 사랑 없이 어떻게 독생자를 보내신 하나님의 열심을 이해할 수 있겠는가? 주님은 자기를 경멸하는 자들을 향해 세 가지 비유로 말씀하심. 비유는 단수= 하나의 주제로 통일되고 있음= "무엇인가를 잃었다가 다시 찾았을 때의 기쁨".
【우산질문】 잃은 양과 드라크마 비유에 나타난 잃은 영혼을 향한 하나님의 마음을 느껴보자.

【1대지】 열심히 찾는 모습= "하나를 잃으면 아흔아홉 마리를 들에 두고 그 잃은 것을 찾아내기까지 찾아다니지 아니하겠느냐" 5절, 6절= 찾은 후 즐거워하는 모습.
【2대지】 앞의 비유는 남자 이야기, 드라크마 비유는 어느 여자의 이야기. 사회 약자. "켜고…쓸며…찾지 않겠느냐"= 세 동사는 반복과 계속을 나타내는 현재 직설법. 이 여인의 집념은 잃은 영혼을 향한 하나님의 집념.
【3대지】 다시 찾은 양을 안고 기뻐하는 목자는 바로 주님의 모습. 드라크마를 찾아 기뻐하며 잔치를 벌이는 여인은 바로 주님의 모습. 이웃을 불러 잔치를 벌이기를 조금도 아까워 하지 않는 마음은 바로 잃은 영혼을 향한 하나님의 사랑의 마음이다. 습 3:17.
【결론】 우리의 관심은 어디에 있나? 하나님의 심장을 가지고, 하나님의 집념을 가지고 산울과 산골짜기를 다 뒤져서라도 잃어버린 영혼을 찾아야겠다.

- 절기, 용도, 장르, 특징:
- Key Word: 잃은 양, 잃어버린 영혼.
- Remarks:

본문 : **눅 15:11~22**
제목 : **쥐엄 열매를 먹으며 깨닫는 진리**

11.또 이르시되 어떤 사람에게 두 아들이 있는데 **12.**그 둘째가 아버지에게 말하되 아버지여 재산 중
에서 내게 돌아올 분깃을 내게 주소서 하는지라 아버지가 그 살림을 각각 나눠 주었더니 **13.**그 후
며칠이 안 되어 둘째 아들이 재물을 다 모아 가지고 먼 나라에 가 거기서 허랑방탕하여 그 재산을 낭
비하더니 **14.**다 없앤 후 그 나라에 크게 흉년이 들어 그가 비로소 궁핍한지라 **15.**가서 그 나라 백
성 중 한 사람에게 붙여 사니 그가 그를 들로 보내어 돼지를 치게 하였는데 **16.**그가 돼지 먹는 쥐엄
열매로 배를 채우고자 하되 주는 자가 없는지라 **17.**이에 스스로 돌이켜 이르되 내 아버지에게는 양
식이 풍족한 품꾼이 얼마나 많은가 나는 여기서 주려 죽는구나 **18.**내가 일어나 아버지께 가서 이르
기를 아버지 내가 하늘과 아버지께 죄를 지었사오니 **19.**지금부터는 아버지의 아들이라 일컬음을 감
당하지 못하겠나이다 나를 품꾼의 하나로 보소서 하리라 하고 **20.**이에 일어나서 아버지께로 돌아가
니라 아직도 거리가 먼데 아버지가 그를 보고 측은히 여겨 달려가 목을 안고 입을 맞추니 **21.**아들이
이르되 아버지 내가 하늘과 아버지께 죄를 지었사오니 지금부터는 아버지의 아들이라 일컬음을 감
당하지 못하겠나이다 하나 **22.**아버지는 종들에게 이르되 제일 좋은 옷을 내어다가 입히고 손에 가
락지를 끼우고 발에 신을 신기라

1. 아버지의 품이 풍족한 것을 깨달았음 (= 참된 자유를 깨달음)

17절= "이에 스스로 돌이켜 이르되 내 아버지에게는 양식이 풍족한 품꾼이 얼마나 많은가 나는 여기서 주려 죽는구나"

2. 아버지께로 돌아가리라고 결심함 (= 하나님과의 교제의 중요성을 깨달음)

18~19절= "내가 일어나 아버지께 가서 이르기를 아버지 내가 하늘과 아버지께 죄를 지었사오니 지금부터는 아버지의 아들이라 일컬음을 감당하지 못하겠나이다 나를 품꾼의 하나로 보소서 하리라…"

3. 일어나 아버지께로 돌아왔음 (= 하나님 아버지의 사랑을 깨달음)

20절= "이에 일어나서 아버지께로 돌아가니라 아직도 거리가 먼데 아버지가 그를 보고 측은히 여겨 달려가 목을 안고 입을 맞추니"

◈◈◈

【대지 유형】 주제 설명형 - 본문 묶음형 - 대지 심화형
【주제】 성도는 고난을 당할 때 하나님 아버지와의 교제가 중요함과 그분의 사랑을 깨닫게 된다.
【FCF】 많은 신앙인이 고난을 당하면서도 참된 진리를 깨닫는 데 미흡하다.

【서론】 본문은 매우 유명한 탕자의 비유. 둘째 아들의 어리석은 모습이 인상적. 간섭받고 사는 것을 싫어한 아들은 아버지가 보이지 않는 곳으로 갔다. 제 마음대로 먹고 마시고 허랑방탕한 삶을 살았다. 큰 어려움을 당하면서, 배고파 쥐엄 열매를 먹으면서 비로소 자신을 보는 눈이 열렸다.
【우산질문】 탕자가 쥐엄 열매를 씹으며 깨달은 인생의 진리를 살펴보자.

【1대지】 탕자는 아버지의 품에 있을 때 참 자유를 모르고 오히려 갑갑해 했다. 아버지의 보호는 부자유스런 것이 아니다. 돼지우리 속의 돼지를 보며 참된 자유를 깨닫는 탕자.
【2대지】 둘째 아들이 탕자가 된 것은 아버지의 품을 떠났기 때문이다. 아버지와의 관계성과 교제가 상실되고 멀어진 결과는 비참 그 자체. 아버지를 떠났다= 말씀을 떠났다.
【3대지】 아들은 아버지를 떠난 후에 아버지의 사랑을 깨달았다. 탕자의 가장 큰 죄는 아버지의 권위에 대한 도전이었다. 아버지의 사랑을 알고 나서 자신의 존재 가치를 알게 되고, 돌아갈 용기를 갖게 되고, 마침내 아버지의 축복 안에 거하게 된다.
【결론】 하나님은 죄인 된 우리 인간들이 하나님의 사랑을 알기를 원하신다. 십자가의 사랑. 이 사랑을 깨달을 때 우리의 가는 길은 달라진다.

- 절기, 용도, 장르, 특징:
- Key Word: 탕자의 비유.
- Remarks:

본문 : **눅 15:11~24**
제목 : **탕자의 새 출발 (The Lost Son)**

11.또 이르시되 어떤 사람에게 두 아들이 있는데 **12.**그 둘째가 아버지에게 말하되 아버지여 재산 중
에서 내게 돌아올 분깃을 내게 주소서 하는지라 아버지가 그 살림을 각각 나눠 주었더니 **13.**그 후
며칠이 안 되어 둘째 아들이 재물을 다 모아 가지고 먼 나라에 가 거기서 허랑방탕하여 그 재산을 낭
비하더니 **14.**다 없앤 후 그 나라에 크게 흉년이 들어 그가 비로소 궁핍한지라 **15.**가서 그 나라 백
성 중 한 사람에게 붙여 사니 그가 그를 들로 보내어 돼지를 치게 하였는데 **16.**그가 돼지 먹는 쥐엄
열매로 배를 채우고자 하되 주는 자가 없는지라 **17.**이에 스스로 돌이켜 이르되 내 아버지에게는 양
식이 풍족한 품꾼이 얼마나 많은가 나는 여기서 주려 죽는구나 **18.**내가 일어나 아버지께 가서 이르
기를 아버지 내가 하늘과 아버지께 죄를 지었사오니 **19.**지금부터는 아버지의 아들이라 일컬음을 감
당하지 못하겠나이다 나를 품꾼의 하나로 보소서 하리라 하고 **20.**이에 일어나서 아버지께로 돌아
가니라 아직도 거리가 먼데 아버지가 그를 보고 측은히 여겨 달려가 목을 안고 입을 맞추니 **21.**아들
이 이르되 아버지 내가 하늘과 아버지께 죄를 지었사오니 지금부터는 아버지의 아들이라 일컬음을
감당하지 못하겠나이다 하나 **22.**아버지는 종들에게 이르되 제일 좋은 옷을 내어다가 입히고 손에
가락지를 끼우고 발에 신을 신기라 **23.**그리고 살진 송아지를 끌어다가 잡으라 우리가 먹고 즐기자
24.이 내 아들은 죽었다가 다시 살아났으며 내가 잃었다가 다시 얻었노라 하니 그들이 즐거워하더라

1. 타국에서 재산을 탕진한 아들이 일어나 아버지께로 돌아왔음 (= 새 출발의 가능성)

17, 19~20절= "이에 스스로 돌이켜 이르되 … 지금부터는 아버지의 아들이라 일컬음을 감당하지 못하겠나이다 나를 품꾼의 하나로 보소서 하리라 하고 이에 일어나서 아버지께로 돌아가니라…"

2. 아버지는 돌아온 아들을 사랑으로 환영하고 새 옷을 입혔음 (= 새 출발의 시작)

20절= "… 아직도 거리가 먼데 아버지가 그를 보고 측은히 여겨 달려가 목을 안고 입을 맞추니"
22절= "… 제일 좋은 옷을 내어다가 입히고 손에 가락지를 끼우고 발에 신을 신기라"

◈◈◈

【대지 유형】 주제 함축형 – 본문 묵상형 – 대지 진전형
【주제】 (적용) 탕자의 새 출발은 죄인들이 하나님의 은혜로 다시 새 출발할 수 있는 것을 보여준다.

【FCF】 많은 사람이 새 출발의 기회 앞에서 머뭇거리고 있음.

【서론】 비유의 내용 소개. 매우 친숙한 이야기. 잘못된 해석도 많다. 문제의 열쇠는 1, 2절에. 세리와 죄인-바리새인과 서기관.
【우산질문】 본문에서 탕자가 어떻게 새 출발하게 되는지 살펴보자.

【1대지】 이 비유의 전후 배경= 바리새인들은 세리와 죄인을 소망 없는 자들이라 생각. 탕자보다 더 비참한 상태에 있는 자는 없다. 인생의 찌끼. 그러나 그에게도 새 출발의 가능성은 있다! 이것이 복음의 능력이다. 오직 복음만이 유일한 소망이다. 세상의 철학, 종교, 학문에는 소망 없다. 새 출발을 어떻게? ① 먼저 자신의 처지를 똑바로 들여다보아야. ② 도움을 구할 수 있는 대상은 오직 한 분, 아버지뿐. ③겸손히 도움을 요청해야.
【2대지】 그렇게만 한다면 놀라운 기쁨, 행복, 전율이 찾아온다. 새 출발의 시작은 ① 과거 삭제. 아버지는 아무 일도 없었던 것처럼 아들을 포옹, 입맞춤. 하나님의 독생자의 피 흘림을 통해 우리의 모든 죄를 용서하신다. ②새 옷= 죄사함의 선물. 그리스도의 의의 옷. 오직 아버지만이 탕자에게 입힐 수 있다. 요 1:12. '신을 섬기라'= 믿음의 선물. '가락지를 끼워줌'= 약속= 아버지의 소유가 되었다는 상징= 성령. 행 2:38. '살진 송아지'와 잔치= 천국. ③세상도 인정. 이 모든 일이 실제로 일어난다.
【결론】 정말 새로이 시작할 수 있는 기회: 독생자, 죽게 하고 부활시킴. 지금 하나님께 나와 지은 죄를 자백하자. 그분의 자비에 자신을 맡기자.

- 절기, 용도, 장르, 특징:
- Key Word: 새 출발.
- Remarks:

본문 : **눅 15:11~32**
제목 : **사랑하는 아버지의 비유 (The Parable of the Loving Father)**

11.또 이르시되 어떤 사람에게 두 아들이 있는데 **12.**그 둘째가 아버지에게 말하되 아버지여 재산 중
에서 내게 돌아올 분깃을 내게 주소서 하는지라 아버지가 그 살림을 각각 나눠 주었더니 **13.**그 후
며칠이 안 되어 둘째 아들이 재물을 다 모아 가지고 먼 나라에 가 거기서 허랑방탕하여 그 재산을 낭
비하더니 **14.**다 없앤 후 그 나라에 크게 흉년이 들어 그가 비로소 궁핍한지라 **15.**가서 그 나라 백
성 중 한 사람에게 붙여 사니 그가 그를 들로 보내어 돼지를 치게 하였는데 **16.**그가 돼지 먹는 쥐엄
열매로 배를 채우고자 하되 주는 자가 없는지라 **17.**이에 스스로 돌이켜 이르되 내 아버지에게는 양
식이 풍족한 품꾼이 얼마나 많은가 나는 여기서 주려 죽는구나 **18.**내가 일어나 아버지께 가서 이르
기를 아버지 내가 하늘과 아버지께 죄를 지었사오니 **19.**지금부터는 아버지의 아들이라 일컬음을 감
당하지 못하겠나이다 나를 품꾼의 하나로 보소서 하리라 하고 **20.**이에 일어나서 아버지께로 돌아
가니라 아직도 거리가 먼데 아버지가 그를 보고 측은히 여겨 달려가 목을 안고 입을 맞추니 **21.**아들
이 이르되 아버지 내가 하늘과 아버지께 죄를 지었사오니 지금부터는 아버지의 아들이라 일컬음을
감당하지 못하겠나이다 하나 **22.**아버지는 종들에게 이르되 제일 좋은 옷을 내어다가 입히고 손에
가락지를 끼우고 발에 신을 신기라 **23.**그리고 살진 송아지를 끌어다가 잡으라 우리가 먹고 즐기자
24.이 내 아들은 죽었다가 다시 살아났으며 내가 잃었다가 다시 얻었노라 하니 그들이 즐거워하더라
25.맏아들은 밭에 있다가 돌아와 집에 가까이 왔을 때에 풍악과 춤추는 소리를 듣고 **26.**한 종을 불
러 이 무슨 일인가 물은대 **27.**대답하되 당신의 동생이 돌아왔으매 당신의 아버지가 건강한 그를 다
시 맞아들이게 됨으로 인하여 살진 송아지를 잡았나이다 하니 **28.**그가 노하여 들어가고자 하지 아
니하거늘 아버지가 나와서 권한대 **29.**아버지께 대답하여 이르되 내가 여러 해 아버지를 섬겨 명을
어김이 없거늘 내게는 염소 새끼라도 주어 나와 내 벗으로 즐기게 하신 일이 없더니 **30.**아버지의 살
림을 창녀들과 함께 삼켜 버린 이 아들이 돌아오매 이를 위하여 살진 송아지를 잡으셨나이다 **31.**아
버지가 이르되 얘 너는 항상 나와 함께 있으니 내 것이 다 네 것이로되 **32.**이 네 동생은 죽었다가 살
아났으며 내가 잃었다가 얻었기로 우리가 즐거워하고 기뻐하는 것이 마땅하다 하니라

1. 둘째 아들의 모습: 세리와 죄인들 상징

12절= "둘째가 아버지에게 말하되 아버지여 재산 중에서 내게 돌아올 분깃을 내게 주소서 하는지라"

2. 맏아들의 모습: 바리새인들과 율법주의자들 상징

29절= "아버지께 대답하여 이르되 내가 여러 해 아버지를 섬겨 명을 어김이 없거늘 내게는 염소 새끼라도 주어 나와 내 벗으로 즐기게 하신 일이 없더니"

30절= "아버지의 살림을 창녀들과 함께 삼켜 버린 이 아들이 돌아오매 이를 위하여 살진 송아지를 잡으셨나이다"

3. 아버지의 모습: 하나님 아버지 상징

20절= "아직도 거리가 먼데 아버지가 그를 보고 측은히 여겨 달려가 목을 안고 입을 맞추니"

◈◈◈

【대지 유형】 주제 함축형 – 본문 수집형 – 대지 혼재형
【주제】 하나님은 둘째 아들과 큰아들로 각각 상징되는 세리들과 바리새인들 모두를 사랑하시며 용납하신다.
【FCF】 하나님의 사랑을 받지도 이해하지도 못하는 사이비 종교인들의 행태.

【서론】 예수님께서 가르치신 본문의 비유 속에는 개인 정체감 회복을 위한 하나님의 계획이 예리하게 상징되어 있다. 예수님께서 이 비유를 말씀하신 계기가 1, 2절에 나타나 있다. 바리새인과 서기관들은 예수님이 자신을 낮추어 세리와 죄인들과 함께 어울려 식사하는 것에 대하여 놀라고 분노했다. 그러나 예수님은 둘러선 무리가 하나님 아버지의 마음을 이해하기 원하셨고, 자신들의 정체감을 회복하기를 원하셨다.
【우산질문】 말씀을 통하여 둘째 아들과 큰아들로 각각 상징되는 세리들과 바리새인들, 죄인들과 서기관들의 속내를 살펴보고, 이들 모두를 포용하시는 하나님 아버지의 사랑을 생각하자.

【1대지】 유대 상속법: 작은아들은 아버지 재산의 1/3을 차지. 그러나 재산의 양도가 아버지가 죽기 전에 이루어진다면 1/9 정도 상속됨. 그럼에도 유산을 성급하게 요구하고 있는 것은 아버지를 떠나려고 하는 강렬한 욕망 때문. 먼 나라-흉년-심한 고생. 둘째 아들은 아버지와의 관계가 분리된 상태에서 자신을 찾으려는 어떠한 시도도 헛되다는 것을 깨닫기 시작했다.
【2대지】 맏아들이 상징하고 있는 바리새인과 서기관들은 하나님을 잘 알고 있다고 자부하는 사람들이었지만 실상은 그렇지 못했다. 그들은 율법을 소유했고 그에 대한 열정 또한 과도할 정도로 대단했지만, 아버지의 마음을 잘 헤아리지 못했다. 그들은 죄인 하나가 회개하는 것을 기뻐하시는 하나님의 자비로운 마음에 대한 이해가 없었다.
【3대지】 불효한 아들을 기다리다가 달려가 목을 안고 입 맞추는 아버지의 모습은 죄인을 영접하는 하나님 아버지의 모습을 생생하게 표현한다. 아버지는 돌아온 아들에게 추궁이나 꾸짖음 대신에 완전한 용서를 베풀었다.
【결론】 작은아들은 우리 이방인의 모형이고, 큰아들은 하나님의 진리와 사랑을 상실한 유대 종교인들의 모형이다.

- 절기, 용도, 장르, 특징: 총동원 주일.
- Key Word: 탕자, 아버지의 사랑.
- Remarks:

본문 : **눅 16:1~2, 9~13**
제목 : **"네 보던 일을 셈하라"의 의미**

1.청지기가 있는데 그가 주인의 소유를 낭비한다는 말이 그 주인에게 들린지라 **2.**주인이 그를 불러
이르되 내가 네게 대하여 들은 이 말이 어찌 됨이냐 네가 보던 일을 셈하라 청지기 직무를 계속하지
못하리라 하니 …… **9.**내가 너희에게 말하노니 불의의 재물로 친구를 사귀라 그리하면 그 재물이 없
어질 때에 그들이 너희를 영주할 처소로 영접하리라 **10.**지극히 작은 것에 충성된 자는 큰 것에도 충
성되고 지극히 작은 것에 불의한 자는 큰 것에도 불의하니라 **11.**너희가 만일 불의한 재물에도 충성
하지 아니하면 누가 참된 것으로 너희에게 맡기겠느냐 **12.**너희가 만일 남의 것에 충성하지 아니하
면 누가 너희의 것을 너희에게 주겠느냐 **13.**집 하인이 두 주인을 섬길 수 없나니 혹 이를 미워하고
저를 사랑하거나 혹 이를 중히 여기고 저를 경히 여길 것임이니라 너희는 하나님과 재물을 겸하여 섬
길 수 없느니라

1. 주인이 청지기에게 한 명령임 (= 하나님의 정당한 요구)

2절= "주인이 그를 불러 이르되 내가 네게 대하여 들은 이 말이 어찌 됨이냐 네가 보던 일을 셈하라…"

2. 청지기 직에 관한 모든 것을 셈해보라는 명령임 (= 매우 포괄적인 요구)

2절= "주인이 그를 불러 이르되 내가 네게 대하여 들은 이 말이 어찌 됨이냐 네가 보던 일을 셈하라 청지기 직무를 계속하지 못하리라 하니"

3. 청지기 직에서 쫓겨날 때 주어진 명령임 (= 매우 화급한 요구)

2절= "…네가 보던 일을 셈하라 청지기 직무를 계속하지 못하리라 하니"

◈◈◈

【대지 유형】 주제 설명형 - 본문 묵상형 - 대지 진전형

【주제】 (적용) 하나님은 청지기 된 우리에게 청지기 직의 모든 것을 계산하라고 요구하신다.

【FCF】 청지기 직에 대한 의식이 부족하여 준비하지 않고 있는 현대 교회의 성도들의 나태함.

【서론】 우리는 하나님의 나라에서 맡은 자들이다. 하나님은 우리에게 '일'을 주시고, 그것을 '셈하도록' 하신다. 청지기(오이코노모스)라는 단어는 오이코

스(house)+네모(to manage). 하나님은 청지기의 사역 결과를 셈하도록 하신다.
【우산질문】 네 보던 일을 셈하라는 말씀은 어떤 의미인가?

【1대지】 네 보던 일! 창조주로서, 일을 맡겨준 자로서 당연한 요구. 개인적인 책임. 누구도 이 요구를 피할 수 없다. 만일 지금 내가 보던 일이 잘못되어 있으면 지금 바로 잡아야 한다.
【2대지】 나의 청지기 직을 셈해보라. 나의 몸, 시간, 재물, 가정, 복음, 교회의 청지기 직! 우리는 하나님께 계산해야. 더 나아가 역사와 자연에 대해서까지도. 누구에게 셈하는가? 사람들에게가 아니라 하나님께 셈함. 우리에게 모든 것을 맡기신 하나님께. 우린 다른 사람을 향한 책임이 있는데, 계산은 하나님께 해야 한다.
【3대지】 봉사의 기회를 잃을 때, 생명과 건강을 잃을 때 청지기 직은 상실된다.
【결론】 우리의 대답: “내가 할 일을 알았도다”(4절).

- 절기, 용도, 장르, 특징: 송구영신.
- Key Word: 청지기 직.
- Remarks:

본문 : **눅 16:19~31**
제목 : **지옥에 떨어진 자의 부르짖음**

19.한 부자가 있어 자색 옷과 고운 베옷을 입고 날마다 호화롭게 즐기더라 **20.**그런데 나사로라 이름
하는 한 거지가 헌데 투성이로 그의 대문 앞에 버려진 채 **21.**그 부자의 상에서 떨어지는 것으로 배불
리려 하매 심지어 개들이 와서 그 헌데를 핥더라 **22.**이에 그 거지가 죽어 천사들에게 받들려 아브라
함의 품에 들어가고 부자도 죽어 장사되매 **23.**그가 음부에서 고통중에 눈을 들어 멀리 아브라함과
그의 품에 있는 나사로를 보고 **24.**불러 이르되 아버지 아브라함이여 나를 긍휼히 여기사 나사로를
보내어 그 손가락 끝에 물을 찍어 내 혀를 서늘하게 하소서 내가 이 불꽃 가운데서 괴로워하나이다
25.아브라함이 이르되 얘 너는 살았을 때에 좋은 것을 받았고 나사로는 고난을 받았으니 이것을 기
억하라 이제 그는 여기서 위로를 받고 너는 괴로움을 받느니라 **26.**그뿐 아니라 너희와 우리 사이에
큰 구렁텅이가 놓여 있어 여기서 너희에게 건너가고자 하되 갈 수 없고 거기서 우리에게 건너올 수도
없게 하였느니라 **27.**이르되 그러면 아버지여 구하노니 나사로를 내 아버지의 집에 보내소서 **28.**내
형제 다섯이 있으니 그들에게 증언하게 하여 그들로 이 고통 받는 곳에 오지 않게 하소서 **29.**아브라
함이 이르되 그들에게 모세와 선지자들이 있으니 그들에게 들을지니라 **30.**이르되 그렇지 아니하니
이다 아버지 아브라함이여 만일 죽은 자에게서 그들에게 가는 자가 있으면 회개하리이다 **31.**이르되
모세와 선지자들에게 듣지 아니하면 비록 죽은 자 가운데서 살아나는 자가 있을지라도 권함을 받지
아니하리라 하였다 하시니라

1. 부자는 불꽃 가운데서 괴로움을 당하고 있다고 부르짖었음 (= 지옥의 괴로운 환경)

24절= "… 내가 이 불꽃 가운데서 괴로워하나이다"

2. 부자는 자신의 형제들이 이 고통받는 곳에 와서는 안 된다고 소리 질렀음 (= 가족 구원을 위한 외침)

28절= "내 형제 다섯이 있으니 그들에게 증언하게 하여 그들로 이 고통받는 곳에 오지 않게 하소서"

3. 부자에게 모세와 선지자들의 글을 믿으라 하심 (= 오직 말씀 신앙)

29절= "아브라함이 이르되 그들에게 모세와 선지자들이 있으니 그들에게 들을지니라"

◈◈◈

【대지 유형】 주제 설명형 – 본문 수집형 – 대지 혼재형(2+1)

【주제】 예수님의 비유에 나오는 지옥에 떨어진 부자의 부르짖음을 통해서 지

옥의 무서운 환경을 직시하고 가족 구원과 이웃 구원을 위해 말씀 신앙 확립의 필요성을 깨닫는다.
【FCF】 많은 신앙인의 지옥 개념이 희박해짐.

【서론】 성경이 말하는 지옥은 어떤 곳? 왜 지옥에 떨어졌는가? 회개의 기회를 놓침.
【우산질문】 예수님의 비유 중에서, 지옥에 떨어진 부자가 부르짖는 모습을 살펴보며 천국 소망을 키우자.

【1대지】 지옥에 관한 성경의 묘사: 꺼지지 않는 불(마 3:12), 유황불 붙는 못(계 14:10), 슬피 울며 이를 가는 곳(마 24:51). 지옥은 '게헨나'= 힌놈의 골짜기 = 연중 쓰레기가 타고 있는 곳. 쓰레기 같은 인간들을 태우는 소각장 같은 곳.
【2대지】 이 부자의 원통함이 절절히 느껴진다. 내 가족만이라도! 지옥은 슬피 울며 이를 가는 곳이다(마 13:50; 24:51). 지옥은 영원히 고통당하는 곳(계 20:10; 14:11; 9:6)= 밤낮 쉬지 못하고 고통에 시달리는 곳. 지옥은 캄캄하고(마 22:13), 목마른 곳(24절). 부자는 '내 가족만이라도 오지 않도록 해달라'고 애원했다. 내 사랑하는 사람들이 결코 가서는 안 될 곳이다.
【3대지】 성경에는 이미 천국과 지옥에 관해 수차례 언급하고 있다. 지옥에 들어가는 사람은 있어도 나오는 사람은 없다. 간증도 체험도 중요하지만, 무엇보다 귀중한 것은 하나님의 말씀이다. 성경의 소리를 듣는 것이 지옥에서 들려오는 소리보다 더 정확하다.
【결론】 복음을 전하는 것만이 지옥을 막는 길이다.

- 절기, 용도, 장르, 특징:
- Key Word: 음부, 지옥.
- Remarks:

본문 : **눅 17:11~19**
제목 : **돌아와 감사하는 이방인**

11.예수께서 예루살렘으로 가실 때에 사마리아와 갈릴리 사이로 지나가시다가 **12.**한 마을에 들어
가시니 나병환자 열 명이 예수를 만나 멀리 서서 **13.**소리를 높여 이르되 예수 선생님이여 우리를 불
쌍히 여기소서 하거늘 **14.**보시고 이르시되 가서 제사장들에게 너희 몸을 보이라 하셨더니 그들이
가다가 깨끗함을 받은지라 **15.**그 중의 한 사람이 자기가 나은 것을 보고 큰 소리로 하나님께 영광을
돌리며 돌아와 **16.**예수의 발 아래에 엎드리어 감사하니 그는 사마리아 사람이라 **17.**예수께서 대답
하여 이르시되 열 사람이 다 깨끗함을 받지 아니하였느냐 그 아홉은 어디 있느냐 **18.**이 이방인 외에
는 하나님께 영광을 돌리러 돌아온 자가 없느냐 하시고 **19.**그에게 이르시되 일어나 가라 네 믿음이
너를 구원하였느니라 하시더라

1. 열 명 모두 말씀에 순종하여 제사장들에게 갔음 (= 믿음과 순종의 자세)
14절= "…가서 제사장들에게 너희 몸을 보이라 하셨더니 그들이 가다가 깨끗함을 받은지라"

2. 고침 받은 후 사마리아 사람만이 돌아와 감사했음 (= 의외의 감사)
15절= "그 중의 한 사람이 자기가 나은 것을 보고 큰 소리로 하나님께 영광을 돌리며 돌아와"

3. 예수님의 발 아래에 엎드려 감사했음 (= 중심에서 우러나온 감사)
16절= "예수의 발 아래에 엎드리어 감사하니 그는 사마리아 사람이라"

◈◈◈

【대지 유형】 주제 설명형 – 본문 분석형 – 대지 진전형
【주제】 참 믿음의 사람은 주님께 겸손히 엎드려 감사하는 사람이다.
【FCF】 한없는 은혜를 받고도 감사치 못하는 성도들의 모습.

【서론】 인생은 하나님께 감사할 줄 알 때부터 시작된다. 감사하며 사는 사람은 기쁨이 있다. 감사는 조건이 문제가 아니라 전적으로 조건을 받아들이는 마음의 자세에 있다. 본문은 감사하는 신앙이 얼마나 복된 것인가를 보여준다. 나병 환자 10명= 저주받은 병이라는 인식, 그런데 의외의 사건이 발생.
【우산질문】 본문에서 사마리아 사람의 감사 모습은 어떻게 나타나고 있나?

【1대지】 열 명 모두 믿음과 순종 생활에 있어서 모범적인 사람들이었다. 그들 중 반대자들이 없었음. 어려운 여건에서 일사불란하게 순종한 일은 오늘 교회에 좋은 본보기. 실천하는 믿음, 순종하는 믿음, 공동체적 믿음.
【2대지】 본문의 강조점은 고침 받은 후의 10명의 반응에 초점. 돌아와 감사한 사마리아인에 대한 큰 기쁨과 돌아오지 아니한 9명의 유대인들에 대한 실망감 내지 배신감. 은혜받은 것에 대한 감사= 주님을 소유한 기쁨과 소망이 넘침.
【3대지】 엎드려 감사하며 큰 소리로 하나님께 영광을 돌렸다. 여러분의 감사는 중심에서 우러나온 감사인가? 불평하는 사람은 반드시 불행하게 되고, 그나마 있는 것도 잃게 되는 경우가 많다.
【결론】 무슨 일에나 주님께로 돌아오는 삶, 겸손히 엎드려 감사하는 믿음, 예수님의 축복 선언, "일어나 가라. 네 믿음이 너를 구원하였느니라." 영혼 구원 = 진정한 구원.

【또 다른 주제잡기의 예】

1. 열 명 중 한 사람만이 돌아와 감사했음 (= 희귀한 감사)

15절= "그 중의 한 사람이 자기가 나은 것을 보고 큰 소리로 하나님께 영광을 돌리며 돌아와"

2. 열 명 중 유일한 이방인이었음 (= 의외의 감사)

17~18절= "예수께서 대답하여 이르시되 열 사람이 다 깨끗함을 받지 아니하였느냐 그 아홉은 어디 있느냐 이 이방인 외에는 하나님께 영광을 돌리러 돌아온 자가 없느냐"

3. 예수께서 "네 믿음이 너를 구원하였느니라"고 하심 (= 구원으로 연결되는 감사)

19절= "그에게 이르시되 일어나 가라 네 믿음이 너를 구원하였느니라 하시더라"

- 절기, 용도, 장르, 특징: 감사절.
- Key Word: 감사.
- Remarks:

본문 : **눅 17:11~19**

제목 : **사마리아인의 감사의 특징 (Where are the Other Nine?)**

11.예수께서 예루살렘으로 가실 때에 사마리아와 갈릴리 사이로 지나가시다가 **12.**한 마을에 들어
가시니 나병환자 열 명이 예수를 만나 멀리 서서 **13.**소리를 높여 이르되 예수 선생님이여 우리를 불
쌍히 여기소서 하거늘 **14.**보시고 이르시되 가서 제사장들에게 너희 몸을 보이라 하셨더니 그들이
가다가 깨끗함을 받은지라 **15.**그 중의 한 사람이 자기가 나은 것을 보고 큰 소리로 하나님께 영광을
돌리며 돌아와 **16.**예수의 발 아래에 엎드리어 감사하니 그는 사마리아 사람이라 **17.**예수께서 대답
하여 이르시되 열 사람이 다 깨끗함을 받지 아니하였느냐 그 아홉은 어디 있느냐 **18.**이 이방인 외에
는 하나님께 영광을 돌리러 돌아온 자가 없느냐 하시고 **19.**그에게 이르시되 일어나 가라 네 믿음이
너를 구원하였느니라 하시더라

1. 열 명 중 사마리아 사람만이 돌아와 감사함 (= 의외의 감사)

15~16절= "그 중의 한 사람이 자기가 나은 것을 보고 큰 소리로 하나님께 영광을 돌리며 돌아와 … 그는 사마리아 사람이라"

2. 발 아래에 엎드리어 감사함 (= 중심에서 우러나온 감사)

16절= "예수의 발 아래에 엎드리어 감사하니 그는 사마리아 사람이라"

3. 예수께서 "네 믿음이 너를 구원하였느니라" 하심 (= 구원으로 연결되는 감사)

19절= "그에게 이르시되 일어나 가라 네 믿음이 너를 구원하였느니라 하시더라"

◈◈◈

【대지 유형】 주제 설명형 - 본문 분석형 - 대지 진전형

【주제】 (석의) 열 명의 나병 환자 중 사마리아 사람만이 돌아와 중심에서 우러나온 감사를 드려 구원받게 되었다.

【FCF】 믿는다는 사람들이 하나님께 진정으로 감사치 못함.

【서론】 성경에는 감사라는 단어가 적어도 140여 회 나온다. 성경은 감사의 책이며, 감사하는 사람들의 이야기이다.

【우산질문】 본문을 통하여 열 명 중 유일하게 돌아와 감사했던 사마리아 사

람의 감사의 특징적인 모습을 살펴보자.

【1대지】 사람 취급을 받지도 못하던 사마리아 사람만이 돌아와 감사를 드렸다. 매우 희귀한 감사요 의외의 감사가 아닐 수 없다. 범사에 감사해야 할 우리인데, 감사는 점점 희귀해지고 의외의 사람이 감사하는 세상이 되고 있다.
【2대지】 '감사하니'로 번역된 '유카리스테오'는 성경에서 주로 하나님께서 베풀어 주신 은총에 대한 감사로 쓰였다. 그는 자신의 병 나음을 통하여 예수님의 메시아 되심을 더욱 깊게 인식하고, 하나님에 대한 감사의 심정으로 예수님께 감사함을 표현하였던 것이다.
【3대지】 "그 아홉은 어디 있느냐?" 예수님의 통탄해 하시는 모습이 눈에 선하다. 주님의 이러한 반어적 질문은 유대인의 믿음의 실패를 단적으로 드러내 주고 있다. 주님은 감사하는 이 사람에게 구원을 선포하셨다. 이것은 명백히 영혼구원을 선포하신 것이다.
【결론】 최고의 감사는 구원받은 것에 대한 감사이다. 여러분은 구원받은 은혜를 얼마나 감사하고 있는가?

- 절기, 용도, 장르, 특징: 감사절.
- Key Word: 감사, 사마리아인, 나병.
- Remarks:

본문 : **눅 18:1~8**
제목 : **인내 기도**

1.예수께서 그들에게 항상 기도하고 낙심하지 말아야 할 것을 비유로 말씀하여 **2.**이르시되 어떤 도시에 하나님을 두려워하지 않고 사람을 무시하는 한 재판장이 있는데 **3.**그 도시에 한 과부가 있어 자주 그에게 가서 내 원수에 대한 나의 원한을 풀어 주소서 하되 **4.**그가 얼마 동안 듣지 아니하다가 후에 속으로 생각하되 내가 하나님을 두려워하지 않고 사람을 무시하나 **5.**이 과부가 나를 번거롭게 하니 내가 그 원한을 풀어 주리라 그렇지 않으면 늘 와서 나를 괴롭게 하리라 하였느니라 **6.**주께서 또 이르시되 불의한 재판장이 말한 것을 들으라 **7.**하물며 하나님께서 그 밤낮 부르짖는 택하신 자들의 원한을 풀어 주지 아니하시겠느냐 그들에게 오래 참으시겠느냐 **8.**내가 너희에게 이르노니 속히 그 원한을 풀어 주시리라 그러나 인자가 올 때에 세상에서 믿음을 보겠느냐 하시니라

1. 항상 기도하고 낙심치 말라 하심 (= 낙심케 하는 것들이 많은 세상에서 항상 기도해야 함)

1절= "예수께서 그들에게 항상 기도하고 낙심하지 말아야 할 것을 비유로 말씀하여"

2. 과부는 낙심하지 않고 자주 재판장을 찾아갔음 (= 낙망과 인내 중에서 인내를 선택해야 함)

3절= "그 도시에 한 과부가 있어 자주 그에게 가서 내 원수에 대한 나의 원한을 풀어 주소서 하되"

3. 하나님은 밤낮 부르짖는 택하신 자들의 원한을 풀어주신다 하심 (= 인내 기도의 절대적 필요성)

7절= "하물며 하나님께서 그 밤낮 부르짖는 택하신 자들의 원한을 풀어 주지 아니하시겠느냐 그들에게 오래 참으시겠느냐"

◈◈◈

【대지 유형】 주제 설명형 - 본문 묶음형 - 대지 심화형
【주제】 주님은 항상 기도하고 낙심치 말아야 할 것을 강조하신다.
【FCF】 많은 신앙인이 인내 기도가 얼마나 중요한지 잘 모르고 있음.

【서론】 기도는 만사를 변화시킨다. 세상 사람들이 다 낙심할 때도 우리 신앙

인은 절망하지 않는다. 인내 기도라는 말은 인내하며 포기하지 말고 기도하라는 뜻이다. 인내란 굳은 마음으로 뜻한 일을 이루기 위해 어려운 고비를 잘 견디어내는 일이다. 우리 인생은 인내의 연속이다. 왜냐하면 모든 사람은 살아가는 중에 많은 고비와 어려움을 겪기 때문이다.

【우산질문】 예수님이 가르치신 인내 기도에 대해 살펴보자.

【1대지】 이 비유의 목적은 '항상 기도하고 낙심치 말도록 하기 위하여'이다. 우리를 낙심케 하는 것들이 너무 많아 우리의 삶은 항상 기도해야 하는 삶이다. 비유 속의 과부의 삶. 경제적, 정신적으로 어려운 삶. 과부는 원수에 대한 원한이 있었다.

【2대지】 우리 인생은 과부처럼 낙심할 것들로 꽉 차 있다. '가다'= 미완료 과거형, 반복적인 의미. 과부는 포기하지 않고 인내하였다. 과부의 인내는 재판관의 마음을 바꾸었다.

【3대지】 '택하신 자들'이 누구인가? 인내 기도는 밤낮 부르짖는 것이다. 정해진 기도의 시간을 확보하자. 기도의 장소와 시간을 확보하는 것만이 아니고, 가장 중요한 것은 믿음으로 기도하는 것이다.

【결론】 인자가 올 때에 믿음을 보겠느냐?= 항상 기도하고 낙망치 않는 믿음을 가진 자를 보겠느냐. 기도의 응답이 있을 때까지 지치거나 포기하지 말고 인내하며 기도하자.

- 절기, 용도, 장르, 특징:
- Key Word: 인내 기도.
- Remarks:

본문 : **눅 18:35~43**
제목 : **구원의 기회를 붙잡은 사람**
(Jesus of Nazareth Is Passing By)

35.여리고에 가까이 가셨을 때에 한 맹인이 길 가에 앉아 구걸하다가 **36.**무리가 지나감을 듣고 이
무슨 일이냐고 물은대 **37.**그들이 나사렛 예수께서 지나가신다 하니 **38.**맹인이 외쳐 이르되 다윗의
자손 예수여 나를 불쌍히 여기소서 하거늘 **39.**앞서 가는 자들이 그를 꾸짖어 잠잠하라 하되 그가 더
욱 크게 소리 질러 다윗의 자손이여 나를 불쌍히 여기소서 하는지라 **40.**예수께서 머물러 서서 명하
여 데려오라 하셨더니 그가 가까이 오매 물어 이르시되 **41.**네게 무엇을 하여 주기를 원하느냐 이르
되 주여 보기를 원하나이다 **42.**예수께서 그에게 이르시되 보라 네 믿음이 너를 구원하였느니라 하
시매 **43.**곧 보게 되어 하나님께 영광을 돌리며 예수를 따르니 백성이 다 이를 보고 하나님을 찬양하
니라

1. 한 맹인이 길가에 앉아 구걸하고 있었음 (= 맹인이 처한 어려운 상황)
35절= "여리고에 가까이 가셨을 때에 한 맹인이 길 가에 앉아 구걸하다가"

2. 맹인은 예수께 "불쌍히 여기소서"라고 외쳤음 (= 맹인의 결사적인 부르짖음)
37~38절= "그들이 나사렛 예수께서 지나가신다 하니 맹인이 외쳐 이르되 다윗의 자손 예수여 나를 불쌍히 여기소서 하거늘"

3. 예수님의 말씀으로 곧 보게 됨 (= 맹인에게 찾아온 구원)
42~43절= "예수께서 그에게 이르시되 보라 네 믿음이 너를 구원하였느니라 하시매 곧 보게 되어 하나님께 영광을 돌리며 예수를 따르니…"

◈◈◈

【대지 유형】 주제 설명형 – 본문 묶음형 – 대지 진전형
【주제】 어려운 상황에 있던 여리고의 맹인은 주님이 지나가시는 절호의 기회를 붙잡아 영육 간에 구원을 받았다.
【FCF】 많은 사람이 구원의 기회를 잡지 못하고 놓침.

【서론】 주님은 우리에게 은혜받을 기회를 주시기 위해 우리 앞을 지나가신다. 본문에서, 절호의 기회를 붙든 한 사나이의 흐뭇한 이야기. 여리고로 가까

이 가는 도중 눈먼 걸인을 만남. 주님은 갈보리로 향하시는 십자가의 길에서조차 한 영혼을 건지고 계신다.
【우산질문】 구원의 기회를 놓치지 않고 붙든 맹인의 모습을 살펴보자.

【1대지】 소경 거지에게 닥친 어려운 문제들은 일반인으로서는 상상하기 힘듦. 모든 길 잃은 영혼들은 영적으로 소경이다.
【2대지】 소경의 호기심= "이 무슨 일이냐." "다윗의 자손 예수여 나를 불쌍히 여기소서"= 그는 예수님이 메시아요 자비를 베푸는 자임을 알고 있었음. 주위의 반응에는 아랑곳하지 않고 계속하여 소리 질렀음.
【3대지】 예수님은 "명하여 데려오라" 하심. "네게 무엇을 하여 주기를 원하느냐?" 주님은 맹인의 믿음을 보셨고 인정해주셨다.
【결론】 나사렛 예수께서 지금 이곳을 지나가신다. 눈만 뜨면 생각나는 간절한 소망이 무엇인가? 맹인처럼 이 기회를 붙잡아야.

누가복음

- 절기, 용도, 장르, 특징:
- Key Word: 구원의 기회.
- Remarks:

본문 : **눅 19:1~10**
제목 : **예수님을 만나게 된 삭개오**

1.예수께서 여리고로 들어가 지나가시더라 **2.**삭개오라 이름하는 자가 있으니 세리장이요 또한 부자라 **3.**그가 예수께서 어떠한 사람인가 하여 보고자 하되 키가 작고 사람이 많아 할 수 없어 **4.**앞으로 달려가서 보기 위하여 돌무화과나무에 올라가니 이는 예수께서 그리로 지나가시게 됨이러라 **5.**예수께서 그 곳에 이르사 쳐다 보시고 이르시되 삭개오야 속히 내려오라 내가 오늘 네 집에 유하여야 하겠다 하시니 **6.**급히 내려와 즐거워하며 영접하거늘 **7.**뭇 사람이 보고 수군거려 이르되 저가 죄인의 집에 유하러 들어갔도다 하더라 **8.**삭개오가 서서 주께 여짜오되 주여 보시옵소서 내 소유의 절반을 가난한 자들에게 주겠사오며 만일 누구의 것을 속여 빼앗은 일이 있으면 네 갑절이나 갚겠나이다 **9.**예수께서 이르시되 오늘 구원이 이 집에 이르렀으니 이 사람도 아브라함의 자손임이로다 **10.**인자가 온 것은 잃어버린 자를 찾아 구원하려 함이니라

1. 삭개오는 예수님이 어떤 사람인가 간절히 보고 싶어 했음 (= 예수님을 사모함)

3절= "그가 예수께서 어떠한 사람인가 하여 보고자 하되 키가 작고 사람이 많아 할 수 없어"

2. 길가 돌 무화과나무에 올라가 예수님을 기다렸음 (= 예수님을 가까이에서 보고 싶었음)

4절= "앞으로 달려가서 보기 위하여 돌무화과나무에 올라가니…"

3. 예수님을 보기 위해 미리 앞에서 기다렸음 (= 예수님 만날 준비 갖춤)

4절= "…이는 예수께서 그리로 지나가시게 됨이러라"

◈◈◈

【대지 유형】 주제 설명형 – 본문 분석형 – 대지 심화형
【주제】 (석의) 예수님을 사모한 삭개오는 더 가까이에서 보고 싶어 나무 위에 올라가 미리 준비하였다.
【FCF】 예수님 만나기를 간절히 사모하는 성도를 찾아보기 힘듦.

【서론】 삭개오는 어떤 인물인가? 그는 부자= 백성들의 피의 대가로 누리는 부, 세리장, 부정부패자, 작은 키로 놀림감이 되었음. 그는 예수님을 만나고자 하는 간절한 마음으로 돌 무화과나무 위에 올라가 기다릴 정도.

【우산질문】 삭개오는 어떻게 하여 예수님을 만날 수 있었나?

【1대지】 예수님에 대한 관심이 많았음. 만나고 싶었음. 왜 보고 싶었을까? 동족에 대한 죄책감? 외로움? 그의 속마음은 나약했지만, 그에게는 하나님을 향한 갈구가 있었다.

【2대지】 작은 키, 많은 군중에도 포기하지 않고 길가에 있는 돌 무화과나무에 올라갔다. 가까이에서 확실히 보고자 했다. 예수님께 가까이 가려면 위신이나 체면에 신경 쓰지 않고 나무 위로 올라갔다. 높은 곳에 올라갔다. 낮은 곳에서는 보이지 않는다. 가치관과 삶의 차원을 높여야 볼 수 있다. 삭개오의 행동은 예수님의 시선을 끌었다. 예수님은 많은 군중 속에서 삭개오에게 관심을 집중했다.

【3대지】 삭개오는 나무 위에서 다가오는 예수님을 기다렸다. 영접을 준비하는 자세가 중요하다. 기다리는 자에게 예수님은 찾아오신다. 삭개오는 예수님을 영접할 마음의 준비가 된 사람이었다. 준비된 자에게 예수님은 오신다.

【결론】 삭개오는 예수님의 부르심을 받는다. "삭개오야 속히 내려오라 내가 오늘 네 집에 유하여야 하겠다"(5절). 예수님이 마음에 유하시는 성도가 되어야겠다.

- 절기, 용도, 장르, 특징:
- Key Word: 삭개오.
- Remarks:

본문 : **눅 19:1~10**
제목 : **삭개오의 회심**

1.예수께서 여리고로 들어가 지나가시더라 **2.**삭개오라 이름하는 자가 있으니 세리장이요 또한 부자라 **3.**그가 예수께서 어떠한 사람인가 하여 보고자 하되 키가 작고 사람이 많아 할 수 없어 **4.**앞으로 달려가서 보기 위하여 돌무화과나무에 올라가니 이는 예수께서 그리로 지나가시게 됨이러라 **5.**예수께서 그 곳에 이르사 쳐다 보시고 이르시되 삭개오야 속히 내려오라 내가 오늘 네 집에 유하여야 하겠다 하시니 **6.**급히 내려와 즐거워하며 영접하거늘 **7.**뭇 사람이 보고 수군거려 이르되 저가 죄인의 집에 유하러 들어갔도다 하더라 **8.**삭개오가 서서 주께 여짜오되 주여 보시옵소서 내 소유의 절반을 가난한 자들에게 주겠사오며 만일 누구의 것을 속여 빼앗은 일이 있으면 네 갑절이나 갚겠나이다 **9.**예수께서 이르시되 오늘 구원이 이 집에 이르렀으니 이 사람도 아브라함의 자손임이로다 **10.**인자가 온 것은 잃어버린 자를 찾아 구원하려 함이니라

1. 예수님을 보기 위해 돌 무화과나무에 올라갔음 (= 예수님을 보기 원함, 목마른 신앙)

3~4절= "그가 예수께서 어떠한 사람인가 하여 보고자 하되 키가 작고 사람이 많아 할 수 없어 앞으로 달려가서 보기 위하여 돌무화과나무에 올라가니 이는 예수께서 그리로 지나가시게 됨이러라"

2. 예수님의 음성을 듣고 급히 내려와 영접함 (= 예수님의 초청에 감격함, 부르심에 응답)

5절= "예수께서 그 곳에 이르사 쳐다 보시고 이르시되 삭개오야 속히 내려오라 내가 오늘 네 집에 유하여야 하겠다 하시니 급히 내려와 즐거워하며 영접하거늘"

3. 예수님 앞에서 철저히 회개하여 구원받음 (= 예수님께 회개의 열매 보임, 열매 맺는 신앙)

8~9절= "삭개오가 서서 주께 여짜오되 주여 보시옵소서 내 소유의 절반을 가난한 자들에게 주겠사오며 만일 누구의 것을 속여 빼앗은 일이 있으면 네 갑절이나 갚겠나이다 예수께서 이르시되 오늘 구원이 이 집에 이르렀으니 이 사람도 아브라함의 자손임이로다"

◈◈◈

【대지 유형】 주제 설명형 - 본문 묶음형 - 대지 진전형
【주제】 예수님을 만나고 싶어 하던 삭개오는 주님의 초청을 받고 영접하며 회개하여 구원을 받았다.

【FCF】 철저한 회개를 찾아보기 힘든 현대교회의 황폐한 영적 상태.

【서론】 하나님은 잃어버린 자를 찾아오신다. 성경의 대 주제: 온 세상= 잃어버린 자들. 인류역사는 잃어버린 자를 찾아오시는 하나님의 역사. 역사의 고비마다 하나님은 찾아오셨다. 본문은 마지막 고난을 향해 예루살렘으로…. 거기서 삭개오를 만남. 삭개오의 회심은 구원받은 한 인간의 표본임. 삭개오는 여리고 지방의 징세권 매입하고 세관장이 된 인물. 부자가 된 그는 자신이 잃어버린 자임을 자각하고 고민 중 예수님의 소문을 들었을 것.
【우산질문】 본문을 통해 진정한 회심을 경험한 삭개오의 회심 과정을 살펴보자.

【1대지】 삭개오는 예수님에 대해 크나큰 호기심을 가짐. "보고자 하되…"(보기를 열망하되…). 키가 작고 군중들 많아…. "앞으로 달려가"= 아이처럼, 체면에 구애되지 않고, 뽕나무(애굽 무화과) 위에 올라가= 참으로 감동적인 장면이다. 내게 이런 열정적 신앙이 필요하다.
【2대지】 주님의 부르심을 보라! 속히 내려오라! 삭개오의 마음을 꿰뚫어보시는 주님. 내가 오늘 네 집에…. 주님의 격려, 주님의 도우심. 주님은 지금도 죄인을 향해, 우리를 향해 부르신다. "즐거워하며…" 삭개오의 기쁨의 반응. 사람들은 예수님과 삭개오의 아름다운 미팅에 대해 반대했다. "수군거려…", "저가 죄인의 집에 유하러…."
【3대지】 삭개오의 회심은 공중 앞에서 엄숙하게 분명한 내용으로…. 내 소유의 절반, 만일 토색한 것이 있으면 네 배로…. 율법에 의하면 토색한 것은 총액에 1/5 더하면 되는데, 4배는 도둑 물건에 해당. 주님이 삭개오의 진정성을 인정하심(9절). 아브라함의 자손으로 인정받는 삭개오. 주님은 오늘도 우리의 진정한 회개를 보시고 선언하신다: "오늘 구원이…."
【결론】 주님은 지금도 잃어버린 자를 찾으신다. 삭개오는 후일 베드로의 친구가 되고, 가이사랴 교회 감독이 됨. 키 작은 그는 키 큰 사울 왕을 부끄럽게 한다. 우리 모두 아브라함의 자손을 찾으시는 주님의 음성이 되어져야!

- 절기, 용도, 장르, 특징:
- Key Word: 삭개오, 회심.
- Remarks:

본문 : **눅 22:14~23**

제목 : **최후의 만찬**

14.때가 이르매 예수께서 사도들과 함께 앉으사 **15.**이르시되 내가 고난을 받기 전에 너희와 함께 이
유월절 먹기를 원하고 원하였노라 **16.**내가 너희에게 이르노니 이 유월절이 하나님의 나라에서 이
루기까지 다시 먹지 아니하리라 하시고 **17.**이에 잔을 받으사 감사 기도 하시고 이르시되 이것을 갖
다가 너희끼리 나누라 **18.**내가 너희에게 이르노니 내가 이제부터 하나님의 나라가 임할 때까지 포
도나무에서 난 것을 다시 마시지 아니하리라 하시고 **19.**또 떡을 가져 감사 기도 하시고 떼어 그들에
게 주시며 이르시되 이것은 너희를 위하여 주는 내 몸이라 너희가 이를 행하여 나를 기념하라 하시
고 **20.**저녁 먹은 후에 잔도 그와 같이 하여 이르시되 이 잔은 내 피로 세우는 새 언약이니 곧 너희를
위하여 붓는 것이라 **21.**그러나 보라 나를 파는 자의 손이 나와 함께 상 위에 있도다 **22.**인자는 이미
작정된 대로 가거니와 그를 파는 그 사람에게는 화가 있으리로다 하시니 **23.**그들이 서로 묻되 우리
중에서 이 일을 행할 자가 누구일까 하더라

1. 예수님은 고난을 받기 전에 유월절 먹기를 간절히 원하셨음 (= 주님의 고난에 동참하는 성만찬)

14~15절= "때가 이르매 예수께서 사도들과 함께 앉으사 이르시되 내가 고난을 받기 전에 너희와 함께 이 유월절 먹기를 원하고 원하였노라"

2. 하루 앞당겨서라도 반드시 유월절 떡과 잔을 먹어야 했음 (= 마지막처럼 임해야 하는 성만찬)

15절= "내가 고난을 받기 전에 너희와 함께 이 유월절 먹기를 원하고 원하였노라"

3. 가룟 유다의 배신에 경고의 말씀을 주셨음 (= 회개가 필요한 성만찬)

21~22절= "보라 나를 파는 자의 손이 나와 함께 상 위에 있도다 인자는 이미 작정된 대로 가거니와 그를 파는 그 사람에게는 화가 있으리로다 하시니"

◈◈◈

【대지 유형】 주제 설명형 - 본문 수집형 - 대지 연결형

【주제】 (적용) 성찬에 참여하는 성도는 오늘이 마지막인 것처럼 회개하며 주님 고난에 동참하는 마음으로 떡과 잔을 들어야 한다.

【FCF】 많은 교인이 성찬에 참여하면서도 진정한 의미를 모르고 있음.

【서론】 최후의 만찬에 관심이 크다. 레오나르도 다빈치의 그림. 정작 중요한 것은 그 의미를 확실히 파악하고 자신에게 적용하는 것. 19절, "이를 행하여 나를 기념하라." 도대체 이것이 얼마나 중요한 일이기에 2000년이 넘도록 오늘 우리에게까지 이어져오고 있는 것인가?
【우산질문】 성만찬의 의미가 무엇인지, 본문을 통해 살펴보자.

【1대지】 예수님은 먹고 마시는 일을 즐기셨다. 하지만 본문의 만찬은 '내가 고난을 받기 전에' 간절히 드시고자 했던 것. 이것은 인류를 위해 내어주실 자신의 몸과 흘리실 보혈을 의미했다. 오늘 여러분의 모습은 어떤가? 고난이 오는 순간에도 이 잔을 기꺼이 마시겠나? 딤후 2:3, 좋은 군사는 고난의 떡과 잔을 먹고 마심으로 주님과 하나로 연합되는 자이다.
【2대지】 예수님은 공생애 동안 세 차례 유월절을 맞으셨다(요 2:13; 6:4; 11:55). 본문은 유월절 식사를 하루 앞당겨 하신 것. 유월절 만찬이 무산되지 않도록 노심초사 하신 예수님. 그것은 더이상 유월절 식사가 아니라 그리스도의 속죄의 살과 피를 먹는 거룩한 예식이다. 이 시간 그리스도의 십자가를 지시기 전의 그 비장함이 되살아나는 역사가 일어나야겠다!
【3대지】 유다에게 회개의 기회를 주신 예수님. 결국 유다는 그 자리에 있을 수 없었다. 성찬은 회개하지 않는 죄 때문에 더럽혀져서는 안 된다.
【결론】 성만찬은 최고의 거룩한 식탁이다. 죄의 자복과 회개가 있어야 한다. 그리스도의 생명과 능력과 은혜가 넘치는 자리이다.

- 절기, 용도, 장르, 특징: 성찬식.
- Key Word: 성찬.
- Remarks:

본문 : **눅 22:39~46**

제목 : **겟세마네 고난의 현장**

(The Servant of the Suffering in Gethsemane)

39.예수께서 나가사 습관을 따라 감람 산에 가시매 제자들도 따라갔더니 **40.**그 곳에 이르러 그들에
게 이르시되 유혹에 빠지지 않게 기도하라 하시고 **41.**그들을 떠나 돌 던질 만큼 가서 무릎을 꿇고 기
도하여 **42.**이르시되 아버지여 만일 아버지의 뜻이거든 이 잔을 내게서 옮기시옵소서 그러나 내 원
대로 마시옵고 아버지의 원대로 되기를 원하나이다 하시니 **43.**천사가 하늘로부터 예수께 나타나 힘
을 더하더라 **44.**예수께서 힘쓰고 애써 더욱 간절히 기도하시니 땀이 땅에 떨어지는 핏방울 같이 되
더라 **45.**기도 후에 일어나 제자들에게 가서 슬픔으로 인하여 잠든 것을 보시고 **46.**이르시되 어찌하
여 자느냐 시험에 들지 않게 일어나 기도하라 하시니라

1. 예수께서 "유혹에 빠지지 않게 기도하라"고 당부하심 (= 처절한 영적 전투의 장소)

40절= "…유혹에 빠지지 않게 기도하라 하시고"

2. 예수께서 땀방울이 핏방울 되도록 간절히 기도하심 (= 주님의 고민과 번민)

44절= "예수께서 힘쓰고 애써 더욱 간절히 기도하시니 땀이 땅에 떨어지는 핏방울 같이 되더라"

3. 우리도 자신의 겟세마네에서 기도의 단을 쌓아야 함 (= 나의 작은 겟세마네)

46절= "어찌하여 자느냐 시험에 들지 않게 일어나 기도하라 하시니라"

◈◈◈

【대지 유형】 주제 설명형 – 본문 묶음형 – 대지 혼재형 (2+1)

【주제】 겟세마네 고난의 현장에서 주님은 영적 싸움을 하는 전사의 모습을 보이신다.

【FCF】 많은 신앙인이 영적 전투의 개념이 희박, 용기가 부족함.

【서론】 예수님은 고난의 종(the Servant of suffering)으로 이 땅에 오셨다. 주님의 공생애 3년여 기간은 온갖 고난의 실험장과 같았다. 배척, 위협, 반대, 음모 등 인간이 겪는 모든 고난을 주님은 달게 받으셨다. 본문의 겟세마네 동산

에서부터 갈보리 동산의 십자가 형벌까지는 고난의 클라이맥스. 주님은 겟세마네에서 영적 준비를 마치시고 마침내 십자가에서 완전한 승리를 거두셨다.
【우산질문】 본문에 나타난 겟세마네 현장의 모습을 살펴보고, 여러분 자신의 겟세마네에 올라가 묵상하는 시간을 갖자.

【1대지】 겟세마네= 기름을 짠다는 뜻에서 유래. 40~46절은 교차(交叉) 대구법(對句法)의 전형. 본문의 주된 관심은 기도와 시험의 관계에 있다. 누가의 강조점: 기도하지 않으면 시험에 빠질 수밖에 없다. 시험에 들지 않게 깨어 있어 기도하라= 오직 충성된 제자들에게 주시는 권면의 말씀이다. 세 제자를 따로이 가까이 두시고 특별 교육의 현장으로 삼으심. 이곳은 유혹에 이기도록 기도해야만 하는 엄청난 영적 전투의 현장.
【2대지】 주님의 기도자세= 무릎을 꿇고 얼굴을 땅에 대고 엎드리어 기도하심. cf) 유대인들은 일반적으로 손을 하늘로 들고 기도했음. 따라서 주님의 자세는 매우 겸손, 간절한 마음 표시. "힘쓰고 애써 더욱 간절히 기도하시니…" 주님이 고민하신 이유는?: 1) 세상의 모든 죄책 걸머지심. 2) 어둠의 세력 총공격. 3) 특히, 하나님께서 얼굴을 숨기셨음.
【3대지】 주님이 겪은 엄청난 고통과 고민은 바로 우리의 죄악 때문이었음. 주님이 마신 쓴 잔은 세상에 용서와 평강을 주시기 위함. 주님의 무서운 투쟁은 우리 구원의 고귀함과 가치를 나타낸다. 나의 작은 겟세마네! 이곳에서 영적 싸움을 경험하고, 십자가의 무게를 절감하게 된다.
【결론】 여러분은 '나의 작은 겟세마네'에서 '내 몫에 태인 십자가'를 지고 십자가 고통에 몸부림쳐 본 적이 있는가?

- 절기, 용도, 장르, 특징: 고난주간.
- Key Word: 겟세마네, 고난.
- Remarks:

본문 : **눅 22:39~46**

제목 : **그리스도의 고민 (The Agony of Christ)**

39.예수께서 나가사 습관을 따라 감람 산에 가시매 제자들도 따라갔더니 **40.**그 곳에 이르러 그들에
게 이르시되 유혹에 빠지지 않게 기도하라 하시고 **41.**그들을 떠나 돌 던질 만큼 가서 무릎을 꿇고 기
도하여 **42.**이르시되 아버지여 만일 아버지의 뜻이거든 이 잔을 내게서 옮기시옵소서 그러나 내 원
대로 마시옵고 아버지의 원대로 되기를 원하나이다 하시니 **43.**천사가 하늘로부터 예수께 나타나 힘
을 더하더라 **44.**예수께서 힘쓰고 애써 더욱 간절히 기도하시니 땀이 땅에 떨어지는 핏방울 같이 되
더라 **45.**기도 후에 일어나 제자들에게 가서 슬픔으로 인하여 잠든 것을 보시고 **46.**이르시되 어찌하
여 자느냐 시험에 들지 않게 일어나 기도하라 하시니라

1. 무릎을 꿇고 "이 잔을 내게서 옮기시옵소서"라고 기도하심 (= 고민 중 기도)

41~42절= "…무릎을 꿇고 기도하여 이르시되 아버지여 만일 아버지의 뜻이거든 이 잔을 내게서 옮기시옵소서…"

2. 땀이 핏방울 되도록 간절히 기도하심 (= 고민의 깊이, 엄청난 고통)

44절= "예수께서 힘쓰고 애써 더욱 간절히 기도하시니 땀이 땅에 떨어지는 핏방울 같이 되더라"

3. "내 원대로 마시옵고 아버지의 원대로 되기를 원하나이다"라고 하심 (= 고민에서 승리하심, 아버지의 뜻 순종)

42절= "아버지여 만일 아버지의 뜻이거든 이 잔을 내게서 옮기시옵소서 그러나 내 원대로 마시옵고 아버지의 원대로 되기를 원하나이다"

◈◈◈

【대지 유형】 주제 설명형 - 본문 분석형 - 대지 진전형

【주제】 예수님은 겟세마네에서 깊은 고민과 엄청난 고통으로 간절히 기도하여 아버지의 뜻에 순종하는 승리를 거두셨다.

【FCF】 우리를 위해 피땀 흘려 기도하시던 주님의 고민과 고통에 무관심한 현대교인들의 상태.

【서론】 본문의 겟세마네 기도 장면과 이어지는 갈보리 언덕의 십자가 죽음까지의 사건은 예수님의 수난의 절정 부분이다. 겟세마네의 영적 싸움에서 승

리하신 주님은 마침내 십자가에서도 승리하신 것이다. 이 겟세마네 기도는 아담의 죄책으로 인하여 야기된 인류의 모든 질고와 형벌을 일거에 제거하기 위하여 하나님의 뜻에 철저히 순종하려는 마지막 아담 되신 예수님의 결단의 기도로서, 인류 역사상 가장 숭고한 기도이다.

【우산질문】 본문 말씀을 통하여 주님의 기도 속에 담겨 있는 고민을 살펴보자.

【1대지】 주님은 이제 곧 감당해야 할 십자가의 엄청난 고통과 수치를 인하여 고민하고 번민하셨다. 그의 마음속에서는 격렬한 싸움이 일어나고 있었다. 우리는 감히 주님의 마음속에 일어나고 있던 그 깊은 심연의 고통을 알 수 있다고 말할 수 없다.

【2대지】 그리스도의 고민은 깊고 강한 정신적 고통이요 큰 슬픔이었다. 예수님이 그토록 고민하신 이유는 세상 모든 인류의 죄책이 그의 양어깨에 지워졌기 때문이다. 우리는 이 주님의 고민과 고통에 동참하기 위해 '나의 작은 겟세마네'로 올라갈 것이다.

【3대지】 주님은 아버지의 뜻에 모든 것을 맡기셨다. 그리고 그 동산의 기도의 자리에서 마침내 승리하셨다. 겟세마네에서 순종의 기도로 승리하신 예수님은 더이상 고민하지 않으시고, "그 얼굴을 부싯돌 같이 굳게" 하시고 자원하여 공공연하게 십자가의 길로 나섰다.

【결론】 우리는 주님의 피맺힌 번민과 무서운 투쟁을 묵상하며, 주님의 보혈의 고귀함과 우리 구원의 고귀함을 다시 한 번 돌아보게 된다. 여러분은 자신의 작은 겟세마네에서 십자가 고통에 몸부림쳐 본 적이 있는가? 고통과 번민의 밤이 지나면 마침내 광명의 아침이 온다.

- 절기, 용도, 장르, 특징: 고난주간.
- Key Word: 겟세마네, 기도, 번민, 고민.
- Remarks:

본문 : **눅 22:39~46**
제목 : **예수님 기도의 내적 유형**

39.예수께서 나가사 습관을 따라 감람 산에 가시매 제자들도 따라갔더니 **40.**그 곳에 이르러 그들에
게 이르시되 유혹에 빠지지 않게 기도하라 하시고 **41.**그들을 떠나 돌 던질 만큼 가서 무릎을 꿇고 기
도하여 **42.**이르시되 아버지여 만일 아버지의 뜻이거든 이 잔을 내게서 옮기시옵소서 그러나 내 원
대로 마시옵고 아버지의 원대로 되기를 원하나이다 하시니 **43.**천사가 하늘로부터 예수께 나타나 힘
을 더하더라 **44.**예수께서 힘쓰고 애써 더욱 간절히 기도하시니 땀이 땅에 떨어지는 핏방울 같이 되
더라 **45.**기도 후에 일어나 제자들에게 가서 슬픔으로 인하여 잠든 것을 보시고 **46.**이르시되 어찌하
여 자느냐 시험에 들지 않게 일어나 기도하라 하시니라

1. "내 원대로 마시옵고 아버지의 원대로 되기를 원하나이다"라고 기도하심 (= 하나님의 뜻을 우선하는 기도)

42절= "이르시되 아버지여 만일 아버지의 뜻이거든 이 잔을 내게서 옮기시옵소서 그러나 내 원대로 마시옵고 아버지의 원대로 되기를 원하나이다 하시니"

2. 제자들이 시험에 들지 않게 기도하라고 권면하심 (= 교회와 성도들을 위한 기도)

40절= "그 곳에 이르러 그들에게 이르시되 유혹에 빠지지 않게 기도하라 하시고"

46절= "이르시되 어찌하여 자느냐 시험에 들지 않게 일어나 기도하라 하시니라"

3. 하나님을 아버지로 호칭하며 기도하심 (= 하나님을 아버지로 받는 믿음의 기도)

42절= "이르시되 아버지여 만일 아버지의 뜻이거든…내 원대로 마시옵고 아버지의 원대로 되기를…"

◈◈◈

【대지 유형】 주제 설명형 - 본문 수집형 - 대지 연결형

【주제】 예수님은 하나님 아버지의 뜻을 우선하는 기도, 교회와 성도들을 위한 기도의 모범을 보이셨다.

【FCF】 많은 신앙인이 하나님의 뜻을 우선하는 기도에 낯설다.

【서론】 예수님은 모든 면에서 우리의 모범이 되신다. 기도의 모델이신 예수님. 기도의 외적 유형(언제, 어떻게)의 모델이실 뿐 아니라 내적 유형(어떤 내용, 어떤 목적)에 있어서도 모델이시다.
【우산질문】 예수님의 기도에 나타난 외적 유형에 대해 살펴보자.

【1대지】 '내 원함'과 '아버지의 원함' 사이에 갈등하시는 예수님. 십자가 고통 중에 부르짖는 모습. 예수님의 인간적인 원함은 십자가를 면하는 것. 하지만 하나님의 원함을 더 크게 생각하심. 모세를 보라. 하나님의 뜻은 여호수아를 지도자로 세워 백성들을 가나안으로 인도하는 것. 그러나 모세는 가나안에 자신이 들어가기를 간절히 원했다. 신 3:25, "구하옵나니 나로 건너가게 하사 요단 저편에 있는 아름다운 땅을 보게 하옵소서." 하지만 하나님은 그 기도를 들어주지 않으셨다. 우린 기도할 때마다 하나님이 내게 무엇을 원하는지 묵상하는 거룩한 기도의 습관이 있어야겠다. 갈등 자체는 은혜이다. 하지만 늘 갈등하고 있어서는 안 된다.
【2대지】 눅 22:32, "내가 너를 위하여 믿음이 떨어지지 않기를 기도하였노니." 주님은 베드로를 위해 이미 기도하셨다. 12명 제자를 택하기 위해 밤새워 기도하신 주님, 요 17:1 이하에서는 제자들과 세워질 교회를 위해 기도하심. 주님은 믿지 않는 무리를 위해서도 기도하심(요 11:42). 이기주의, 개인주의가 팽배한 현대에서 나와 나의 가족이 아닌 다른 사람들을 위해 기도할 수 있다는 것은 예수 믿는 사람들의 특권이다. 주님의 기도는 그 중심에 하나님의 뜻과 영광이 있었고, 그 뒤로 제자와 교회에 대한 중보가 있었다. 그리고 그 뒤로는 믿지 않는 무리를 향한 전도가 있었다.
【3대지】 막 14:36, "아바 아버지", 마 11:25~26, "천지의 주재이신 아버지여". 우리에게도 그렇게 기도하도록 허락하셨다. 아버지께 기도하는 것은 우리에게 주신 최고의 선물이다.
【결론】 예수께서 기도하신 내적 유형을 따라 기도하자. 아버지 되신 하나님을 향해 믿음을 가지고 기도하자.

- 절기, 용도, 장르, 특징:
- Key Word: 기도, 기도의 내적유형.
- Remarks:

본문 : **눅 22:54~62**

제목 : **가야바 뜰의 실패자 (Peter's Denial of Christ)**

54.예수를 잡아 끌고 대제사장의 집으로 들어갈새 베드로가 멀찍이 따라가니라 **55.**사람들이 뜰 가운데 불을 피우고 함께 앉았는지라 베드로도 그 가운데 앉았더니 **56.**한 여종이 베드로의 불빛을 향하여 앉은 것을 보고 주목하여 이르되 이 사람도 그와 함께 있었느니라 하니 **57.**베드로가 부인하여 이르되 이 여자여 내가 그를 알지 못하노라 하더라 **58.**조금 후에 다른 사람이 보고 이르되 너도 그 도당이라 하거늘 베드로가 이르되 이 사람아 나는 아니로라 하더라 **59.**한 시간쯤 있다가 또 한 사람이 장담하여 이르되 이는 갈릴리 사람이니 참으로 그와 함께 있었느니라 **60.**베드로가 이르되 이 사람아 나는 네가 하는 말을 알지 못하노라고 아직 말하고 있을 때에 닭이 곧 울더라 **61.**주께서 돌이켜 베드로를 보시니 베드로가 주의 말씀 곧 오늘 닭 울기 전에 네가 세 번 나를 부인하리라 하심이 생각나서 **62.**밖에 나가서 심히 통곡하니라

1. 예수님을 멀찍이 따라감 (= 발목신앙, 교회 마당만 밟는 신앙)

54절= "예수를 잡아 끌고 대제사장의 집으로 들어갈새 베드로가 멀찍이 따라가니라"

2. 예수님을 모른다고 부인함 (= 비겁한 제자)

57절= "베드로가 부인하여 이르되 이 여자여 내가 그를 알지 못하노라 하더라"

3. 예수님의 시선을 받고 통곡함 (= 회개의 눈물)

61~62= "주께서 돌이켜 베드로를 보시니 베드로가 주의 말씀 곧 오늘 닭 울기 전에 네가 세 번 나를 부인하리라 하심이 생각나서 밖에 나가서 심히 통곡하니라"

◈◈◈

【대지 유형】 주제 설명형 - 본문 묶음형 - 대지 반전형

【주제】 (석의) 베드로는 예수님을 멀찍이 따라가다가 세 번씩이나 부인하는 비겁한 사람이 되었지만 주의 말씀을 기억하고 참 회개의 눈물을 흘렸다.

【FCF】 교회 마당만 밟고 다니는 많은 현대 교인들의 상태. 영적 전투의 현장에서 비겁한 현대교회 신앙인들의 모습.

【서론】 본문은 베드로가 예수님을 부인한 내용이다. 그가 스승인 예수님을

닭 울기 전 세 번이나 부인한 사건은 사복음서에 모두 기록되어 있을 정도로 초대교회에서 유명한 사건이 되었다.
【우산질문】 말씀을 통하여 가야바의 뜰에서 사탄의 노리갯감이 되고만 베드로의 모습을 살펴보면서 우리 모두의 신앙을 점검해 보자.

【1대지】 제아무리 믿음이 깊고 연륜이 있고 체험이 있는 성도라 할지라도 일단 교회와 멀어지면 그의 믿음은 헛것이 되게 마련이다. 사탄은 예수님의 수제자인 베드로를 공격하여 예수님이 제자들과 함께 세운 신앙공동체를 무너뜨리려 했던 것이다. 주님의 제자라면 어떠한 경우에도 복음의 구경꾼이 되어서는 안 된다.
【2대지】 지상에서 예수님에 관해 가장 잘 알고 많이 알고 있는 제자의 입에서 '나는 그를 모른다'는 대답이 나온 것은 인간의 체험과 지식이 얼마나 허약한가를 단적으로 보여주는 장면이다. 예수님 자신을 즐거워하는 것, 이것이 믿음의 진수(眞髓)이다. 이런 사람이 주님의 고난의 현장에도 함께 갈 수 있다. 여러분에게도 가야바의 뜰과 같은 결정적인 순간이 올 것이다. 여러분은 준비되어 있는가? 베드로처럼 비겁한 성도가 되지 않을 자신이 있는가?
【3대지】 예수님의 눈빛은 사랑과 연민에 가득 찬 눈빛이자 재헌신을 요청하는 눈빛이었다. 베드로를 각성시키고 깨우친 것은 '주님의 말씀'이었다. 주님의 말씀에는 여러분이 자기 죄에 무감각할 때에 죄를 깨우치고 책망하는 능력이 있고, 교만할 때에 그 교만을 깨닫게 하고 고치는 힘이 있다. 그 말씀에는 삶이 고단할 때에 힘을 주는 요소가 있다.
【결론】 가야바 뜰의 실패자는 멀찍이 따라가는 순간부터 이미 실패가 예견되었다. 주님은 회개한 베드로를 용서하셨고, 또한 회개하는 여러분을 용서해 주신다.

- 절기, 용도, 장르, 특징: 고난주간.
- Key Word: 멀찍이, 부인, 회개.
- Remarks:

본문 : **눅 23:26~29**
제목 : **너희 자녀를 위하여 울라 (Weep For Your Children)**

26.그들이 예수를 끌고 갈 때에 시몬이라는 구레네 사람이 시골에서 오는 것을 붙들어 그에게 십자가를 지워 예수를 따르게 하더라 **27.**또 백성과 및 그를 위하여 가슴을 치며 슬피 우는 여자의 큰 무리가 따라오는지라 **28.**예수께서 돌이켜 그들을 향하여 이르시되 예루살렘의 딸들아 나를 위하여 울지 말고 너희와 너희 자녀를 위하여 울라 **29.**보라 날이 이르면 사람이 말하기를 잉태하지 못하는 이와 해산하지 못한 배와 먹이지 못한 젖이 복이 있다 하리라

1. 자녀의 신앙생활을 위하여 울라는 의미 (= 자녀의 믿음과 구원을 위하여 회개의 통곡을 가져야 함)

28절= "예수께서 돌이켜 그들을 향하여 이르시되 예루살렘의 딸들아 나를 위하여 울지 말고 너희와 너희 자녀를 위하여 울라"

2. 자녀의 미래를 위해 울라는 의미 (= 자녀의 앞날을 위해 눈물의 기도를 아끼지 말아야 함)

28절= "…나를 위하여 울지 말고 너희와 너희 자녀를 위하여 울라"

◆◆◆

【대지 유형】 주제 설명형 - 본문 묵상형 - 대지 대조형
【주제】 예수님은 우리 자녀의 신앙생활과 미래를 위해 눈물의 기도를 아끼지 말라고 하신다.
【FCF】 많은 사람이 자녀를 위해 꼭 필요한 기도 제목이 무엇인지 혼동하고 있음.

【서론】 5월은 가정의 달. 오늘은 어린이 주일= 어린이의 중요함과 귀중함 자각, 어린이 교육의 현재 모습을 돌아보며 미래를 설계하는 계기로 삼도록 제정된 날. 이 시대는 어린이, 청소년에 유해한 환경 오염이 심각함. 자녀 교육의 중요성이 그 어느 때보다 강조되는 때임. 어떻게 할 것인가? 부모에게 가장 필요한 것이 무엇인가?
【우산질문】 주님의 말씀 중 '자녀를 위하여 울라'고 하신 말씀이 시사하는 바 크다. 우리의 자녀를 위하여 부모 된 우리가 해야 할 일이 무엇인가?

【1대지】 본문의 예수님= 지금 십자가를 지고 골고다로 올라가시는 중. 차마 보기 어려울 정도의 모습이다. 밤새도록 문초를 당하시고, 모진 채찍으로 몸이 상하심. 십자가 무게 감당키 어려움= 구레네 시몬이 대신 지고 갈 정도였음. 울면서 따라오는 수많은 여인의 모습, 그들에게 하시는 주님의 말씀, "예루살렘의 딸들아, 나를 위하여 울지 말고 너희와 너희 자녀를 위하여 울라."
주님의 충고의 말씀, "너희 자녀들을 위하여 울어야 한다!" 예수님의 고난의 길은 울 수밖에 없는 슬픈 현장임. 그러나 인류의 구원을 위하여 마땅히 가야 할 길이므로 '울지 말라' 하심. 더 중요한 것은 애통해 하는 관심이 잘못되었다는 말씀임. 지금 우리 아이들은 신앙생활 하기 어려운 환경에 노출되어 있음. 아이들을 유혹하는 것들은 그 정도 면에서 예전과는 비교가 안 됨. 인터넷 중독문제= 청소년은 물론이고 초등생에게까지 광범하게 번짐.

【2대지】 "마땅히 행할 길을 아이에게 가르치라. 그리하면 늙어도 그것을 떠나지 아니하리라"(잠 22:6). 자녀를 교육한다는 것= 하나님이 바라시는 인간을 만드는 것임.
자녀 교육의 목적을 올바른 사람이 되게 하는 것이나 부와 권세를 누리는 사람이 되게 하는 것에 두면 안 됨. 그런데 많은 부모는 '사람이 되라'가 아니고, '성공해라'에 방점. 일류대학, 일류기업, 고속승진 등= 이런 것들이 행복한 인생을 보장해 주는 것인 양 강조하는 경향. 이 시대는 가치관의 전도(顚倒)가 심각함= 독선적이고 무책임한 부모 많음. 자녀의 미래는 부모의 노력과 기도에 달려 있음.

【결론】 우리 자녀의 신앙생활과 미래를 위하여, 그리고 이 나라 어린이와 청소년들의 믿음과 미래를 위하여 진정한 회개의 기도가 절실히 요청됨. 어린이 주일을 맞아 부모로서의 자세를 다시 한 번 가다듬어야겠음. 우리 모두 주님의 말씀을 기억하자! "또 아비들아 너희 자녀를 노엽게 하지 말고, 오직 주의 교양과 훈계로 양육하라"(엡 6:4).

- **절기, 용도, 장르, 특징:** 어린이주일, 가정의 달.
- Key Word: 자녀, 어린이.
- Remarks:

본문 : **눅 23:26~31**
제목 : **너희를 위하여 울라**

26.그들이 예수를 끌고 갈 때에 시몬이라는 구레네 사람이 시골에서 오는 것을 붙들어 그에게 십자
가를 지워 예수를 따르게 하더라 **27.**또 백성과 및 그를 위하여 가슴을 치며 슬피 우는 여자의 큰 무
리가 따라오는지라 **28.**예수께서 돌이켜 그들을 향하여 이르시되 예루살렘의 딸들아 나를 위하여 울
지 말고 너희와 너희 자녀를 위하여 울라 **29.**보라 날이 이르면 사람이 말하기를 잉태하지 못하는 이
와 해산하지 못한 배와 먹이지 못한 젖이 복이 있다 하리라 **30.**그 때에 사람이 산들을 대하여 우리
위에 무너지라 하며 작은 산들을 대하여 우리를 덮으라 하리라 **31.**푸른 나무에도 이같이 하거든 마
른 나무에는 어떻게 되리요 하시니라

1. 많은 무리가 따라왔음 (= 무리의 모습이 예수님을 슬프게 함)

27절= "또 백성과 및 그를 위하여 가슴을 치며 슬피 우는 여자의 큰 무리가 따라오는지라"

2. "나를 위하여 울지 말라" 하심 (= 십자가는 승리의 상징)

28절= "예수께서 돌이켜 그들을 향하여 이르시되 예루살렘의 딸들아 나를 위하여 울지 말고 너희와 너희 자녀를 위하여 울라"

3. "너희와 너희 자녀를 위하여 울라" 하심 (= 믿음 부족과 병든 사회를 향한 애통)

28절= "…너희와 너희 자녀를 위하여 울라"

◈◈◈

【대지 유형】 주제 설명형 - 본문 분석형 - 대지 연결형
【주제】 우리는 예수님의 십자가 고난을 슬퍼할 것이 아니라 우리의 부족과 병든 사회를 향해 애통의 눈물을 흘려야 한다.
【FCF】 많은 신앙인이 자신의 믿음 부족이나 사회의 병든 모습에 애통하는 마음을 갖지 않고 있음.

【서론】 기독교의 중심= 나사렛 예수= 그리스도(기름 부음 받은 자). 십자가 사건의 중요성은= ① 주님 자신이 그렇게 인식하심, 막 8:31~32. 주님은 이미 죽게 될 것을 아셨다(당시 분위기+성경의 예언+자원하심). ② 제자들은 그리

스도의 수난과 십자가의 중요성을 크게 인식함. The centrality of the Cross=성경의 unity를 이루는 끈.

【우산질문】 본문의 주님 말씀을 통하여 십자가 사건에 대한 주님의 깊은 심중을 헤아려보자.

【1대지】 갈보리를 향해 올라가시던 날 아침의 현장을 묵상해보자. 전날 밤 제자들과의 최후의 만찬-새 언약 제정-겟세마네의 혈투-가룟 유다의 배반-체포, 심문, 조롱-빌라도 헤롯 빌라도에게로 끌려다님-로마 군병들의 채찍-마침내 사형 언도-공식적인 정죄, 그것도 가장 참혹한 십자가형. 주님은 지금 자신이 달릴 십자가를 지고 골고다로. 목수의 집에서 태어나 목수 일 하다가 나무에 매달리는 운명. 구레네 시몬, 수많은 사람이 뒤따름. 엊그제까지 인기 절정, 호산나 찬송하던 무리가 하루아침에 등 돌려. 비겁한 자들. 다만 슬피 우는 여자들도 있었음. 이 모든 것들이 주님을 슬프게 함.

【2대지】 여인들의 통곡은 인간적인 동정심과 억울함과 안타까움…. 예수님은 모진 고통 중에서도 자신의 아픔보다 제자들을 생각, 백성의 장래를 생각하심. 28절, "나를 위하여 울지 말라." 사실 그 여인들이 우는 것은 당연했다. 그러나 예수님은 "나를 위하여는 울지 말라"고 하신다. 그의 죽음은 오히려 승리이기 때문. 주님은 우리의 동정을 필요로 하거나 구하거나 용납하지 않으신다.

【3대지】 오히려 우리 자신을 위해 울라 하신다. A.D.70년의 대학살을 미리 보심. 너 자신을 위해 울어라(죄 된 삶, 진리를 따르지 못하는 모습, 불의를 막지 못하는 연약함). 더욱 깊은 뜻의 울음이 있어야 한다. 불의의 승리를 견제하지 못했다면 그리스도의 고난에 동참이라도 해야. 고난 못 막고 대신 지지도 못했다면 이제는 같이 죽기라도 해야 하는 것 아닌가?

【결론】 거룩한 분에게도 이처럼 무서운 고통이 임하거든, 마른 나무 같은 우리에게야 어떠하겠는가! 다가오는 무서운 불 심판. 먼저 우리와 우리 자녀 위해 통곡해야. 그리고 주위의 병든 자들, 썩어 냄새나는 이 사회를 위해, 그리고 이 나라를 위해 울고 또 울자.

- 절기, 용도, 장르, 특징:
- Key Word: 울다.
- Remarks:

본문 : **눅 23:32~43**

제목 : **구원받은 한편 강도 (One More Soul)**

32.또 다른 두 행악자도 사형을 받게 되어 예수와 함께 끌려 가니라 **33.**해골이라 하는 곳에 이르
러 거기서 예수를 십자가에 못 박고 두 행악자도 그렇게 하니 하나는 우편에, 하나는 좌편에 있더라
34.이에 예수께서 이르시되 아버지 저들을 사하여 주옵소서 자기들이 하는 것을 알지 못함이니이다
하시더라 그들이 그의 옷을 나눠 제비 뽑을새 **35.**백성은 서서 구경하는데 관리들은 비웃어 이르되
저가 남을 구원하였으니 만일 하나님이 택하신 자 그리스도이면 자신도 구원할지어다 하고 **36.**군인
들도 희롱하면서 나아와 신 포도주를 주며 **37.**이르되 네가 만일 유대인의 왕이면 네가 너를 구원하
라 하더라 **38.**그의 위에 이는 유대인의 왕이라 쓴 패가 있더라 **39.**달린 행악자 중 하나는 비방하여
이르되 네가 그리스도가 아니냐 너와 우리를 구원하라 하되 **40.**하나는 그 사람을 꾸짖어 이르되 네
가 동일한 정죄를 받고서도 하나님을 두려워하지 아니하느냐 **41.**우리는 우리가 행한 일에 상당한
보응을 받는 것이니 이에 당연하거니와 이 사람이 행한 것은 옳지 않은 것이 없느니라 하고 **42.**이르
되 예수여 당신의 나라에 임하실 때에 나를 기억하소서 하니 **43.**예수께서 이르시되 내가 진실로 네
게 이르노니 오늘 네가 나와 함께 낙원에 있으리라 하시니라

1. 예수님의 용서하시는 모습을 지켜봄 (= 복음을 받음, 용서의 체험)

34절= "이에 예수께서 이르시되 아버지 저들을 사하여 주옵소서 자기들이 하는 것을 알지 못함이니이다 하시더라"

2. 자신의 죄를 자각함 (= 죄 인정, 양심의 소리에 귀 기울임)

40~41절= "하나는 그 사람을 꾸짖어 이르되 네가 동일한 정죄를 받고서도 하나님을 두려워하지 아니하느냐 우리는 우리가 행한 일에 상당한 보응을 받는 것이니 이에 당연하거니와 이 사람이 행한 것은 옳지 않은 것이 없느니라 하고"

3. 예수님께 "나를 기억하소서"라고 함 (= 회개의 고백, 주님 영접 고백)

42절= "이르되 예수여 당신의 나라에 임하실 때에 나를 기억하소서 하니"

◈◈◈

【대지 유형】 주제 설명형 - 본문 묶음형 - 대지 진전형

【주제】 우편 강도는 예수님의 용서하시는 모습을 보고 자신의 죄를 깨닫고 회개의 고백을 드려 구원을 약속받았다.

【FCF】 교인들이 자신의 죄를 좀처럼 인정하지 않으려는 행태를 보임.

【서론】 갈보리 언덕 위 세 십자가 중에 중앙의 십자가는 죄를 대신하기 위한 것이었고, 나머지 둘은 죄 안에서 죽어가는 인류의 모습을 보여주고 있다. 한 강도는 다른 무리와 마찬가지로 예수님을 조롱하며 자기에게 주어진 마지막 구원의 기회를 스스로 저버렸다. 그러나 다른 강도는 자신의 죄를 깨닫고 예수님께 구원을 간구함으로써 최후의 기회를 붙잡고 영생을 얻게 되었다.
【우산질문】 예수님의 옆에서 십자가에 달려 죽어가던 우편 강도가 어떻게 구원을 받게 되었는지 함께 살펴보자.

【1대지】 여기서 일차적인 용서의 대상은 예수님을 십자가에 매단 로마 군병들이었지만 궁극적으로는 예수님을 대적한 유대 종교지도자들과 빌라도, 그리고 둘러선 무리를 가리킨다. 누가가 사용한 단어 '행악자(카쿠르고스)'는 로마인들의 시각에서 볼 때 셀롯 당원들이 폭동을 일으키는 반역자로서 매우 중한 범죄였음을 부각하고 있다.
【2대지】 옆의 다른 강도는 더욱 쓴소리를 뱉어내고 있고, 지나가는 무리는 머리를 흔들면서 예수님을 조롱하고 있었다. 그러나 우편 강도의 눈과 귀에 들어온 예수님의 모습은 용서와 은혜의 모습이요, 찬란히 빛나는 그리스도의 영광의 광채였다. 누가는 예수님을 비방하는 사람을 향해 엄숙히 꾸짖는 우편 강도의 말을 기록함으로써 이때까지 예수님을 향해 계속되던 모든 비방을 상쇄시킨다.
【3대지】 십자가에 달린 강도의 회개 사건은 비단 한 개인뿐만 아니라 온 인류에게 용서와 구원의 사례를 제시해주는 중요한 사건이다. 그는 예수님의 기적을 체험하지 못했지만 예수님을 믿었고, 자신처럼 힘없이 십자가에 달린 것을 보았지만 예수님을 주님이라 불렀다. 이런 그에게 주님의 놀라운 구원의 약속이 주어졌다.
【결론】 예수님은 십자가에 못 박혀 죽으시는 순간에도 자기를 못 박은 자들을 위하여 간절한 용서의 기도를 드리셨다. 그리고 이 용서의 사랑은 죽음의 순간까지도 미움과 원망으로 가득 차 있던 한 강도의 마음을 녹이고 회개하게 하였다.

- 절기, 용도, 장르, 특징:
- Key Word: 강도, 용서.
- Remarks:

본문 : **눅 23:33~43**
제목 : **갈보리 언덕의 세 십자가**
(Three Crosses on Calvary's Hill)

33.해골이라 하는 곳에 이르러 거기서 예수를 십자가에 못 박고 두 행악자도 그렇게 하니 하나는 우
편에, 하나는 좌편에 있더라 **34.**이에 예수께서 이르시되 아버지 저들을 사하여 주옵소서 자기들이
하는 것을 알지 못함이니이다 하시더라 그들이 그의 옷을 나눠 제비 뽑을새 **35.**백성은 서서 구경하
는데 관리들은 비웃어 이르되 저가 남을 구원하였으니 만일 하나님이 택하신 자 그리스도이면 자신
도 구원할지어다 하고 **36.**군인들도 희롱하면서 나아와 신 포도주를 주며 **37.**이르되 네가 만일 유대
인의 왕이면 네가 너를 구원하라 하더라 **38.**그의 위에 이는 유대인의 왕이라 쓴 패가 있더라 **39.**달
린 행악자 중 하나는 비방하여 이르되 네가 그리스도가 아니냐 너와 우리를 구원하라 하되 **40.**하나
는 그 사람을 꾸짖어 이르되 네가 동일한 정죄를 받고서도 하나님을 두려워하지 아니하느냐 **41.**우
리는 우리가 행한 일에 상당한 보응을 받는 것이니 이에 당연하거니와 이 사람이 행한 것은 옳지 않
은 것이 없느니라 하고 **42.**이르되 예수여 당신의 나라에 임하실 때에 나를 기억하소서 하니 **43.**예
수께서 이르시되 내가 진실로 네게 이르노니 오늘 네가 나와 함께 낙원에 있으리라 하시니라

1. 두 행악자는 동일한 정죄를 받았음 (= 모두가 죄 아래 있음)

40절= "하나는 그 사람을 꾸짖어 이르되 네가 동일한 정죄를 받고서도 하나님을 두려워하지 아니하느냐"

2. 두 사람 모두 예수께 구원을 요청하였음 (= 첫째는 상황에서 구원을, 둘째는 죄로부터 구원을 요청)

39절= "달린 행악자 중 하나는 비방하여 이르되 네가 그리스도가 아니냐 너와 우리를 구원하라 하되"
42절= "이르되 예수여 당신의 나라에 임하실 때에 나를 기억하소서 하니"

3. 예수님은 마지막 순간에 한 영혼을 더 구하셨음 (= 주님의 십자가는 구원의 십자가)

43절= "예수께서 이르시되 내가 진실로 네게 이르노니 오늘 네가 나와 함께 낙원에 있으리라 하시니라"

◈◈◈

【대지 유형】 주제 설명형 - 본문 수집형 - 대지 혼재형(2+1)
【주제】 (적용) 모든 인류는 마지막 순간에도 주님의 십자가 은혜로 회개하여 구원받을 수 있다.
【FCF】 현대교회에서는 최후의 순간까지 한 영혼을 건지려는 노력이 쉽게 보이지 않음.

【서론】 예수님의 재림과 십자가 부활 사건은 주님의 삶의 중심이다. 특히 십자가는 주님의 거룩과 사랑을 나타내는 최대의 사건. 갈보리를 살펴보자. 강

도 둘과 함께 죽음의 현장에. 주님은 죄를 위하여, 둘은 온전히 죄 안에서 죽어가고 있음. 둘은 그들 자신의 죗값을 사회에 갚는 죽음을, 그리고 주님은 우리의 죗값을 갚으시려고 십자가에 달리셨다.

【우산질문】 본문에서 갈보리 언덕 위의 세 십자가를 보며 주님이 한 영혼을 구원하시는 장면을 살펴보자.

【1대지】 첫째 강도는 조롱만 했고, 두 번째 강도는 자신의 죄를 인정했다. 우리는 인간을 인종, 칼라, 지역 등으로 나누지만 하나님께는 정죄받는 일에 차이가 없음. 그런데 모든 사람이 동일한 정죄를 받는다는 것은 많은 사람에게 받아들이기 어렵다.

【2대지】 많은 사람이 어려움에 처할 때 구원을 바라지만 그러나 이 같은 기도로는 구원받을 수 없다. 두 번째 강도의 모습: 죄 인정, 부활 기대, 겸손.

【3대지】 예수님은 마지막 순간에도 한 영혼을 더 구할 수 있는 시간을 가졌다. 그날 우리의 많은 질문에 대해 확실히 답을 주셨다(죽는 순간에도 구원받을 수 있나? 악한 삶을 살고도 구원받을 수 있나? 세례받지 않고도 구원받을 수 있나? 죽은 후 천국 가는 것을 확신할 수 있나? Yes!).

【결론】 갈보리 언덕의 세 십자가에서 우리는 모든 인류의 모습을 본다. 우리 앞에는 오직 두 가지 길이 있다. 여러분은 어떤 길을 택할 것인가?

【또 다른 주제 잡기의 예】

제목 : **낙원을 약속받은 행악자 (39~43)**

1. 이 강도는 죽음 직전에 구원받았음 (= 구원의 문은 최후 순간까지 열려 있음)

42~43절= "예수여 당신의 나라에 임하실 때에 나를 기억하소서 하니 예수께서 이르시되 내가 진실로 네게 이르노니 오늘 네가 나와 함께 낙원에 있으리라 하시니라"

2. 흉악범이었지만 은혜로 구원받았음 (= 용서받지 못할 죄는 없음)

42~43절= "예수여 당신의 나라에 임하실 때에 나를 기억하소서 하니 예수께서 이르시되 내가 진실로 네게 이르노니 오늘 네가 나와 함께 낙원에 있으리라 하시니라"

3. "나를 기억하소서" 한마디로 구원 약속을 받았음 (= 행함 아닌 믿음으로 구원받음)

42절= "이르되 예수여 당신의 나라에 임하실 때에 나를 기억하소서 하니"

- 절기, 용도, 장르, 특징: 고난주간.
- Key Word: 갈보리, 십자가.
- Remarks:

본문 : **눅 23:39~43**
제목 : **강도에게 임한 십자가의 은총**
(You Will Be With Me in Paradise)

39.달린 행악자 중 하나는 비방하여 이르되 네가 그리스도가 아니냐 너와 우리를 구원하라 하되
40.하나는 그 사람을 꾸짖어 이르되 네가 동일한 정죄를 받고서도 하나님을 두려워하지 아니하느
냐 **41.**우리는 우리가 행한 일에 상당한 보응을 받는 것이니 이에 당연하거니와 이 사람이 행한 것은
옳지 않은 것이 없느니라 하고 **42.**이르되 예수여 당신의 나라에 임하실 때에 나를 기억하소서 하니
43.예수께서 이르시되 내가 진실로 네게 이르노니 오늘 네가 나와 함께 낙원에 있으리라 하시니라

1. "오늘 나와 함께 낙원에 있으리라" 하심 (= 용서의 사랑)

42절= "예수여 당신의 나라에 임하실 때에 나를 생각하소서"
43절= "내가 진실로 네게 이르노니 오늘 네가 나와 함께 낙원에 있으리라"

2. "아버지여 저희를 사하여 주옵소서" 하심 (= 대속의 사랑)

34절= "아버지여 저희를 사하여 주옵소서 자기의 하는 것을 알지 못함이니이다"
45절= "성소의 휘장이 한가운데가 찢어지더라"

3. 낙원을 약속하심 (= 천국 약속의 사랑)

43절= "내가 진실로 네게 이르노니 오늘 네가 나와 함께 낙원에 있으리라"

◈◈◈

【대지 유형】 주제 설명형 - 본문 수집형 - 대지 병렬형
【주제】 주님의 십자가의 은총은 우편 강도에게 용서와 천국 약속의 사랑으로 주어졌다.
【FCF】 많은 교인이 십자가의 대속의 사랑을 확신하지 못함.

【서론】 갈보리 언덕 위에 세워진 세 십자가= 역사상 가장 중요한 순간이요, 역사상 가장 중요한 장소이었다. 두 강도의 기막힌 대조= 다 같이 십자가에 달려 있었지만 한 사람은 주님의 십자가를 만났고 또 한 사람은 만나지 못했다.

【우산질문】 본문을 통해 회개한 강도에게 임한 십자가의 은총과 십자가의 사랑이 어떤 것이었는가를 살펴보자.

【1대지】 자신의 죄를 회개하고 예수님께 자신을 생각해달라는 간청을 드리는 강도의 모습이 아름답기까지 하다. 그리고 간청을 받은 즉시 구원을 약속하는 예수님의 모습은 더욱 아름답다. 회개한 자에 대한 용서의 사랑이 빛나고 있다. 십자가의 은총은 용서의 사랑으로 나타난다. 중요한 것은 영혼을 사랑하시되 끝까지 사랑하시는 예수님의 모습이다. 십자가의 용서의 사랑을 받은 우리, 이제는 주위의 사람들에게 넉넉한 용서의 사랑을 베푸는 성도들이 되자.

【2대지】 회개한 한편 강도에게 주신 주님의 은혜는 단순히 인간적인 큰 사랑이나 엄청난 용서 정도가 아니다. 주님의 십자가 죽음은 온 인류의 죄짐을 담당한 죽음이고, 하나님과 인류 사이에 막혔던 담을 헐고 둘 사이를 화해케 하는 화목제물의 죽음이다. 십자가의 은총은 회개하는 자에게 주시는 용서의 사랑을 뛰어넘어 온 인류를 위한 대속의 사랑으로 주어지고 있다. 우리에게는 전적으로 그리스도의 거룩한 대속을 의지하는 길밖에 없다. 이것 외에는 전혀 살 길이 없다. '인간의 전적 타락'은 사도 바울과 어거스틴, 그리고 개혁주의 선봉인 칼빈이 목숨처럼 지켜온 교리이다. 내가 나를 살릴 수 있는 능력이 없기 때문에 나는 십자가 앞에 전적으로 매달릴 수밖에 없다. 하나님 앞에서 죄인인 우리의 권리는 전혀 없다.

【3대지】 선물 중의 최고의 선물은 천국의 선물이다. 인생의 최고의 소망은 내가 장차 천국에서 영원한 삶을 누리게 되는 것이다. 천국은 성도에게는 고향과 같다. 성도의 시민권은 하늘에 있다. 십자가의 은총을 입은 사람은 주님으로부터 천국에 대한 확고한 소망을 부여받은 사람이다.

【결론】 예수 그리스도의 십자가는 우리에게 내리시는 은총의 보고(寶庫)이다.

- **절기, 용도, 장르, 특징**: 고난주간.
- Key Word: 강도, 사랑.
- Remarks:

본문 : **눅 23:39~43**
제목 : **낙원을 약속받은 행악자**

39.달린 행악자 중 하나는 비방하여 이르되 네가 그리스도가 아니냐 너와 우리를 구원하라 하되
40.하나는 그 사람을 꾸짖어 이르되 네가 동일한 정죄를 받고서도 하나님을 두려워하지 아니하느
냐 **41.**우리는 우리가 행한 일에 상당한 보응을 받는 것이니 이에 당연하거니와 이 사람이 행한 것은
옳지 않은 것이 없느니라 하고 **42.**이르되 예수여 당신의 나라에 임하실 때에 나를 기억하소서 하니
43.예수께서 이르시되 내가 진실로 네게 이르노니 오늘 네가 나와 함께 낙원에 있으리라 하시니라

1. 이 강도는 죽음 직전에 구원받았음 (= 구원의 문은 최후 순간까지 열려 있음)

42~43절= "예수여 당신의 나라에 임하실 때에 나를 기억하소서 하니 예수께서 이르시되 내가 진실로 네게 이르노니 오늘 네가 나와 함께 낙원에 있으리라 하시니라"

2. 흉악범이었지만 은혜로 구원받았음 (= 용서받지 못할 죄는 없음)

42~43절= "예수여 당신의 나라에 임하실 때에 나를 기억하소서 하니 예수께서 이르시되 내가 진실로 네게 이르노니 오늘 네가 나와 함께 낙원에 있으리라 하시니라"

3. "나를 기억하소서" 한마디로 구원 약속을 받았음 (= 행함 아닌 믿음으로 구원받음)

42절= "이르되 예수여 당신의 나라에 임하실 때에 나를 기억하소서 하니"

◈◈◈

【대지 유형】 주제 설명형 - 본문 묵상형 - 대지 병렬형
【주제】 (석의) 예수님 곁의 한 강도는 죽음 직전에 오직 믿음으로 구원받았다.
【FCF】 행함으로 구원의 문턱에 가까이 가보겠다는 인간적인 생각들.

【서론】 두 강도는 출발은 비슷했고, 똑같은 강도의 길을 걸어왔다. 똑같이 사형 언도를 받고, 똑같이 십자가에 달려 죽음의 순간을 기다리고 있었다. 그러나 끝은 완전히 달라진다. 두 강도의 갈림길. 한 사람은 예수 믿고 낙원으로, 다른 강도는 믿지 아니하므로 지옥으로 떨어졌다. 구원받은 한편 강도의 모

습을 깊이 묵상해 보면 놀라운 진리가 숨어 있음을 알 수 있다.
【우산질문】 구원받은 한 강도의 모습을 좀 더 깊이 살펴보자.

【1대지】 구원의 기회는 항상 열려 있다. 마지막 순간에도 회개하고 믿으면 구원받을 수 있다. 한 강도는 죽는 순간에 구원의 기회를 붙잡았으나 다른 강도는 구원의 기회를 거부했다. 인류에게 구원의 기회는 아직 남아 있다. 지금이라도 회개하고 구원의 줄을 잡자. 두 강도가 죽는 순간에 예수님이 계셨다.
【2대지】 강도의 죄는 너무 크다. 그러나 온 세상이 저주하는 죄라도 주님은 용서하실 수 있다. 십자가의 속죄 능력의 위대함을 보라. 주님의 사랑, 주님의 용서를 경험하는 자는 복이 있다. 사람들이 지옥 가는 것은 죄 때문이라기보다 주님의 용서를 믿지 않기 때문이다. 주님의 용서하심을 믿어야 한다. 세상 그 어디에도 죄인을 오라고 하는 곳은 없지만, 주님은 "내가 온 것은 의인을 부르러 온 것이 아니요 죄인을 불러 회개시키러 왔노라"고 하셨다.
【3대지】 엡 2:8~9. 한 강도는 구원의 필요성을 알았고, 또 다른 강도는 구원의 필요성을 느끼지 못했다. 구원받은 강도가 한 것은? nothing. 세례 받을 시간도 없었다. 오직 믿음으로.
【결론】 하나님은 자기 백성을 절대로 포기하지 않는다. 두 강도는 두 부부일 수도, 두 친구일 수도, 이웃일 수도 있다. 예수 믿는 사람은 강도라 할지라도 소망이 있지만 예수 없는 사람은 아무리 착하게 살았더라도 소망이 없다.

- 절기, 용도, 장르, 특징:
- Key Word: 십자가 강도.
- Remarks:

본문 : **눅 24:1~12**
제목 : **부활 신앙으로 이끄는 말씀**

1.안식 후 첫날 새벽에 이 여자들이 그 준비한 향품을 가지고 무덤에 가서 **2.**돌이 무덤에서 굴려 옮겨진 것을 보고 **3.**들어가니 주 예수의 시체가 보이지 아니하더라 **4.**이로 인하여 근심할 때에 문득 찬란한 옷을 입은 두 사람이 곁에 섰는지라 **5.**여자들이 두려워 얼굴을 땅에 대니 두 사람이 이르되 어찌하여 살아 있는 자를 죽은 자 가운데서 찾느냐 **6.**여기 계시지 않고 살아나셨느니라 갈릴리에 계실 때에 너희에게 어떻게 말씀하셨는지를 기억하라 **7.**이르시기를 인자가 죄인의 손에 넘겨져 십자가에 못 박히고 제삼일에 다시 살아나야 하리라 하셨느니라 한대 **8.**그들이 예수의 말씀을 기억하고 **9.**무덤에서 돌아가 이 모든 것을 열한 사도와 다른 모든 이에게 알리니 **10.**(이 여자들은 막달라 마리아와 요안나와 야고보의 모친 마리아라 또 그들과 함께 한 다른 여자들도 이것을 사도들에게 알리니라) **11.**사도들은 그들의 말이 허탄한 듯이 들려 믿지 아니하나 **12.**베드로는 일어나 무덤에 달려가서 구부려 들여다 보니 세마포만 보이는지라 그 된 일을 놀랍게 여기며 집으로 돌아가니라

1. 여자들이 새벽에 빈 무덤을 보고 근심함 (= 하나님의 엄청난 인도에 오히려 당황함= 주님의 묻히심의 확증)

1~4절= "안식 후 첫날 새벽에 이 여자들이 그 준비한 향품을 가지고 무덤에 가서 돌이 무덤에서 굴려 옮겨진 것을 보고 들어가니 주 예수의 시체가 보이지 아니하더라 이로 인하여 근심할 때에…"

2. 천사들의 증언에 여자들은 예수님의 말씀을 기억함 (= 예수님 말씀을 기억하고 믿게 됨)

5~8절= "여자들이 두려워 얼굴을 땅에 대니 두 사람이 이르되 어찌하여 살아 있는 자를 죽은 자 가운데서 찾느냐 여기 계시지 않고 살아나셨느니라 갈릴리에 계실 때에 너희에게 어떻게 말씀하셨는지를 기억하라 이르시기를 인자가 죄인의 손에 넘겨져 십자가에 못 박히고 제삼일에 다시 살아나야 하리라 하셨느니라 한대 그들이 예수의 말씀을 기억하고…"

3. 사도들에게 알렸으나 믿지 아니함 (= 말씀 없이 부활 신앙이 생겨나지 않음)

9, 11절= "무덤에서 돌아가 이 모든 것을 열한 사도와 다른 모든 이에게 알리니… 사도들은 그들의 말이 허탄한 듯이 들려 믿지 아니하나"

◆◆◆

【대지 유형】 주제 증명형 - 본문 묶음형 - 대지 반전형

【주제】 (석의) 부활의 아침 여자들은 예수님의 말씀을 기억하고 믿음에 이르게 되었다.
【FCF】 많은 신앙인이 말씀 부족으로 인해 부활 신앙이 부족함.

【서론】 그리스도의 부활= 우리 몸의 부활= 부활은 우리의 영원한 주제. 복음서 저자 중 누가는 가장 많은 자료+가장 합리적인 배치. 본문의 여자들과 천사 그리고 사도의 모습이 주님 부활의 증거가 된다.
【우산질문】 본문의 이야기에서 부활 신앙으로 이끄는 핵심이 '예수님 말씀'인 것을 살펴보자.

【1대지】 여자들의 주님 향한 관심과 사랑과 애정. 안식 후 첫날 이른 새벽에 향품을 준비: 준비성, 계명 순종, 그리고 기다리는 모습! 어두움이나 무서움을 극복할 만큼 주님 사랑이 컸다. 그런데 빈 무덤을 보고 놀라는 여인들.
【2대지】 두 천사, 찬란한 옷. 저자는 서슴없이 천사 이야기를 기록하고 있다. 천사들의 증언은 새로운 것이 아니라 주님이 가르치신 말씀을 기억나게 하는 것이었음. 말씀을 기억하는 여인들! 평소 우리는 말씀을 많이 듣고 읽고 묵상해야.
【3대지】 안타깝게도 사도들은 의심을 이기지 못함. 베드로까지도 기이히 여기며 집으로 돌아갔다. 후일 말씀을 확신하고 부활 신앙에 도달했다. 그들이 무식하거나 원시인들이어서가 아니다.
【결론】 부활을 확신하는 것은 개인 체험이나 꿈이 아닌 말씀에 근거. 이제 곧 주님 다시 오실 것을 믿는 것도 오직 말씀에 근거하여 믿게 된다. 계 22:20.

- 절기, 용도, 장르, 특징: 부활절, 내러티브.
- Key Word: 빈 무덤, 부활.
- Remarks:

본문 : **눅 24:13~17, 25~32**
제목 : **엠마오 길의 예수님 (What Is the Risen Christ Like)**

13.그 날에 그들 중 둘이 예루살렘에서 이십오 리 되는 엠마오라 하는 마을로 가면서 **14.**이 모든 된
일을 서로 이야기하더라 **15.**그들이 서로 이야기하며 문의할 때에 예수께서 가까이 이르러 그들과
동행하시나 **16.**그들의 눈이 가리어져서 그인 줄 알아보지 못하거늘 **17.**예수께서 이르시되 너희가
길 가면서 서로 주고받고 하는 이야기가 무엇이냐 하시니 두 사람이 슬픈 빛을 띠고 머물러 서더라
…… **25.**이르시되 미련하고 선지자들이 말한 모든 것을 마음에 더디 믿는 자들이여 **26.**그리스도가
이런 고난을 받고 자기의 영광에 들어가야 할 것이 아니냐 하시고 **27.**이에 모세와 모든 선지자의 글
로 시작하여 모든 성경에 쓴 바 자기에 관한 것을 자세히 설명하시니라 **28.**그들이 가는 마을에 가까
이 가매 예수는 더 가려 하는 것 같이 하시니 **29.**그들이 강권하여 이르되 우리와 함께 유하사이다 때
가 저물어가고 날이 이미 기울었나이다 하니 이에 그들과 함께 유하러 들어가시니라 **30.**그들과 함
께 음식 잡수실 때에 떡을 가지사 축사하시고 떼어 그들에게 주시니 **31.**그들의 눈이 밝아져 그인 줄
알아 보더니 예수는 그들에게 보이지 아니하시는지라 **32.**그들이 서로 말하되 길에서 우리에게 말씀
하시고 우리에게 성경을 풀어 주실 때에 우리 속에서 마음이 뜨겁지 아니하더냐 하고

1. 실망에 빠져 있는 제자들을 찾아오심 (= 우리와 동행, 문제 돌보심)

13~14절= "그 날에 그들 중 둘이 예루살렘에서 이십오 리 되는 엠마오라 하는 마을로 가면서 이 모든 된 일을 서로 이야기하더라"

2. 제자들에게 성경 말씀을 자세히 설명하심 (= 말씀으로 믿음을 회복시키심)

27절= "이에 모세와 모든 선지자의 글로 시작하여 모든 성경에 쓴 바 자기에 관한 것을 자세히 설명하시니라"

3. 제자들의 마음에 불을 붙이심 (= 말씀으로 감동케 하심)

32절= "그들이 서로 말하되 길에서 우리에게 말씀하시고 우리에게 성경을 풀어 주실 때에 우리 속에서 마음이 뜨겁지 아니하더냐"

◈◈◈

【대지 유형】 주제 설명형 - 본문 수집형 - 대지 진전형
【주제】 주님은 우리를 찾아오셔서 말씀으로 믿음을 회복시키시며 은혜받게 하신다.
【FCF】 많은 신앙인이 말씀을 받아 마음이 뜨거워졌던 경험이 부족하다.

【서론】 누가복음의 저자는 다른 사건보다 이 사건을 강조하여 매우 자세히 기록하고 있다. 본문 속에는 그때의 예수 추종자들의 심경이 명확하게 그려지고 있고, 예수께서 어떻게 그들의 낭패와 실망을 제거해주셨는가를 알려주고 있다. 우리 모두 두 제자에게 성경 말씀을 가르치시던 예수님과 함께 엠마오 길을 떠나자. 제자들처럼 여행 중에 주님의 말씀을 받고 뜨거운 감동의 시간을 가지자.
【우산질문】 엠마오 길의 예수님은 어떤 분이신가?

【1대지】 주님은 지금도 실망에 빠져 있는 제자들을 찾아오셔서 동행하시며 우리의 문제를 돌보아주신다.
【2대지】 부활하신 예수님은 믿음이 연약해진 사람들의 믿음을 회복시키기 위하여 다른 방법을 쓰지 않으시고 성경 말씀을 가르치셨다. 믿음의 회복은 오직 말씀으로만 가능하다.
【3대지】 '뜨겁지(카이오메네)'로 번역된 말은 '불을 붙이다(카이오)'에서 온 말로, 큰 감동으로 인해 마음이 크게 뜨거워진 상태를 의미한다. 성도는 말씀으로 불붙어 살아야 한다. 지금은 하나님 나라를 위하여 불타오르는 심장을 가진 성도가 필요한 시대이다.
【결론】 엠마오 사건은 오늘도 계속 일어난다. 어떻게 하면 우리도 엠마오 사건을 경험할 수 있을까? 말씀으로 불붙은 마음(Burning Hearts)! 이것은 사망을 이기고 부활하신 예수님께서 교회 위에 성령으로 주시는 최고의 선물이다.

- 절기, 용도, 장르, 특징: 부활절.
- Key Word: 부활.
- Remarks:

본문 : **눅 24:13~35**
제목 : **엠마오로 내려가는 두 제자**

13.그 날에 그들 중 둘이 예루살렘에서 이십오 리 되는 엠마오라 하는 마을로 가면서 **14.**이 모든
된 일을 서로 이야기하더라 **15.**그들이 서로 이야기하며 문의할 때에 예수께서 가까이 이르러 그들
과 동행하시나 **16.**그들의 눈이 가리어져서 그인 줄 알아보지 못하거늘 **17.**예수께서 이르시되 너희
가 길 가면서 서로 주고받고 하는 이야기가 무엇이냐 하시니 두 사람이 슬픈 빛을 띠고 머물러 서더
라 **18.**그 한 사람인 글로바라 하는 자가 대답하여 이르되 당신이 예루살렘에 체류하면서도 요즘 거
기서 된 일을 혼자만 알지 못하느냐 **19.**이르시되 무슨 일이냐 이르되 나사렛 예수의 일이니 그는 하
나님과 모든 백성 앞에서 말과 일에 능하신 선지자이거늘 **20.**우리 대제사장들과 관리들이 사형 판
결에 넘겨 주어 십자가에 못 박았느니라 **21.**우리는 이 사람이 이스라엘을 속량할 자라고 바랐노라
이뿐 아니라 이 일이 일어난 지가 사흘째요 **22.**또한 우리 중에 어떤 여자들이 우리로 놀라게 하였으
니 이는 그들이 새벽에 무덤에 갔다가 **23.**그의 시체는 보지 못하고 와서 그가 살아나셨다 하는 천사
들의 나타남을 보았다 함이라 **24.**또 우리와 함께 한 자 중에 두어 사람이 무덤에 가 과연 여자들이
말한 바와 같음을 보았으나 예수는 보지 못하였느니라 하거늘 **25.**이르시되 미련하고 선지자들이 말
한 모든 것을 마음에 더디 믿는 자들이여 **26.**그리스도가 이런 고난을 받고 자기의 영광에 들어가야
할 것이 아니냐 하시고 **27.**이에 모세와 모든 선지자의 글로 시작하여 모든 성경에 쓴 바 자기에 관
한 것을 자세히 설명하시니라 **28.**그들이 가는 마을에 가까이 가매 예수는 더 가려 하는 것 같이 하
시니 **29.**그들이 강권하여 이르되 우리와 함께 유하사이다 때가 저물어가고 날이 이미 기울었나이다
하니 이에 그들과 함께 유하러 들어가시니라 **30.**그들과 함께 음식 잡수실 때에 떡을 가지사 축사하
시고 떼어 그들에게 주시니 **31.**그들의 눈이 밝아져 그인 줄 알아 보더니 예수는 그들에게 보이지 아
니하시는지라 **32.**그들이 서로 말하되 길에서 우리에게 말씀하시고 우리에게 성경을 풀어 주실 때에
우리 속에서 마음이 뜨겁지 아니하더냐 하고 **33.**곧 그 때로 일어나 예루살렘에 돌아가 보니 열한 제
자 및 그들과 함께 한 자들이 모여 있어 **34.**말하기를 주께서 과연 살아나시고 시몬에게 보이셨다 하
는지라 **35.**두 사람도 길에서 된 일과 예수께서 떡을 떼심으로 자기들에게 알려지신 것을 말하더라

1. 그들이 예루살렘을 떠난 것은 말씀에 대한 올바른 이해가 없었기 때문임 (= 은혜의 자리를 떠나게 된 이유)

25~26절= "이르시되 미련하고 선지자들이 말한 모든 것을 마음에 더디 믿는 자들이여 그리스도가 이런 고난을 받고 자기의 영광에 들어가야 할 것이 아니냐"

2. 그들의 눈은 가리워졌고 슬픔과 근심이 가득했음 (= 내려가는 사람들의 특징, 소망 없는 모습)

13~14절= "그 날에 그들 중 둘이 예루살렘에서 이십오 리 되는 엠마오라 하는 마을로 가면서 이 모든 된 일을 서로 이야기하더라"

3. 부활의 주님을 만나 예루살렘으로 다시 돌아왔음 (= 말씀의 은혜, 영안이 열림)

32~33절= "그들이 서로 말하되 길에서 우리에게 말씀하시고 우리에게 성

경을 풀어 주실 때에 우리 속에서 마음이 뜨겁지 아니하더냐 하고 곧 그때로 일어나 예루살렘에 돌아가 보니"

◈◈◈

【대지 유형】 주제 설명형 – 본문 묶음형 – 대지 반전형
【주제】 (적용) 말씀이 없으면 은혜의 자리를 떠나지만 말씀의 은혜를 받고 다시 회복된다.
【FCF】 많은 신앙인이 예루살렘을 떠나 엠마오로 내려가는 자들처럼 어둡고 부정적임.

【서론】 엠마오로 내려가는 두 제자 이야기는 예수님의 부활에 대한 좋은 설교 주제이다. 한편 예루살렘을 떠나 내려가는 제자의 모습을 중심으로 떠난 이유와 내려가는 자들의 특징을 묵상할 필요가 있다. 부활의 주님을 만나 돌아오는 기쁨이 우리에게 필요하다.
【우산질문】 엠마오로 내려가는 두 제자의 모습에서 발견하는 진리를 묵상해 보자.

【1대지】 두 제자가 예루살렘을 떠나는 모습에서 발견되는 진리는 은혜의 자리를 지키려면 십자가에 대한 올바른 이해, 말씀에 대한 바른 깨달음이 있어야 한다는 것. 두 제자는 대세가 이미 기울어진 것으로 보았다. 더 이상 희망이 없다고 생각.
【2대지】 그들은 눈이 어두웠고, 근심이 가득했다. 그들의 입에는 소망 없는 이야기만 튀어나옴. 그들이 가던 길은 어둠을 향해 가고 있는 길이다.
【3대지】 놀라운 반전이다. 그들은 부활의 주님을 만났다. 말씀으로 마음이 뜨거워졌다. 영안이 열려 부활하신 주님을 알아보았다. 두 제자는 부활의 신앙을 가지고 왔던 길로 돌아갈 수 있었다.
【결론】 당신은 지금 어디에 있나? 내려가고 있나? 아니면 다시 돌아가고 있나?

- 절기, 용도, 장르, 특징:
- Key Word: 내려가는 사람.
- Remarks:

본문 : **눅 24:36~49**

제목 : **거룩한 방문**

36.이 말을 할 때에 예수께서 친히 그들 가운데 서서 이르시되 너희에게 평강이 있을지어다 하시니
37.그들이 놀라고 무서워하여 그 보는 것을 영으로 생각하는지라 **38.**예수께서 이르시되 어찌하여
두려워하며 어찌하여 마음에 의심이 일어나느냐 **39.**내 손과 발을 보고 나인 줄 알라 또 나를 만져 보
라 영은 살과 뼈가 없으되 너희 보는 바와 같이 나는 있느니라 **40.**이 말씀을 하시고 손과 발을 보이
시나 **41.**그들이 너무 기쁘므로 아직도 믿지 못하고 놀랍게 여길 때에 이르시되 여기 무슨 먹을 것이
있느냐 하시니 **42.**이에 구운 생선 한 토막을 드리니 **43.**받으사 그 앞에서 잡수시더라 **44.**또 이르
시되 내가 너희와 함께 있을 때에 너희에게 말한 바 곧 모세의 율법과 선지자의 글과 시편에 나를 가
리켜 기록된 모든 것이 이루어져야 하리라 한 말이 이것이라 하시고 **45.**이에 그들의 마음을 열어 성
경을 깨닫게 하시고 **46.**또 이르시되 이같이 그리스도가 고난을 받고 제삼일에 죽은 자 가운데서 살
아날 것과 **47.**또 그의 이름으로 죄 사함을 받게 하는 회개가 예루살렘에서 시작하여 모든 족속에게
전파될 것이 기록되었으니 **48.**너희는 이 모든 일의 증인이라 **49.**볼지어다 내가 내 아버지께서 약속
하신 것을 너희에게 보내리니 너희는 위로부터 능력으로 입혀질 때까지 이 성에 머물라 하시니라

1. "너희에게 평강이 있을지어다"라고 하심 (= 넘어진 자들에게 용서와 사랑을 보이심)

36절= "예수께서 친히 그들 가운데 서서 이르시되 너희에게 평강이 있을지어다 하시니"

2. 손과 발을 만져보게 하시고 생선을 잡수심 (= 부활의 확실한 증거를 보이심)

39절= "내 손과 발을 보고 나인 줄 알라 또 나를 만져 보라 영은 살과 뼈가 없으되 너희 보는 바와 같이 나는 있느니라"

42~43절= "이에 구운 생선 한 토막을 드리니 받으사 그 앞에서 잡수시더라"

3. 제자들에게 복음 전파의 증인이 되도록 하심 (= 그리스도의 수난과 부활의 증인으로 세우심)

48절= "너희는 이 모든 일의 증인이라"

◆◆◆

【대지 유형】 주제 설명형 – 본문 묶음형 – 대지 진전형

【주제】 (석의) 예수님은 숨어 떨고 있는 제자들을 찾아오셔서 부활을 믿게 하시고 그들을 증인으로 세우셨다.

【FCF】 부활 신앙에 미온적인 현대 교회의 나태함.

【서론】 예수님이 나타나신 때는? 제자들의 모습은? 그들은 주의 약속을 믿지 않고 의심하고 있었다. 목자 없는 양처럼 벌벌 떨고 있을 때 주님이 나타나셨다.
【우산질문】 제자들에게 나타나신 예수님이 제자들을 증인으로 세우시는 모습을 살펴보자.

【1대지】 약속도 잊어버리고 배반한 자들에게 주신 말씀= "너희에게 평강이 있을 지어다." 하나님과 그들이 평화 되었다는 선언. 하나님과 막혔던 담을 허시는 말씀. 단순한 인사치레가 아님. 주님의 부활만이 이것을 가능케 한다.
【2대지】 제자들이 부활신앙을 갖기를 원하시는 주님. 손과 발을 만져보게 하시고, 생선까지 잡수심. 확실한 부활의 증거를 보이심. 주님의 사랑이 진하게 묻어난다.
【3대지】 주님의 고난, 부활, 회개와 구원의 메시지를 모든 족속에게 땅끝까지 증거하라. 주님의 약속: 약속의 성령을 너희에게 보내겠다.
【결론】 부활은 지금 우리 마음속에서 주의 영으로 계속하여 효력을 미친다. 주님 다시 오실 때 우리는 홀연히 변화한다. 그동안 주님 주시는 평강을 소유하여 능력 있는 부활의 증인이 되자.

- 절기, 용도, 장르, 특징: 부활절.
- Key Word: 부활.
- Remarks:

본문 : **눅 24:50~53; 계 2:27**
제목 : **예수님이 드신 손 (Jesus Lifted His Hands)**

50.예수께서 그들을 데리고 베다니 앞까지 나가사 손을 들어 그들에게 축복하시더니 **51.**축복하실 때에 그들을 떠나 [하늘로 올려지시니] **52.**그들이 [그에게 경배하고] 큰 기쁨으로 예루살렘에 돌아가 **53.**늘 성전에서 하나님을 찬송하니라
계 2:27.그가 철장을 가지고 그들을 다스려 질그릇 깨뜨리는 것과 같이 하리라 나도 내 아버지께 받은 것이 그러하니라

1. 축복하시기 위해 손을 드심 (= 복을 나누어주는 손)
50절= "예수께서 그들을 데리고 베다니 앞까지 나가사 손을 들어 그들에게 축복하시더니"

2. 그 손은 못 자국이 선명히 드러난 손이었음 (= 거룩한 상처를 가진 구속의 손)
50절= "…손을 들어 그들에게 축복하시더니"

3. 지금 그 손으로 철장을 잡고 다스리심 (= 홀을 휘두르시는 손)
계 2:27= "그가 철장을 가지고 그들을 다스려 질그릇 깨뜨리는 것과 같이 하리라 나도 내 아버지께 받은 것이 그러하니라"

◈◈◈

【대지 유형】 주제 설명형 - 본문 수집형, 묵상형 - 대지 진전형
【주제】 승천하실 때 못 자국이 선명한 손을 들어 축복하시던 예수님은 지금 철장을 잡고 다스리신다.
【FCF】 예수님의 못 자국 난 손에 무관심한 그리스도인들의 미지근한 상태.

【서론】 부활하신 후 40일째, 베다니 앞, 손을 들어 제자들에게 축복하실 때에 그들을 떠나 하늘로 올리우셨고, 제자들은 자세히 하늘을 쳐다보고 있었다. 소박하면서도 장엄한 모습. 그들의 눈 앞에 높이 드신 예수님의 손은 오늘 우리에게 베푸시는 주님의 은혜를 상징한다.
【우산질문】 예수님이 드신 손! 그 손의 의미를 살펴보자.

【1대지】 예수께서 손을 드신 것은 예수님을 끝까지 따라온 제자들에게 축복하시기 위함이었다. 예수님의 높이 들린 손은 주의 백성들에게 복을 나누어 주는 손이다. 손을 드셨다는 표현은 험난한 세상에서 증인의 사역을 맡아 고난의 길을 가야 할 제자들을 향한 예수님의 간절한 열망을 표현하고 있다. 예수님은 복을 나누어주기 위해 권위의 손을 높이 드셨다. 축복의 영역은 전인적이며 전폭적이다. 본문에서 우리의 주의를 끄는 것은 이처럼 놀라운 사실이 극히 간략하게 언급되고 있다는 점이다. 성경은 여기서 승천 자체가 갖고 있는 이적성(異蹟性)을 강조하기보다는 승천은 당면한 역사적 사실로 전제하고, 오히려 주요 관심을 예수님 승천 이후의 '제자들의 행동 변화'에 두고 있음을 보여준다.
【2대지】 하늘로 올리우시던 예수께서 높이 드신 손은 십자가에 못 박히셨던 바로 그 손이었다. 하늘을 향하여 자세히 바라보는 제자들의 눈에는 주님의 손의 못 자국이 선명히 드러났을 것이다. 주님이 드신 손은 거룩한 상처를 가진 구속(救贖)의 손이었다. 예수께서 높이 드신 손은 십자가에 못 박히셨던 바로 그 손이었다. 믿음의 눈으로 주님 손의 못 자국을 바라보자.
【3대지】 많은 제자 앞에서 축복의 손을 들고 하늘로 올리우신 예수님은 지금 그 손으로 철장을 잡고 만물을 다스리고 계신다. 주님은 이제 재림하셔서 홀을 휘두르시는 손으로 모든 원수를 무릎 꿇리시고 심판하시며, 주를 따르는 자들에게는 면류관을 하사하시고 영원한 생명으로 인도하신다. 성경은 예수님의 승천 사건 1,000년 전에 이미 이 사실을 예언하고 있다. "네가 철장으로 그들을 깨뜨림이여 질그릇 같이 부수리라 하시도다"(시 2:9). 우리는 주님의 절대적인 권위와 권세 앞에 절대 복종하는 겸손의 신앙으로 무장해야 한다.
【결론】 믿음의 눈을 들어 승천하시는 주님을 보라. 주님은 가신 그대로 다시 구름을 타고 오신다(행 1:11). 못 자국난 그 손은 지금 여러분의 마음에 들어오시려고 마음 문을 두드리신다. 그 손은 이제 곧 최후 심판의 홀을 휘두르는 손으로 우리 앞에 나타날 것이다.

- 절기, 용도, 장르, 특징: 승천주일.
- Key Word: 승천, 못자국.
- Remarks:

| 부록 1 |

설교 작성 양식

성명 : 교회명:

제목 :	주제:
본문 :	FCF:
	목표:
〈서론〉	
①	⑤
②	⑥
③	⑦
④	⑧(우산질문)
1. ______________________________	(대지해석:)
절 =	
(설명)	
①	⑤
②	⑥
③	⑦
④	⑧(총)
(예증)	
①	⑤
②	⑥
③	⑦
④	⑧(총)
(적용)	
①	⑤
②	⑥
③	⑦
④	⑧(총)

2. ______________________ (대지해석:)	
절 =	
(설명)	
①	⑤
②	⑥
③	⑦
④	⑧(종)
(예증)	
①	⑤
②	⑥
③	⑦
④	⑧(종)
(적용)	
①	⑤
②	⑥
③	⑦
④	⑧(종)
3. ______________________ (대지해석:)	
절 =	
(설명)	
①	⑤
②	⑥
③	⑦
④	⑧(종)
(예증)	
①	⑤
②	⑥
③	⑦
④	⑧(종)
(적용)	
①	⑤
②	⑥
③	⑦
④	⑧(종)
총결론 :	

| 부록 2 |

설교 평가 양식

5 – 최고(Superior)   4 – 잘함(Good)   3 – 보통(Average)
2 – 미숙(Poor)   1 – 문제있음(Inadequate)

1. 조직(Organization)

1) 서론

– 배경이나 자료의 사용이 적절한가? ______
– 핵심 주제를 위한 입구 역할을 잘 하고 있는가? ______
– 길이나 시간은 적당한가? ______
– 청중들의 욕구나 필요성을 다루고 있는가? ______

2) 구조

– 제목과 대지가 본문의 의도를 드러내고 있는가? ______
– 제목과 대지가 주제를 통일적으로 나타내는가? ______
– 제목은 주제를 드러내기에 적절한가? ______
– 대지의 분해는 적절한가? ______
– 각 대지들 사이에 논리적 심리적 연결이 되어 있는가? ______

2. 내용(Content)

1) 전체

– 설교가 정확한 주석에 기초를 두고 있는가? ______
– 각 대지의 해석(직역 또는 의역)은 적절한가? ______
– 핵심사상이나 주제에 대한 분석이 논리적인가? ______
– 설교자가 자신의 설교내용이 타당하다는 사실을 당신에게 확신시켜 주었는가? ______
– 내용의 독창성을 보여주고 있는가? ______

3) 보충자료

- 재미있었는가? _____
- 다양성은 있는가? _____
- 구체적인가? _____

3. 스타일(Style)

- 설교자가 정확한 문법을 사용하고 있는가? _____
- 말이나 단어들이 구체적이며 정확한가? _____
- 말이나 단어들에 생동감과 다양성이 있는가? _____

4. 전달(Delivery)

1) 직접성

- 설교자가 정말 전하고자 하는 것 같은가? _____
- 친밀한 느낌을 주는가? _____
- 설교가 살아있는 대화처럼 느껴지는가? _____

2) 언어전달

- 성우식의 고저장단, 희로애락이 잘 표현되고 있는가? _____
- 목소리는 듣기에 편한가? _____
- 발음이 정확하고 다채로운가? _____
- 설교자가 효과적으로 말을 멈추는가? _____

3) 신체적 전달

- 얼굴표정은 자연스러운가? _____
- 온몸을 다 사용하면서 설교하는가? _____
- 제스처는 자연스럽고 분명한가? _____
- 좋지 않은 습관적 버릇은 없는가? _____

4) 시선

- 설교자가 교인들의 눈을 바로 바라보는가? _____
- 설교자가 회중들의 반응을 잘 의식하고 있다는 느낌이 드는가? _____

강단 설교의 새로운 지평을 열다

- 강해대지설교 클리닉 -

강해대지설교는 기존의 성경 본문의 의도를 떠난 인본주의 설교와의 차별화를 선언한다

1) 설교자는 설교의 전 과정(서론-본론-결론)이 설교 본문에 내재된 말씀의 운동력(에너르게스, 生氣, 히 4:12)을 회중에게 풀어내는 성령님의 역사의 현장임을 명심하고, 회중에게 이를 각인시킨다.
2) 설교 작성시 성경 본문의 의도에 충실한 설교에서 벗어나지 않게 하는 설교 주제잡기 5대 규칙을 철저히 따른다.
3) 설교의 주제가 선명하게 드러나도록 설교 전 과정에서 주제를 반복하여 강조하는 틀(Frame)을 사용한다.
4) 각 대지 진술에 대해 회중에게 적용할 수 있는 대지 해석을 대지 진술과 병기(倂記)함으로써 설교자 자신과 회중의 믿음과 삶에 적용적인 설교가 되게 한다.
5) FCF(Fallen Condition Focus)를 서론에서 제시하고, 각 대지의 전개 과정에서 FCF를 계속 적용하여 설교가 분명한 방향성이 있도록 한다.
6) 제목과 주제의 중요성을 강조하고 특히 서론 작성 5단계를 통하여 이를 회중의 마음에 각인시킨다.
7) 각 대지의 전개(展開)는 설명부와 예증부와 적용부로 적절히 구성하되, 특히 적용부 작성 4대 요소(What, Where, Why, How)를 최대한 반영한다.
8) 주어진 성경 본문에 꼭 맞는 맞춤형 대지 유형들의 조합이 되도록 평소에 대지 유형에 대한 연구를 게을리하지 않는다.
9) 설교자는 예배 시작부터 마칠 때까지 설교의 로고스(Logos) 와 파토스(Pathos) 그리고 에토스(Ethos)가 어떻게 융합 되어 나타나고 있는가를 항상 살핀다.
10) 설교자는 예배의 전 과정을 통하여 본문에 내재되어 있는 말씀 생기가 성령의 검이 되어 회중에게 역사하고 있는지를 살핀다.

설교클리닉
2박3일의 감동

설교가 하나님의 말씀이 되려면
성경 본문의 의도에 충실한 설교여야 함

강해대지설교의 3대 특징

1) 본문 중심 (Text-centered)
2) 주제 중심 (Subject-centered)
3) 적용 중심 (Application-centered)

설교주제잡기의 5대 규칙

1) 제목은 주제로부터 '그대로' 또는 '함축적으로' 가져온다.
2) 대지진술은 본문에서 '그대로' 또는 '함축적으로' 가져온다.
3) 제목과 대지는 자연스럽게 연결되어 스토리가 되어야 한다.
4) 본문을 적절히(proportionally) 분할하여 대지를 잡는다.
5) 대지해석은 대지 진술을 적용적으로 해석하여야 한다(직역 또는 의역).

대지 전개의 3요소

1) 설명부: 반복, 재진술, 묘사와 정의, 주해, 논증
2) 예증부: 유추(analogy), 실례(example), 은유(metaphor) 형식의 예화
3) 적용부: What to do, Where to do, Why to do, How to do

강해대지설교 **작성 훈련**

1) 설교 클리닉 2박3일 과정

- 살아 있는 강의 (교재: 『좋은 설교』)
- 참여자들의 설교 시연과 대표강사의 강평 및 교정
- 10명 이상이면 전국 어느 지역에서나 개설 가능

* 『설교주제잡기 700선 제1권』의 "설교클리닉 2박3일의 감동"을 참조하십시오.

2) 설교 클리닉 중급반 과정 (1박2일)

- 본문 석의에 입각한 설교 작성 강의
- 『설교주제잡기 700선』 제1권~제7권 사용, Dynamic Discussion
- 2박3일 과정 수료자에 한함

3) 강해대지설교 일일 세미나

- 『설교주제잡기 700선』 각권에서 실제 주일예배 설교를 작성하는 방법을 쉽게 안내함
- 각 노회, 연합회, 목회자 모임 등에서 특별 집회의 기회로 이용하실 수 있음

강해대지설교 **도서**안내

『좋은 설교: 강해대지설교 클리닉의 이론과 실제』

박순오 저, 시그마프레스 刊, 2017.

하나님 행위로서의 설교, 좋은 설교와 위대한 설교, 강해 대지설교로의 부름, 설교 작성의 준비, 설교 작성의 실제, 대지의 다양한 유형, 설교 전달의 실제, 그리스도 중심의 설교. 부록: 설교클리닉 수료자들의 생생한 소감문

『설교주제잡기 700선』

박순오 저, 조명문화사 刊, 2018.

제1권 : 설교주제잡기(모세오경), 설교 작성의 이론과 실제
제2권 : 설교주제잡기(역사서, 시가서, 선지서), 대지의 다 양한 유형과 그 변화
제3권 : 설교주제잡기(마태복음, 마가복음, 누가복음), 한 본문에서 다양한 개요를 잡는 방법
제4권 : 설교주제잡기(요한복음, 사도행전), 대지 유형 변 화에 따른 개요 변화
제5권 : 설교주제잡기(로마서~요한계시록), 그리스도 중심 의 설교 작성하기
제6권 : 성경적 상징주의를 적용한 설교주제잡기
제7권 : 목회계획에 따른 설교주제잡기(송구영신, 사순절, 부활절, 성령강림절, 가정의달, 맥추감사절 추수 감사절, 3.1절, 광복절, 대림절, 성탄절 등)

*공급처 : 교보, 알라딘, 영풍, 또는 저자로부터 직접 공급

설교클리닉 **강사**

박순오 목사

- 서울대학교 공과대학 졸업
- 총신대학교 신학대학원 졸업(M.Div, 구약신학)
- 미국 Westminster 신학교, Covenant 신학교 수학
- 계명대학교 대학원 졸업(Ph.D. 실천신학)
- 뉴욕언약교회 개척 시무(12년)
- New York Evangelical Seminary 이사장 역임
- 예장총회 교육부장 역임
- 대구기독교총연합회 대표회장 역임
- 대구성시화운동본부 대표본부장 역임
- 대구서현교회 담임목사 역임
- 현)기독영성상담연구소 이사장
- 현)Philippine Evangelical Seminary 외래교수
- 현)사단법인 나눔과기쁨 상임대표
- 현)강해대지설교클리닉 대표강사

강해대지설교의 엄청난 능력을 아십니까?
회중의 혼과 영과 관절과 골수를 찔러 쪼개는
말씀 생기(히4:12)를 아십니까?
강해대지설교의 새로운 세계로
여러분을 안내해 드립니다.

설교클리닉 수료자 **소감**

강○○ 목사 (○○○교회)
저는 설교자로서 부족함을 느끼면서도 그래도 잘 하려고 노력은 하고 있고 나름대로 괜찮은 설교자라고 생각해 왔습니다. 그러던 중 박순오 목사님의 강해대지설교 클리닉을 통해서 제 설교가 성도 들의 삶을 변화시키지 못하는 원인을 발견하게 되었습니다…

허○○ 목사 (○○축복교회)
…2박 3일동안 성실하게 참여했다. 참석하게 된 것이 너무 잘했다는 생각이 들었다. 폭넓고 깊은 주제를 관철하는 설교의 능력은 타의 추종을 불허하겠다는 생각이 들었다. 이렇게 다양하고 오묘한 팩트 들을 프레임화 해서 수십 가지의 다양한 패턴의 설교의 집중력을 키워주는 설교가 또 있을까? 정말 놀랍고 놀라웠다…

조○○ 목사 (○○○교회)
…설교 사역에 대한 마음이 안개 속을 걷듯 희미했던 나에게 정오의 찬란한 햇빛이 들어오듯 밝고 소망에 찬 마음으로 가득차진다. 본 과정을 마치니 설교의 기본 틀이 눈에 확 들어온다. 나도 잘 할 수 있다는 용기가 생긴다…

전○○ 목사 (○○교회)
…설교의 주제와 제목을 정하는 것부터 시작하여 설교 전체를 완성하는 데 있어서 체계적인 방법을 배움으로써 각 대지의 진술과 대지 해석, 그리고 대지 전개의 세 요소인 설명-예증-적용을 지금 까지보다는 비교되지 않을 정도로 부요하고 힘차게 전달할 수 있게 되었다…